U0604765

中国认知传播学会出品

Renzhi Chuanboxue Luncong

认知传播学论丛

第三辑

林克勤　严功军⊙主编

四川大學出版社

项目策划：敬铃凌
责任编辑：黎伟军　敬铃凌
责任校对：吴近宇
封面设计：阿　林
责任印制：王　炜

图书在版编目（CIP）数据

认知传播学论丛．第三辑 / 林克勤，严功军主编．— 成都 : 四川大学出版社，2018.5
ISBN 978-7-5690-1877-6

Ⅰ．①认… Ⅱ．①林… ②严… Ⅲ．①传播学－文集 Ⅳ．①G206-53

中国版本图书馆 CIP 数据核字（2018）第 111988 号

书名　认知传播学论丛 · 第三辑

主　　编	林克勤　严功军
出　　版	四川大学出版社
地　　址	成都市一环路南一段 24 号（610065）
发　　行	四川大学出版社
书　　号	ISBN 978-7-5690-1877-6
印前制作	跨　克
印　　刷	成都市金雅迪彩色印刷有限公司
成品尺寸	170mm×240mm
印　　张	27.75
字　　数	511 千字
版　　次	2019 年 11 月第 1 版
印　　次	2019 年 11 月第 1 次印刷
定　　价	128.00 元

扫码加入读者圈

◆ 读者邮购本书，请与本社发行科联系。
电话：(028)85408408/(028)85401670/
(028)86408023　邮政编码：610065
◆ 本社图书如有印装质量问题，请寄回出版社调换。
◆ 网址：http://press.scu.edu.cn

四川大学出版社
微信公众号

代序

加强认知传播学研究 促进数媒时代的知识生产与文化创新

陈汝东*

学术和文化是人类的永恒话题，是社会的灵魂和发展动力，也是我们赖以生存的方式之一。其丰富的内涵、瑰丽的色彩使我们的生活拥有无限的魅力和光彩。由林克勤、严功军教授主编的《认知传播学论丛》第三辑的出版，塑造了一片新文化大观，与我们分享了认知传播学会的学术成果，意义深远。借此机会，我想谈谈学术形态的演化及其历史走向、媒介发展与文化知识创新等问题，与大家分享我对学术化生存的感悟。

媒介文明是国家文化建构的重要途径

当今世界格局风云变幻。随着经济崛起，中国正在从人力和商品“走出去”走向资本和文化乃至价值“走出去”，正在谋划全球战略，成为全球话语体系建构的引领者。与此同

* 作者简介：陈汝东，北京大学教授、博导，日本早稻田大学政治经济学术院交换研究员，兼任全球修辞学会、全球传媒伦理与法制联合会、媒介文明研究会、全球话语学会等学会的会长，研究领域主要为修辞学、话语学、传播学等。

时，各种学术思想、文化思潮此起彼伏，全球传播时空上的同步化也在加快，不同文化和文明间的碰撞、冲突与融合愈发剧烈。丰富多彩的生活、沸腾的舆论漩涡、形形色色的利益诱惑，正在对知识创新和文化生产形成深刻而长久的影响。这促使我们不得不思考当下的学术生态、知识形态及其创新和传承问题，思考学科布局与国家战略问题。

媒介不仅是文化和文明的载体，也是文明的重要组成部分。中国的历史可以说是一部媒介发展史，中华文明的兴衰始终伴随着媒介文明的兴衰。当今日新月异的数字媒介技术带来的不仅是强劲的文明发展动力，同时也有文明的迷茫乃至迷失。媒介异化了主体，也异化了文明。既有的社会阶层开始分化，传统的媒介秩序被颠覆，媒介文化和媒介文明面临新的挑战。虚拟空间和现实空间格局的变幻、媒介秩序的错乱、公共价值的迷茫、思想观念的多元、文化的碎片化和沙漠化等，不仅是目前媒介生态所面临的挑战，也是认知传播学亟待研究的重要课题。

这促使我们重新思考经济高速发展中的国家媒介秩序和媒介文明的重构问题，思考人类文明的发展方向，探讨我国国家价值的建构与传播战略，研究我国现实空间和虚拟空间拓展的双重战略。探索文化与知识创新，恢复异化的媒介，重构媒介秩序，完善媒介制度，建构媒介文明，显得尤为迫切。

认知传播学的重要课题：知识生产与消费的新方式

媒介是文明的载体、标志和形态，也是知识的载体和形态。人类的媒介进程，既是文明演进的历程，也是人类知识生产方式和消费方式的发展历程。媒介技术和形态的变化，也促进了知识的形态以及传播方式的变化。媒介贯穿和见证了人类知识的生产和演化历程。媒介文明研究，应重视媒介与知识的生产过程、传播过程、消费方式之间的关系，探讨媒介革新与人类知识演进过程、社会进步和文明发展之间的共变关系，探讨各种媒介时代知识的生产主体、生产过程、获取和分配制度，探讨知识的媒介化和媒介的知识化规律。这不仅是媒介文明研究的重要课题，也是认知传播学研究的重点之一。

数字媒介技术的发展和普及，消解了人类知识生产方式、消费方式的垄断时代，使人类进入一种“泛知识化时代”，人人都可以成为知识的生产者、传播者。作为知识传播和生产的重要媒介，大学面临知识泛化、同质化的挑战。传统的知识生产者、垄断者与消费者的地位正在发生逆转。知识进入廉价时代，传统的知识及其垄断者的尊严与高贵地位正在遭受强烈的冲击。网络时代知识生产和消费面临危机，“刷屏一代”正在迫使大学忙于反转课堂。如何反转？反转到哪里去？这不仅是一个知识教授问题，也是一种媒介文明和知识认知问题。人文社科领域的学者，特别是传播学学者，应当仁不让，对知识的泛化、同质化、廉价化等问题提出对策。

因此，探讨认知传播学的发展，拥有长远的战略思维非常重要。认知传播学的建构应纳入传播学学科理论创新范畴，应融入国家文化发展战略，参与国家话语体系、全球话语体系的建构，实现学科融合；应具有国际视野，融入学科交融、内外联通的洪流；应密切关注媒介生态，关注学术生态，应从个体学术、群体学术、行政学术、政治学术走向国家学术、公共学术和协作学术，实现学术生态、学者生态的历史转向。如此，才能实现单一学科空间的多维拓展。

公共化、协作化是学术生态的历史走向

那么，如何推动国家学术、公共学术、协作学术的发展呢？这需要改变一些现状，需要构建学术共同体，使学术成为人类公器。因此，学科之间要来往，要交流、交融，要破除藩篱、互联互通、融会贯通，要攀高创新。各个大学的学者要来往，要形成合力。全国乃至全球学者，也要走到一起，促成共同的价值追求，追求知识和真理，追求文化和友谊。因此，我们倡导学科、学者、学术团体等进行广泛的交流与合作。

全球修辞学会是一个开放的世界性学术共同体，学会成

立八年来先后召开了数十次学术会议，出版了多种丛刊和著作，汇聚了数十个国家和地区的数百名学者，建构了许多专业分会。认知传播学会就是其中之一。在近日于徐州、绍兴召开的“第三届国际语言传播学前沿论坛和媒介秩序与媒介文明研讨会”上，与会学者又倡议成立了全球话语学会、媒介文明研究会等新分会，与江苏师范大学、越秀外国语学院等联合建立了“国家话语战略研究院”和“媒介文明战略研究院”。这既彰显了学术的无限魅力，又反映了学术共同体的蓬勃生机！

学会的发展产生了广泛的国际影响。近年来，我会成为联合国教科文组织下属的“国际现代语言文学会联盟”的正式成员。“中国知网”等数据公司也与我会签订了合作协议，收录我会的会议论文集以及学术通信等研究成果，并建立了专门的数据库和信息发布平台。这使我会同仁的学术成果在第一时间得到传播，将对我会的学术发展产生积极的促进作用。

认知传播学会是一个具有前瞻性的跨学科平台，发展势头好，潜力大，成效显著，学会同仁们为国家的传播学事业做出了积极贡献。期待分会同仁们继续披荆斩棘，开疆拓土，奋发有为，在传媒认知规律、知识生产与消费、人工智能等研究领域，为国家文化创新及其全球传播提供新的思想理论支撑，做出积极贡献。以欧阳宏生、王寅、邵培仁、周洪铎、林克勤等为代表的一大批学者，在该领域做了开拓性探索。他们的新成果已汇集在由四川大学出版社出版的《认知传播学论丛·第三辑》中。相信《认知传播学论丛·第三辑》的出版，将为中国传播学理论的开拓、建构和发展创造出新的学术气象！

目录

CONTENTS

Renzhi Chuanboxue Luncong

推进国家认知　拓宽文明空间

陈汝东

各位同仁、各位学者、老师们、同学们，早上好！

人间四月，草长莺飞，繁花似锦，天朗气清，山河靓丽。绍兴就像是人间的四月天，它是一种文化意向，一种学术气象，一种文明景观，让人充满了欣喜。

去年四月，春风拂来时，我们在绍兴，在越秀，培育了媒介文明之花。今天，我们再次相聚绍兴，少长咸集，共襄盛举，为这一文化景观增添一抹朝霞，为这一学术气象增加一朵彩云。全球修辞学会、认知传播学会的同仁，聚首绍兴越秀外院，携手并肩，共同培植认知传播学之树，喜不自禁！绍兴的天，绍兴的雨，越秀的风，温润禾苗，滋养万物。

世界是一种心象，需要去探索、感知、体悟、交流。媒介是心象之桥，是通往心灵桃源的高铁。媒介属性需要认知，传播主体需要认知；传播的环境构成、信息结构、体制机制、反应效果等等，同样需要认知；媒介技术、人类社会、公民身份、国家空间、国家文明，同样需要认知；需要体悟、沟通，需要交流、认同。我们需要通过媒介感知这片土地，这片天空；需要触摸这里的一草一木，需要彼此心相知，情相宜。认知传播学和绍兴的人文情怀成就了这一文化盛事，建构了一种新的学术气象。

由自我认知、媒体认知向社会认知、国家认知、文明认知，乃至全球认知发展，代表了认知传播学研究和社会媒介实践的双重方向。认知推演的终结是什么？是真，是善，是美，是人的发展和完善。国家文化、文明的本质是什么？我们建构、传承和创新怎样的文明？中国不仅需要认知世界，也需要认知自身，既包括共时的，也关涉历时的。同样，世界也需要认知中国。中外需要相互认知，相互认同。这有待于多学科的开拓、创新，有待于生成新的启蒙思想，有待于各种认知范式的转变。

改革开放后，中国的话语走向过度偏重于物质或者主体对客体的依存、依赖，是一种文明空间建构的偏向。地下空间、地表空间、近地空间资源的毁坏，迫使国家反思文明的走向，重新梳理历史传统中的文明性质。在数千年的发展中，华夏文明形成了一种“内向认知范式”，在物理空间、社会空间、思维空间、意识空间中延续。这也导致了自我认知、社会认知、国家认知、文明认知和世界认知的偏离。毫无疑问，这需要本体式的回归。

“认”，就是“辨识”，怎样“辨识”呢？通过语言，通过话语，通过媒介符号来“辨识”，来创造知识，发现真理，达成“共识”，形成“通识”。通过媒介认知，导向主体的知性与理性，实现社会身份的认同，达成国家和文明共识，实现不同文化、不同民族、不同国家之间的谐美，实现全球认知的共同理想，这毫无疑问是学术研究与社会实践的双重需求。

学术不应只是一种文化景观，学术化生存并非学术的固有质性，学术还应担负起社会教化的职责，使国民更有教养，使民族更有文化，使国家更显文明。如果说“认知传播学”应为自己设定一个空间意向，那应该是：增强社会责任意识、文化和文明意识、国家和全球意识，由认到知，由识到同，由术而道，由道而德，由善而美。这种理路可以概括为：媒介认知–客体认知–主体认知–社会认知–国家认知–文明认知–全球认知。

从儿童心理学到社会心理学，从语言学、修辞学到传播学，从人类主体到语言本体，进而发展到媒介符号、媒介技术、媒介环境、媒介制度等诸多领域，认知科学呈现出轰轰烈烈的燎原态势。由客体认知、主体认知走向主客体的认知融合，由自我认知、媒介认知走向国家认知乃至全球认知，由开发媒介客体到制造媒介智能、创造媒介生命体，是认知科学理论与社会实践开展的应有走向。认知科学正在从媒介符号意象走向主体意象、社会意象的建构，向民族意象、国家意象、文明意象和全球意象拓展。

为此，我们需要秉持一种新的学术风度，创造一种新的学术气象。坚守自由、包容、融合、创新的学术精神，强化矢志不移的学术志向，筑实宏伟的学术气魄，开拓宽广的学科视野，树立高瞻远瞩的学术立项。这既是一种自我学术气象，也是一种学术共同体气象、民族学术气象、国家学术气象。

在研究中，我们应不囿于一时一地、一门一派别，也不囿于一城一池、一山一水，而是登高壮阔天地间，勇闯激流险滩，直挂云帆济沧海。拆除各种学科壁垒、冰释各种学术藩篱，破解各种“围墙”，使学术的三江四海畅达，使科学的日月星河流转，天地融合。这是学术发展、社会发展和国家发展的需要，也是全球修辞学会同仁们的共同愿景。

全球修辞学会一直秉持“学术、文化、友谊”的创会宗旨，着眼于国际学术共同体的建构，产生了持续而广泛的学术影响。认知传播学会成立以来，上承下启，不断开拓、创新，在传播学的前沿领域中开疆拓土，创新说，立新论，队伍不断壮大，滋养了一批年轻学子，为中国传播学理论派的建构做出了积极贡献，值得肯定和褒扬。希望学会上下一心，实干进取，更上层楼，再创佳绩！

绍兴的春天是滋润的，越秀的风是和煦的，温暖的，充满了无限生机。全球修辞学会、认知传播学会以及越秀外国语学院的同仁们，团结奋进，跨界融合，实干创新，谱写了一曲曲新乐章，建构出许多新气象。使田园更富有诗意，使文化更加辉煌，使国民更富有教养，使国家更加充满活力，这是学术坚守的魅力，也是文明的召唤！让我们行动起来吧！天天有研究，周周有讨论，月月出成果，年年出人才！在学术之路上，求索，前行，不断前行！

最后，祝大会圆满成功，祝各位学者、朋友们身体健康，研讨愉快！

陈汝东

2016年4月9日

于浙江越秀外语学院

创新话语体系：当前认知传播的首要课题

张君昌[1]

摘　要： 本文以构建全球化语境中认知传播话语体系为研究起点，阐述命题的现实性和重要性，总结认知传播的特征。以跨越认知障碍为主线，分析论证了认知话语的特质要求和体系架构，并在国际政治视域中开辟认知话语功用的新境界。

关键词： 跨越障碍　话语体系　认知传播　全球传播　政治传播

认知传播是当下正在冉冉升起的一门新兴学科，研究的却是古老的话题。说它年轻，是因为近几年认知传播的独特性才被多国学者认同，开始朝着显学方向发展。我国2014年才首次举办全国性认知传播学术年会，成立相关学术研究组织。说它古老，是因为自人类诞生，伴随着生产、生活，便产生了对自然界的认知活动。严格地讲，认知传播从那时起便已产生。只不过作为一门学科的建立，将研究对象聚焦于人类传播活动中信息和意义的产生、加工与认知改造、心智与传播现象的关系，[1]并且产生一系列研究成果，却是近几年的事情。

1　[作者简介]张君昌，中国广播影视社会组织联合会学术部主任，学术委员，学术委员会秘书长，《广播电视理论动态》主编。

一、全球化语境中认知传播的基本价值坐标

早期人类的认知活动基本上是通过人际交流方式传播的，当现代传媒取得长足发展、相关研究趋于成熟之后，才给新的交叉学科——以认知科学为理论支点的认知传播学的建构带来机遇。由此，研究认知传播才有了理论依据和现实价值。这也是第三届认知传播论坛以“全球化语境中的认知传播学话语建构”为主题的原因所在。[2] 当某一学科与时代重要课题汇流时，方是它走向显学的起点。

“全球化语境中的认知传播”可视为全球传播的重要分支。而全球传播是国际传播的延伸和扩展，它研究的是跨越民族国家地理边界的信息流动及非同质文化间的理解、沟通与交往，因而先天带有国际传播的烙印。即具有新闻性、国际性、跨文化性和大众传播性等主要特征。冷战结束后，随着国际传播由政府掌控的一元结构向由政府、民间和商业机构多元主导的局势转变，由此衍生的全球传播便生发出鲜明特质：摒弃宣传思维，采用传播架构；软化报道立场，隐含价值诉求；淡化现实政治表述，强化观念政治说明。这种传播形态，在内容构成上，表现为时政、商贸与音乐文化多元杂糅；在传播取向上，更加侧重维护全球公共安全，促进国际关系良性发展，维持国际格局平衡稳定；在叙事方式上，避免居高临下的宏大叙事，侧重多信源组合嫁接传递意图；在传播视野上，超越地区、国家疆域界限，更多地将目光投向“地球村”。但就其本质而言，传递新闻信息依然是最基本的或最重要的职能。所以，全球传播的定位很大程度上取决于国际新闻传播的属性。以此为起点，探讨全球化语境中的认知传播，其信息编码应当进行必要的语境化包装和词语转换，以故事说明语意、推演结论，具有国际化表达方式和人类共通的价值原则，契合接收对象的认知水平，便于在国际媒体、社交媒体以及人际间自由流动，有助于加强不同文化群体间的沟通理解，能够在国际社会或一定区域产生反响。

改革开放以来，中国经济发展成果显著，但中国媒体的国际传播力却没有得到同步提升，没有找到适应全球传播思维转变的契合点，存在观念陈旧、空洞说教、形式呆板、力量分散等问题。这与中国的国际地位不相适应，与中国和平崛起需要创造的国际环境不相适应，与世界各国人民了解客观真实的中国国情的需要不相适应。所以，业内曾有“十年外宣赶不上一个姚明”的慨叹。美国职业篮球明星科比说，姚明“在我们所有人之间搭起一座桥梁”“美国人通过篮球场上这个睿智幽默的中国大个子，改变了过去很多对中国的误解。”“姚明是中国

的一张活生生的最有说服力的‘国家名片’”。[3]甚至，美国前总统奥巴马在首轮中美战略与经济对话开幕致辞中，以姚明和篮球作为切入点来谈中美关系。他说：“我想借用中国篮球明星姚明的一句话说，‘无论是球队新队员还是老队员，都需要时间彼此适应。’这次对话，我相信通过我们的努力，能够达到姚明的标准。”[4]

人们对篮球之外的那个“姚明”的偏爱，反衬出中国媒体在引导世界认知中国方面的无奈和乏力。而要改变现状，就要抓住创新中国媒体在全球化语境中认知传播话语体系这个牛鼻子。

二、全球化语境中认知传播话语体系的构建

话语体系是一定思想体系和知识体系的外在表现形式，不同风格、不同特色、不同气质的表达方式，对于某种思想、观念、讯息扩散的助推效果是截然不同的。当前，国际政治领域的话语权争夺愈演愈烈。创新话语体系，表面上看是语法修辞问题，实质上是涉及思想方法、思维方式、价值取向等诸多立场问题，是涉及如何提高中国媒体国际传播能力的导向问题，对于增强中国文化软实力、促进中华文化走向世界，具有重要意义。

（一）跨越认知障碍

影响跨文化交流的认知障碍主要有三个：一是由于传受双方处于不同的文化地域，对事物的判断有着不同的价值取向，传者摸不透受者的真正需求，从而影响传者对信息的取舍和报道的方向；二是传播过程中会因为语言、文化和习俗不同，带来表现方式和风格的差异，同样会造成认知上的偏差；三是受者接收心理的差异，也会带来主观评价的多义性。如果不正视和解决这三个障碍，跨文化交流与传播便达不到预期目的。

“文化大革命”时期轰动一时的“安东尼奥尼事件”就较为集中地体现了上述三个障碍造成的后果。1972年，国际电影大师米开朗基罗·安东尼奥尼受中国政府邀请和意大利国家电视台委托，赴华拍摄大型纪录片《中国》。这本来是纪念中国与意大利1970年建交的友好之举，却因双方沟通不畅，理解有误，最终南辕北辙，事与愿违，酿成外交风波。

上述事例说明，跨文化传播首先要了解动机和需求，这一点至关重要。拍摄《中国》是文化宣传的需要，还是文献价值的功用，要达到何种目标，双方事先

没有形成共识。其次是对语言和接受习惯的把握，这里不仅是中外语言翻译的问题，还有对电影长镜头语汇的认知问题，普及相关专业知识不是一朝一夕所能完成的。第三是要弄清楚影片给谁看的问题，影视语言自身就有多义性，而受众不同，理解差异就会更大。最后是注意方言俚语、副语言和身态语言等构成的认知障碍，避免歧义和误解。“安东尼奥尼事件”本质上体现的仍然是东西方跨文化交流认知障碍造成的思想冲突。因此，实现全球化语境中的认知传播，要通过扎实的调研，了解和掌握受者需求，按需提供内容；要重视语言转换中的差异，防止鸡同鸭讲；要精准定位，减少多义性造成的误读。这是跨越认知障碍的主要方法和途径。

（二）认知话语的特质要求

尽管传媒技术的发展已经冲破了传播的地理疆界，但跨文化传播的主体对象毕竟与单一的国内受众不同。从传播的接近性原则出发，从外国不同的社会制度、意识形态、价值观念、文化传统、风俗习惯的实际出发，从各国同我国的双边关系及其受众对我国的关注点不尽相同出发，全球化语境中的认知传播必须从内容选择、表达方式上注意针对性、差异化。既不能照搬国内报道的那套，也不能把对不同国家的报道统一化。

1. 内外有别，差异化传播

“内外有别”是指在总的报道方针指导下，注意国内报道与国外报道在对象、目的、内容方面的差异，在选题视角、报道技巧和语言风格等方面有所区别。在特殊的历史条件下，我们曾片面强调“以我为主”，以宣传代替传播，背离新闻规律，只讲成绩，不讲问题，只讲“盛世”，不讲“危言”，使西方受众产生一种本能的质疑、不屑甚至抵触态度。究其原因，固然有意识形态方面的因素作祟，但也跟我们长期习惯使用一套僵化的政治术语、标签式语言不无关系。那些习惯用语不但外国人听不懂，连海外华人、侨胞乃至港澳台同胞也感到费解，难以收到良好的传播效果。一旦让受众感到他们在被动地接受说教，就意味着传播的失败。

因此，正确处理宣传与传播的关系，以及以我为主、以正面宣传为主与按新闻传播规律办事的关系至关重要。既要坚持以正面宣传为主，又不能回避矛盾；既要坚持以我为主，不跟着西方舆论节拍跳舞，又要考虑国外受众的兴趣点、痛点、兴奋点。正面宣传的本意是“实事求是地反映社会现实生活的主流”[5]，要真实全面客观准确地向世界说明中国、报道世界，要讲究策略、把握节奏，增强针对性和实效性。坚持正确导向，并不等于照搬文件句式，讲好中国故事，要适应全球传播话语方式的转变：即由宣传式话语向传播式话语转变，由文件式话语向交流式话语转变，由结论式话语向启发式话语转变。[6]表达技巧讲究“去宣传味”的“无痕性”，崇尚“硬内核、软包装”。“去宣传味”并非“去政治化”，坚持中国立场、世界眼光、人类情怀、国际表达，才是创新话语的方向。

2. 外外有别，分众化传播

“外外有别”是指国际传播不仅要认识“内”与“外”的区别，还要认识“外”与“外”的区别。即充分了解对象国家和地区间的不同，欧美国家、拉美区域、东欧地区、亚非各国国情不同，文化背景不同，发展阶段不同；即便是同一国家和地区，也要区分阶层、信仰的不同，区分外国人与华裔的不同，因人而异，精准聚焦，分众化传播。实际上，这是对国外受众的进一步细分，是内外有别原则的延伸和发展。

诚然，一套话语满足不了所有人群，一种曲牌难以唱响五洲四海。全球化语境中的认知传播，面对的是千差万别的外国受众，不可能只提供千篇一律的通稿，而要“对症下药”。首先，选题有差别。西欧人关心中国经济，东欧人想借鉴中国房改、医改方法，拉美人追崇中国功夫、中华汉字，非洲人关注中国的现代化进程，东南亚华裔较多，与中国历史文化结缘较深。其次，切入点不同。西方通讯社每天播发的国际报道，往往针对不同对象地区提供不同版本。美国《读者文摘》刊载《秦始皇的兵马俑》时，其英文版开头把兵马俑和古希腊神话做对比，这对熟悉古希腊神话的英语国家读者就有吸引力；日文版导语则改为介绍古代长安和秦陵的位置，这很适合日本读者口味，因为他们知道古长安和秦始皇。第三，消弭文化差异。文化差异制约着认知传播的有效性，而提高认知传播的效果，实际上就是克服文化差异的过程。由于文化差异存在，许多词汇在不同国度和群体会产生不同理解。比如，孔雀在中国代表喜庆和吉祥；而在日本被视作优美和才华的象征；对于佛教徒和印度教徒来说，孔雀又是神话中“凤凰”的化身；而在英国和法国，它被视为淫鸟、祸鸟，连孔雀开屏也被赋予反义——自我炫耀和吹嘘，英语里有“像孔雀一样骄傲”的成语。如果不了解这些文化符号的差异，擅自将“孔雀东南飞”画轴当作礼品分送国际友人，会得到截然相反的评价。

坚持外外有别，分众化传播，就是充分承认和尊重各国各民族文化差异，以开阔的视野、开放的胸襟、开明的姿态，积极回应各国受众的关切，有效促进不同文化间的对话，求同存异，和谐发展。

（三）认知话语体系的整合

认知传播与大众传播同根共源，它所使用的语言符号符合大众传播的共性要求：准确生动，能够抓住受众关切；客观公正，能够反映事物真相；洗练简洁，便于理解转达；新颖别致，易于激发兴趣。同时，它又有鲜明个性。全球化语境中认知传播的话语体系，应当把握国际性和跨文化性内在语征，融通中外语体思维，结合网络表达特点，形成跨界杂糅新格局。这样的话语体系应当具有以下主要特征：

——语汇方面，淡化意识形态色彩，兼容官方用语、民间用语和网络用语，避免极端化、攻讦性用语；

——语态方面，以陈述性语态为主，间或使用议论性表达，切忌居高临下；

——语调方面，高低起伏配置合理，语势节奏明快、错落有致，宜听宜受宜传；

——修辞方面，朴实而又活泼，少用形容词和长句式，避免堆砌华丽辞藻；

——文本方面，文字、图表、影音并重，母语和外来语表达共存，技术范本与人文范本混搭；

——手段方面，个体传播、人际传播、组织传播、社交媒体传播、大众媒体传播并用。

文化是由一系列象征符号构成的系统，人们凭借这些符号所代表的意义，来判断社会要素之间的相互关系并实现沟通。没有一种文化能够在所有人面前产生同一种理解，也没有一个人能够适应同一种文化的所有维度。认知传播承担着弘扬母语文化和吸收优秀外来文化的双重责任，同时还要克服传播认知障碍和其他消极因素。要建立一套普遍适用的话语体系十分困难。中国古代的风、雅、颂分别对应民间歌谣、贵族雅乐和祭祀咏唱。如果只有一种腔调，势必难以适应各方需求。再好的思想、观念、情感也要借助生动的形式、多样的途径表达出来，才能实现交流与共享。国际媒体通常采取两种方法达到上述目的，一方面加速母语文化的现代化，以其突出的民族特色和时代感走向世界；另一方面推行对象国本土带动策略，不但内容取材本土化，合作伙伴也要本土化，针对不同地区受众特点，提供不同样态、不同面孔、不同包装的内容产品，以符合接收者的文化心理。即以文化融合来消弭跨文化传播的障碍，分众定位，精确对焦，多样表达，整合传播。使人际交流、民间往来、网络互动、媒体传播交相辉映，既有阳春白雪也有下里巴人，既有直面阐释又有侧面迂回，形成全方位、多声部、立体化的传播格局，达到“大珠小珠落玉盘”的效果。

三、结语

虽然未来“世界是平的”，但信息依然不能像“真空管道中的胶囊高铁”一样畅行无阻。传播现状告诉我们，信息的流动不可能扭转强势政治板块向弱势政治板块扩张、优势经济实体向劣势经济实体挤压、寡头文化产品向文化洼地渗透的态势。前不久（2016年3月22日），到访古巴的美国前总统奥巴马在哈瓦那大剧院发表公开演讲。演讲中，奥巴马呼吁“埋葬美洲大陆最后一丝冷战残余”，共同“面向一个充满希望的未来”。他的演讲显得坦率又温情脉脉，结合自家身世叙说两国关系，将美古比作“两位失和多年的兄弟”，历史上都曾被殖民，有着共同价值观；他承认美国的民主不完美，美国既没有能力，也没有意愿将自身政治或经济制度强加给古巴。客观而论，奥巴马不愧为出色的演说家，是美国国家形象的有力推介者。他34分钟的演讲赢得现场观众34次掌声，也影响了一部分古巴人。演讲经电视全程直播，在古巴民众中引起回应。有民众说：“理解的唯一途径就是尊重和心怀谦卑。我感谢奥巴马总统能够承认美国过去犯下的错误，感谢他重新握起兄弟国家人民的手。”也有民众表示，只要尊重分歧，古美两国就能够像真正的友好邻居一样和谐共存。[7]但古巴前领导人菲德尔·卡斯特罗却并不领情，他发表公开信指责奥巴马的演讲“充满甜言蜜语”，明确表示古巴“不要美帝送礼”。这说明全球化语境中认知传播的又一特征——政治属性，因而它又可视为国际政治传播的重要组成部分。

当今世界正处在剧烈震荡时期，各种力量组合和利益格局正在发生新的裂变。在全球化背景下，中国不仅在改变自己，也在改变世界；中国在影响世界，世界也在影响中国。正是由于中国的崛起给世界带来格局性的变化乃至冲击，所以不仅如何向世界说明中国成为中国认知传播的一个重大课题，而且如何应对各类涉华舆论也成为中国认知传播的一个重大课题。尚在成长期的认知传播学科，能够际会世界风云、契合国家大势，值得庆幸和自豪。随着人工智能（AI）、虚拟现实（VR）技术的推广普及，它们日益走进人们日常生活，将极大地改变人类的认知体验，甚至改变人类的认知基因密码。预计下一个十年贯通人工智能与虚拟现实技术的新一代移动智慧传播工具将会诞生，认知传播研究领域拥有一片蓝海。

我们要从大处着眼，从战略高度确立和把握认知传播的总体基调。要遵循新闻传播规律和新兴媒体发展规律，增强报道的时效性和客观性。权衡利弊得失，要立足全局，立足长远，既不要把暂时的局部利益当作永恒的整体利益，也不能把暂时的局部争端看作持久的全面争端。既要以历史眼光看待成就，又要以未来视角审视不足。防止浅薄与狂妄、盛气和自大、膨胀及吹擂，防止片面报道为人误读、被人利用，防止中国媒体公信力被人质疑，从而避免片面的正面报道产生全面的负面效果。

要切实研究对象国家和地区受众的需求和口味，不断创新话语体系。杜绝使用枯涩难懂的名词和“行话”，不堆砌华丽辞藻，不卖弄腔调，摒弃专业术语和“麦迪逊大街文风”。介绍中国的最新变化要快而活，反映中国的风物资讯要全而准；不但要让世界听见、听懂中国的声音，还要用世界习惯的方式接受来自中国的声音，更要让世界听到想听的来自中国的声音。即学会用国际表达讲好中国故事，用国际眼光缕清世界局势，用国际规则开发用户市场。

话语是思维的载体，犹如运载卫星的火箭。话语创新的作用，就像给火箭制导并填充燃料，能把卫星准确送达太空以完成预定任务；话语创新的魅力，如同装点夜空的焰火，可以有效提升内容的感染力，增强话语的穿透力。切实创新话语体系，是提高中国文化信息生产、传播和用户服务能力，增强中华文化软实力的重要一环。

注释：

1　林克勤. 认知传播学的宏观学术视野[J]. 现代传播，2015（12）.

2　中国认知传播学会2016年年会（第三届）暨国际学术研讨会于2016年4月9日在浙江越秀外国语学院举办。

3　红深. 姚明的高度[N]. 人民日报（海外版），2011-7-12（1）.

4　梁金雄. 他是姚明，移动的“中国长城”[N]. 新华网，2011-7-21.

5　李瑞环. 坚持正面宣传为主的方针[J]. 求是，1990（5）.

6　张振华. 当代中国广播电视学[M]. 中国国际广播出版社，2014：94–95.

7　奥巴马. 奥巴马古巴演讲 呼吁美古共同面向未来[N]. 国际在线，2016-3-23.

大数据治理对舆情认知的影响及其反思[1]

邵培仁　王昀[2]

摘　要：大数据时代带来了舆情认知的方法转向。这种新的技术治理手段更为重视舆情结构的关系化，舆情研究被纳入一种日常化的沟通机制，舆情信息则被进一步整合为社会性资源。不过，大数据虽在舆情行业得到广泛应用，亦面临诸多批评声音。认知传播研究者应当在技术反思基础上，重新检视线上舆情存在的价值偏见，通过结合数据认知与情境认知突破方法工具的局限性，并谨慎对待大数据与小数据之间的认知取向问题。大数据治理的前提还需鼓励更为开放的公共空间，将舆情分析融入公共领域结构，以在最大效应层面推动当代公共政治文化的转型。

关键词：舆情　认知传播　大数据　治理　反思

伴随信息通信技术以及社交媒体浪潮推动认知传播的数据化趋势，这亦在相当程度上带来了舆情研究的方法转型。近年来，大数据舆情分析在国内日趋热络，许多舆情从业者将其奉为圭臬，大数据俨然成为新时期舆情治理的核心术语。本文便旨在探讨大数据为舆情认知带来的影响及其相关反思，从而对下述问题做出回应：与以往方式相较，大数据对于我们认知社会舆情有何特殊意义？大数据环境下舆情治理的主要研究取向为何？以大数据为路径的舆情认知存在何种

1　[基金项目]本文系2014年度国家社科基金（第二批）重大招标项目——“多语种涉华国际舆情案例数据库建设研究”（项目号：14ZDB162）成果之一。

2　[作者简介]邵培仁，浙江大学传播研究所所长、教授、博士生导师；王昀，浙江大学传播研究所博士生。

共识、争议乃至风险？

一、舆情认知的方法流变与大数据转向

舆情暗示着社会成员潜在的政治行为，关乎政治合法性，向来是社会治理的重要领域。作为“各种不同意见的总和”[1]，舆情往往牵涉较大范围的意见气候以及复杂的公众构成，具有相当抽象性。一般来说，传统的舆情认知依赖于两种渠道：一是发端于19世纪，自20世纪30年代开始被广泛应用的民意测验，通过一定规模的社会样本调查公众关于社会问题的观点与态度。二是新闻媒介作为“代理人”来反映社会舆论生态。Savigny（2002）即指出，在当代社会，公众意见由大众媒介调节，两者彼此围绕形成了哈贝马斯所言的“公共领域”。[2]在此意义上，人们关于舆情的认知框架乃是由媒介把关人建构的拟态环境所决定。

互联网时代带来的种种变革使得舆情治理环境变得更为复杂。线上文化推动公众、组织得以摆脱政治精英以及媒介组织控制，直接在公共空间进行议题表达与辩论，这在某种意义上弱化了大众媒介的中介作用。认知传播研究于是逐渐开始关注互联网如何扩展“媒介出席”（media attendance）方式，探讨影响人们线上言行的一系列社会心理因素。[3]在一段时期内，研究者多通过网络问卷、电子邮件以及应用程序等方式有针对性地收集网民意见，或者通过人工审阅来把握舆情变化。不过，由于线上空间的匿名性与流动性，实际仍难以实现对线上言论与公众情绪的大范围有效测量。另一方面，传统舆情调查存在的谎报、误报以及参与模型的解释力问题依然产生持续不断的争议，直至新时期高质量的公众注册记录与大数据管理技术，方为修正调查有效性提供了难得机遇。[4]

Web 2.0以后的科技突破使得大量信息在用户之间的互动中产生，社交网络与移动化传播的盛行既孕育了潜在的舆情风险，也成为大数据技术突飞猛进的关键。2011年，麦肯锡咨询公司发表《你准备好迎接大数据时代了吗》一文，指出大数据已经成为当代社会重要的竞争资产。依据文章判断，仅在美国，至2018年便会产生14～18万对大数据专家的需求，同时还包括150万的管理人员与分析人员缺口。[5]2012年，美国联邦政府宣布投入2亿美元用于大数据项目，大数据作为一项社会治理工具引发全球性关注。

截至目前，大数据并未有统一定义。按照Ebach等人（2016）的总结，大数据就是与大型数据信息库相关联的术语，它往往用来指代以数据为导向从而分析趋势、关联性、模式并涉及相关技术设备的算法模型。[6]广泛存在的共识认为，

大数据的关键并非字面意义所言的数据规模之大，而在于数据集群产生的关联性。尽管舆情调查的渊源由来已久，但面对日益变迁的科技环境，传统舆情研究已经不能面对复杂的线上空间。大数据平台被采用于舆情领域之后，迅速协助研究者超越地方性的限制，真正从宏观视角考量社会舆情的整体面貌，尤其社交媒体推动的海量数据平台，为人们探索如何利用新的数据源规避传统舆情调查中缺乏时效以及有效数据的弊端提供了契机。[7]

新的传播技术直接推动了舆情市场规模在过去数年内的井喷式发展。仅截至被称为“大数据元年”的2013年底，中国便共涌现出800多家舆情软件企业。[8] Kleinberg（2012）评价，尽管大数据这一术语本身是模糊的，“它却在变成某种真实的东西：大数据成了一种可能改变一切事物的信条。”[9] 在数据呈现的经验模型下，互联网公众不再成为隐藏在屏幕背后的匿名者，而在社会关系网络中变得日益可视化，用户在线上空间的活跃反而让他们的行为习惯快速地被他人识别。舆情研究从过去侧重于以特定的受众群或者事件为对象，演变为直接与数据打交道，强调公众意见如何扩散、互动乃至影响他人的过程。大数据带有的高容量、实时性、多样性、穷尽性、索引性、可塑性等一系列特征无疑提升了舆情分析者建立关联模型与预测模型的能力，为进一步从数据认知层面转换到决策辅助层面提供了可能性。通过将受众原本散落在线上空间的碎片化痕迹纳入测量范畴，大数据极大扩充了舆情分析的边界。由是观之，大数据时代的崛起已深刻影响人们的舆情认知方式。

二、大数据环境下舆情认知的基本面向

大数据的本质观点在于认为规模的变化会导致状态的变化。[10] 因此，大数据治理的核心目标是基于数据系统建立合理的动力解释机制，在行为发生之前便进行研判与规整。依据Harford（2014）归纳，大数据的支持者们至少描绘了四种振奋人心的前景：其一，数据分析能够实现惊人的准确性；其二，全样本时代来临，传统的样本统计技术将被抛弃；其三，研究者无须执着于因果关系，更应依据相关性去了解人们的真正需求；其四，足够多的数据将带来“理论的终结”“数字将为自己说话”。[11] 这种改变显然极大颠覆了认知传播的传统分析框架，面对新的认知实践方式，本文以三个基本面向来观照大数据如何改变我们对于舆情的理解。

（一）舆情结构的关系化

舆情流向并非以明显的公众行动为标志，而蕴藏于不易察觉的复杂社会关系之中。既然互联网舆情乃是通过人们的线上互动进而得以建构集体性意义，那么，如何有效观测这种关系互动的方式？按照Urban与Bulkow（2013）的说法，由于社会议题与公众话语的线上传播都是通过网站之间的链接实现的，所有公众意见的形式于是都可以被理解为参与不同类型社会化网络的过程。[12] 换而言之，原本隐晦的社会关系被数字之间的关联性所取代。通过与云计算、物联网、数据中心、分布式计算等一系列概念结合，全球大数据网络进一步强化了一种关系的维度。

尽管包括两级传播、意见领袖、沉默的螺旋等牵涉社会关系网络的传统理论依然在数字空间发挥重要效力，不过，大数据为探讨互联网带来的新型线上关系创造了更多空间。譬如，突发事件当中迅速团结的利益公众如何分配其话语文本，能否挖掘除却意见领袖之外其他可能存在影响力的潜在人群，哪些关系在舆情传播中更为重要，从而以此进一步检视舆情关系的自我发展，以及其实现扩散与支配的动态过程。除此之外，舆情结构的关系化意味着大数据的应用过程推动舆情治理变得更具整体性与系统性。尽管舆情事件中的关系传播在早期便已引起大量研究注意，以往关于互联网公众行动的研究，亦关注到社会资本以及个体连结如何实现线上动员的机制。但在认知层面，往往只能局限于特定个案或者空间范畴来反映舆情走向，或者说，仅仅侧重于某种地方性信息，难以获取跨地域乃至全球性的知识图景。在中国社会舆情压力指数处于一种持续高位运行的态势之下，危机不再成为单纯的随机概率事件，“而是环境、秩序、规则或者契约的系统性破坏或错位，是一种社会常态化存在。”[13] 因此，将大数据作为一种认知工具，则是要提高对于舆情数据之间关联度的梳理，在实现数据关系可视化的基础上，进而评估关系的生成、扩散与变化。在此之中，大数据将有利于进一步修正关于政治传播、公众意见、公共领域、集体行动及其社会影响的理论问题。

（二）舆情沟通的日常化

“人人皆拥有键盘”的时代使得公共事件爆发的潜在性无所不在。社会空间包含的不同矛盾冲突促使舆情形态呈现出复杂面貌，在某些条件下，不同舆情事件甚至能彼此转换，互相演化。传统关于公众意见的社会调查被认为多强调一种整体性意识形态，缺乏关于一系列不同社会问题的大量数据，因而使得对关于特定政策或者政策过程的公共意见知之甚少。[14] 新的舆情观测手段无疑在相当程度上弥补了过去舆情认知的方法缺陷，通过不同的数据采集渠道，公共政治生活中的每个细节均能够被纳入考量，从而勾勒全景式的舆情生态。Stieglitz与Linh（2013）以社交媒体中的政治传播为例，较为全面地归纳了当前主流的五种数据挖掘方式：一是根据研究者自身定义的关键词或者标签收集特定信息，或者依据某一具体社交媒体账号，收集其所包含的所有评论；二是依据特定政治话题进行数据采集；三是有针对性地收集较有影响力的社交媒体行动者发出的相关信息；四是通过随机抽取特定数据集的信息来判断大多数意见；五则是通过人们发送的链接网页来评估其分享的信息，尤其在微博、推特等字数受限的线上平台，这一方式往往能提供富有额外意义的观点。[15] 上述数据通常自动生成于公众的日常社交网络行为中，因而对于理解真实的舆情面貌具备相当的可靠性。如Chen（2014）等人认为，大数据暗示的前提在于，人们在日常线上活动留下的痕迹拥有相似的高价值而低密度的特征。虽然就个人层面而言，这些数据或许并未有太大用处，但经聚合之后，则能反映特定群体的习惯、喜好、行为以及潜在心理。[16] 因此，尽管大数据舆情看似代表的是一种多数政治，这些数据却与个体现实生活紧密连接。

由此可见，新时期的舆情治理绝非单纯的控制手段可以实现，而必须纳入一种日常化机制，建立持续的认知、反馈以及决策协商的沟通过程。大数据推动舆情监测的日常化不仅意味着新的数据抓取技术可以全天候把握舆情动态，并且能够针对公共生活中不同的类型化议题、文化子群、参与结构进行实时跟踪分析。通过在不同层面实现对公众的数据行为分析，人们得以基于不同视角认知舆情内容，促进把握现实社会冲突的能力。舆情分析不再被视为对琐碎的、嘈杂的个人意见的集合，而是从中提取、分析高信息度的、与公众利益密切相关的部分，进而形成良性的舆情判断，提供国家政治生活的决策依据。

（三）舆情风险的资源化

公众批判与社会危机事件向来被认为充当着“安全阀”的职能，在宣泄社会情绪、维系政治秩序等方面发挥着积极作用。在大数据建构的关系网络之中，舆情被进一步与其他社会因素相联系，这超越了公众与政府之间的双向对话。Andrejevic（2013）强调，人们对于海量数据收集、整理工作能力的提升，带来了一种从市场、政治选举、社会治安到国家安全监测工作的全面融合。[17] 舆情在展现社会冲突之余，亦透露出公众喜恶及其传播行为，与人们的现实体验紧密相关。那些隐藏在服务器与应用软件背后的信息反映着人们的行动与沟通模式，是人们生活的一个重要维度。从这一方面来看，舆情数据确已成为重要资源。

大数据分析虽兴起不久，却已产生数据生产、数据采集、数据存储、数据分析的价值链体系。中国当前舆情市场亦在短短数年间迅速形成政府、媒体、教育科研、软件和商业并驾齐驱的行业格局。[18] 2014年，国家民政部将舆情监测纳入“购买社会服务指导目录”，不同社会力量均可提供系列舆情服务，使得舆情进一步“产品化”。舆情服务机构的成熟以及舆情信息的整合有利于从各个角度利用舆情数据，强化了信息增值趋势。这意味着一旦接近这些庞大数据源，便拥有了更为前沿的信息资产。将舆情转向资源化认知，舆情事件不再成为对社会结构的威胁或损耗，舆情治理则由过去强调危机回应的控制论视角，转变为偏向于风险规避与意见引导的调控视角。不过，这种资源化要求更为全面、聚合化的数据平台以及信息分析能力。可以说，大数据治理无疑强化了舆情研究的合作型趋势，这迫使传播研究者在利用传统理论优势的同时，不断修改自身的方法认知框架，加强本学科领域与其他学科的交叉融合。

三、大数据治理：舆情认知的经验反思

大数据虽在舆情领域以各种实践方式发展，但也面临诸多挑战与批评。对于认知传播研究者而言，庞大的舆情数据源本身便意味着一项重大挑战。大数据存在的一个矛盾在于，人们拥有越多数据，却可能越难以接近真正想要的内容。[19] 大数据支持者描绘的理想前景在当前尚存在多重现实障碍，同时，无孔不入的数据监测亦引发一系列社会争议。结合大数据时代舆情研究呈现的新特征，研究者仍须在反思数据利用的基础之上，对下述议题进行谨慎考量。

（一）线上舆情的价值偏见

互联网并非“包治学习”的灵药。虽然数据源的多样性使得人们能够自由选择适合自己思维方式的模型，为更有效地处理信息创造条件。但反面声音却认为信息海洋产生的认知负担（cognitive load）往往要求用户需要支付相当程度的精力成本，导致方向迷失。[20] 换而言之，大数据之“大”这一定位本身便可能存在一些问题。完全以数据指标为导向进行评估极易导致凭借事件热度或者讨论规模来衡量舆情影响力，而忽视公众声音表达的具体价值内容。因而，意见的增多并不能等同于舆论繁荣，而需要仔细从“海量意见”的形成与表达中甄选具有的

“舆论”的成分。[21]

另一方面，我们必须注意舆情的空间流动性。媒介融合时代，公众声音往往交织在线上与线下双重场域之中。Graham（2012）等人提醒，并非所有人都能保持线上“呈现”，而这些人则被排斥互联网传播渠道之外。[22]截至2015年6月，中国互联网普及率仅为48.8%[23]，这意味着对于相当一部分公众而言，互联网并非他们主要的媒介使用方式。即使对于上网人群而言，他们能在多大程度上利用线上空间实现关于公共议题的意见表达，这亦存在相当大的疑问。因此，大数据治理建构的舆情认知框架存在强烈的自身偏见。当前基于以互联网为载体的大数据平台并不能涵盖包含街头抗争、罢工、投票、集会等在内的传统政治表达渠道。研究者如欲利用大数据进一步拓宽关于整体社会舆情的认知，则需要建立新的评估机制，将线上与线下舆情生态相互连通，重新判断哪些公众意见对于现实生活具有最重要的影响力。

（二）数据认知与情境认知的结合

数据思维通常被认为有其自身局限性。Boyd与Crawford（2011）曾尖锐地指出，大数据标榜的客观性与精准性是具有误导性的，因为数据的量化取向并不能掩盖大数据工作者自身的主观性。大数据风险只不过再一次凸显了科学研究范式中长久以来便存在的分歧。[24]因此，大数据并不能成为舆情治理的唯一路径。过多致力于呈现纷繁复杂、碎片化的经验材料，往往极易忽视舆情转变背后的认知过程。尽管大数据的生命在于通过提取数据价值，将散落在网络世界的各类信息关联为具有逻辑性的数据系统，但随之而来的问题在于，如何弥合数据世界与生活世界之间的落差，基于预测目标的大数据能在多大程度上准确反应特定时期的公众心理、描绘社会意见形成的缘由？

社会认知研究的主流观点认为，意义是被社会性建构的，它依赖于特定情境，并且是一种传播过程的合作结果。传播更像一种经由不断试错，不断尝试，由参与者共同建构的过程。[25]将社会认知引入受众研究后，许多社会科学工作者都开始强调个人期望以及对结果的预估如何影响他们的传播选择。[26]换而言之，关于传播现象的解释需既依赖于社会性情境，又需要考量个人因素如何在情境中施加影响。为了有效地实现这一路径，认知理论向来关注社会互动中的语言与意义，一方面通过实地接触与质性深描，去阐述观念与角色的规范性如何被塑造起来，[27]另一方面则将话语与语义认知相结合，更为细致地探索意识形态如何以及为何被话语所操纵与传播。[28]

Gergen（1973）曾以心理学为例，批判过于强调行为“预测”与“控制”所产生的误导性。事实上，人类行为的预测价值随着时间变化变得极为有限，更为重要之处可能在于转向关注人们的“感受”（sensitization）。[29] 此观点其实亦可在某种程度上借以反思大数据舆情在认知上的局限。目前来看，社会科学工作者在应用大数据了解社会意见之余，关于其缺陷的争议实际一直没有停止。大数据虽能对舆情进行较为丰富的现象描述，但静态数据难以解释为何有此舆论，公众为何呈现出这些不同的表达方式以及这些方式展现出何种意图。在当代社会改革利益矛盾凸显的复杂舆情环境之下，为解决数据事实与认知事实的落差，研究者无疑必须更进一步强化量化数据与生活世界背景的结合，关注公众如何从情境互动中习得、修正行动模式，进而深入探讨舆情形成的结构动因。

（三）关于大数据与小数据的问题

随着大数据方法在舆情领域逐渐完备，研究者们鼓励从海量的数据空间中归纳出更具普遍性的、规律性的理论意涵。但是，这并非意味着个案数据丧失其意义。关于大数据的持续反思彰显了“小数据”在舆情分析中的价值。这种小数据包含着双重意涵：其一是指代与个体息息相关的个性化信息，牵涉到一系列具象化的认知因素；其二需要意识到的是，大数据自身往往是小数据的集合。由于数据越多，需要进行的分析手段亦呈指数增长，这造成了认知数据的陷阱，即数据计算出现误差与错误的可能性也增大。[30] 为了规避这种风险，人们既不得不提高对大数据的处理手段，亦需在某种层面上回归小数据，通过不同的个案经验对大数据结果进行验证与支撑。

Lynch（2008）认为，实际上，数据可以通过不同的方式被扩“大”，通过持续性地纠错试验、对特殊事件的观察，研究数据也可以成为“大数据”。[31] 按照这一观点，大数据本身似乎就是一个伪概念，它由无数的个案数据组成，可以用来指涉任何当对某项事物进行了解时人们所达到的足够多的经验状态。流行的批判主义声音认为，大数据带来了极盛的经验主义（empiricism）或者虚假的实证主义（psuedo-positivism）。这种对“小数据”的忽视充满风险：因为世界是复杂的，研究者不可能完整地掌握某个领域，或者彻底洞察其中存在的差别、矛盾与冲突。人们认知这一世界往往通过多样的、情景化的、理性与感性并存的方式，在抓取这些复杂的情感、价值、信仰以及意见的时候，大数据技术仍然有其弱点。[32] 乃至于Barnes（2013）谈到，由于数学总是被认为是科学的标志，而大数据则以数学算法的形式输出，因此，大数据常常被以知识的形式进行兜售。事实上，大数据并非能够制造有用的知识，大部分数据涵盖的内容都是“杂音”（noise），人们有必要厘清数据与知识之间的区别。[33]大数据总是倾向于捕捉那些共同的关联点，这往往需要辅以小数据来做进一步深入解释。譬如，关于互联网政治态度的研究发现，线上空间存在的信息选择性曝光（selective exposure）使得人们通常会更乐于寻找、评价与自身差异不是太大的人的意见，这就强化了一种政治同质性倾向。因此，在利用大数据分析政治内容的时候，必须谨慎考虑政治文化之间的区分以及用户的具体实践。[34]在此过程中，研究者可以基于大数据的聚类分析，进一步对不同文化社区采取访谈、田野、案例等观察方法，通过多种数据经验的结合，达成发现、验证、解释以及理论再建构相结合的分析回路。

前述，尽管大数据为当代舆情研究带来了乌托邦式的前景，但针对这一技术的治理手段，学界仍存在许多不同声音。基于大数据的舆情认知路径，还有进一步的问题值得展开讨论：大数据舆情是将强化政治与商业的控制力量，还是为公共对话打开另一扇大门？大数据带来的舆情认知转向对于中国特殊的政治文化结构有何影响？对社会舆情信息的充分掌握固然是好事，但信息获取手段的尺度则变得相当微妙。2014年，美国棱镜计划的暴露即引发相当程度的政府信任危机。一种日益高涨的声音认为，在大数据世界，并非数据本身而是由这些数据带来的一系列推论会引发相关的社会担忧，因此，组织有必要公开他们依据数据所作决策的标准。[35]而依据塞托（Certeau，1990/2009）的观点，尽管技术创造了相应的规训机制，但人们可以通过各种抵制策略遁逃出现有秩序。[36]就此意义而言，决策者必须慎重对待大数据结果。成功接近高质量的舆情数据并不仅仅在于技术观测手段，还须仰赖更为有效的与公众互动的沟通方式。换而言之，大数据治理的前提恐怕还需鼓励更为开放的公共空间，将公众从日常生活拉入以公共精神为导向的对话空间之中。若能将大数据治理下的舆情分析机制融入公共领域结构，共同发挥其正面特质，无疑能在最大程度带来当代公共政治文化的转型契机。

注释：

1 唐涛. 网络舆情治理研究[M]. 上海：上海社会科学院出版社，2014：3.

2 H. Savigny. Public opinion, political communication and the Internet [J]. Politics, 2002, 22(1): 1-8.

3 R. LaRose & M. S. Eastin. A social cognitive theory of internet users and gratifications: Toward a new model of media attendance [J]. Journal of Broadcasting & Electronic Media, 2004, 48(3): 358-377.

4 S. Ansolabehere & E. Hersh, E. Validation: What big data reveal about survey misreporting and the real electorate[J]. Political Analysis,2012, 20(4): 437-459.

5 B. Brown, M. Chui& J. Manyika. Are you ready for the era of big data? [J]. McKinsey Quarterly, 2011(4): 24-35.

6 M. C. Ebach, M. S. Michael, W. S. Shaw, J. Goff, D. J. Murphy & S. Mathews. Big data and the historical sciences: A critique[J]. Geoforum, 2016 (71): 1-4.

7 W. N. W. Cobb. Trending now: Using big data to examine public opinion of space policy[J]. Space Policy, 2015 (32): 11-16.

8 “舆情监测”是个什么市场[N]. 新京报，2014-03-21，A04.

9 S. Lohr. How big data became so big [N]. The New York Times, 2012-08-11.

10 V. Mayer-Schönberger & K. Cukier. Big data: A revolution that will transform how we live, work, and think[M]. New York: Houghton Mifflin Harcourt, 2013.

11 T. Harford. Big data: Are we making a big mistake? [J]. Significance, 2014, 11(5): 14-19.

12 J. Urban & K. Bulkow. Tracing public opinion online-An example of use for social network analysis in communication research[J]. Procedia-Social and Behavioral Sciences, 2013(100): 108-126.

13 喻国明. 大数据分析下的中国社会舆情：总体态势与结构性特征——基于百度热搜词（2009—2012）的舆情模型构建[J]. 中国人民大学学报，2013（5）：1–9.

14 P. Brace, K. Sims-Butler, K. Arceneaux, & M. Johnson. Public opinion in the American states: New perspectives using national survey data[J]. American Journal of Political Science, 2002, 46(1): 173-189.

15 S. Stieglitz & D. Linh. Social media and political communication: A social media analytics framework[J]. Soc. Social Network Analysis and Mining, 2013, 3(4): 1277-1291.

16 Chen Min, Mao Shiwen & Liu Yunhao. Big data: A survey[J]. Mobile Networks and Applications, 2014(19): 171-209.

17 M. Andrejevic. Surveillance in the big data era. In K. D. Pimple (ed.). Emerging Pervasive Information and Communication Technologies[M]. New York: Springer,

2013: 55-69.

18 李黄村. 网络舆情服务前景几何[N]. 人民日报，2012-01-31（14）.

19 R. Rousseau. A view on big data and its relation to informetrics[J]. Chinese Journal of Library and Information Science, 2012, 5(3): 12-26.

20 W. P. Eveland& S. Dunwoody. Examining information processing on the World Wide Web using think aloud protocols[J]. Media Psychology, 2000, 2(3): 19-244.

21 周葆华. 社会化媒体时代的舆论研究：概念、议题与创新[J]. 南京社会科学，2014（1）：115−122.

22 M. Graham, S. A. Hale & M. Stephens. Digital Divide: The Geography of Internet Access[J]. E*nvironment and Planning A*, 2012, 44(5): 1009-1010.

23 中国互联网络信息中心. 第37次中国互联网络发展状况统计报告[ER/OL]. 2016-01.

24 D. Boyd & K. Crawford. Critical questions for big data[J]. Information, Communication & Society, 2012, 15(5): 662-679.

25 I. Kecskes. The paradox of communication: Socio-cognitive approach to pragmatics[J]. Pragmatics and Society, 2010, 1(1): 50-73.

26 R. L. Duran & B. H. Spitzberg. Toward the development and validation of a measure of cognitive communication competence[J]. Communication Quarterly, 1995, 43(3): 259-275.

27 A. V. Cicourel. Cognitive sociology: Language and meaning in social interaction[M]. New York: Free Press, 1974.

28 C. Hart. Critical discourse analysis and cognitive science: new perspectives on immigration discourse[M]. London: Palgrave Macmillan, 2010.

29 K. J. Gergen. Social psychology as history[J]. Journal of Personality and Social Psychology, 1973, 26(2): 309-320.

30 [美]冯启思. 对“伪大数据”说不：走出大数据分析与解读的误区[M]. 北京：中国人民大学出版社，2015.

31 C. Lynch. How do your data grow?[J]. Nature, 2008, 455(4): 28-29.

32 R. Kitchin. Big data and human geography: Opportunities，challenges and risks[J]. Dialogues in Human Geography, 2013, 3(3): 262-267.

33 T. J. Barnes. Big data, little history[J]. Dialogues in Human Geography, 2013, 3(3): 297-302.

34 E. Colleoni, A. Rozza & A. Arvidsson. Echo chamber or public sphere? Predicting political orientation and measuring political homophily in Twitter using big data[J]. Journal of Communication, 2014, 64(2): 317-332.

35 O. Tene & J. Polonetsky. Big data for all: Privacy and user control in the age of analytics[J]. Northwestern Journal of Technology and Intellectual Property, 2013, 11(5): 239-272.

36 米歇尔·德·赛托. 日常生活实践：1.实践的艺术[M]. 方琳琳，黄春柳，译. 南京：南京大学出版社，2009.

跨文化交流的樱花修辞

张伟雄[1]

摘　要：1877年11月，近代中国向日本派出了第一个外交公使团。本文主要通过对参赞黄遵宪在日期间诗文的考察，探讨他跨文化交流中的"樱花修辞"。赏樱是黄遵宪打开理解日本文化大门的一把钥匙，通过赏樱，他深入观察日本社会，详细地状写樱花以及赏樱的场面，借物寄情，抒怀于物外，提出了他的一种解决问题"方法论"。黄遵宪的樱花修辞，表达了一个观点：德川幕府的功绩是"累世柔服人，渐变战场成乐土"。进而得出一个结论：庶民造反只会徒增国家的混乱。因此他主张"赤子虽饥莫弄兵"。黄遵宪的樱花修辞，强调了重视传统文化，因为传统文化对安定民心，引领民族昌盛有着重要的作用。跨越文化的黄遵宪不断向外部世界寻求丰富自己民族的文化养分，他的方法及其经验，时至今日仍具有很高的参考价值。

关键词：朱舜水　德川光国　樱花歌　传统文化

第二次鸦片战争以后，西方列强陆续派外交使团进驻北京。清政府也开始认识到以国际通用法则与外国交涉的必要性。1861年3月，清政府设立了专门掌管外交事宜的"总理各国事务衙门"。于1877年底派出了第一个驻日公使团。公使团的其主要成员是：公使何如璋（字子峨）、参赞黄遵宪（字公度）等。这是近代中国向日本派出的第一个常设外交使节团。

1　[作者简介]张伟雄：日本札幌大学文化学系教授，比较文学与比较文化博士。主要研究跨文化交流、翻译论等。

公使团的成员大部分都是当时中国一流的文人。公使何如璋是同治七年（1868）的进士，参赞黄遵宪则是光绪二年（1876）的举人。参赞官黄遵宪被选为驻日外交官时，正是他中举之际。黄遵宪深知作为一名参赞肩负的责任之重大。他在《日本国志》的序中这样写道：

> 窃伏自念，今之参赞官，即古之小行人、外史氏职也。使者捧龙节，乘驷马，驰驱鞅掌，王事靡盬，盖有所不暇于文字之末。若为之寮属者，又不从事于采风问俗，何以副朝廷诹诹询谋之意。[1]

黄遵宪认为，参赞的使命在于协助公使研究驻在国的国情，为制定外交政策提供参考信息。怀抱这样的外交认识和使命感，清朝驻日公使团一行于1877年底来到了日本。对于黄遵宪来说，在理解日本文化的过程中有两大课题：一是对日本文化独特性的理解和再认识。因为日本文化的独特性往往被中日两国文化“同文同种”的观点掩盖。二是对日本选择吸收西洋文化这一情况，以及对西洋文化本身的理解。以下从黄遵宪的樱花论，以及传统文化论两个侧面考察黄遵宪在日本的跨文化交流。

一、文人的樱花情结

黄遵宪在日本期间每逢春天必去赏花，通过这些机会不断接触日本文化，从而加深了对日本的理解。每次赏花他都会把当时的心境记录下来，努力从文化论的角度理解日本文化。黄遵宪关于樱花的诗文全部收录在了他的代表作品中。《日本杂事诗》中有三首，诗中描写了日本赏花活动的壮观景象，介绍了赏花习俗，阐述了这种赏花习俗的独一无二性。另外，《人境庐诗草》中收录了黄遵宪一首长达五百字的七言诗，诗中赞美了日本的赏花风俗，对其在文化上的意义给予了高度评价。再者，黄遵宪在他的学术著作《日本国志》中设置了特别章节，从文化论的角度专门对樱花和赏花习俗进行了考察和研究。黄遵宪高密度的描写，寄情于物的修辞，表述了他的一种时代情怀。在《日本杂事诗》[2]中他这样咏赞了赏花大会的壮观景象：

> 朝曦看到夕阳斜，流水游龙斗宝车。
> 宴罢红云歌绛雪，东皇第一爱樱花。（《日本杂事诗》第163页）

黄遵宪还在诗后备注了关于樱花的详细说明。首先，黄遵宪对樱花到底是一种什么样的植物进行了如下描写："樱花，五大部洲所无，有深红，有浅绛，亦有白者，一重至八重，烂漫极矣。种类樱桃，花远胜之。疑接以他树，故色相亦变。"接着，黄遵宪又描写了日本人对樱花的热爱和赏花大会的盛大景象："三月花时，公卿百官，旧皆给假赏花；今亦香车宝马，士女征逐，举国若狂也，东人称为花王。墨江左右，有数百树，如雪如霞，如锦如荼。"

黄遵宪爱上了如此美丽的樱花，在尽享樱花之美的异国他乡，他仿佛觉得来到了蓬莱仙境。他又写道："余一夕月明再游其地，真如置身蓬莱中矣。"黄遵宪就是以一颗如此热爱樱花的心给予了赏花习俗极高的评价。

> 有卖樱饭者，以樱和饭。有卖樱饼者，团花为髓，或煎或蒸，谚有"团子贵于花"之谣。卖樱茶者，点樱为汤，少下以盐，人谓可以醒酒。花枝或插于帽，或裹于袖，或系于带，游客归时，满城皆花矣。（《日本杂事诗》第164页）

无独有偶，还有一位中国人和黄遵宪一样喜爱樱花，他叫朱舜水，明朝末年流亡到日本，曾受教于朱舜水门下的水户藩儒家学者安积觉在《朱文恭遗事》中写道："先生酷爱樱花，庭植数十株，每花开赏之。谓人曰：'使中国有之，当冠百花'。义公（德川光国）环植樱树祠堂旁侧，存遗爱也。"[3]

朱舜水爱樱花，认为如果中国也有此花，应为百花之首。在中国人们常把海棠比作温淑的美人，而过于褒奖海棠使得樱花之美被忽视。朱舜水出自对清朝的反感，对海外的美维系上了一种特别的情结，他把自己的亡国思想寄托在樱花上，通过对樱花的赞美，反衬了对清朝的非难。水户藩的儒学家中村顾言有一首诗也写出了朱舜水的这一心境：

> 独对山樱感岁华，东风戚戚旧烟霞。
> 川棠洛牡皆膻气，故爱扶桑第一花。[4]

远离故乡，无亲无故的朱舜水在年复一年独自赏花的过程中更加深刻地体会到了岁月的飞逝。春天的东风吹过，带着悲伤，故乡的情景仿佛又浮现在眼前。温淑的四川海棠，华丽的洛阳牡丹都已落入清朝的统治。对他而言，这些娇嫩的花儿都被染上了羊膻味，令人恶心。他已经爱上了扶桑的第一花。德川光国非常理解朱舜水这种亡国的哀思。在朱舜水过世后，光国在他的祠堂周围种下了许多樱花树，以告慰其在天之灵。

黄遵宪与朱舜水一样喜爱樱花，都有一颗欣赏日本美的纯粹之心，二人有诸多相通之处。为缅怀朱舜水，黄遵宪在《日本杂事诗》中写下了这样一首诗：

海外遗民竟不归，老来东望泪频挥。
终身耻食兴朝粟，更胜西山赋采薇。（《日本杂事诗》第120页）

在这首诗中黄遵宪赞美了朱舜水作为明朝遗民不屈于清朝统治的气节。亡命海外最终无法回到故乡，年老体衰，只能在日本遥望故乡，老泪纵横。可叹曾在故土坚持抗清，建号兴朝的孙可望竟然也投靠清朝了。朱舜水对孙可望食乱贼之米感到羞耻，最终亡命于日本，未能归乡。商代的伯夷、叔齐也曾耻食周国之米，但说到底仍身在周国，所食之薇亦乃周国之物。因此，黄遵宪觉得相比之下朱舜水更了不起。可以说黄遵宪是朱舜水伟大的知音，他们都是奔赴异国他乡，同时能够在异国文化中找到寄托自己情怀的文人。

朱舜水之所以喜爱樱花与德川光国的影响密不可分。德川光国喜欢樱花树，曾得到一株冬樱并作诗咏赞。他在诗文写道：

曾闻骏府有冬樱，渴望已久，遂府吏大久保赠与一株。栽之，灌之，朝视，暮探。今冬始花，喜爱备至。

白樱树下倒金尊，天为幕兮地为席。
惜花终夜移灯看，不知东方既将白。[5]

樱花树下，酒过千尊，惜花开短暂。不觉过了一夜，不知几时天都亮了。可以充分看出德川光国对樱花的喜爱，忘我的爱樱之心。德川光国这种樱花情结直接或间接投影到了朱舜水、后人黄遵宪的身上，产生了巨大的影响。

二、赤子虽饥莫弄兵

黄遵宪把德川光国与赏樱结合在一起，提升到了文化论的高度进行了研究。在日本论著作《日本国志》[6]中特设了“赏花”这一章节，详细介绍了日本樱花和赏花习俗，并在“外史氏曰”一节从文化论的角度对日本人的赏花习俗进行了考察。在这里，黄遵宪引用了中国《后汉书》中的记载，指出日本是个自古就喜欢游玩的民族。他认为德川时代继承并发扬了日本人的这一民族特性，对社会的安定和繁荣做出了贡献。

> 德氏承战争扰攘之余，思以觞酒之欢，销兵戈之气，武将健卒皆赏花品茗，自命风流，游冶之事，无一不具，二百余载，优游太平，可谓乐矣。（《日本国志》第891页）

黄遵宪把日本的太平盛世比作陶渊明笔下的桃花源，并把他的这一见地写在了七言长律《樱花歌》里，收录在《人境庐诗草》[7]中。诗的要点如下：

> 将军主政国尚武，源蹶平颠纷斗虎。
> 德川累世柔服人，渐变战场成乐土。

将军执政时国家多尊武，源氏和平家如猛虎般激烈的争斗，造成了国家大乱。到了德川时代，改武治为文治，代代君主均推行怀柔政策，获得了百姓支持，因此国家逐渐从战场变成乐土。黄遵宪对德川时代的文治政策给予了很高的评价。接着，黄遵宪在诗中歌颂了德川氏是怎样通过赏花这一活动，引导国家掀起崇美尚游的风气的：

> 将军好花兼好游，每岁看花载箫鼓。
> 三百诸侯各质孥，争费黄金教歌舞。
> 承平以来二百年，不闻鼙鼓闻管弦。
> 呼作花王齐下拜，至夸神国尊如天。

黄遵宪把樱花看作日本优秀文化的象征之一。他对江户时代德川实行以推崇赏花为代表的文治政策，从而保证了国家长治久安这一史实给予了极高的评价。在高度评价日本社会民风和平、安定的同时，黄遵宪不断地对比自己在母国的各种经历，得出了一个追求和平避免战乱的方法论。

黄遵宪是在1865年10月结婚的，那年他18岁。结婚没几日，太平天国军的一个分支就攻破了他的故乡嘉应州。黄家一族为避难从老家逃了出来。由于这次内乱，嘉应州死亡四千余人，黄遵宪的家也遭到了洗劫，财物尽失，世代生活的老屋由此荒废。战乱平息后黄遵宪写下了这样一首诗：

终累吾民非敌国，又从据乱转升平。
黄天当立空题壁，赤子虽饥莫弄兵。[8]

黄遵宪认为，庶民叛乱只会使自己的国家更加混乱。因此他在诗中主张“赤子虽饥莫弄兵”。来日本之后，他看到日本社会安定，百姓祥和，于是把日本国民和政府作为学习的典范，试图从其历史、文化背景中寻找原因。黄遵宪借助德川幕府的一种文化仪式，寄托自己的情怀，提倡文化的有效性。高歌“德川累世柔服人，渐变战场成乐土”，以此告诫母国的同胞，进而创造了自己的“作为方法的跨文化论”。他的日本文化论，有着很强的目的意识，他的对象不是日本人而是母国的同胞，他试图通过美化一个榜样，以推广改革的观念。

在以上的观念下，黄遵宪研究日本明治政府的国税制，了解到“一饮一食、一技一艺”都要纳税，国民负担沉重。对于这一点他这样写道：“士大夫之不喜新法者每生谤议，独未尝以此责执政也。”在这篇文章中他还写道，假如中国人也遭遇同样的苛税会做出怎样的反应。“设以吾民当此，必疾首蹙额以相告，为士大夫者又或微言刺讥咏歌而嗟叹，以为苛政之猛于虎矣。”[9]

黄遵宪对在日本接触到的许多事物都不惜赞美之辞。与之相比，他常常感到“天朝大国”逊色太多，这种反差给他带来了沉重的打击。面对盛开的樱花和悠闲赏花的日本人，黄遵宪忧国忧民的思想越发强烈。黄遵宪由赏花触发了樱花文化论，他赞美樱花，称颂德川时代的文治政策。赏花是黄遵宪理解日本文化的开端，为其后来再研究日本奠定了基础。

三、西学之流弊

黄遵宪一代人所处的正是西学东渐的时代。为应对西方文化的冲击，黄遵宪和同时代的很多知识分子一样，研究西方文化，并从中吸收大量的经验。通过研究，他把西方文化分为对中国富强有积极意义的文化，和不适合中国国情会引起混乱的文化。在《日本国志·学术志》中，黄遵宪对他所认为的西方的特征这样写道：“彼谓等天下而同之，撤遂万物而利之，天下之人，喜人人得自伸其权、自谋其利。故便其说之行而乐趋之。交相爱则交相利。苟利于众，则同力合作、故事易举。无所甚亲于父兄，无所甚厚于子孙，故推其爱于一国，而君臣上下无甚差别，相维相系而民气易固。”（《日本国志·学术志》第788页）

黄遵宪以儒家教养来考察这些特征，他指出了其中的弊害：“然吾以为其流弊不可胜言也。推尚同之说，则谓君民同权，父子同权矣；推兼爱之说，则谓父母兄弟同于路人矣。天下之不能无尊卑，无亲疏，无上下。天理之当然，人情之极则也。圣人者知其然而序以别之，所以已乱也。”（《日本国志·学术志》第788页）

黄遵宪认为这些西学的弊害，在如今西方经济上升期还未显现出来，一旦经济不振，定会发生较大混乱。关于这一点，他这样写道：“彼以无统一无差等之民，各出其争权贪利之心，佐以斗狠好武之习，纷然其竞起，天下不畏，法之不修，义之不讲；卒之尚同而不能强同，兼爱而无所用爱。必推而至于极分裂、极残暴而后已。执尚同兼爱以责人，必有欲行均贫富、均贵贱、均劳逸之说者。”（《日本国志·学术志》第788页）

黄遵宪对西方学问抱有很高警戒心，他在考虑西方的学术思想时，以本国儒家和墨家的思考方式为出发点。他曾把西方的功利性很强的思想与墨家思想比较，认为与墨家思想相近，对提高生产性有益，但对社会的长治久安却不利。黄遵宪认为西方的博爱思想就是墨家的“兼爱”思想。墨子认为社会之所以混乱，是因为人类是利己的，互相之间并不相亲相爱。他主张“兼爱”之说。另外，他还提倡“交相利”之说，即爱他人便会给他人带来“利”，如此他人也会给自己带来“利”，这便可实现利益的互惠。然而，这与儒家思想相左。孔子的核心思想之一是“仁”。孔子所说的“仁”基本上是指“孝悌”，“孝悌也者，其为仁之本”（《论语·学而》），他认为仁的实行应该是对自己亲近之人，如父亲及兄长的“孝悌”行为，然后再向周边延伸。此外，孟子提倡人类应该遵守“五伦”。“父子有亲，君臣有义，夫妇有别，长幼有序，朋友有信”（《孟子·滕文公上》）。孟子认为人类正是有了这样的道，才有别于禽兽。

黄遵宪在思考西方思想时，把以上这样的儒家伦理思想作为思想的根本。他认为，西方“兼相爱”“交相利”的思想必定会带来巨大的混乱。他在给日本的汉学家青山延寿的《皇朝金鉴》写序时这样写道：“余窃以为天下者，万国之所积而成者也。凡托居地球，无论何国，其政教风俗，皆有善有不善。吾取法于人，有可得而变革者，有不可得而变革者……。其不可得而变革者，君臣也，父子也，夫妇也，凡关于伦常纲纪者皆是也。”[10]

黄遵宪认为在伦理方面，说到底还是应该遵从本国固有的、历经数千年形成的儒家的伦理观。黄遵宪曾目睹了一部分西方人在东方的恶行。在对西方认识的问题上，鸦片战争和香港主权的割让这两大事件给黄遵宪带来了巨大的影响。西方人以鸦片之毒和近代化武力为手段强占中国领土，迫使中国结下城下之盟。在列强的强权外交下，黄遵宪看不到一点儿所谓“兼爱”的爱人之心。他眼里看到的全是凭借武力，迫使弱小国家签订一连串不平等条约、扩大自己的利益、满足贪欲的样子。因此，在《日本国志·邻交志》中，黄遵宪指出中国国内从士大夫到一般百姓，只要谈到外交，尤其是传教士问题、鸦片问题、治法外权问题等，无不“若争欲剸刃于外人之腹而后快心者”。黄遵宪以儒家思想为指导，以日本为媒介，考察了西方思想文化，确立了自己对西方思想文化的看法。黄遵宪认为西学中实用科学部分，如经济、政治的运营方式等有很多应该吸取的地方，但是在统一民心安定社会上，只有依靠中国由来已久的传统文化儒家思想。

四、对传统文化的尊重

黄遵宪在研究传统文化时，注意尊重各个民族特有的文化。他认为因为时代、环境的不同，各民族的风俗也不同，这是理所当然的事。“五帝不袭礼、三王不沿乐，此因时而异者也。百里不同风、千里不同俗，此因地而异者也。”（《日本国志·礼俗志》第825页）基于这种认识，黄遵宪认为所有的民族都有适合自己风土的风俗习惯，也有形成该风俗的必然性，我们不能评论他们风俗的好坏。基于这种认识，他又这样写道：“骤而观人之国，见其习俗风气为耳目所未经，则惊骇叹咤，或归而告诸友朋，以为笑谑。人之观吾国也亦然，彼此易观则彼此相笑，而问其是非美恶，各袒己国。虽聚天下万国之圣贤于一堂，恐亦不能断斯狱矣。”（《日本国志·礼俗志》第825页）

在此黄遵宪主张的是各个国家或民族都有其独特的、优良的传统，这都是在文化成立的必然性中形成的。因而不能轻易判断其好坏。尊重各个文化、发现彼此的优良之处并理解对方，这才是最重要的。黄遵宪就是在这种认识下开始了对日本传统文化的研究。

黄遵宪认为重视祭祀活动对于治国安民是十分重要的。他对一部分崇拜西方文化、舍弃本国传统文化的人提出了这样的看法：“逮乎近日，则诸教盛行，各宗其说。如耶稣教视一切神明皆若诞妄，则有以古人之祭典为鄙陋、为愚昧者。民智益开，慢神愈甚。虽然以先古先哲王之仁之智，而以禘尝治国，以神道设教，自有精义。盖其时人文草昧，所以化民成俗，不得不出于此。上以恪恭严肃

事神，下以清静纯穆报上，固有非后世之所能及者矣嗟乎。”（《日本国志·礼俗志》第840页）

黄遵宪认为各民族的传统文化是根植于各民族风土中的，重视传统文化对安定民心有着重要的作用。他身处日本明治维新以西化为时尚的时代，当时很多日本人对自己的传统文化失去了自信，他却对日本的传统文化给予了高度评价，他与友人青山延寿谈论日本文化：“日本立国二千余年，风俗温良，政教纯美，嘉言懿行，不绝书于史。吾以为执万国之史以相比较，未必其遂逊于人。则以日本之史，教日本之人，俾古来固有之良，不堕于地，于世不无裨益，则亦何事他求哉？”[11]

黄遵宪这样高度评价日本文化，也是想要阻止当时西方文化一边倒的风潮。他关注日本的传统文化，在《日本国志·礼俗志》中，以敏锐的观察和对传统文化的热爱，写下了美好的文化论。在《乐舞·相扑》一文中，黄遵宪这样写道：“每日黎明击鼓上场，观者皆蓐食而往，力士分朋，互相比较，类长身大腹，筋骨如铁，中分土豚，各据一半，蹲而蓄气，少时神定，一喝而起，铁臂石拳，手手相挎，卖虚弄巧，钻隙取胜。盖斗智斗力斗术兼而有之。”（《日本国志·礼俗志》第880页）

在《饮食·鱼脍》中关于刺身的描述，他这样写道：“喜食脍，尤善作脍，以生鱼聂而切之，以初出水泼刺者，去其皮剑，洗其血腥，细剑之为片，红肌白理，轻可吹起。薄如蝉翼，两两相比，姜芥之外，具染而已，入口冰融，至甘旨矣。”（《日本国志·礼俗志》第859页）

黄遵宪乐于观察日本的风俗习惯，站在文化的高度对日本的某些风俗习惯予以赞美。在积极的跨文化交流中，原来像海外蓬莱仙境一样神秘莫测的日本，经过黄遵宪缜密的研究及精彩的描写，给国人呈上了一幅具体的图像，增加了当时的国人对日本的了解，为国人解决自身问题提供了一个参照物。黄遵宪从不故步自封，不满足于一国文化，他不断向外部世界寻求养分。他出使日本，得到了接触他国文化的机会，他不光是考察了日本，还通过日本，窥视到了西洋文化的一端。黄遵宪借物寄情的樱花修辞，他的跨文化论，无论是内容还是方法，在一百多年后的今天，仍具有很高的参考价值。

注释：

1　黄遵宪. 日本国志第40卷（初版）. 广州富文斋，光绪十六（1890）年.

2　钟叔河辑校. 日本杂事诗广注. 湖南人民出版社，1981年.

3　稻叶岩吉编. 朱舜水全集. 文会堂，明治四十五（1912）年，第724页.

4　山田孝雄. 樱史. 讲坛社学术文库，1990年，第262页.

5　山田孝雄. 樱史. 讲坛社学术文库，1990年，第260页.

6　黄遵宪. 日本国志第40卷（初版）. 广州富文斋，光绪十六（1890）年.

7　黄遵宪. 人境庐诗草[M]. 钱仲联，笺注. 上海：上海古籍出版社，1981.

8　黄遵宪. 人境庐诗草[M]. 钱仲联，笺注. 上海：上海古籍出版社，1981：21.

9　黄遵宪. 日本国志第16卷[M]. 广州富文斋，光绪十六（1890）年，第472页.

10　郑海麟，张伟雄. 黄遵宪文集[M]. 京都：中文出版社，1991：113.

11　郑海麟，张伟雄. 黄遵宪文集[M]. 京都：中文出版社，1991：113.

参考文献：

稻叶岩吉. 朱舜水全集[M]. 日本：东京文会堂，1912.

黄遵宪. 人境庐诗草[M]. 钱仲联，笺注. 上海：上海古籍出版社，1981.

黄遵宪. 日本国志[M]. 广州：富文斋，光绪十六（1890）年.

黄遵宪. 日本杂事诗[M]. 钟叔河，辑校. 长沙：湖南人民出版社，1981.

山田孝雄. 樱史[M]. 日本：株式会社讲谈社，1990.

郑海麟，张伟雄. 黄遵宪文集[M]. 日本：京都中文出版社，1991.

拉伸与重构：生态文明视阈下的当代中国话语

林克勤[1]

摘　要：国际话语生态是一个复杂的综合体系，是全球资本广泛交集和激烈竞争的前沿地带，也是国际社会政治、经济、文化、科技、军事、外交以话语为形态进行展示的舞台。场域理论揭示了这种展示与竞争的暴力性和矛盾性，并反映了这种权力逻辑对国际话语权的建构与固化。国际话语权一般分为制度话语权、媒介话语权、学术话语权、文化话语权、民间话语权等五个组成部分。当下的国际话语体系由美国为代表的西方国家主导，并对中国话语采取拒斥和打压的霸权立场。要在国际话语体系中争得一席之地，中国话语的重构与重述势在必行。针对如何提高中国的国际话语权，仅仅采取割裂式的民族主义应对策略是不够的，站在生态文明的视阈下，对东西方各种零碎方案进行拉伸与整合，展现一种贯穿、高远的包容精神，是一种解决现实问题的新路径。本文倡导一方面借用批评话语分析的语境研究范式，另一方面重建和再造中国自己的知识思想体系，实现穿越西方、回到当代的学术构想，用经过现代改造和重新阐释的新儒学反思社会民主的另一副面孔和一种全球性、具有普遍意义的话语体系及社会语境，与西方人文大潮进行理性对话和互补增益，共同打造人类命运共同体的世界愿景。

关键词：国际话语生态　社会语境　人类命运共同体

1　[作者简介]林克勤，四川外国语大学教授。

一、审视与厘清：场域理论观照下的国际话语体系

国际话语生态是一个复杂的综合体系，它包含多种力量和关系的交织与互浸，是经济竞争力、军事战斗力、政治影响力、文化吸引力、制度约束力等诸多因素综合作用的一个虚拟场域。这个场域是世界图景的媒介化投影，是国际社会政治、经济、文化、科技、教育乃至军事、外交等以话语为形态进行展示的舞台，是全球化资本广泛交集与激烈竞争的前沿地带，同时也是人类文明的话语再现系统。世界各国、各民族、各种宗教、各种文化与文明是全球话语体系的构成要素，也是全球话语的行为主体。这个话语体系是有层次的、划地区的、分阶段的，也聚焦着历史的传承积淀和现实的反复映射。[1]

国际话语生态不应该被看作是一个整齐划一的单质体，而是一种互动性和开放型的共在关系集合。哪一个国家在国际话语体系中主导话语权，哪一个国家在国际话语体系中提出议题、主导议题、终结议题，取决于其在国际社会中的影响力、号召力、组织力。这固然是一种众所周知的软实力，但归根结底是软实力背后的综合实力在起作用，如政治、经济、军事、科技、文化等制度性实践所形成的强大结合力和覆盖力。这个话语体系具有混杂性、综合性的特点，是诸多关系的交汇空间，也是主体间性的表现场域，如何处理好国与国之间的交往关系，协调好各民族、各文明之间的利益纠葛与现实考虑，是维持话语系统均衡性和稳定性共在的关键变量。这个话语系统既承续了人类话语文明发展的历史轨迹，又兼具时代的特点与变化的逻辑，既有纵向的表述更迭，又有横向的关系梳理，是一个各种张力和矛盾充盈的国际场域。

按照布尔迪厄的定义，场域是由社会成员按照规制的逻辑要求共同建设的、各种言语行为个体参与社会活动的主要场所，是相对比较集中的符号竞争和个人策略展示的人生剧场。这种竞争和策略展示的目的是生产有价值的符号商品，而符号的价值则取决于消费者集团对它进行归类的层面，层次越高的符号竞争的胜利则意味着一种符号商品被社会合法化认定为比其竞争对象拥有更多的价值，并可在社会中发挥强有力的审视和规制作用。布尔迪厄称之为“符号暴力”。[2]场域充斥着各种关系变量，每个个体都在场域中展开竞争，每一个场域都划分为主导者和追随者，而任何凌越和压制都隐含着矛盾与对抗。他认为，“在场域中最为活跃的因素是那些可以用来定义为各种‘资本’的东西。”[3]这些因素包括经济资本、政治资本、文化资本、教育资本、关系资本等等。资本是场域活动竞争的目的，又是与其他力量进行对抗的手段。在各种因素、关系、力量充斥的场域

中决定竞争获胜的前提条件就是资本的内在逻辑。资本在场域中不是按规划和需求平均分配的，资本是长时期积累的结果，是一种排他性资源，又是各种社会竞争所依赖的核心手段。不同类型、不同数量的资本的型构与布局，体现着社会的资源和权力的结构重组与视点聚集，这种起点的不公平性决定了竞争活动的不平等。[4]按照布尔迪厄场域理论的现实释义，我们就能够比较透彻地解读国际话语体系中各种主体的博弈与竞争的无处不在，以及这种关系角逐与社会竞争背后的资本，尤其是文化资本的权力逻辑，以及这种权力逻辑形成的历史动因和存在的现实支撑是如何影响着国际话语权的建构与固化。

二、梵·迪克和法尔克劳的话语权力五分法及其中国策略想象

当今国际话语体系呈现出“西强东弱、一家独大”的格局和特点。“西强东弱”指的是整个西方社会控制着全球话语权，而东方以及其他地域的民族国家则处于集体失语或噤声状态；“一家独大”指的是苏联分裂瓦解之后，世界格局中只剩下美国一个超级大国，而其他国家都不具备与之抗衡的实力和基础。现实社会中，以美国为代表的西方国家拥有强势的国际话语权，在各种全球性利益的博弈中占有明显的优势。有学者参照荷兰符号学家托伊恩·A.梵·迪克和英国社会语言学家诺曼·法尔克劳对话语和权力的架构分析方法，将国际话语权分为国际制度话语权、媒介话语权、学术话语权、文化话语权与民间话语权五个范畴。[5]

约瑟夫·奈认为，如果一个国家可以通过建立和主导国际规范和国际制度，对世界政治的议事日程进行规设和铺排，那么它就可以影响到他人的立场偏好和对本国国家利益的认识，从而具有软权力，或者说制度权力。[6]更进一步，他在《软权力》一书中指出，“如果一个国家可以基于自己的利益取向和价值观念框架来设计和塑造国际规则，其行为就更容易披上被他国认可的公益性合法化外衣。如果这些规则和制度可以四处传播并成为他国自觉遵守的铁律，那么它就没有必要使用代价高昂的物质引诱和军事威胁。”[7]显而易见，在诸多影响人类社会命运和现实存在的世界性议题的提出和主导方面，美国和西方社会拥有比较优势的话语权。

除此之外，美国和西方社会还拥有世界上最有影响力、组织最严密、实力最强大的媒介网络，以CNN、CBS、NBC、BBC、《纽约时报》、《华尔街日报》、《今日美国》、《泰晤士报》、《金融时报》、推特（Twitter）、

Facebook（脸书）等为代表的国际传媒体系具有强大的传播力和解释力，拥有对重要问题进行议程设置的权力，其塑造现实和设计未来的能力日益强大。越来越多的事实表明，作为信息传递和意义解释工具的媒介已成为国际事务斗争话语的延伸，发展成一种混合了强大经济约束、政治压迫和意识形态规制能力的新型权力。

学术话语权则包括话语主体创造和更新学术体系的权力、思想与意义赋予权和价值自主权，在指引导向、鉴定评判、行动支配等方面对世界学术体系有着巨大的影响。[8] 近现代以来，美国和西方社会的学术思维方法、研究路径、关于世界图景的评说定位等模式已经扩展到了整个世界，主导了众多学术领域的研究导向和评价标准。世界级高水平的学术期刊、权威引文检索（SCI、SSCI、A&H等等）基本为西方掌握，国际性的学术大奖（如诺贝尔奖）的评判权也大都被西方垄断，甚至连各国学术论文的电子格式也全面遵从西方规制，发端于美国的与计算机、互联网配套的word、PDF文档成了大家都乐于使用的通用型论文写作模板。

还有一个值得注意的现象，即文化话语权在现代社会发挥了规制人们思想和行为的意识形态的功效，所谓“文化霸权”就等同于意识形态的控制权，是统治阶级的统治能否被被统治阶级心悦诚服地接受、认同的合法性问题。[9] 西方社会自第一次启蒙以来，已经以现代性的视角为全世界创设了一个由西方国家主导的全球文明生态。自此以后，现代世界的一切无不在笛卡尔—牛顿—达尔文所拟制的言语行为框架之中，这种以二元对立为理论核心、民主与科学等概念为认知表征的现代性体系的世界扩展，使之成为当今人类难以祛除的思维模式以及解决问题的背景性预设，成为一切学术研究的立场视野与设定前提，这才是西方国际话语权真正强大的价值指向。[10] 因此，要打破西方文化凌越世界的霸权模式，改变其唯我独尊的叙事与言说方式，就要从根本上超越现代性的思维窠臼，迈向生态文明、田园文明、新世界主义等以全球命运共同体为考量基础的新的人类解放精神向度，并以包容差异、多元视角、有机联系为核心视点形成东西方文明的交织与合奏。

相对于国家话语而言，民间话语随着公共外交的全球扩展与效力发挥也拥有了越来越多的独立言说空间。目前在国际舞台上发挥作用的民间团体主要是具有很强国际活动能力的跨国性非政府组织。据联合国报告统计，国际非政府组织数量在1951年只有832个，但现在全世界有将近3万个。[11] 这些民间团体包括各种基金会、劳工组织、志愿组织、行业协会等，但国际上知名的非政府组织总部大多设在西方发达国家，且其机构多为西方社会所实际操控。

国际话语权的获得不是与民族国家的独立性和合法化必然伴生的，而是随着国家的发展与话语场域争斗而不断经历的一个渐次积累的进程。从话语权的本质内涵及其基本特征来看，国际话语权的增强一般要经过以下三个阶段：第一，从无到有，即创设话题或争夺话题阶段，这可以是民族国家由一个旁观者变为参与者，或一个被动者转为主动者的过程；第二，由点带面、逐渐张扬，即话语主体把已有的涉及某个或某一方面话题的国际话语权在其范围或广度上进行扩展泛化的过程；第三，民族国家对已拥有国际话语权的某些话题在多层次上或思想深度上加强其解释力、传播力并强势固化的阶段。显而易见，国际话语权的提升与增强主要依赖于实际行为主体有效和灵活的对策与行动，还要借助非官方组织的努力以及国民的整体配合形成。[12] 以美国为代表的西方国家就是沿着这一设定的路径逐渐争得了国际社会的主导话语权，建构了以它们为核心的现存世界文明秩序和国际政治经济体系。对这么一个西方国家精心打造、全力维持、不断固化的国际话语体系，中国要想改变其结构与份额，占有一席之地，必然充满着艰辛与曲折。

近年来，随着中国的和平崛起，国际话语体系中有关中国威胁论的霸权话语明显滋长，以美国为代表的西方社会以现实主义的国际关系理论为考量依据，认为大国的崛起通常会导致世界的动荡与全球政治与经济秩序的重构。因此，他们判定，崛起的中国同样会挑战由西方确立的当下国际秩序，威胁现有大国的既定利益。[13] “在现实主义传统中，A. F. K. 奥甘斯基的权力转换理论经常被中国威胁论的倡导者援引以证明他们的论断，即经济的超级繁荣与持续发展会助推中国这样的崛起大国的政治和军事强势。”[14] 据此推论，其自我想象的形式逻辑就是，两个敌对团体的政治、经济、军事等综合力量差距较大时，才能维持和平，一旦双方形成力量均势和强强对峙，战争的可能性就会大幅度增加。参照这一理论指标，中国是一个正处于成长崛起阶段的大国，因此中国对于西方最具威胁性。[15] 一些西方学者对中国的和平崛起态势也不乏主观误读和历史偏见，如阿斯塔尔·约翰斯顿认为中国的战略文化性质是扩张主义的，具有强权政治的主要特征，他把中国的自强性世界策略考量等同于西方的实力政治传统，即都是以强势崛起为特征的战略文化体系，都强调以对立、暴力为中心视点，这与冷战时期的美苏两国和19世纪的社会沙文主义者具有诸多共同之处。[16] 哈佛大学教授格雷厄姆·艾利森在2012年则提出了“修昔底德陷阱”理论来描述中美之间的现实格局与未来关系。所谓“修昔底德陷阱”即新崛起的大国可能让既有大国产生警惕和不安，进而引起敌意和不信任，最终则有可能升级为战争。艾利森预测，中国和美国正在逐渐滑向这个陷阱。当然，艾利森本人也承认中美战争并非不可避免，中国可能比西方人更聪明、更有智慧，因为中国有悠久的历史文明。中国会以历史为鉴，从中吸取经验和教训，避免别人犯过的错误。[17]

综上所述，目前国际上话语生态存在的复杂性与倾向性导致对现行的中国话语体系认同度是不够高的，中国在国际话语权中占的比重也远低于西方国家，这对中国的和平崛起极为不利。要改变这种不利和敌意的对峙与隔阂状态，中国话语的重构与重述势在必行。

三、割裂与整合：CDA与“新儒学”框架互补的话语重构

谈到中国话语在目前国际话语体系中的地位改善和形象重构，中国如何提高国际话语权，诸多的学者给出了多侧面、多角度的建议。

从国际传播的角度，以接受国的语言进行以受众为中心的传播，增加亲近感，减少交流和沟通的障碍；注重运用国际社会容易理解接受的方式，以国际受众的思维习惯、交往方式和信息需求来设计传播的形态；以第三视角来解读中国发展的内涵；以国际惯例和规则对中国问题进行解释和说明。[18]

在国际话语传播实践中，充分发挥中国多语种媒体的优势，以忠实直译和阐释解读并重的方式传播中国话语，把传统文化中优秀的价值观和独特生活方式介绍给不同文化背景的世界各国。[19]

争取海外华人的话语力量支持。目前定居在世界各国的华人大约有6500万人，这是一个相当庞大的话语主体，中华文化是他们的历史血脉、精神之源和立身之本，他们是中华文化理念向外延伸和价值张扬的重要群体，也是向异域文明展示理性中国、责任中国形象的实践主体。[20]

中国应更加积极地参与国际事务，更加主动地承担国际责任，彰显积极、正面的大国形象；把握外交主动权，参与制订和引导国际议题，促使国际话语体系朝着有利于自己的方向转型；要建立起符合自身国情的外交核心价值体系，对外宣示中国的精神坐标，促进他国对中国外交政策预期的形成，增强国际社会对中国的信赖与支持。[21]

从中国自身的话语建设动因与机制上讲，应更新语言、新闻、传播等信息类工具的教育理念，重视国家话语、国家修辞在国民教育体系中的地位；不断提升公共话语素质，特别是加强国家修辞能力的培养，注重对各级官员、各级媒体和

国民修辞素养及运用技能的提升；加强国家话语秩序建设，将国民公共话语权利纳入国家话语体系。[22]

从增强中国话语的吸引力、感召力、影响力的角度看，坚定马克思主义的理论自觉和理论自信，坚持思想创新和文化创新；把习近平新时代中国特色社会主义思想作为中国特色话语体系的核心和灵魂；在全体国民中树立起强烈的民族自信心和自豪感，打破积弱心理和殖民凌越的束缚，坚守中华文化传统自信。[23]

在如何讲好中国故事、建构国家话语层面，学者们呼吁关注以下几个问题：一是提升中国在国际话语体系中的议程设置能力，着力于创造有价值的核心概念，做到独立发声，以多种力量、多条渠道、多元模式引导全球话语；二是重视非政府组织的作用，实现传播主体的多样化，构建一个立体型、分层化、多维度的话语体系的生产、流通、传播的机制和平台；三是构建方向性与平衡性统一的中国国家话语，尽量以客观公正的报道博得国际社会的理解与认同。[24]

这些建议与对策从不同的视角对中国国际话语权的提升给出了思考的方向，但据其内容仍然是基于传统现实立场的一种割裂式应对，即站在对立、冲突的视角从话语本体的内在结构改变等方面对中国话语如何在国际话语体系中拥有言语行为的站位进行的分析和阐释，这些建议不无益处，但还没有上升到整合与拉伸的层面，缺乏一种穿越西方、回到中国的延展式考量。在建设性后现代思想家看来，当今世界迫切需要贯穿、高远的整合精神，需要能够把东西方各种零碎方案整合起来的综合性学说。以怀特海的过程哲学为理论基础的建设性后现代主义就代表了这样一种反思、批判、建构的思路，它提出了一个观照世界的新视野，一种理解世界的新思想，一条解决问题的新路径，即从动态的角度，以有机和谐的整体，立足于生态文明的基点来勾画世界图景。故此，我们尝试整合批评话语分析与新儒家的观念与范式，进行贯穿式的思考，为中国话语重构提供更深入的文本形而上解析与可能性方案。

批评话语分析（Critical Discourse Analysis，简称CDA）是现代语言学研究的一个新兴分支，它综合了语言学、社会学、心理学、人类学、传播学等多个学科的研究成果，聚焦话语的生产机制，话语与意识形态的关系，话语与社会环境，话语与权力、控制等。它为中国话语的重构提供了新的路径，即对社会语境的强调。对社会语境的关注是CDA话语观的一个核心支点，因为话语使用总是体现在一定的语境中的，但这种语境是指那种更大的基于社会、文化和政治差异的宏观生态复合体，而不仅仅指的是那种文本中直接的语篇关系、讲话者的背景知识等微观语境要素或言语事件、对话类型等中观语境要素。[25]

我们沿着CDA的社会语境思想路径来审视中国话语在国际话语体系中的重构，就不单要考虑到中国话语本身的结构衍进与嬗变、中国话语的语篇分析、中国话语与国际话语的关系互动，尤其要关注中国话语存在于国际话语体系之中的语境重构。“全球化”或者说“美国化”“西方中心化”就是目前国际话语体系所依赖、所栖息的语境。作为一种预先设定的形而上语境，“全球化”状态下产生的许多核心话语如现代主义、后现代主义、东方主义、后殖民主义等，皆是西方国家主导设置议程的结果。要改变全球化被规设为西方对中国的单向理论履行的话语模式，就要对这一规训语境进行东西方整合式的拉伸与重构。只有预期并助推一个开放、平等、多元的和谐语境才能给规则制定、话语展示、主体活动呈现相对公平的理论和现实空间，避免由西方国家引领的民族主义、帝国主义、霸权主义等极端思潮操纵的强势精神殖民，为不同文化和思想的平等互视、共同繁荣埋下坚实的基石。

在天平的另一端，重建和再造中国自己的知识思想体系也是一个重要的内容。知识思想体系与话语权是两个联系紧密但又非重合的概念，知识思想体系是拥有话语权的基础，没有强大的知识思想体系就不可能有强大的话语权，因为强大的知识思想体系体现了一种权威的解释力，话语权的获得正是这种解释力获得国际社会认可并转变成强势传播力的现实体现。中国本身有五千年灿烂的文明，也有人文历史研究的传统风气，但缺少知识思想体系的形塑完形。历代文人学者沿袭“春秋笔法”，以“微言大义”为建构历史的标准，却忽略了用社会科学的研究方法来确立自己严谨、经典、权威、普适的知识思想体系。这造成了中国文化的精髓散见于各代典籍和文献之中，而没有形成一整套完整的思想和价值脉络与框架，这对建设我们的知识思想体系是相当不利的。中国文化要走出去，当务之急是要总结、归纳、抽象、形成中国自己的知识思想体系，把中国文化的经验性材料思想化、理论化、概念化，这样，讲好中国故事才有底气，才有方法，才有路径。这个实力就是理论的解释力和价值的传播力，有了这个坚实的基础，中国才可能融入世界话语体系，并发出自己的声音。

因为儒家精神的经世致用和符号指向意义，许多学者认为儒学可以在中国话语的重新建构方面起到重要的作用。但是，如果儒学要扮演好这个角色，儒学本身就需要时代的转型和框架的更新。因为旧儒学的封闭立场决定了它没有足够的开放性和灵活性来包容和整合各种主要社会思潮，在新时代下复兴儒学，变通儒学，势在必行。[26]故此，有学者认为，中国应乘着全球化的东风实现自己拒边缘化和重返中心的伟大理想，而经过现代改造和重新阐释的新儒学应该能够承担起这样的责任。[27]

近年来，新儒学的巨大影响与后现代主义思潮已形成了互补增益和理性对话，早已超越了中国乃至中华文化传统的疆界，成为一种全球性和具有普遍意义的话语体系和社会语境。因为新儒学"具备一种更为深沉宽广的人文主义视野，而非如人们所一般设想的那样，仅仅适应于对政治实践的参与和评价。儒学为其自身的递延传承和人类社群理想的实现而具有的象征性资源不仅体现在政治活动中，同时也体现于宗教伦理之中。实际上，新儒学的倡导者们对'政治'的感觉不仅体现在经济和社会层面上来管理世界，而且更重视在教育和文化意义上来改造世界，与此同时也促使从政者的政治领导地位扎根于普遍性的社会良知之中。儒学士子也许并不把参与政治、服务政治作为自己人生理想实现的唯一途径，但他们始终通过其诗学的敏感性、对社会的责任感、对大历史的审视视角以及其形而上的洞见在各个领域积极地介入对现实的变革。"[28] 主张以新儒学话语作为变革方向的学者认为新儒学思想与后现代思维模式更为贴近，更容易产生融合、互补和对话，而且认为可以在新儒学语境下建构出社会民主的新范式。"对儒学而言，一个人一旦成为居庙堂之高的官员，也不应当因此而放弃自己的情操。倒是与其相反，官员的高尚品行常常会变成为公共利益服务的个体的基础和灵感的来源。我们有确定的理由可以期待，内圣外王的儒家哲学完全有可能成为以下两重维度的民主化进程的积极促进者，即既提升权力运行的道德品性水平，同时也成为具备美好品性的权力话语。"[29] 新儒学的倡导者认为，对中国传统的人文精神和伦理道德方面的强调与当前建立"和谐社会"、描摹"和谐世界"、型构"人类命运共同体"的中国价值理想相吻合，因而具有广阔的发展空间。它既保持了经典儒学的积极进取和入世精神，同时又摒弃了其狭隘专断的排他性和僵化保守立场，使之成为一个可供后来者不断阐释和丰富创新的开放话语体系。[30]

四、结语

以CDA和"新儒学"的相关理念的整合与衍生来操持重构中国话语的国际地位具有重大意义，其最终目的就是重塑中国在国际话语体系中制订规则的能力，但以儒学指代中国传统宗教文化，以"新"突出其当代阐释，似觉意犹未尽、力所不逮，因为这就明显弱化甚至消解了诸子百家乃至其他优秀传统宗教文化的宣教传承，以及当代社会主义价值体系的引领作用。我们认为，以新儒学指向中国话语的体系重构是相当切合多元文化并存的世界话语生态的，但若能以“新华夏文化”或“中国传统文化的当代阐释创新”取代“新儒学”的术语表达，当更能凸显东方语境或中国语境的包容性、丰富性和多样性，也便于与纷繁复杂的后现代主义人文大潮接轨与对话，从而重新规划和构筑中国文化从边缘到中心的新世界主义再中国化路径。

注释：

1 陈汝东. 论全球话语体系建构——文化冲突与融合中的全球修辞视角[J]. 浙江大学学报（人文社会科学版），2015（3）.

2 包亚明. 文化资本与社会炼金术[M]. 上海：上海人民出版社，1997：62.

3 P. Bourdieu, L.D. Wacquant. An Invitation to Reflexive Sociology[M]. Chicago: The University of Chicago Press, 1992: 98.

4 李全生. 布尔迪厄场域理论简析[J]. 烟台大学学报（哲学社会科学版），2002（2）.

5 张焕萍. 论国际话语权的架构[J]. 对外传播，2015（5）.

6 Joseph Nye, Bound to Lead. The Changing Nature of American Power[M]. New York: Basic Books, 1990: 33-34.

7 Joseph Nye, Soft Power. The Means to Success in World Politics[M]. New York: Public Affairs, 2004: 10-11.

8 郑杭生. 学术话语权与中国社会学发展[J]. 中国社会科学，2011（2）.

9 葛兰西. 狱中札记[M]. 北京：中国社会科学出版社，2000：38.

10 陈世锋，刘新庚. 全球话语体系：国际格局与中国方位[J]. 湖湘论坛，2014（4）.

11 祝鸣. 解读西方非政府组织的“非政府性”[N]. 新民晚报，2012-3-9.

12 梁凯音. 关于拓宽国际视野与构建国民意识问题的思考[J]. 当代世界与社会主义，2013（4）.

13 Louis Filler, ed. A Dictionary of American Conservatism[M]. New Jersey: Citadel Press, 1988: 365.

14 Robert Welch. Structrual Realism after the Cold War[G] // Robert O. Keohane. Neorealism and Its Critics. New York: Columbia University Press, 1986: 146-147.

15 王子昌. 解构美国话语霸权[J]. 东南亚研究，2003（4）.

16 Lee Edwards. The Conservative Revolution: The Movement That Remade America[M]. New York: the Free Press, 1999: 105-106.

17 方晋. “修昔底德陷阱”是理解中美关系的最佳视角[N]. 中国经济时报，2012-11-2.

18 郑苒. 专家学者聚焦中国文化翻译与传播[N]. 中国文化报，2014-5-22.

19 庄芳琴. 福柯后现代话语观与中国话语建构[J]. 外语学刊，2007（5）.

20 梁凯音. 中国拓展国际话语权的思考[J]. 中共中央党校学报，2009（6）.

21 邹应猛. 国际体系转型与中国国际话语权提升战略[J]. 东南亚纵横，2010（10）.

22 陈汝东. 论国家话语能力[J]. 北京大学学报（哲学社会科学版），2011（5）.

23 杨鲜兰. 构建当代中国话语体系的难点与对策[J]. 马克思主义研究，2015（2）.

24 胡正荣. 中国如何把握机会在国际话语体系中争取一席之地[J]. 理论导报，2015（8）.

25 Fowler, R., et. al. Language and Control[M]. London: Routledge and Kegan Paul, 1979：165.

26 郑永年. 通往大国之路：中国的知识重建和文明复兴[M]. 北京：东方出版社，2012：226.

27 王宁. “全球本土化”语境下的后现代、后殖民与新儒学重建[J]. 南京大学学报（哲学·人文科学·社会科学），2008（1）.

28 Tu Wuiming, Way. Learning and Politics: Essays on the Confucian Intellectual[M]. Albany: State University of New York Press, 1993, “Preface”, pp.ix-x.

29 Chung Ying Cheng. Preface: the Inner and the Outer for Democracy and Confucian Tradition[J]. Journal of Chinese Philosophy, 2007(34): 152-154.

30 王宁. “全球化本土化”语境下的后现代、后殖民与新儒学重建[J]. 南京大学学报（哲学·人文科学·社会科学），2008（1）.

融合传播的认知影响与平衡策略

严功军　吴双[1]

摘　要：融合传播作为数字技术应用从理念到多领域的实践，是媒介融合的结果呈现，也是当下社会信息环境的主要表征。在社会重大变迁的背景下，不少学者从功能主义出发，探讨社会各领域、各行业在融合传播影响下的实然现状或应然之势，关注着融合传播方式科技化、智能化、多样化转变的特征与操作路径，但社会关怀和批判思考仍比较缺乏。本文基于媒介环境学理论，分析融合传播环境下信息与知识生产的巨大变化及其对公众社会认知造成的巨大影响，并针对这种媒介生态导致的认知不和谐问题反思应对策略，为泛媒介化社会生存提供指导参考。

关键词：融合传播　社会变迁　认知影响　平衡策略

传播学理论发展史表明，“社会分光镜”“拟态环境”“恒温器”等概念多出自学者们对传播与社会发展的研究与反思。基于发展的传播历史观，把握数字技术时代的融合传播规律显得十分重要。融合传播将人们栖居的环境，建构成泛媒介化的现实世界，实现了媒介环境学提出的“从感知外部环境媒介、符号媒介到作为社会环境媒介”的演变。融合传播环境下，媒介如何与生态勾连，进行信息与知识生产并对公众社会认知产生影响，是一个困扰我们但值得思考的重要课题。

1　[作者简介]严功军：四川外国语大学新闻传播学院教授，主要研究方向：媒介文化、传播理论与实践；吴双：四川外国语大学新闻传播学院研究生。

一、融合传播对认知客体的内爆

随着媒介融合的现实实践，融合传播作为其践行结果，成为技术传播大格局和社会信息环境的表征。文化、风险、交往、资本、情感等二元认知要素作为自在之物，正在发生鲍德里亚所指出的裂变式内爆，界限的消除使得人们的认知行为变得日益困难和复杂。

时空关系是社会系统的构成性特征，它既深嵌于最为稳定的社会生活中，也包含于最为极端或者最为激烈的变化模式之中。[1] 融合传播的发展改变着时空关系的组合，间歇性序列和泛化的在场，成为当下人们“在世存有”[2]的时空方式。传统时期历史与现实，早出晚归的秩序行为，架构出主体生活的内容与序列性；从烽火点烟到邮发合一的地理探索，折射出主体活动的物理在场与局限性。现在，融合传播瓦解了精确的时间体系，媒介空间作为新的活动区域，颠覆了时间战胜空间的神话，建构了虚实相生的时空组合。社交媒体以不规律频次的信息传播，实现了同时互联全球最广泛的节点主体；VR（虚拟现实）给用户带来先知体验，全息影像使主体跨越视域屏障；Pokemon（日本任天堂公司开发的热门的手游）游戏随着主体现实场景移动，使现实和虚拟空间彻底内爆。

文化作为社会生活的意义阐释，其历时性与共时性特征能够反映出社会环境变化的动态方向。融合传播时代，文化系统杂糅破碎却又内生再造推动社会粘合。西美尔对现代文化的担忧（缺乏一个主导理念，缺乏一个综合的、共同文化理想）[3]被詹金斯提出的“融合文化（多元主体参与、权力变化）”[4]所印证。无序超链接逐渐弱化我们以前基于血缘、地缘等固有纽带的联系，亚文化、草根文化、快文化特点成为文化欣赏的标准。融合传播场域里，越来越多的个体发挥着自身的文化创造力，丰富了文化表现形式，增强了文化传播力，但也导致了文化价值的割裂和碎片化传播。“帝吧出征”引领中国青年多元价值碰撞，刷新网民文化内涵，理性传播大陆年轻人的时代观念，而网红文化，也在引领着舆论风潮，解读信息，赋予事件意义。

风险存在于人类历史活动任何时期，也是现代化过程中引发认知系统紊乱的因素。“人们生活在文明的火山口上”[5]是融合传播现实的社会背景，风险社会被风险传播进一步催化又时时被冷却。“多样化媒介拓宽了风险感知渠道，立体化传播带来了逼真风险体验。新媒体技术在风险的扩散速度、扩散范围、感知渠道、体验效果、不确定性等方面大幅提升了风险放大的概率、加剧了其放大后果。”[6] 同时，风险本质和风险事实也可以在媒介环境下被弱化，媒介构筑治理风险的网络联系和信任关系，建立起透明、互补、及时的信息平台，增强主体对风险的确定性认识。社会风险因为融合传播，导致了现实确定性与不确定性的内爆，加剧了人们的认知恐慌与焦虑。

交往作为社会发展的一个重要范畴，与社会生产同等重要。通过技术媒介的物质交往，人们被人工智能浸入式、液态传播所淹没。在“讯息及媒介”的状态下，融合传播的实践将人的交往满足感与异化感并置于信息社会中。报纸“中央厨房”传播，推动全媒体转型；数据抓取、挖掘、统计、分析和可视化呈现的新闻报道，改变着新闻生产流程和传播效果；虚拟现实（VR）、增强现实（AR）等作为媒介手段加以运用，使公众进入一个高仿真全息体验的信息消费环境。品质的传播生活把以前长链条式的交往活动缩短为个体到媒介这一简短流程，麦克卢汉提出“媒介是人体的延伸”的观点，从某种角度上反映了人是媒介的延伸。融合传播实现了对人的信息交往需求全方位满足的目标，同时媒介作为异化力量也将人的主体角色降格为工具使用者。模式化、圈层化、扁平化的交往方式使得人际关系浅层化和交往关系利益化，主体理性平等对话的交往被解构，娱乐至死、围观至上、看客心理、传播暴力成为信息交往的新常态。这种交往的“共在状态”，使主体有消失在信息茧房中，成为彻底被异化的信息原住民的危险。

资本是个人实现自我的基本要素，也是维持社会系统运行的保障。融合传播导致资本属性内爆，物质资本被解构，技术资本大放异彩，社会资本却受到重创。从电子货币到具有去中心化、分布式的比特币出现，技术资本推动经济生活全面数字化。自2009年以来，流通中的比特币已达30亿，一定程度上已成为社会运行的重要参与要素。这使得符号资本不断增值，信息单位由字节到比特，0与1的编程代替了一切，信息传输成本大大降低。与此同时，普特南提出的“社会资本”，如信任、规范和交际网络，为社会成员提供协调与合作，实现互惠互利[7]等要素却在数字融合传播的环境下受到重创。个人隐私保护、人际信任感、互惠互利、群体认同等价值理念被解构，个体囿于技术和符号资本中，在他律性欲望主义的影响下，变成了单向度的人。

情感作为一种微观力量也不容忽视。乔纳森·特纳指出情感行为并非简单的心智反应，而是一种社会性认知调试过程。[8]当前，融合传播代替主体制造情感、寄存情感、释放情感。可穿戴设备记录着心跳、情绪、压力；沉浸式体验不断升级，观影者被声影包围，影院的“第四面墙”消失。电视节目以贩卖情感争夺收视率，商业营销以情感作为传播策略，情感代替了宏大叙事成为主角，也逐渐模糊了其与宏大叙事的界限。虽然技术在本质上是信息的传输，而非情感的联系，但正如麻省理工学院教授雪莉（Sherry Turkle）指出的那样，数字主体被新媒介技术无私陪伴只是一种假象，其背后隐藏的是对人主体性的抹杀，交往的异化，情感的殖民。[9]这种需求就是虚假的情感满足。人们对数字传播技术越是依赖，就越容易受到数字媒介稀释和麻醉情感的影响。

二、融合传播对认知实践的改变

认知是指主体对客体的感知与理解，形成包括自我相关的认识，是一种信息加工活动。融合传播内爆了客体，也改变了主体认知实践的模式和特点。

首先，就认知风格而言，个体在认知过程中所表现出来的习惯化行为模式让位于技术路径。当下对符号环境的习惯依赖是将之前身体在场作为认识基础的唯一性，转变为利用媒介实现全球化、共时性认知实践的可能。主体对技术渠道上信息流的偏爱胜于在地实践，从而形成新时期的技术心理倾向，主体的认知和存在被技术裹挟在折叠的世界中。融合传播时代，认知风格内部的三种分类也逐渐发生偏向。一是泛媒介的信息环境使得媒介场域无处不在，无时不有，推动着感知由场独立型向场依存型倾斜，也就是将外部环境（媒介环境）作为社会实践的主要参照。二是媒介环境中信息传播超链接、非线性、无中心的特点，给沉思型认知风格的主体带来冲击，细节性加工方式被冲动型浅薄化认知处理代替。三是融合媒介技术特性展现瞬息变化，使得共时性认知风格战胜了历时性风格，采取宽泛视野的方式比逐个解决的线性方式更具有量化理性。

其次，主体加工信息的技术和方法作为认知策略愈发多元，难以定位。信息洪流被具有物质属性结构的媒介和符号编码传递，且通常又带有规定性的框架选择，对主体的认知贮存、记忆、提取造成影响。数字融合传播使得主体在记忆运用方面不再依靠大脑内部语言进行信息维持，转而以媒介作为贮存容器，随时收藏、实时调取。同时，碎片化、杂糅式的新信息与旧信息联结，会增加神经元的认知突触，但不会优化信息提取通道和提升信息质量，精加工的认知策略很难在海量信息冲击下完成。此外，高层次的组织策略在融合传播环境下也难以结构化，内在逻辑性、抽象化的梳理会被信息茧房制约，造成信息加工能力有限并很容易导致自我认知偏离。

最后，主体的元认知遭遇新瓶颈。元认知是个体对当前活动的认知调节，侧重于一种动态认知过程。[10]融合传播环境下，技术迷幻和信息冗余使得有关自我认知过程的思考弱化，元认知的修正和反思很难以可感实践的方式进行检验评估，自我认知因此囚禁在媒介环境之中。元认知的三个基本要素，包括“元认知技能、元认知知识、元认知体验”[11]也在媒介环境下被逐渐消解。无论是主体对于认知行动的计划，认知进程的监测，还是其积累的影响认知活动的各类知识和体验因素，都在一定程度上被媒介信息所干扰与窄化。确立认知任务目标，制定实践计划，整合相关信息，评估实践活动等环节都被媒介信息传播左右。面对融合传播造成的社会内爆现象，主体的认知实践活动相应地表现为地理的散居和精神的游牧，认知过程变得不可控，认知效果也处于不确定性的状态。

三、融合传播对主体认知的影响

认知客体的内爆和认知实践的异化，使主体认知也必然受到融合传播影响，其结果就是认知主体在实践中“观照自我、参与社会、反向思考”等方面都有了不同的判断、逻辑和结果。传统的主体认知特点和路径被解构，呈现出新的特点，反映出三种认知状态。

首先是黑洞式主体认知特点和状态。融合传播带来的泛媒介化生存，使得媒介就像围棋的布局一样，深刻影响个体衣食住行的实践和主体价值认知的形成，形成信息虚拟环境的黑洞，刺激着沉浸于其中的主体的原始欲望。游戏、消费、闲聊、围观等娱乐快感在融合传播的环境中得到多样化寄生，主体的精力耗费在无知的信息黑洞之中。媒介奇观吸引注意力，界面设计强化视觉，虚拟特性仿真知觉，平台助力存贮记忆，深处融合传播环境的认知主体，其行为链条在黑洞吸附力下断节粉碎，秩序和中心变得虚无。看似无限丰富的知识信息只能浅层着陆于主体感官，深化知识、升级认知成为例外。融合传播的数字黑洞麻痹认知主体的同时，也提升了主体认知效能。主体以一种无所不知的视角看待不完整的假象世界，以“不知道自己不知道”[12]的浅薄认知状态生存。

其次是隧道式主体认知特点与状态。人们的注意力好比一盏聚光灯，在正常状态下工作，聚光灯出于节能目的就会自动调暗，当紧急情况出现时，聚光灯就会聚焦在最明显的简单事物上。融合传播搭建的广域信息空间将这种“认知隧道”[13]烙印在主体认知序列层级之中。媒介渠道的多元化、媒介功能的拟人化、媒介信息的海量化让虚实双重的认知主体与信息无缝对接，超链接将线性思维打破，声画广告将主体注意转移，骇俗标题将恐惧情绪唤起。无意义的认知切换，使得主体机能内耗，认知空心化。对抗熵的耗散，对抗无序的意志会在接收融合传播的信息时不堪一击。当融合传播将主体认知从一个层面跳到另一层面的信息空间时，量变的假象会让主体自认为知道自己不知道的事物。总之，流变的信息环境分散主体注意力、混淆事情轻重缓急，也使深化认知成为一种假象。

最后是蚂蚁式主体认知特点和状态的回归。蚂蚁的世界是一个二维世界，一个从线到面的世界，也就是一个缺乏深度、内涵、真实的世界。融合传播使我们可以立体、全息的体验和认知社会，但认知的最终结果却更加单一。融合传播的信息编码活动仿真可感现实事物，但不可逆地进行着失真传播，主体处在“屏的世界”，认知局限在屏幕二维之中。技术迭代让社会事物超真实显现，长期寄存于屏幕世界的主体对于真实社会事物的认知缺乏生动性、复杂性、实践性的把握。主体认知来源于屏幕世界，屏幕真实扭曲了认知。融合传播技术效能虚化了现实社会事物的存在意义，遮蔽了主体认知的升维渠道，减少了客观参照标准，矮化了认知金字塔，使得主体认知在被窄化的二维空间里，更加失去了创造和反思的能力。

四、融合传播认知影响的平衡策略

融合传播的跨界本质破坏了社会信息系统及其要素的稳定性，解构了其相互关系，打乱了媒介环境的平衡，也必然使生活于其中的个体认知受到影响，导致主体认知不协调的情况经常出现。媒介环境学派的研究始终强调重视媒介环境的秩序性和平衡性，这与心理学家费斯廷格处理认知不协调的方式一致，也就是要增加协调性因素，改变不协调与协调的比率[14]，形成多元共生、平衡和谐的信息环境。

媒介技术所影响的环境，始终是一个复杂性和流动性兼具的生态系统。融合传播背景下，媒介生态系统内部出现裂变，数字化、去中心化、泛媒介化、互动化、差异化等传播特点主宰着媒介信息生产和消费，维持秩序传播的平衡元素被新的传播理念和融合技术所解构。融合传播的技术赋权和跨界影响，改变了传统的传受关系，塑造了泛媒介化的生活方式，导致维持稳定的各种社会二元结构界限消失，其本质是推动了“人人都是传播者、讯息及媒介、人是媒介的延伸”的后传播时代的来临。这种后传播时代是后现代社会现实在传播领域的反映。去中心、反权威、碎片化、娱乐化、无厘头的传播，导致能指的狂欢和仪式景观的呈现，虽然具有自由、个性和思想解放的作用，但同时也很容易导致主体性丧失和意义虚无，使我们失去自我认知统一的可能。为此，要实现融合传播媒介环境的再平衡，推动认知和谐，就和处理好现代性和后现代性的关系一样，要通过反思传播的现代性问题，回归传播的现代性。正如哈贝马斯提出的重建现代性的主张：“生活世界现代化分为科学、道德和艺术三个领域。现代性的问题在于其合理化运动中，由于科学占据至高无上的地位，一味追求科学和技术的工具理性，阻碍了道德和艺术领域的向前发展。因此现代性的问题解决就是要统一这三个领域，进行重建。”[15] 吉登斯主张通过对话，多元主体协同促进现代性重建，实现由“低级现代性”向“审美现代性”转变；推动工具理性和价值理性的综合进步，平衡真与美、技术与艺术、信仰与知识、人与自然的关系[16]，对于后传播时代的媒介环境危机治理，具有指导意义。当前传播的现代性问题表明，融合传播的发展过度重视科学与技术的工具理性，忽略了因为数字技术的疯狂可能带来的后现代后果。新的数字技术带来融合和跨界所展示的广阔的市场前景，很容易使我们忘记传播的道德和文化使命。因此，要通过各种措施，保护传播者的主体性，保护职业传播者这一群体，保护新闻专业主义。职业媒体作为社会信息系统重要而特殊的组织机构，也不能消失于混搭中，消失于疯狂的市场竞争中，需要进行专门扶持发展，这些都是维护传播现代性精神的必要举措，也是推动媒介环境再平衡的协调因素。从道德和文化上而言，无论融合与跨界所形成的传播环境如何，都必须防止“人类对真理、良善、正义的追求被传播符号所消解，生命的价值和世界的意义消泯于传播话语的操作之中”[17]。这同样与媒介环境学派尼尔·波兹曼“寻求主体理性和释放艺术张力”的人文色彩平衡观不谋而合。针对融合传播的动力机制，瑞典传播学者延森提出了“介于现代主义与后现代主义之间的实用主义”主张，致力于寻找“第三条路径”的治理对策，旨在通过传播搭建艺术文化与科学文化之间的桥梁。[18] 当科学的文化与艺术的文化通过传播平衡发展，就会重构差异化、多元化、多层次的认知客体，从而使认知主体的知识生产和社会现实建构在多元的基础上，保持理性，回归平衡。

注释:

1 何镇飚，王润. 新媒体时空观与社会变化：时空思想史的视角[J]. 国际新闻界，2015（05）：34.

2 孙玮. 微信：中国人的“在世存有”[J]. 学术月刊，2015（10）：5.

3 陆扬，王毅. 文化研究导论[M]. 上海：复旦大学出版社，2015：52.

4 亨利·詹金斯. 融合文化：新媒体和旧媒体的冲突地带[M]. 北京：商务印书馆，

2012：5.

5　乌尔里希·贝克. 风险社会[M]. 何博闻，译. 南京：译林出版社，2004：13.

6　蒋晓丽，邹霞. 新媒体：社会风险放大的新型场域——基于技术与文化的视角[J].上海行政学院学报，2015（5）：88.

7　郑素侠. 社会资本理论视角下的大众传媒功能[J]. 当代传播，2008（1）：98.

8　刘涛. 情感抗争：表演式抗争的情感框架与道德语法[J]. 武汉大学学报，2016（5）：102.

9　赵娟娟. 新传播革命与数字主体危机[J]. 新闻界，2016（19）：4.

10、11　汪玲，郭俊德. 元认知的本质与要素[J]. 心理学报，2000（32）：406.

12　傅盛. 认知三部曲[EB/OL].http://36kr.com/p/5065824.html.

13　查尔斯·都希格. 高效的秘密[M]. 宋瑞琴，刘迎，译. 北京：中信出版集团，2017：150-151.

14　张帅帧. 浅析认知不协调理论的发展及应用[J]. 新闻传播，2014（2）：55.

15　陆扬，王毅. 文化研究导论[M]. 上海：复旦大学出版社，2006：229-230.

16　胡百精. 互联网与重建现代性[J]. 现代传播，2014（2）：43.

17　王岳川. 后现代主义文化研究[M]. 北京：北京大学出版社，1992：2.

18　克劳斯·布鲁恩·延森. 媒介融合：网络传播、大众传播和人际传播的三重维度[M]. 刘君，译. 上海：复旦大学出版社，2014：166.

重大突发事件中公众的认知和心理特点

惠东坡[1]

摘　要： 重大突发事件对公众的心理、认知和行为都会产生巨大的影响。由于个人受教育程度、知识结构、生活阅历等因素的不同，公众对重大突发事件的主观判断、感性认知、信息处理也会千差万别，经常会出现认知偏差。在重大突发事件的不同发展阶段，公众的认知和接受心理呈现出不同的特点。科学、准确地把握公众的认知和心理在突发事件不同阶段的不同特点和规律，可以帮助我们有效地调整处理措施和新闻报道策略。

关键词： 重大突发事件　公众　认知　接受心理

重大突发事件除了造成巨大的有形损失、损害之外，还会对公众心理、认知和行为产生巨大的影响，甚至会导致公众心理、认知、情感和行为的失调。过度的应激反应还有可能发展成为心理危机，甚至引起大范围的群体性恐慌和社会动荡，从而严重影响人们的正常生活和社会的稳定。因此，在重大突发事件的处置中，我们除了要关注突发事件造成的外部有形的变化，同时还要了解和把握突发事件对公众心理和精神产生的影响和冲击。只有把这两者有机结合起来，我们才能正确认知和有效处理、应对重大突发事件。从公众心理、认知的层面来看，重大突发事件就是对公众产生了重大心理影响的事件，它引起了公众的急性情绪扰乱或认知、身体和行为等方面的改变。因此，正确、科学而有效地把握公众的心理变化是重大突发事件处理、应对、报道中的关键环节。从修辞和传播的历史和

1　[作者简介]惠东坡：北京联合大学应用文理学院新闻与传播系教授。

实践来看，对公众心理的把握一直是其谋求话语或传播效果的核心追求。公众对重大突发事件的修辞接受心理特点影响着重大突发事件处置、应对、报道的理念和策略。因此，研究重大突发事件中公众的性质和作用，不应该仅止于宏观的社会结构和文化规范分析，还应该对公众的心理、认知、行为等进行微观的考察。

一、重大突发事件中公众认知偏差及其主要原因

此处所说的认知是指公众对重大突发事件的感知方式和程度，它直接影响着公众对国家安全、社会稳定、个人生活的认识。公众对重大突发事件的感知方式和程度是多元化的，它受自然条件、地理环境、历史传统和民族文化等因素的影响，也会因职业、年龄、性别、受教育程度等个体因素的不同而千差万别。重大突发事件中公众的认知常常会出现偏差，这主要是由以下原因造成的。

（一）公众主观判断对重大突发事件认知的影响

公众在微观层面上是一个个具体的人，每个人的个体差异比较大，个人的受教育程度、知识结构、生活阅历等因素都会影响到个体的主观判断或成见，并进而影响他对重大突发事件的认知。

（二）公众对重大突发事件的认知多属于感性认识

公众对重大突发事件的认知多属于感性认识，这不同于政府、专家以数理统计的方式对重大突发事件精确的认知和评估。因此，在重大突发事件中，公众多从感性层面认知，重大突发事件的有关统计数据对公众来说只是个模糊的概念。

（三）公众解读突发事件信息时有简单化和单纯化的倾向

由于受专业知识和背景信息的限制，公众不可能对各类重大突发事件都能进行全面、正确的解读，解读和处理能力限制往往使其对重大突发事件信息进行简单化和单纯化的处理。这种简单化认知思维的具体表现为：重视事态信息，忽视背景、原因等信息；重视表面信息，忽视深层信息；只接受易于理解的信息，忽视难懂的专业信息；这种简单化的信息处理方式很容易造成解读失误。

（四）公众习惯以部分信息推断整体信息

由于个体接受和处理信息的能力有限，在重大突发事件发生时，对短时间内

聚集的大量信息不能有效地处理和消化，这往往会影响公众自己的认识和判断。在这种情境下，公众对重大突发事件的认知往往是基于部分信息而形成的片面的、碎片化的、不全面的认知。

二、重大突发事件不同阶段的公众认知特点

重大突发事件发生得比较紧急、突然，其发展、演化也难以预测。在不同的发展阶段，重大突发事件对公众的认知心理也会产生不同的影响。公众的认知心理往往会从最初的应激反应发展为心理危机。具体来说，重大突发事件中公众的认知心理常常呈现出以下几个特点。

（一）重大突发事件发生之初的恐慌心理

这常常出现在重大突发事件刚发生时。重大突发事件常常造成可见的、有形的破坏，公众往往对其产生正常的应激反应，表现为：恐惧、焦虑、坐立不安、抑郁、注意力不集中、呕吐等生理、心理和行为反应。但是，重大突发事件也常常会对公众的心理造成较大的负面冲击和影响，使其产生过度的恐惧心理和行为，这种危机心理和行为我们可以称为“危机恐惧综合征”。

（二）重大突发事件发展过程中的盲从心理

在重大突发事件发展过程中，由于公众是基于部分信息来把握整体事件的，加之信息不对称，公众常常不能全面、完整地了解和把握整个事件。在这种情况下，一旦出现较主流的信息或符合其心理需求的信息，公众就会产生盲从心理。公众在重大突发事件中的盲从心理极易被别有用心者所利用，因此，这需要及时、全面的信息引导和有效的心理干预。

（三）重大突发事件发生后的悲观痛苦心理

重大突发事件造成的严重的自然环境、生产和生活的物质破坏，很容易引发公众的不良心理反应，加之精神和内心的无形伤害，公众内心深处悲观、失望、痛苦的心理阴影会在重大突发事件结束后甚至以后更长的时期显现，从而影响着公众的心理、认知和行为。

表1 重大突发事件对公众认知影响的评价等级和标准

程度	无损害	轻微损害	轻度损害	中等损害	显著损害	严重损害
分值	1	2~3	4~5	6~7	8~9	10
认知	注意力集中，解决问题和做决定能力正常。求助者对突发事件的认识和感知与实际情况相符。	思维集中在突发事件上，但思想能受意志控制。解决问题和做决定能力轻微受损，对突发事件的认识和感知基本与现实相符。	注意力偶尔不集中，感到较难控制对突发事件的思考。解决问题和做决定的能力降低。对突发事件的认识和感知与现实情况在某些方面有偏差。	注意力时常不能集中，较多考虑突发事件而难以自拔。解决问题和做决定能力因为强迫性思维，自我怀疑而受到影响。对突发事件的认识和感知与现实情况有明显的不同。	沉湎于对突发事件的思虑，因为强迫性思维、自我怀疑和犹豫而明显影响求助者解决问题和做决定的能力，对突发事件的认识和感知与现实有实质性的差异。	除了突发事件外，不能集中精力。因为受强迫、自我怀疑和犹豫的影响丧失了解决问题和做决定的能力。对突发事件的认识和感知与现实情况有明显差异从而影响其正常的生活。

三、重大突发事件中公众的接受心理特点

重大突发事件的发生具有很强的区域性，因此，社会公众与重大突发事件的关联程度存在很大的区别，参与和卷入的程度也不同。根据这一标准，我们可以把社会公众简单地分为突发事件当事人、受害者和突发事件的关注者、同情者。他们与重大突发事件的关联度不同，接受心理也会不一样，因此，研究者分别对他们的心理接受特点进行探讨，对重大突发事件的有效处置和报道具有重要的现实意义。

（一）重大突发事件当事人或受害者的接受心理

相对于广大的社会公众而言，重大突发事件的直接当事人或受害者可能是少数，但是，这个少数却是突发事件处置的核心，也是社会关注的焦点。重大突发事件不期而至，把他们置于一种特殊的危机情景中。他们关注和迫切想要了解突发事件的相关信息是出于求生存或图发展的现实需要。他们对重大突发事件的接受心理特点主要表现在以下几个方面。

第一，对信息的极度渴求。重大突发事件的突然爆发，不但打破了常规的社会秩序，威胁或伤害到了人身安全，破坏了最基本的生活条件，而且，公众获取信息的渠道也往往被戛然截断。身处突发事件发生区域的直接当事人、受害人或

幸存者仿佛被猛然置于信息的孤岛中，他们突然陷入茫然、无助、恐惧的境地。在这样的情景中，他们特别渴望了解此突发事件的相关信息，借此来把握被暂时改变了的生存环境，以期摆脱各种不可预知的威胁。在这种状态下，对他们而言，新闻媒体关于重大突发事件的报道就显得尤为重要。通过提供大量、全面的信息，新闻报道可以帮助他们绘制社会地图，重塑社会归宿，重返正常生活。

第二，生活勇气和信心的丧失。重大突发事件的巨大破坏力和广泛影响力，不但可以使当事人、受害者、幸存者产生正常的应激反应，而且还会加剧负面情绪、心理的影响，从而发展演化成危机心理。在种种不良情绪、认知的基础上，他们会感到人类的无助和渺小、前途未卜、束手无策，恐惧、震惊、悲伤的情绪就会占据上风，他们认为越来越糟糕的局面不可避免和挽回，因此，他们会丧失生活的勇气和信心。此时，及时而有效的心理援助可以重建他们的生活信心，恢复其认知、心理、行为的平衡和常态。

第三，期待社会救助和关怀。重大突发事件的当事人、受害者、幸存者处于困境和危机中，他们饱受身体和精神的双重折磨，社会的及时救助和关怀才能使其摆脱孤独、无助的精神状态，感受到社会的温暖。因此，社会救助和社会关怀才能使他们得到极大的精神抚慰。

第四，盼望危机尽快消失。及时的社会救助和社会关怀，可以让他们感受到突发事件的局势得到了控制，使他们的“习得性无助感”逐渐弱化，战胜困难的信心和生活的勇气就会增强。在事态和救助良性发展的情势下，他们会盼望危机尽快消失，重建家园，重返正常而有序的社会生活。

（二）重大突发事件关注者、同情者的接受心理

在重大突发事件发生地之外的社会公众，也会对重大突发事件给予足够的关注，对突发事件当事人、受害者和幸存者给予极大的同情。这是因为重大突发事件具有超越发生区域的广泛而深远的影响力。从新闻报道的角度来看，由于突发事件的受害者暂时失去了获取信息的新闻渠道，身处突发事件发生地之外的广大社会公众反而成为新闻媒体的主要受众。因此，了解和把握事件关注者、同情者的接受心理，是重大突发事件报道话语修辞建构、修辞传播的前提和基础。在重大突发事件发生的过程中，他们的接受心理主要有以下特点。

第一，运用社会雷达，测定危机距离，绘制社会地图。在重大突发事件发生时，为了更准确地绘制“社会地图”，公众会不断通过新闻媒体这一“社会雷达”来搜集、解读重大突发事件信息，在心理上本能地测定危机和自己的距离，

根据重大突发事件的发展过程不断修正社会地图，并根据危机距离自己的远近来选择相应的反应。只有这样，他们才能克服孤独和疏远带来的恐惧、焦虑，才能更好地监测环境，真正满足自己生存发展的需求。

第二，关注周围人的安危。在作为公众的个体确认自己在重大突发事件中没有危险的时候，他会关注周围和他有关系的人，包括自己的家人、亲戚、同学、同事、朋友、邻居等。他周围的这些人和突发事件关注者、同情者有着不同程度的情感联系，因此，对他们的关注也是个体安全需要和隶属需要的心理表现，是个体确认自我社会位置的一种表现。

第三，满足爱的需求。在重大突发事件中，事件关注者、同情者对事件的当事人、受害者、幸存者给予自己的爱护、温暖、关怀、捐助等，实际上是个体一种爱的需求。马斯洛认为，爱的需要、爱别人的需要是个体生理和安全的需要得到满足后出现的一种正常的心理反应，它也是出于社交的需求。

第四，学习应激经验。当今世界，各类重大突发事件频发并呈上升趋势，因此，如何处置和应对重大突发事件就成了人类面临的重大挑战。为了在重大突发事件发生时，求得生存或避免危害或减少损失，事件关注者、同情者甚至敌对者都会关注、研究重大突发事件，以便学习、总结、积累一些科学、有效的处置和应对的经验。

公众在重大突发事件中的心理除了和事件的关联程度密切相关之外，还会随着重大突发事件不同的发展阶段而发生变化。科学、准确地把握公众心理在重大突发事件发生初期、发展过程中、高潮和消退期、解决期的不同特点和规律，可以有效地调整处置措施和报道策略。

国内有些学者根据受众的信息和心理需求特点，把重大突发事件简单地划分为信息渴求、情绪宣泄和精神抚慰三个阶段，国外的一些研究者一般将重大突发事件分为四个时期，即初始期、科学期、人性期和政治期。根据重大突发事件不同时期的受众心理和信息需求，我们可以总结出重大突发事件报道的一个简单模式：重大突发事件刚发生时，受众处于应激反应期，极度渴求及时、全面的信息，新闻报道相应地处于“初始时期”和“科学时期”，报道应以向受众提供事态信息和科学信息为主；在重大突发事件的发展期，公众在了解和把握的突发事件的一般信息后，继而会转向对突发事件产生的原因和相关背景信息的需求，受众的心理会发展到“情绪宣泄”阶段，此时新闻报道应进入“人性期”，媒体要以人文关怀的角度报道突发事件中人性化事件或故事，关注人物的命运和遭遇，弘扬作为主体的人的精神和力量，这样才能缓和和化解受众可能因危机心理导致的情绪失控、行为失范；在重大突发事件发展的消退和结束期，事态在一定程度上得到控制，突发事件的处置在经历了较长时间后，受众的心理和精神也经受了严峻的考验，受众心理发展进入“精神支柱”的需求阶段，此时，重大突发事件报道也相应地进入了“政治期”，这时媒体的报道重点也相应地转向了经验总结、教训反思和重塑公众信心等方面。

总之，对受众的接受心理的关注和研究一直是修辞学的核心。我们对处在突发事件不同关联度和不同发展阶段上的受众心理的考察和把握是为了更好地调整重大突发事件报道的话语修辞策略，使新闻话语发挥更大的社会效应。

参考文献:

陈汝东. 认知修辞学[M]. 广州：广东教育出版社，2001.

侯迎忠. 突发事件中政府新闻发布公众认知与社会效果的实证研究[J]. 新闻与传播研究，2013（3）.

钱海婷. 突发事件中公众风险认知的理论模型述评[J]. 情报杂志，2015（5）.

秦启文，周永康. 公众在突发事件中的负面心理反应解构[J]. 西南师范大学学报（人文社会科学版），2006（1）.

赵路平. 公共危机传播中的政府、媒体、公众关系研究[D]. 上海：复旦大学，2007.

符号学视域下的认知传播学

战迪　于晓峰[1]

摘　要：认知传播学的研究离不开讯息作为传播介质这一核心理论桥梁，无论讯息以语言、图像、文字何种形式呈现，都将被视为符号表征作用于“人”的认知系统，进而影响其行为方式，最终促进社会文化—环境变革的连锁性反应形式。就此而言，对于符号学研究观念与理论成果的引入，对于传播过程中最原始、最基本的变量——符码进行分析，考察其对于信息主客体的本质效用乃至与社会环境之间的间接影响，将是认知传播学无法规避的理论议题。论文从符号学理论出发，探讨符号学理论对认知传播学的渗透，梳理认知传播学对符号学理论的借鉴，分析认知传播学与符号学的融合及其意义，从而对认知传播学与符号学的关系进行了一个全面观照和考察，有利于从理论上更好地把握和拓展认知传播学的发展趋势。

关键词：认知传播　认知传播学　符号学

符号学是基于结构主义方法论而产生的一种探究符号理论的学科体系。“它研究事物符号的本质、符号的发展变化规律、符号的各种意义以及符号与人类多种活动之间的关系。”[1]罗兰·巴特首先将“神话”定义为一种传播体系、一个讯息和一种意义构造方式，从而最早将符号学研究引入传播学领域，并建构起对于媒介文化分析与批判的基本理论框架。认知传播学的研究离不开讯息作为传播介质这一核心理论桥梁，那么，无论讯息以语言、图像、文字何种形式呈现，都

1　[作者简介]战迪，于晓峰：深圳大学传播学院，深圳大学传媒与文化发展研究中心。

将被视为符号表征作用于“人”的认知系统，进而影响其行为方式，最终促进社会文化—环境变革的连锁性反应形式。就此而言，对于符号学研究观念与理论成果的引入，对于传播过程中最原始、最基本的变量——符码进行分析，考察其对于信息主客体的本质效用乃至与社会环境之间的间接影响，将是认知传播学无法规避的理论议题。

一、符号学视野中的认知传播

从符号学的视野观照认知传播，意味着在具体研究中，不仅要关注文本的内容，更要着眼于文本的形式。换句话说，我们思考的是在具体的传播情境中如何进行意义的交流与互动。符号学是将直观的事物转化为抽象思想的科学，通过符号学的话语系统，我们将透过现象直击本质，厘清符号化信息传播、象征性社会互动背后的思想价值，让我们深入认知传播的内在逻辑，超越对意义的浅表性理解。

（一）符号学发展的关系图谱

在索绪尔看来，语言是人们彼此沟通和交流的符号，或曰“符号系统”。首先，索绪尔认为，语言不同于言语，前者是后天习得的，约定俗成的东西；后者则是个人的，以人的天赋机能为基础。就二者关系来说，语言是言语活动的社会部分，个人不能独创语言，语言只能建立在社会成员的通约性理解基础之上。就语言的具体形式来说，语言是一种表达观念的符号系统。此外，索绪尔还认为，语言符号在时间上成线性排列，连续性是普通语言学的一项重要原则。

索绪尔以降，尽管语言学家们仍旧把语言本体看作语言学的重要研究对象，但学者们似乎更加重视语言符号的文化学属性。特别是随着20世纪哲学社会科学领域中“语言学转向”的加快推进，符号学分析方法获得了更广阔的发展空间。学者卡西尔是将符号学提升至文化高度的重要学者。他声言，“人是符号的动物”，对符号的理解和使用是人类区别于动物的决定性特征。受索绪尔的影响，卡西尔得出推论：“人不但生活在物理的实在中，他同时还生活在符号的世界中，艺术正是一个感性形式的符号世界。”[2]

卡西尔的学生苏珊·朗格在继承了老师符号学研究思想的同时，也深受怀海特的影响。她认为：“那些承认表现性形式对人类所有的理解活动都具有重要性的人，正是那些不仅看到科学，而且看到神话、类推、隐喻思维和艺术都是被

‘符号方法’所决定的智力活动的人。”[3]“那些人”所指的无疑就是他的老师卡西尔。此后，朗格还开创了《符号论美学》，将符号学的解释范畴进一步拓展和细化。

法国作家、批评家罗兰·巴特对符号学情有独钟，他认为任何事物都可以被看作是一个文本，从而可以从符号学视阈出发进行解码（decoded）。他的著作《神话学》一书就得益于索绪尔的理论启发，同时，巴特也在此基础上开辟了对通俗文化进行符号学批评的崭新视野。他无意于高调的文化声明，而是潜心于庸常的日常生活琐事，他揭开那些看似无关痛痒的事物的外衣，告诉人们，这些事物背后所潜藏着的象征和隐喻。他举玫瑰为例，用它来象征热情。玫瑰（能指）和热情（所指）事先都是存在而彼此独立的，但能指和所指相互结合后就变成了一个崭新的符号整体。可以说，罗兰·巴特将索绪尔创造的能指所指概念从口语和书面语扩展到视觉，乃至通俗文化领域。他还将符号学作为一个平台，展开了关于“神话”的分析。

罗兰·巴尔特在索绪尔能指、所指体系的基础上注入了关于神话“意指”的阐述。如图1所示：

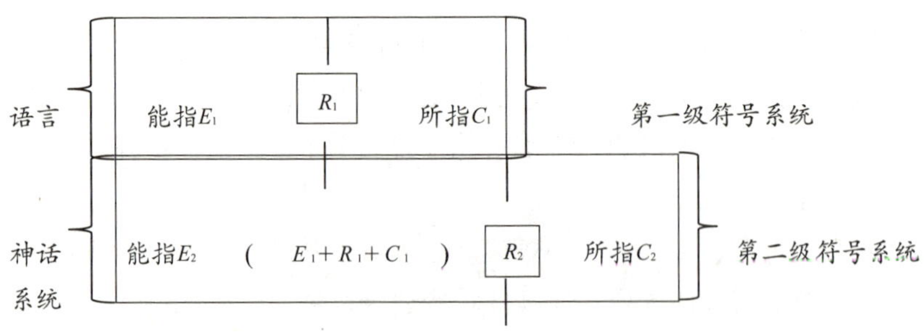

图1 罗兰·巴尔特的能指、所指体系图

在整个读解的过程当中，第一级的能指E_1、所指C_1及其关系R_1共同构成第二级符号系统的能指E_2，在此系统中，第二级意义中的所指C_2也随即产生。而“意指”则是研究能指、所指相互关系的思维认知所对应的“符号化过程”。

巴尔特在《神话集》一书中将第二级符号系统中的隐含意义称为“神话”。这里的神话并非文学意义上的古典神话故事和传说，而是“指一个社会构造出来以维持和证实自身的存在的各种意象和信仰的复杂系统”[4]。其实，在巴尔特看来，第二级中所隐藏的意义即为意识形态，神话的意义并不是发生在符号系统的第一级中，而是在第二级中发挥作用，符号系统中的第二级也就是渗透着意识形态的符号文本。

（二）以符号体认为中介的认知传播

符号学视野中的认知传播，就是对以符号体为中介的传播活动的理解与思考。就此而言，荷兰符号学家范·戴克的新闻符号论研究和约翰·费斯克的传播符号论研究为我们提供了可资借鉴的研究路径。罗兰·巴特1964年在《符号学原理》一书中就曾大胆预言："可以肯定的是，大众传播的发展在今日使人们空前地关注着意指的广泛领域，而与此同时，语言学、信息学、形式逻辑以及结构人类学等学科所取得的成就，又为语义分析提供了新的手段。符号学在此情势下呼之欲出，就不再是几个学者的异想天开，而是现代社会的历史要求。"[5]显然，巴特将现代传媒日新月异的图景看作是符号学生成的语境，那么，社会事物的符号化过程和符号化生产都可以被纳入大众传播的研究视阈之中。诚如结构主义先驱雅各布森所言："如果符号学学科的圆周是包括语言学在内的最近的一个圆周，那么下一圈较大的同心圆就是通信学科的总体了。"[6]

范·戴克在研究中将新闻作为话语分析的对象。他所言的新闻话语涵盖了文本结构、传播情境和社会语境中新闻话语的生产和接收过程等方面。其形式分析要素包括修辞、风格、图示、结构、认知模式、解码，等等。作为一种分析方法和范式，范·戴克的话语分析来源于美国经验主义的微观社会学，以及欧洲批判学派的意识形态、结构主义两大线索，范·戴克认为，新闻结构分为文本结构和语境结构，"文本结构从宏观和微观视点切入，其中宏观包括主题、标题、导语、意义，微观包括新闻图式、新闻规则、超结构、命题单元。语境结构涉及风格与修辞两个概念，作者把风格纳入句法、词语的分析范畴，而修辞则是集中在对读者进行劝服策略上的分析与总结"[7]。

作为传播符号论的倡导者，约翰·费斯克将传播符号学划分为过程学派和符号学派两大历史派系。前者视传播为信息的传递，因此着眼于传播过程中传播者与接受者如何编码、译码、解码，以及传播的渠道特征。符号化传播如果能够达到预期效果，则为有效传播，反之则被称为"传播失败"；后者视传播活动为意义的生产与交换。这一派别关注文本符号背后的文化角色，即"意指"。这一学派认为，传播效果中的误解并非传播失败的证据，相反，它可能恰恰反映出文化的差异性。

如果说传播过程学派的研究是一个社会学科分析过程，更多借用心理学、社会学研究方法的话，符号学派则以文化认知为起点，将社会互动视为个人与社会成员交往的过程。那么，文化符号的意义解读无疑成为这一学派关注的核心。

应该说，20世纪下半叶以来，符号学与传播学在世界范围内都有着较快的发展势头，两者之间也有着诸多可供参考和借鉴之处。认知传播的微观应用研究中，无论是对传播主体、客体的认知研究，还是对传播内容、媒介的认知研究，符号体认的中介之序都显得十分重要。符号表征能力不仅体现了人类的思维运作机制和信息加工过程，也是促成信息流动，以及意义生成的基本条件和直接动因。

二、认知传播对符号学的理念借鉴

（一）传播符号的“先验图形”与形式表征

康德是第一位全面提出主体性问题的哲学家，他将自己哲学的开创意义喻为“哥白尼式的革命”。在康德之前，哲学界盛行着唯理主义和经验主义两套学说。前者认为一切知识的来源和标准源于先天理智中存在的天赋观念和自明原则；后者恰恰相反，认为感觉和经验是知识的真正来源。康德本人高举“批判哲学”的旗帜，将两套学说结合起来，主张“真实的世界”，凸显人的认知体验的重要性。事实上，在以往哲学体系中，人的能动性往往被忽略，被视为被动的和消极的，直到康德的批判哲学，才认为“我们的意识主动地构成世界”。以此为起点，哲学研究的使命开始从对知识真实的追求转向对人类认识的追求。唯其如此，人类的感性、知性和理性的功能批判与限定才被加以足够的重视。

康德认为：“所谓知识，就是知性把纯粹概念运用到由感觉所提供的，在知觉中占有一定时空的对象上。当然，在这个判断过程中，‘先验图型’作为纯粹概念与感官知觉之间的中介观念，是认识过程中必不可少的一个环节。它既是纯粹的又是可以感觉的，它产生于想象力。”[8]最符合先验图式条件的当属时间。其理由在于，感性和知性在时间中得到统一。在康德的理念中知识获得的模式是：知性—先验图型—知觉对象：知识。

（二）卡西尔—朗格的符号论美学整体观

作为一位“新康德主义者”，卡西尔的哲学思想来源于康德的三个“批判”。卡西尔认为，包括语言、神话、宗教、艺术等都具有把特殊事物提高到普遍有效层次的功能：“这些符号形式尽管与理智符号不相类似，但却同样作为人类精神的产物而与理智符号平起平坐。……每一种形式都是人类精神迈向其对象化的道路，亦即人类精神自我展示的道路。如果我们以这种洞识去考虑艺术和语言、神话和认识，那么它们便提出了一个共同的问题，从而为文化科学的普遍哲学打开了一个新的入口。……从这样一种观点来看，康德所发动的哥白尼式的革命就获得了一种全新的、扩大了的意义。它不再只是单单涉及逻辑判断的功能，而是以同样的正当理由和权利扩大到人类精神得以赋予实在以形式的每一种趋向和每一种原则了。”[9]

卡西尔的认识论是以整个人类文化为对象的，并回归到符号这一可知可感的文化实体，在此基础上，着重回答了“人是什么”这一古老的哲学命题。他指出：“人的突出特征，人与众不同的标志，既不是他的形而上学本性也不是他的物理本性，而是人的劳作（work）。正是这种劳作，正是这种人类活动的体系，规定和划定了‘人性’的圆周。语言、神话、宗教、艺术、科学、历史，都是这个圆的组成部分和各个扇面。因此，这种‘人的哲学’一定是这样一种哲学：它能使我们洞见这些人类活动各自的基本机构，同时又能使我们把这些活动理解为一个有机整体。”[10]

（三）罗兰·巴特的“神话”

符号分析的方式不仅在语言世界和图像世界中可以得到应用，社会生活中几乎所有的事物都潜藏着符号解释的可能。对符号学认知的拓展可以从罗兰·巴特的《神话学》（*Mythologies*）中得到灵感。罗兰·巴特所言的“神话”是“符号的总和”，是“元语言”，也就具有“不言而喻”的传播效果。他以《巴黎竞赛画报》的封面为例，封面上一个黑人士兵向法国国旗致敬，不难想象，这是一个帝国主义宣传的典型案例，标榜着法国殖民主义的强大力量。在由旗帜、士兵、正文、摄影等要素组合而成的“符号总和”里，整本书或许都被暗示了某种单一的所指。

在罗兰·巴特的理念中，一种所指会有无数种能指与之相匹配的可能，这对于有意制造“神话”的人来说是很大的启发，能指和所指的关系不是永恒不变的，于是，形式与内容的联系也就被削弱了。这就印证了罗兰·巴特关于“神话”特征的第一个重要理解，即神话的形式与概念之间是不平衡的。

神话的另一个特征是：它关心的不是形式，而是意图。黑人士兵向法国国旗致敬的画面是一种形式，它直接指涉的意图是法兰西帝国的强大。广告作品中，一个双眼圆睁，满面泪痕的孩子或许意味着饥荒，这已经不再是个人的事情了，慈善机构很可能因为这个广告而向某个地区发起救援。这就是神话的终极目的。

罗兰·巴特认为：“对于一个人类学者而言，神话就是价值的储藏室。”[11]神话赋予和编码了他们的梦想、需求、希望、恐惧等无限的文化价值。从这个意义上讲，符号认知具有相同的功能，那就是事物的象征。罗兰·巴特的理论贡献在于，通过“神话”把“象征”从“它所代表的事物”中抽丝剥茧、分离出来。

（四）鲍德里亚的符号消费论

鲍德里亚的符号认知起点来自西方的消费社会，而学术路径依旧是符号学，因为他的研究与电视文化关系密切，也被誉为法国的“麦克卢汉”。鲍德里亚在其著名的《消费社会》开篇中声言：“砸烂这个算不上猥亵的，但算得上物品丰盛的，并由大众传媒尤其是电视竭力支撑着的恶魔般的世界，这个时时威胁着我们每一位的世界。”[12]鲍德里亚的研究集中在“模拟”（stimulation）、“内爆”（implosion）、“超真实”（hyper-reality）等几个关键词中。他对媒介技术效应和传媒文化生态的洞见展现了强大的理论张力，同时，也对传统理论观念发起了激烈的挑战。他认为，有意义的消费行为就是一种系统化的符号操作行为，更是一种观念的对象化。从这个意义上讲，鲍德里亚的符号学体系已经从符号认知的层面提升到符号操作的层面。在他看来，现代社会中，人们消费行为中所购买的已经不是“物”本身，而是一种“符号体系”。符号消费标榜着一个人的地位、阶层、荣誉等等，简而言之，这已经成了社会地位和社会关系的表征。随着实际生活中物质形态的消弭，马克思所言的政治经济关系已经一去不复返。鲍德里亚所言的“模拟”即是符号和模型所搭建的“超真实”状态，“仿真”的目的在于以形象的真实替代本来的“真实”，也就是“仿像”。仿像的结果是“内爆”，亦即符号关系中内在的扩张、爆破，内爆比外爆更具有强大的摧毁力，它将真假、善恶、美丑、雅俗等价值观念消解殆尽，政治化身为娱乐、新闻，等同于消遣、意识形态与文化形式之间的区隔断裂。最终，现实世界被超真实的世界所置换，符号化的世界中，“超真实”已经成为某种必然。

鲍德里亚从符号学的逻辑出发，阐释了人类文化发展的四个不同阶段：符号反映现实、符号遮蔽现实、符号掩盖了现实的缺失，以及今天的符号与任何现实无关。当代社会中，已经进入了第四个阶段，消费社会本质上就是一个虚拟的社会，当传统的逻辑被颠覆后，飘浮在空中的文化地图建构在一系列彼此关联的符号之上，想象性生产泛滥，虚拟逻辑横亘在人们对真实世界的认知之上，而且日益严峻。

三、认知传播与符号学的融合价值

认知传播与符号学的融合价值，就是要找寻到传播科学与文化研究的结合点，以“积极的受众”为逻辑起点，探讨在大众社会理论与受众研究的交叉视野下如何正确检视受众解读他们所选择的媒介符号文本，在融合视域中拓宽理论见识。

（一）认知传播与社会符号学的融合

美国哲学家查尔斯·皮尔斯认为，符号系统和人类传播之间存在着某种自反性关系。符号系统具有支持某些行为和不支持某些行为的特征，这一特征是由人类设置、规约的，也对人类的认知行为产生限制。正因为这样，当社会文化的发展使得现有符号系统无法准确标示客观事物的时候，人类又需要创造新的符号系统或修正现有的符号系统来适应日新月异的客观世界。值得注意的是，新的符号系统一旦被搭建起来，就变成了决定未来行动的结构。

这一思考路径恰恰揭示了数字媒介时代的互联网、移动互联网的交互性特质。而“使用与满足”理论的价值效用也因此而重新浮出水面。托马斯·鲁杰罗认为：“在每个新的大众传播媒介的初期，使用与满足总能提供一种最前沿的研究方法”，以计算机为中介的大众传播提供了“大量传播行为集合”，并具有如下三个特征：交互性、去一体化和异步性。

“交互性”是指在传播过程中，受众是积极的个体，他们不仅被动地接受信息，也以参与者的身份加入信息生产的环节当中；“去一体化”指媒介使用者能够从互联网丰富的内容菜单中选择自己所需要的信息，甚至可以为自己量身定做服务内容；“异步性”意味着传受信息的方式可以是时空分离的，接受者可以根据自己的需要选择时间、地点接受、存储、找回所需要的信息。

实际上，互联网时代不断续写和填充着“使用与满足”理论的应用外延，与此同时，基于不断刷新的符号系统，世界也被重新构想和改造。人类的未来似乎也掌控于比特文化之手。

关于符号系统与传播活动之间的自反性关系，符号学研究者詹森对此卓有建树，他将日常生活中人们认知、解释和使用符号的过程称为“指号过程”，这与过去符号学研究和大众传播研究中所获得的符号学知识一脉相承。无论何时何地，只要人们试图去认知日常生活中的符号系统，就属于情境活动。也就是说，符号认知的活动与传播活动都依赖于社会文化语境，社会文化语境影响着我们对符号的理解，当然，也被我们对符号的理解所影响。而这种相互影响就是皮尔斯所言的自反性。具体而言，就是符号系统与人类传播活动之间是自反性的关系。詹森这样描述道："大众媒介越来越被用于构建西方城市的社会日常生活，它们象征着社会中政治、经济、文化等领域的习俗，持续作为日常形式的参考……电子家装、电影院、游戏厅和娱乐中心提供了重新考虑和改变以前常规做法的机会。在每种情形中，大众媒介都为维持个人日常生活和重建社会集体制度的指导过程做出了贡献。"[13]

时代发展到高度信息化的历史阶段，人们对传播效果的认识也经历了强效果论、弱效果论或有限效果论、宏观效果论等几大重要阶段。令人意想不到的是，近年来，传播学界基于对"人"的符号表征与体认深度的进一步深化，再次追问传播效果，并有不少学者重提"有限效果论"的议题。詹森就是其中之一。他试图以融合视域建立一个关乎整个社会文化结构认知的、包罗万象的大众传播理论，他指出："我在理论层面上分析的初始前提是，社会作为意义的发生器是先于媒介的。意义从现存的社会习俗和日常语境开始，通过媒介专业人士和受众，流向大众媒介，而不是反过来。对于大多数人来说，大部分时间中，大众传播很少成为决定个人或社会取向和行为的因素。意义产生于大众传播的话语和实践，并和它们所再现和陈述的社会语境相关。总之，大众传播以及大众传播研究的核心位于大众传媒之外——在媒介参与再生产的话语、实践和习俗中。"[14]

（二）科学精神与人文精神的对接

站在科学技术飞速发展的历史门槛上，人类已经拥有了探索大脑生理机能的先进科学方法。有学者预言，不久的将来，人类将有能力利用基因科技的成果重构人体机能。可以想见的是，未来的传播学研究中，认知科学所催生出的认知传播学将拥有广阔的应用空间。

尽管如此，仍旧有学者对传媒研究中的科学主义抱有质疑的态度。特别是后现代主义者声言，极端的科学主义不仅无助于社会的稳定，反而会导致社会心理的动荡不安。所谓的科学测量方法把人类大脑比作生物计算机，这无疑是工具理性的升级版本，长此以往，人类的生存与发展势必笼罩在更高级的技术阴云下，现实主义想象力的发达不仅将导致人类文化想象力的匮乏，更将导致人类社会的全面异化。

正是在冲突不断、争鸣不息的后学科发展背景下，认知传播学与经典符号学的融合被赋予了现实存在的可能性，甚至是必要性。

相较于计算机，人类的思想在很少能量的支撑下承载着复杂得多的认知机制、开发潜能。人类现有的符号学研究路径与方法仍旧停留在对“象征符”的创造、认知、读解、表征等层面，从自然科学的角度讲，属于认知过程的较低层面（Lower Level）。值得强调的是，较低层面的符号认知并非可有可无，它是人类面对自然与社会的基础。若没有它的支撑，人类文明的发展也就不会在社会实践中一步步增强，它提升个体生存机会的同时也提高了其所属社群的生存、发展机会。

相比于较低层面的认知机制，人类较高层面的认知过程正在等待着我们逐步开发。对思想意识的洞察与提升是人类传播活动的终极目标，也是认知过程中最为重要的环节，因此也被称为主认知过程或元认知过程。“它能够获取、组织和使用从大量较低层面认知过程中传来的信息。例如，较低层面的认知过程在我们脑中形成对外部环境的粗糙再现，意识在浏览之后决定如何获取其意义，这就是学习的过程。”[15]

事实上，早在20世纪初，在弗洛伊德及其学生荣格的研究中已经发现，人类能够意识到自己的意识仅仅是“冰山一角”，广阔的意识空间有待发现和开发。在传播学领域，我们不仅要了解自己的意识，更要感同身受般了解别人的意识，这无疑是难上加难。基于此，科学主义与人文主义的跨界交融、协同发展就显得尤为重要。

越来越多的社会生物学家和认知心理学家发现，意识是人类祖先在适应和对抗恶劣的自然条件下逐步形成和发展起来的。与其他物种通过适应性方式改变自身的生理结构来应对大自然不同，人类通过意识的深化创造出一个又一个征服自然的策略。研究进一步发现，环境的变化会改变人类肾上腺素的生理指标，这些生理指标暗示我们如何应对危机或挑战。科学技术的进步对认知传播的贡献恰恰在于以先进的科学手段分析和测量人体各项机能因环境变迁而发生的微妙变化，在数据分析和统计中认知人类心智的改变。这与传播学者麦克卢汉所言的“媒介是人类感官的延伸”不谋而合。尽管媒介环境不断改造着人类的符号认知环境，并拓宽了人类的认知空间，但由于这些器官并不是平衡延伸的，因此，在具体社会实践中，认知失衡的状态成了不可避免的中间过程。当人文精神无法对此做出准确解释的时候，认知科学的分析测量手段却发挥了重要的作用。

可以这样理解，较低层次的符号认知为我们获取、收集、监控社会信息提供了必要的智力基础。认知科学的发展为我们监控人体生物学机能的变化提供了技术保障，进而获得关于意识的具体、翔实的科学数据。但量化的数据并不意味着人类意识的全部，最终，还是要依靠人文科学赋予我们深度的分析、综合、思辨能力，最终获得富有指导性的认知规律。

总之，今天的社会传播活动，仅仅依靠单一的理论视角和纯而又纯的学术武器很难有效解决问题，符号学的相关理论赋予认知传播学重要的理论启发在于对人创造、使用、识别、表征符号的深刻理解，而认知传播又在经典传播理论的基础上融入认知科学的智慧，斧正了符号学自说自话的学理偏狭，创造性地推动了符号理论的前行。

注释：

1 居晨. 巴特对媒介文化的符号学研究[J]. 乌鲁木齐职业大学学报，2002（12）：44.

2 周宪. 20世纪西方美学[M]. 南京：南京大学出版社，1997：16.

3 文德培. 酒神与日神的符号[M]. 南京：江苏教育出版社，1993：39.

4 特伦斯·霍克斯. 结构主义和符号学[M]. 瞿铁鹏，译. 上海：上海译文出版社，1987：135.

5 罗兰·巴特. 符号学原理[M]. 王东亮，等译. 北京：生活·读书·新知三联书店，1999：1-2.

6 费斯克. 传播符号学理论[M]. 张锦华，等译. 台北：远流出版事业股份有限公司，1995：14.

7 许正林. 欧洲传播思想史[M]. 上海：上海三联书店，2005：484.

8 谢冬冰. 表现性的符号形式——“卡西尔-朗格美学”的一种解读[M]. 上海：学林出版社，2008：35.

9 Ernst Cassirer. The Philosophy of Symbolic[M]. vol.1, New Haven:Yale University Press, 1953: 78-79.

10 恩斯特·卡西尔. 人论[M]. 甘阳，译. 上海：上海译文出版社，1985：87.

11 理查德·豪厄尔斯. 视觉文化[M]. 葛红兵，译. 南京：译林出版社，2014：107.

12 鲍德里亚. 消费社会[M]. 刘成富，全志钢，译. 南京：南京大学出版社，2000：2.

13 斯坦利·巴兰，丹尼斯·戴维斯. 大众传播理论：基础、争鸣与未来[M]. 曹书乐，译. 北京：清华大学出版社，2004：349.

14　斯坦利·巴兰，丹尼斯·戴维斯. 大众传播理论：基础、争鸣与未来[M]. 曹书乐，译. 北京：清华大学出版社，2004：350.
15　斯坦利·巴兰，丹尼斯·戴维斯. 大众传播理论：基础、争鸣与未来[M]. 曹书乐，译. 北京：清华大学出版社，2004：364.

论认知传播接受主体的构成

李茂华[1]

摘　要：认知传播系统由传播主体认知系统、传播渠道、传播媒介、接受主体认知系统四大要素构成。其中接受主体认知系统由信息接收系统、信息加工系统、前认知体系及信息输出系统四部分构成。接受主体认知在认知传播流程中占据重要位置，对其内涵与构成进行挖掘与思考，有助于整个认知传播学科体系的建立。

关键词：认知传播　接受主体　系统观

"人"是传播的起点与终点，处于传播学研究的主体地位。但早期传播学研究一直将视野聚焦于社会信息系统的运行，而忽略了"人"作为传播的起点与终点对信息传播产生的显著作用，人的"主体性"在传播学研究中处于缺失状态。认知传播学将"人"置于传播研究的核心位置，研究信息传播过程中"人"对信息的接收、检测、转换、编码、合成、输出等一系列处理过程，从中探知人的主体性对传播效果的作用与反作用力，从此将传播学研究大大向前推进了一步。

在整个认知传播学科构建领域中，作为传播流程主体环节、也是最重要环节之一的接受主体，无疑占有非常重要的位置，对其进行研究与探讨，有助于认知传播学科的整体构建。本文对之内涵与构成做一探讨，以求教于方家。

1　[作者简介]李茂华：女，四川梓潼县人，成都大学传媒研究院副研究员，成都大学美术与影视学院讲师，博士，研究方向：广播影视文艺学、认知传播学。

一、认知传播接受主体的内涵

在认知传播学中，对接受主体进行界定，需要厘清两个观点。

第一，“接受主体即接受者”的观点。从词义学角度看，“者”，既可以指人，也可以指物。依据传统传播学的信息传播流程模式，即“传播是信息流通的过程，这一过程包括信源（信息的源头）、信息、信道（信息流通渠道）、信宿（信息的归宿）等几个要素。传播总是先由某个信源发出某种信息，中间经过某条信道的传输，而到达信宿”[1]。在这一过程中，首先接收到信息的是信道（媒介），其次才是信宿（受传者）。由此，信道（媒介）与信宿（受传者）依先后顺序成为信息的“接受者”，则信息传播的接受主体即为信息接收方的统称，包括信息传播渠道、信息传播媒介、与信息接收方（组织或个人）等。我们暂且将之归于“传统传播的接受主体”。

第二，“接受主体即人”的观点。在哲学上，并非一切人都可称为“主体”，只有那些对客体有认识和实践能力的人，才能被称为“主体”。传播之所以能够成立，是因为其中包含有作为主体的人对信息的认知与处理等能动作用，其中既有传播主体对信息的编码与发送行为，也有传播受体对信息的释码、译码甚至进行二度编码的行为，更有主受双方对媒介的运用行为。若缺其一，则传播不成立。从这个意义上讲，只有那些出现在传播流程的一端，对信息具有感知、认识、反应，或产生态度、情感乃至外化为行为的人，才能被称为认知传播的接受主体，他们对信息处理具有能动性。我们可将之归于“认知传播的接受主体”。那些没有接触该信息的人，则不能被视为传播的接受主体。我们认知传播学的研究，主要“以人为主体，以信息为工具，以传播介质为桥梁”[2]，其中的接受主体，必然是具有认识与感知能力的“人”，因此能够纳入认知传播学研究视野的“接受主体”，当指对信息处理“具有能动性的主体”，认知传播学接受主体的研究，也聚焦于能动接受主体是如何接收、处理、传播信息的，其内在的运行机制以及与外在传播环境之间的关系如何。

二、认知传播接受主体的构成要素及模式

接受主体认知是认知传播系统中的一个子系统，对其的考察应该放在整个认知传播系统中进行，通过探究接受主体在传播系统中的认知心理、行为以及接受主体与传播系统之间的互动，从而准确获知接受主体的认知特征及运行机制。对

此，我们以传播系统为视角对构成接受主体的要素及模式进行探讨。

（一）认知传播系统构成要素

作为信息传播系统中的一个子系统，构成接受主体的要素划分，当以传播系统的功能实现为准绳。在不同的传播系统中，其要素划分的宽窄、粗细、范围大小，均有不同，难尽统一。在认知传播系统中，传播从传播主体对信息的感觉出发，经信息与传播主体前认知的汇合，经交流、协调、编码后发布，再通过媒介、渠道等一系列中介，到达接受主体，再与接受主体的前认知相汇合，经过接受主体内在的感觉、知觉、识辨、判断等一系列信息协商过程，转化为接受主体的态度与行为。由此，构成认知传播系统的要素可划分为：传播主体认知系统、传播渠道、传播媒介、接受主体认知系统四大要素。

传播主体指元信息的制作及发布者，元信息是第一轮信息传播的起点。在大众传播时代，传播主体主要指传播组织（机构），如各级广播台、电视台、报社等；网络兴起以后，传播由大众传播时代的单向传播日益走向双向互动传播，个体自然人越来越多地介入元信息制造和发布，因此，个体传播者与组织传播者共同构成传播主体。传播主体认知系统，则由传播个体认知系统与传播组织认知系统两部分构成。传播个体认知系统由参与个体认知传播流程的感知觉器官、前认知体系与输出系统构成。传播组织认知系统由组织体、组织文化、个体人构成。组织体是组织传播进行的前提，组织体由个体人构成。组织文化是一个组织的价值观、信念、仪式、符号、处事方式等构成的文化形象。组织文化的形成受文化观念、组织精神、价值观念、道德规范、社会制度、法律法规等的影响。组织文化制约着组织体对信息的认知选择与处理。不同文化环境中成长的传播组织，其对信息的认知与处理往往不同。

传播渠道指信息从元信息制造者到达信息终端消费者之间所经历的中间过程。由于信息在传播渠道中可能顺次经历不同的主体，因此其中存在不同的“级”。以“元信息制作者→信息终极接受者”这个传播渠道而论，中间未经历任何环节，则其传播渠道为“0”级。若在“制作者→审片方→发行方→播出机构→受众”这一传播渠道中，则有3级。传播渠道中的“级”可根据在渠道中的地位划分为“近元信息级”“中间级”“近终信息级”。“近元信息级”指靠近元信息的最前端级，“近终信息级”指靠近终极信息接受者的最末端级，“中间级”指介于上述二者之间的渠道级。由于“中间级”可能顺次不只一个，故可在中间级上按顺序追加为：中间级一级，中间级二级，中间级三级，等等。如在“制作者→审片方→发行方→播出机构→受众”这一传播渠道中，审片方为近元信息级，发行方为中间级，播出机构为近终信息级。在某一具体信息传播渠道中，某一级同质的机构或个人的数量构成传播渠道的深度。数量越多，表明在这一级传播上深度越深，传播能力越强。如某电视节目在同一城市不同电视台播放，甲电视台在2个电视频道上播放，乙在4个电视频道上播放，则乙的电视节目传播深度高于甲。此外，对同一信息传播，不同的传播主体可以决定采用多少传播种类，是只用直接传播一种形式，还是采用多个级的组合传播，采用多少个级，这构成传播渠道的宽度。一项信息传播任务，传播主体所采用的宽度越宽，则信息传播力度越大，对信息终端接受者的认知影响也越大。

传播媒介指使信息直接与信息终端接受者产生联系的物质实体。如用于受众直接观看电视节目的电视机，正在阅读的书本、手机等。

鉴于我们将认知传播接受主体界定为具有能动性的个体，则接受主体的认知系统由参与认知传播的信息接收系统、信息加工系统、前认知体系、输出系统等构成。由于传播个体与接受主体同作为个体自然人存在，二者在内部的认知构造及信息处理模式上具有某种程度的一致性，因此本文将二者的构成要素视为基本相同，但二者在认知传播中所起的作用及各自的运行机制具有差异性。

（二）接受主体认知系统构成要素

我们若将接受主体认知系统再看作一个子系统，则其构成要素当包括信息接收系统、信息加工系统、前认知体系、输出系统等。

信息接收系统是指信息从接触人类感官到开始进行认知加工之前所顺次经历的一系列人体组织的总和。它包括眼、耳、鼻、舌、身等感觉器官、神经纤维、电磁场空间及大脑感觉中枢等。所有能被认知加工的信息，都是首先与人的感觉器官相接触，通过引起人的感官注意，才开启了认知传播之旅。感觉器官将选择性接收的能量及信息经神经纤维和电磁场空间的综合作用输入到大脑神经元，“在神经元内部的RNA分子的某种编码模式便可转录、记忆感受细胞内各分子的电子振荡模式，从而实现对外界刺激内容的认知”[3]。信息接收系统是认知传播得以进行的前提和基础。

信息加工系统指对信息内容进行知觉编码、记忆、识辨、判断、推理、合成等加工处理的系统。大脑是进行信息加工的主要器官。当感觉器官将能量及信息经神经纤维和电磁场空间输入大脑后，大脑的知觉区、思维区即开始对具体信息及抽象信息分别进行处理。抽象信息将在大脑三级皮层区进行编码，形成知觉观念或判断，储存在思维神经元中。信息在思维区进行加工时，会调用短时及长时记忆中的前认知信息，在相互作用下，形成新的观念或判断。信息加工系统是旧信息辨识、新信息产生的重要环节。

前认知体系指接受主体在接收某信息之前，本身已经具有的知识结构、价值观、审美素养、认知能力等的构成体系。这是由于不同接受主体的生活经历、受教育程度等的不同造成的。在心理学领域中，人在社会中习得的知识整体，被描述为“认知图式”。认知图式是“人脑中存在的整体以及有关某一领域的专门知识，即一种‘知识结构块’，它由许多相似的事件或相似的信息形成，而一旦某种图式形成，交际信息的处理便倾向于通过该图式进行”[4]。依据图式理论，人们在接收新信息时，会首先将此信息与先在的信息等进行比对，对新信息的解码会在既有的知识结构上进行。由此推之，人们在社会经历中所习得的知识、价值观、审美素养、认知能力等，都会对人们接受某新信息产生影响，并最终影响接受主体的接受效果，或接纳或排斥。只有被接纳的新信息，才会进入接受主体的认知结构，成为下一轮信息传播的起点。

输出系统指将认知系统加工处理后诞生的新质信息输出人体的通道，主要包括语言符号系统与非语言符号系统两部分。

以上内容可进行如下模式识别：

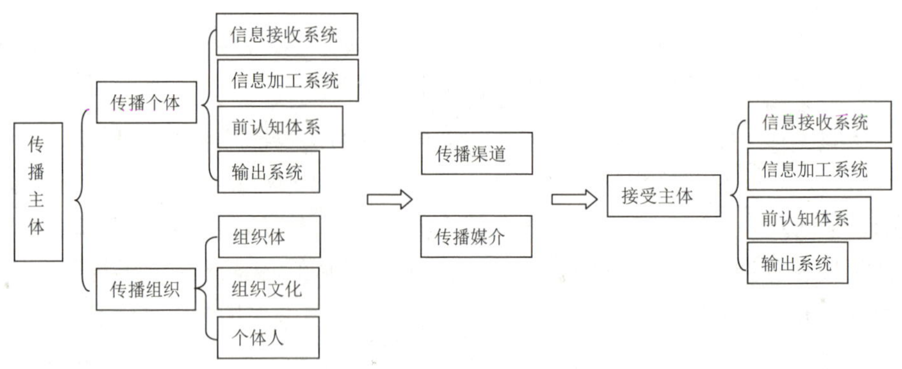

图1　认知传播系统构成要素及模式

三、微宏观系统中的认知传播接受主体

（一）微观系统中的认知传播接受主体——生物性个体

早期的传播学研究已经说明：人体本身就是一个完整的信息传播系统。它既有信息接收装置（感官系统），又有信息体验装置（神经系统）；既有记忆和处理装置（人的大脑），又有输出装置（发声等表达器官及控制这些器官的肌肉神经）。人体是一个与外在环境保持联系的独立有机体。以此为视角，我们可将人体看作是信息接收的一个微观系统，这个系统对信息的接收、处理、加工，要受到个体内在的心境、情绪、动机、理性、信念、知识等因素的影响。而人体对信息的接收处理流程，经历了感官接收—注意—模式识别—记忆再认—推理—判断—知识组织—语言—感官输出等一系列过程。人体的生物属性，体能、智能等因素决定了个体对信息的接收及处理的能力与效果，而个体的信息接收处理效果又直接影响到中观、宏观系统中的信息接收效果。可以说，微观系统的信息处理能力是其他一切信息接收与处理活动的基础。

（二）中观系统中的认知传播接受主体——物质性个体

信息从元信息发送者发出，要经过媒介、渠道等的传输，才能到达元信息终端接受者那里。从广义上讲，媒介（包括媒介承载的信息）、渠道本身也是接受主体的一部分，是物质性接受主体；从狭义上讲，接受主体（个人）的认知受媒介、渠道等物质性要素的制约和影响。因此，媒介、信息、渠道与接受主体共同构成一个中观系统。将视角置于此系统中，我们可探知媒介、信息、渠道等与接受主体信息认知之间的联系。

媒介是接受主体接收信息的中介与桥梁。受众对使用何种媒介、接收媒介传递的何种信息具有选择权。这种选择权受到性别、年龄、种族、地域、文化、富有程度等各种因素的制约。而就媒介本身来说，其传递信息的方式，如文字的选择、颜色的配比、画面的构图、声音的大小、信息传递的流畅度等对接受主体的信息认知均构成影响。以视觉信息输入为例，神经科学及心理学研究发现，人体的信息视觉处理要经历三个层次：低级视觉，这个层次的主要任务是从二维的图像阵列中获取最基本的图像特征。如色彩、亮度、纹理和分布等。中级视觉，这个层次的主要任务是在低级视觉处理的基础上进一步抽取更高一级的特征信息如图像边缘，线条方向，区域分割、闭合形状以及个体特征

等等。与前一层相比，这些特征更加抽象，也更加接近人类自身对事物的认识。高级视觉，这个层次根据前面分析所得到的结果，结合当前所掌握的领域知识，对图像中的事物进行识别并对其中的内容做出语义性的解释和描述。在这个过程中，经验性的知识和联想推理往往起着至关重要的作用。人体信息视觉处理的三个层次中，每一层次的变异都会影响接受主体的信息认知，导致认知接受主体的信息接收出现偏差。

信息是符号和意义的统一体。受众对信息的接收受注意机制的影响。只有那些进入受众感官、引起受众注意的信息，才能进入受众的信息处理系统。而只有对信息进行接收并开始进行处理的这部分受众，才能称为是认知传播的接受主体。接受主体对信息的处理依据选择性定律。首先人们总是选择与自己喜好、观点相一致的信息。除此之外，突发的刺激性信息也会引起人们的注意，但注意的持续度仍然依据其喜好、观点的一致性程度而有所区别。其次，信息在接受主体内部进行认知加工，有控制加工与自动加工之分。控制加工指接受主体有意识地注意此一信息，调动全身的器官对之进行强化，这部分信息容易进入接受主体的认知图式，形成长期记忆。自动加工指信息与接受主体的前认知相符合，不需意志力的辅助而自动对之进行比对，是一种无意识行为。而不管是控制加工还是自动加工，其加工内容、加工程度，均依主体的生理属性、智力程度、精神文化等不同而有所区别。最后，从记忆的角度来说，信息经过加工，一部分进入认知图式，组成知识结构块，成为接受主体前认知的一部分。但这种知识结构块并非一成不变，而是会随着时间的推移、刺激的强弱而发生变化。一部分经常受到刺激，不断强化，最终会成为其固化的认知图式。一部分未长期强化，逐渐受到抑制，最后会从认知图式中退出，乃至消失。当新的信息进入时，与其进行比对的，通常是固化的认知图式。

渠道是传播过程中传受双方沟通和交流信息的各种通道，如人际传播渠道、组织传播渠道、大众传播渠道。对认知传播的接受主体来说，传播渠道中的初级群体会对其信息选择的内容、风格、方式等造成重大影响，从而塑造起个体的信息接收风格。而意见领袖以其专业性与权威性，对接受主体的观念、知识构成等造成影响。个体所在的组织、团体也对其接收信息的内容与方式有所影响。

（三）宏观系统中的认知传播接受主体——社会化个体

人类是通过社会学习而得到传承和延续的。人的这种社会学习性使人由自然人转化为社会人，从而形成了具有社会性的人的思维、感觉、反应、态度、行为；等等。这一过程也即是人的社会化过程。人从出生起即打上了不同的社会烙印。在社会中，每个人都分属于不同的社会群体：族群、文化、宗教、国别、环境、地理空间，等等，也分处于不同的社会层级。不同的社会群体会形塑个体，给予个体以不同的文化价值观和行为模式。在同一社会群体中，其成员也在共享某些普遍的价值取向和尺度，存有共通的意义空间。这种社会群体的区分，使我们更容易分析处于不同社会群体中的个体在对信息的认知意愿与能力上的差异性。如研究发现，热带人对蓝色的感觉反应比较迟钝，因此他们的语言中较少出现蓝色相关的词汇。而这一点在非热带地区则不明显。再如，不同国别中的人对同一文化现象也会产生不同的认知，如中国与美国对“龙”文化的不同理解。从社会层级的角度看，处于社会上层的人，其享有的经济收入、社会威望、政治权力等均高于处于社会中下层的人，其掌控信息的能力也大大高于其他层级的人。因此，其对信息传播的认知更多是从一种有利于自身阶层发展的角度出发，以更积极主动的姿态介入传播，从而促使信息及资源产生更大的集聚效应。而社会中下层人则更多采取尾随政策，在对信息的选择与处理上，更容易受到所谓意见领袖的左右。处于不同社会层级的人，对媒介信息的选择（包括内容的制定、媒介及渠道的选择）以及内在的信息加工（注意、接收、检测、转换、编码、合成、输出等）各个环节均存在显著差异。

认知传播接受主体是认知传播系统中的重要一环，本文对其的研究还仅停留在初始阶段，对其进一步研究将更有助于认知传播学科体系的构建。

注释：

1 李彬. 传播学引论[M]. 北京：新华出版社，2003：59.

2 欧阳宏生，朱婧雯. 论认知传播学科的学理建构[J]. 现代传播，2015（2）：38.

3 郑齐文. 认知原理[M]. 台北：时中出版社，1987：29.

4 谭占海. 语言模因研究[M]. 成都：四川大学出版社，2009：139.

论多重视域下认知传播学本质特性

姜海[1]

摘　要：认知科学与传播学，两个古老的学科体系因时代环境的变更而转合，衍生出范式转型下其学理框架融合的认知传播学，超越各自独立源学科的脉络体系使其在多重视域下呈现出了新的学科特性。以特性为路径，探讨认知传播学情境互动下的建构机制，表明该学科已经具备交叉研究的包容性、超越传统的前沿性、动态变迁的现代性、多重研究的实践性、完整脉络的系统性、承上启下的学术性等六大本质特性。在转型范式下，认知传播的特性应从主体、内容、渠道、受众、效果五个维度研究该学科产生的学理建构、路径明晰、管控界限等理论与现实意义。

关键词：认知传播学　本质特性　学科建构　特性意义

从学科建构角度分析，社会学科相较于自然学科而言明显需要较大的理论上和概念上的警觉性，因他们所考察的对象，所研究的问题正在持续性地发生着变化。因此学者很难辨别与设定出一种恒定的结构模式。[1]作为以人类认知为出发点的一门学科，认知传播学超越学科界限与经验限制，其相互渗透化的本质特性将学科落实为更为系统化、可自身互动的建构交往体，从而不断地以认知结构的张力互动来促使其反思性循环，创造新的能动资源，形成学科子系统与外界学科的互动培养模式。

1　[作者简介]姜海：男，四川大学新闻学博士，四川大学新闻传播研究所助理研究员，研究方向主要为新闻传播学、广播电视学及新媒体。

一、以正之名：认清认知传播学本质特性之必要性

W. 梅洛蒂（William Melody）曾说："体制从分享信息的需求和渴望的发展中创造出来，传播或信息交换的模式以特定的方式取得所需的信息流量促成了体制结构的形成。体制可以根据其信息传播的性质予以描述。"[2]传播流向的内在与外延活动为学理体制的形成建构了共同体基础。自1975年六大学科整合产生认知科学以来，研究机构多从心理与认知、逻辑与认知等单学科方向切入，而多科交叉的认知科学研究还相对欠缺。[3]认知传播学的诞生在一定程度上弥补了这一缺陷，却也带来了其本质特性自身认知的模糊与困难，在以有着40多年发展历程的认知科学为依托，兼顾着多元媒介和信息载体的个体传播行为规律的机制分析的基础上，其本质特性的梳理为在后现代思潮的转型下人类认知规律提供了学科性的建构基础。

梳理认知传播学本质特性是保证该学科形成与发展的客观要求。事实上，任何一个学科的理论发展都无法脱离这个学科的生成轨迹，都需要以审读他者的视角来自我建构，从而对其持续性的发展奠定反思性的理性基础。梳理认知传播领域的15年研究发现，截至2015年上半年，以"认知"和"传播"为关键词的学术研究数量已达159523篇。[4]学者们把认知传播及多视角构成的研究路径作为传播学基础理论及认知科学发展的全新情境予以高度关注，但信息传播的价值水平与主体的可视化结构息息相关。

梳理认知传播学本质特性是弥补两类学科各自研究范式的不足。美国哲学家托马斯·库恩在《科学革命的结构》一书中认为："范式就是一种公认的模型或模式。""其包括定律、理论以及仪器在一起——为特定的连贯的科学研究的传统提供模型"[5]。虽然认知科学和传播学已经含有互动体验、意象图式、概念范畴化、认知模型、突显、隐喻、转喻等"认知范式"，且每一种范式都提供了一套研究方法系统。但植根西方理论方法的中国研究，正是受制于方法论以及自身难以脱离的社会情境的局限。[6]认知科学或传播学的研究范式自始至终多以西方微观的视角，结合社会情境的"他者范式"来进行个案或现状研究，而立足于交叉性的认知传播学的"自我范式"稍显不足。因此，对其本质特性的界定是引入本土化研究、探寻本土化方法革新空间的自体认知路径之一，以认知的情景转移来促使其各自学科体系下的研究模型的一种更加宏观与建构化的新视角和方法。

20世纪90年代的媒介理论原创性理论家K. 克雷并多夫（Klaus Krippendorff）

认为人民总能在其认知能力的连续性中控制其理解，从而将行动主体的反思性监控引入了传播控制。但目前认知已经作为从自体出发来理解人类社会互动的核心概念之一，其重点也转向由主体反思性所建构的认知结构。因此从学科建制角度来看，虽然认知传播学的前沿理论、个案研究、模式建构等层出不穷，但最为基本的学科理论问题却在实践话语意识中被长期搁置，学科整体呈现出发展迅猛、沉淀不足的刻板印象。有鉴于此，对于认知传播学的本质特性的探析是我们了解“什么是认知传播学”，明晰认知传播学学科特性的基础性探索，也是确定认知能力与逻辑的前提要求。

二、溯本之源：认知传播学本质特性之六面性

（一）包容性：跨学科视域的反身与外拓

“跨学科研究（Interdisciplinary Research，IDR）”是指一种由团队或个人整合来自两个或多个学科（专业知识领域）的信息、材料、技巧、工具、视角、概念或理论来加强对那些超越单一学科界限或学科实践范围的问题的基础性理解，或是为他们寻求解决之道的研究路径。[7] 自1926年哥伦比亚大学提出该概念以来，跨学科以反身—外拓的认知意识间接促使着不同学科间循环的持续借鉴。从科学理论的渗透到完善知识分支的嫁接，跨学科研究已经成为科学原创性成果的重要源泉之一。[8] 在这一趋势下，认知传播学因横跨哲学社会科学与自然系统科学两大知识板块而成为远缘跨学科研究成果的汇聚之处，其丰富的成果已经表明“在科学发展上可以得到最大收获的领域是各种已经建立起来的部门之间的被忽略的无人区”，“正是这些科学的边缘区域，给有修养的研究者提供了最丰富的机会”[9]。

跨学科的研究路径拆分了认知传播学源学科既有的知识体系，其反身存在的传播内在导向与外拓存在的寻求主体交往共同建构了循环意向模式，使得认知传播学学科具有了极大的包容性。认知传播学的“反身”萌发于自然科学领域，计算机科学与神经科学为其诞生奠定了实证基础，属于“理”的范畴，其“外拓”的思维范式则多以逻辑学、心理学、语言学为主，是哲学社会科学视域下的一种学科外延，属于“文”的范畴。而从更为广义的深层性包容来说，认知传播学的“反身”体现在其学术理念的包容性、研究方法的包容性、学术体制的包容性、研究基础的包容性等一系列学科建设方面，是一种在学科自身成长当中由单向

化、排他性取向的研究思维范式转合而成一种互为主体的包容性的思维范式——从宏观上说，即认知科学形成学科范式之前，需要对其传播学的体系形成客体的认知，反之亦然。因为从认知论分析，学科的包容性范式秉持了一种平等、开放、互为价值的主体性取向，是一种具有“共享福祉”特点的特定价值意识。而具体到微观的“外拓”，认知传播学的包容性呈现在学科建构中吸纳对哲学社会科学、自然科学、系统科学等力量的整合，强调学科元素对认知传播学形成过程的公平合理参与以及认知传播学对各自源学科及参与学科的公平合理分享。应该说，认知传播学的包容性是整个学科形成稳定话题体系、生态伦理精神以及“整体”存在方式的基础特性之一。

（二）前沿性：超越文本的更迭与延伸

“前沿性”不仅仅体现在时间轴上的更迭，也体现于主体身处并构成日常活动跨度改变下的时空意识与异域感的提升。就认知传播学科来说，“前沿性”体现于认知科学、传播学两大源文本在既有成果连续性积累的基础上，所形成的对于其固有历史感与思维深度模式的消解与重大基本问题、理论问题所提出的新的解释与发现，是一种“旧知”与“新学”的相互作用与彼此影响，使其两者都更具有时代的解释力。按照第一代的信息传播理论，认知的文本仅立足于理解下的信息编码或解码，但时代的转合促使了认知结构包括了无意识、实践意识、话语意识及先验认知能力和认知逻辑框架。从认知思维文本分析，从20世纪70年代诞生的认知学强调“人为”要素的参与，其间夹杂的“偏见”“心智”“体验”等无法做到主观性的完全消融，演变成为“体验”是“人本”的基础的建构，从而约束了后现代主义的“去中心多元化”的激进主义观，在当时具有相当的前沿特性。而随着时间轴的更迭，其演变成了多重互动的理解模式下所强调的“自”学科与“他”学科的主客关系，如认知科学自身六个支撑学科之间所产生的神经心理学、心理语言学十一个新兴的交叉学科。从认知学方法文本分析，认知学经历了强调如“概念化”“关联性”“隐喻转喻”等思辨性方法用来解释与支配传播过程，并以理解压力和认知结构来促使内在张力的提升。

而在另一分支传播学的视域下，无论是早年英尼斯、麦克卢汉、奥尔特·昂等人提出的“媒介偏向”“媒介即信息”等通过媒介来塑造人的认知感觉的理论，抑或是后来“技术决定论”代表的梅罗维茨、伊尼斯、波兹曼等所强调的新媒介文化带来的个体认知反思，其对于认知与传播的前沿性思索从未间断。在对于认知结构和传播路径之间的近似关系中，传播学者们所提出的议程设置、沉默螺旋等理论都将实践、认知、传播视为是互为影响的因素而彼此转化，进而收敛、扩张产生驱动意向。这些前沿性的理论和特点体现着认知传播学术界对其前沿影响的可期待性。

（三）现代性：动态变迁的敏感与互动

吉登斯曾对“现代性”提出过三层释义，其中便有组织化权利的增长，即利用信息对社会实行整体性监控的制度建设，其修正了马克斯·韦伯对现代性组织归结为科层性的制度论断，认为其现代性具有反思性监控。而当认知传播学科体系或文化系统发展演进到特定阶段与程度（抑或与时间维度）相承接的现代特征时，“现代性的反思则对多数社会活动及人与自然的现实关系依据新的知识信息而对之作出的阶段性修正的那种敏感”[10]。可以说，认知传播学符合现代发展的“敏感”特性毋庸置疑——从内容“敏感”来说，认知传播学几乎是涉及社会学、人类学、心理学、计算机科学等最具有时代性的多重学科的内容研究与课题，其以“主体—客体”思维进行广义的交往互动，从而形成整合的相对模式“制度化”；从方法“敏感”来说，认知传播学多层级领域互动着研究方法——从宏观的系统论、控制论、信息论，再到微观的哲学的辩证思维方法、计算机科学的数据量化方法、心理学的实验呈现方法、新闻传播学的质化研究方法等，“从方法论的角度看，社科理论研究的方法也随着时代发展而不断创新”[11]。

在大量援引西方理论架构认知传播学科框架之时，长期以来理论界存在的以“时代性”来衡量某种思潮或学说的基本标准的价值取向之间存在着一定的一致性，但以更深入切合中国学科之实际来把握认知传播学学科特性之时，则有必要明白迫于现代性而产生的信息传播媒介压力。从哲学社会科学的本质要求来看，认知传播学科内的“蓝海”尚需学者选取合理化的学科现存制度作为研究证据之一，选择谋求建构一种“总体性制度”，从而以此来监控对社会实施的合法性，以现代性的认同规范和行为纪律来促成个体认知与传播的自由反思性，从而推进多元领域跨学科交融、互汇，促进新型学科理论的合理建构与完善。

（四）实践性：接多重领域的学理与运用

认知与实践是哲学体系下的两个重要范畴。“实践出真知”点明了其相互作用的关系，而在后现代传播方式发生根本性转变的今天，如何在实践主体之间通过彼此认知与传播成了核心的共识。从这个角度分析，认知传播学具有着明显的“实践理性”——即从经验性的社会活动中提取理论精髓，并寻求一种适度的普遍性。应该说，认知传播学的实践性并不是一种单纯理科技术上的操作应用，而是兼顾着学科价值性与应用规律性的一种实践探索，一种以多重自然科学研究范式的解释分析为科学实证基础与探寻以人类为主体的传播行为发生过程的规律、基于多元媒介和信息载体的传播行为，提供人类认知规律为保证的科学实践分析。[12] 所以，认知传播学的实践性表现在其是一门寻求人类传播最基本方法的实践之学，是理论与实践两大谱系及其相互关系中对应的奠基性行为特性。

对于人类来说，大脑始终如同“黑箱”，无论知识如何的扩充，其永远蕴含着宗教和哲学的“不可知论”，其科学的探索永远受阻于一个不确定性的界限。传播学中，研究者只能徘徊于种种效果的外延去考察意识形态的符号、影响、反馈、效果等，却无法精确探查到人类的源意识及内在动力。因此，当认知传播以高度的实践性进入彼此领域时，在一定程度上破除了传播学固有效果考察的局限，以符合神经、生物及人类的“脑动力”研究去对既有的传播效果进行修正，从而有助于理论框架的延展与实践层面的作用。如通过微观符号、特定人群、传媒载体的认知定位与分析，传媒可以更加有效地运用于现实的传播实践过程，对提升传播者的素质、优化传播内容、求得最佳传播效果具有积极的推动作用。同时将革新与推进认知与传播的效果实践的体系构造，通过合理的逻辑框架来扩展研究“盲区”，带来新的突破与运用。如在科技领域以人为核心建构的智能体系将会将人类的需求、情感、信仰、态度和价值观等多重概念渗入新的机器人中[13]，从理论及工程的角度来揭示大脑的认知与如何有效地与人类传播沟通，从而以另一种视角突破今天人工智能研究的瓶颈。可以说，科学是除最原始文化以外的所有知识体系的基本建构，而不完整的科学理解边界正在不断地扩充，认知传播学更为核心的实践特征将会在多重领域的深层建构中愈加明显地呈现。

（五）系统性：具备逻辑框架的理性与完善

系统性是一门学科成熟的逻辑体现。自成系统的知识体系方便学科用逻辑性、理性的方式去整理感性材料，从而获得符合知识、体系、逻辑三位一体的一致性。“我们必须建构一个融贯的、逻辑的和必然的一般观念系统，以使我们经验中的每一个要素都能据此获得解释……”[14] 从本质上说，学科的系统性是指学科知识层次分布、逻辑联系及子系统之间的相互作用、相互制约的关联性，系统性表明了学科存在的结构特征。“组织和社会运用是对突出体现在日常实践活动连续过程中的系统再生产条件进行反思性调控的集合体。”[15]这表明了认知传播学所研究的认知现象、传播活动并不是简单的机械累加，而是与处在发展中的各种有机体及其内部要素，以及整体社会过程处于一种系统的联系之中。学科的原理、观念、范畴等都是人们按照自我认知和传播现实创造出来的一种认知纽带，它与基础理论、学科体系都有着完整框架脉络的系统链接。

具体而言，系统性表现在三个方面：其一是学科理论的系统性。认知传播学的学科理论涉及其研究的概念、范畴、观念及原则等问题，其学科属性、特征、定位、方法、流派等问题都是学科理论必须梳理与研究的课题。从“认知”到“认知科学”再到“认知传播学”，其核心概念的解读在融合理论系统，结合传播过程，借鉴多重路径等方式中逐渐呈现。其二是学科知识的连贯性。认知传播学是以认知科学和传播学为中心的具有内在学术联系的一套知识系统，其并不是研究者认为的仅仅是研究人脑与心智或是传播发生发展规律的简单“二元论”的学科，它还包含着一套既蕴含了人文理论阐释和科学规律评估的跨学科交叉体系，又横跨各个学科体系，在纵深与宽广度都彰显出“程度叠加”的学科脉络框架。其三是学科体系的完整性。虽然认知传播学的学科设置正在筹划中，但源学科的“认知科学”或“传播学”的学科体系设置已然完善。如“传播学”研究体系从纵向研究可涉及传播理论、影视传播、出版传播、广告传播等分支传播领域；从横向研究则可涉及主体传播、符号传播、效果传播等过程传播领域。而认知科学在经过数年的发展后，在国内也以清华大学为代表形成了较为系统性的学科研究结构，如图1所示：

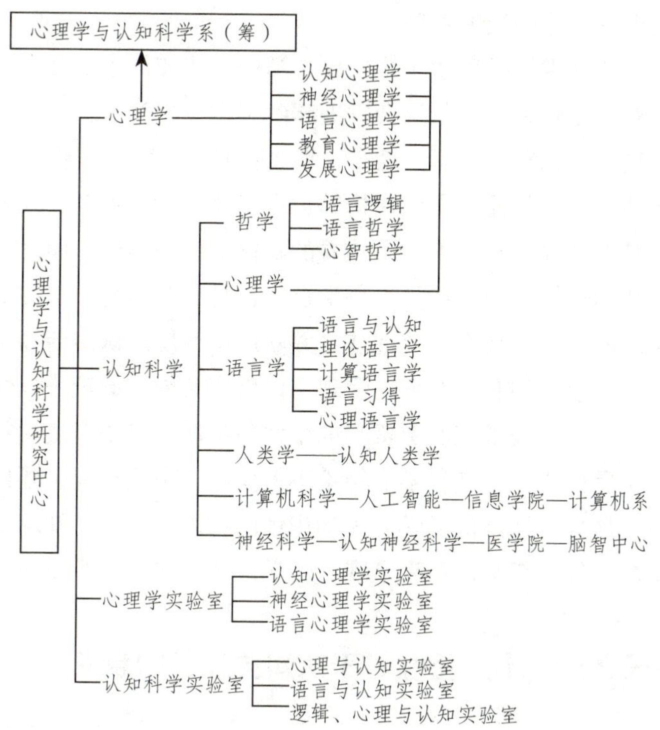

图1　清华大学认知科学的“学科结构关系图”

应该说，认知传播学已经具备了完整学科体系呈现的关键要素，其可建构出如认知传播理论、认知传播逻辑、认知传播心理等研究方向，从而在一种理论框架内将概念、范畴、术语之间进行“系统的联系”，让其“共同适合于逻辑上的包容关系”[16]。

（六）学术性：承应然学科的人文与自然

任何一种社会科学理论，都有自己的理论品质和自身的逻辑结构，而且都是在不断与其他理论的对话、争鸣、理解中得到完善和发展的。这种自身的特性和相对独立性，以及发展过程中的探讨性、研究性、争鸣性，就是一个理论的学术性。[17] 在科学知识观影响下，认知传播学科的学术性依附于经验的纯粹实证理性，较少有思辨性的哲学社会元素，其以紧密围绕科学研究而得以体现。尤其是与多种学科交叉融合之后，认知传播学的学术性呈现出多样性原则，其兼顾自然与人文的学术观正随着人们对其学科认知的加深而呈现出不同的价值取向。认知科学的异己化与参与现实的方式开始变化，以逐步适应人文社会科学调整与改变，从而呈现出综合化的发展趋势。

认知传播学的学术性呈现出二维层度：第一，认知传播学已经表明其所研究的领域与问题对推动整体学科与社会发展起到了积极的意义，这是一个学科学术性的基石。无论是认知科学还是传播学，两者都具有一种普遍性特征，其领域研究的问题大到涉及形象传播、文化建构等，小则涉及人际关系、人脑分析、群体传播等领域。其选题前沿且集中，影响着的不仅是单一学科，而是相关学科链的震动。第二，认知传播学的论述具有科学性，这是一个学科学术性的内涵。因其往往等同于学术的严谨与真实，故往往是并联产生使用。认知传播学的科学论述首先表现在其分析事物的有理有据，呈现出以事实为依据的理论提炼，坚持联系实际的系统论述。其次表现在所引资料的全面与准确，有了真实可靠的资料，认知传播学就不是无根之萍，其科学的结论不但能够与事实相连，还能解释一切与之相对的理论。最后，认知传播学并无知识性的错误，其以已知求未知，以准确的数字、技术、年代等考察资料来呈现一门学科研究的学术严谨性。

三、呈现之维：本质特性对于认知传播学的意义

认知传播的本质理论包含了学科基本概念、研究现状、意义与目的、本质特征、功能与任务、产生与发展六大部分。如果说前一层站在了“认知”与“传播”各自科学体系内进行内部规律探索，同将两者结合起来形成交叉联动，从而为后续学科的研究梳理和细化研究路径的话，那么这一层则将其置于学科这一基础宏观视域下，将着重探讨的是这些本质特性的梳理对整体认知传播学的意义。

（一）主体意义：强化认知传播学的学科框架

从学科建制化的视角下，认知传播学是主体上已经具备一个学科成立条件，却还未达到学科成熟标准的“应然学科”。从学科主体而言，认知传播学本质特性的梳理是补充学科自身体系化的理论，即特有的概念、原理、命题、特性、规律等所构成的严密逻辑化知识系统的路径之一，呈现出强化学科框架的核心意义。

正如华勒斯坦所说：“称一个研究范围为一门‘学科’，既是说它并非只是依赖教条而立，其权威性并非源自一人一派，而是基于普遍接受的方法或真理。”[18]认知传播学同样如此，其诞生与形成来自学术界已经普遍接受的认知科学与传播学的真理建构，其具有“由外而内”的路径趋势，即是由社会与学术界

来推动内在学理建制的非传统学科发展路线，所以其释放出了强烈的“建设性张力”。面对这样的学科现状，梳理其本质特性等关于“学科基本理论”的问题，可以推动学科良性发展，补充其学术与社会的互动，帮助其真正确立自身的“科学身份”。

（二）内容意义：明晰认知传播学的符号构成

符号是组成意义的最小单位，在人类认知的“感知”—“认识”—“表征”三个阶段中都离不开对于符号所承载意义的解读，而在传播阶段，对其传播双方编码、解码的过程的分析与理解，是再次对符号“可传播化”程度的建构，从而构成实际过程中的信息获得。

与已经较为系统化的语言符号、视觉符号等相比，目前认知传播学的符号因涉及神经科学的可视化符号、心理学的精神分析符号、修辞学的符号意义加工、语言学的符号表征识别、新闻传播学的符号“媒介化”表达转折等多重符号解读与多重符号嫁接，其并不完全具有系统的完整性，其编码程度也较低。同时，因其自身学科符号系统内部的杂乱无序而急于呈现出归纳与系统的梳理渴求，因此对其本质特征的归纳一定程度上是对今天认知传播学所研究内容的一种符号梳理，让研究者明晰认知传播学的基本符号构成的路径，从而了解该以何种角度、何种方式、何种思维来探析认知传播学的符号构成，进而了解这门学科。例如，跨学科交叉研究的包容性表明其意义建构的多元化，决定了认知传播学的符号必定是复杂且交织的，因此研究者必须强调突破特定的体系规范，凸显认知主体的文化与个性，从而获得特定指向与群体的符号化意义认知。

（三）渠道意义：厘清认知传播学的研究路径

人类的行为科学——抑或我们通常表述的社会科学——能够做到的，是从其存在的事实出发，确定个人或集体的生存动因和制度惯例，经过必要思考后找出一些方法进行修正。[19] 因此，是否形成学科的方法论，即以固定且独特的学科知识生产方式和研究范式来研究特定的对象是衡量一个学科是否成型的标志之一。就认知传播学来说，其研究路径的形成是在学理架构下的一种衍生，是一种基于新兴认知科学与传播学各自角度观照下的多重学科视角、多重研究路径、多重研究方法的聚合。

前文论述表明，认知传播学复杂的形成学科背景决定了其研究方法必将是多元化的，那么对于其本质特性的梳理就在一定程度上帮助后续研究者厘清了对这门学科的研究路径——包容性决定了其将以一种多元广角的研究思维，运用多学科的研究方法对人类的认知行为与传播方式进行规律性寻求；系统性与学术性表明在其广域思维下，更应运用一些基本理论（如整体论、相对论）与方法来进行一种兼顾实证与质化的立体式研究；前沿性与现代性则表明我们在探索人类认知过程与传播途径背后的意义象征体系及这个学科所带来的价值观、世界观、人生观等，将以一种崭新的思维模式，全新的研究路径来对这个交叉领域进行合理化的探究。

（四）受众意义：了解认知传播学的基本构成

在后现代媒介文化中，受众一直占据着重要位置，在今天的学科场域中依然如此。今天的受众早已不是单纯的信息接受者，受众并不是一群在经济、文化和政治上都处于控制之下的"文化白痴"（Cultural dopes）[20]，而是能够掌控文本，鉴别文本，选择文本并最终决定文本意义的生产者。受众是一种大众的聚合，他们会带着愉悦、崇拜、消遣、怜悯、恐惧、学习、信仰等各种出自自我本体的情感需求或收益性期待来做出选择性行为，并且是在一定的时间与空间范围内形成的，所以受众的形成及情感归宿是一个高度复杂的"游牧式"体系，其形成受到多重因素的综合影响。

而对一门新的学科来说，首先应做到的是让受众"认知"这门学科，其本质特性就在一定程度上能够帮助受众了解这门学科的形成、规律与发展，可以帮助受众，起码是初步阶段理解这门学科的基本构成以及潜在的价值性。可以说，本质特性的梳理给予了受众接触、了解、认识、接受认知传播学的一条路径，增加了认知传播学对受众的吸引力与说服力，提高了对其理论与实践的接受。

（五）效果意义：管控认知传播学的学科界限

一门成熟的学科固然可以促进跨学科研究，但学科自身也需要按照非常严格的学科界限来予以组织，方能呈现一门学科应有的效果。按照詹姆斯·比恩（James A. Beane）的课程系统理念，学科系统不仅只是组织学科内容的技术或重新安排学习计划的方法，而是一种兼容并蓄的课程设计理论，包含着对学习的本质、知识的组织和使用、教育经验的意义等。[21] 比恩反复说明的是课程统整"不是以不同的方式做相同的事情，而是真正地去做一些不同的事情，是真正的课程范式的转变"[22]。就认知传播学来说，其跨学科的形成一定程度上促使了其学科边界定位的模糊，尤其是对于初入该领域的研究者来说，学科界限的混乱会直接导致培养的模糊不清与学术的摇摆不定，从而影响学科的长远化及常态化发展。因此，对其本质特性的梳理，为认知科学的研究提供了一种科学有效的支撑和切入点、也为传播科学提供了符合基本规律的落脚点与发展视野。希望能够为后续的研究者界定一个适宜的研究范围，合理管控学科界限，使其有着更加明确的发展方向。

四、结语

应该说，认知传播学是基于两大学科体系下一次跨学科建构的尝试。丰富的科研成果、多重的研究视角都为这门学科的形成奠定了现实性基础，而其本质特性的探析则在丰富认知传播学“学科基本理论”上迈出了坚实的一步。

认知传播学架构了符合学界与业界双重路径的体系，从元认知的角度来分析人类的信息加工行为机制，为多重学科提供了最为根本的分析视角，以全新的视角丰富了人文社会科学的体系。探析认知传播学的本质特性，界定认知传播学的学理框架，其正在形成一种宏观视域下的学科范式。

注释：

1 詹姆斯·库兰，米切尔·古尔维奇. 大众媒介与社会[M]. 杨击，译. 北京：华夏出版社，2006：146.

2 W. Melody. Electronic Networks, Social Relationships and the Changing Structure of Knowledge. Contemporary Communication Theory[M]. Cambridge: Polity Press, 1994: 256.

3 赵沛，梁德智，谭立君. 试论文化与认知之三个维度[J]. 西安外国语大学学报2010（1）.

4 该数据来源由两个部分叠加而成：其一为欧阳宏生、朱婧雯：《论认知传播学科的学理建构》《现代传播》2015年第2期一文中统计的2000—2013年的数据叠加；其二中的部分数据为2014及2015年上半年的成果统计，根据中国知网（CNKI）数据库以“认知”和“传播”作为研究关键词逐一删选，2014年研究成果为25773篇，2015年7月为12112篇。

5 托马斯·库恩. 科学革命的结构[M]. 金吾伦，胡新和，译. 北京：北京大学出版社，2003：9-21.

6 Rosker，J. S. Traditional Chinese thought: Philosophy or religion?[J]. Asian Philosophy, 2009, 19(3): 225-237.

7 Committee On Facilitating Interdisciplinary Research, National Academy of Sciences, National Academy of Engineer, Institute of Medicine. Facilitating Interdisciplinary Research[R]. National Academies Press, 2004.

8 刘仲林，赵晓春. 跨学科研究：科学原创性成果的动力之源——以百年诺贝尔生理学和医学奖获奖成果为例[J]. 科学技术与辩证法，2005（6）：105-109.

9 维纳. 控制论[M]. 郝季仁，译. 北京：科学出版社，1963：2.

10 吉登斯. 现代性与自我认同[M]. 赵旭方，方文，等，译. 北京：生活·读书·新知三联书店，1998：22.

11 李申申，吕旭峰. 当前我国哲学社会科学研究中方法论层面的反思[J]. 方法创新与哲学社会科学发展，全国高校社会科学科研管理研究会组编 P88.

12 欧阳宏生，朱婧雯. 论认知传播学科的学理建构[J]. 现代传播，2015（2）：34.

13 Mikail Roco, William Sims Bainbridge. Converging Technologies for Improving Human Performance [EB/OL]. http://www. wtec. org/Converging Technologies/Report/NBIC-report. pdf.

14 A.N. WHITHEAD, Process and Reality. Corrected Edition[M]. New York: Macmillan, 1978: 3.

15 吉登斯. 社会的构成[M]. 李康，李猛，译. 北京：生活·读书·新知三联书店，1998：91-301.

16 R. S. 鲁班纳. 社会科学哲学[M].曲跃厚，林金诚，译. 北京：生活·读书·新知三联书店，1989：89.

17 徐飞. 论马克思主义哲学的学术性与意识形态性[J]. 湖北行政学院学报，2011（6）.

18 华勒斯坦. 学科·知识·权利[M]. 刘健芝，等译. 北京：生活·读书·新知三联书店，1999：13.

19 J. Z埃德蒙森N. P. 埃德蒙森. 人类认知的局限与跨文化传播——一个致力于跨文化融洽交流的计划[J]. 现代传播，2004（4）.

20 Fiske John. Television Culture[M]. London: Routledge, 1989: 309.

21 James A. Beane. 课程统整[M]. 单文经，译. 上海：华东师范大学出版社，2003：109.

22 Beane, James A. Curriculum integration and the disciplines of knowledge[J]. Phi Delta Kappan, 1995, 76(8): 616-622.

参考文献：

奥利弗·博伊德·巴雷特，克里斯·纽博尔德. 媒介研究的进路[M]. 北京：新华出版社，2004.

蔡曙山. 认知科学：世界的和中国的[J]. 学术界，2007（4）.

蔡曙山. 认知科学研究与相关学科的发展[J]. 江西社会科学，2007（4）.

代霞. 论认知语言学的前沿性[J]. 海外英语，2012（3）.

方环海，高明乐. 认知语言学的理论分析与展望[J]. 厦门大学学报（哲学社会科学版），2010（4）.

凯斯基南，西利雅斯，黄育馥. 研究结构和研究资助的学科界限变化[J]. 国外社会科学，2006（2）.

李林俐. 后经典叙事学与文学研究的“话语转向”[J]. 中南大学学报（社会科学版），2014（6）.

寮菲，冯晓媛. 语言与思维的关系研究在认知学科中的地位[J]. 外语教学，2001（5）.

陆道夫，胡疆锋. 看与被看：后现代媒介文化中受众的认同空间[J]. 南京社会科学，2007（12）

斯坦利·J·巴伦. 大众传播概论——媒介认知与文化[M]. 刘鸿英，译. 北京：中国人民大学出版社，2005（8）.

王续琨，常东旭. 远缘跨学科研究与交叉科学的发展[J]. 浙江社会科学，2009（1）.

严亚，李公文. 社会决定论视野中的新媒体与受众主体身份[J]. 中南大学学报（社会科学版），2013（5）.

曾锡环. 跨学科研究与政策科学的发展[J]. 兰州大学学报（社会科学版），2001（4）.

周昊天，傅小兰. 认知科学——新千年的前沿领域[J]. 心理科学进展，2005（4）.

朱婧雯，欧阳宏生. 认知传播：融合视野中多元传播的创新研究与学科建构[J]. 西南民族大学学报（人文社会科学版），2015（3）.

意识表征、认知语境与隐喻、转喻思维

——认知传播学的哲学路径

梁湘梓[1]

摘　要： 回溯传统哲学的发展史，心灵与意识问题构成了其核心议题。20世纪以来，哲学家、人文社会科学家甚至一批自然科学家对意识问题进行了孜孜不倦地研究与探索，而与意识问题紧密相关的，则非“认知”莫属了。另一方面，传播学在历经经验学派与批判学派的分野之后，发展逐渐式微。因此，从认知角度切入探究信息传播机制成为主流。本文从意识表征、认知语境以及隐喻、转喻思维三个方面探讨了认知传播学的哲学基础，认为意识的表征在空间上具有全局分布性；大脑认知图式与知识的激活使得认知语境得以建构，并体现出一种隐喻、转喻的思维方式。此外，认知传播区别于以往传播的5W模式，重点探索的是传播过程中思维如何得以理解，这一过程则需经历模式搭建、图式激发、选择记忆、行为形成四个阶段。

关键词： 认知传播　意识表征　认知语境　隐喻与转喻思维　哲学路径

认知传播学作为一门新型交叉学科，致力于研究以人为主体、信息作为工具、传播介质作为桥梁的流程研究以及传播效果研究，作为一门交叉视阈下的新学科门类，将学科体系建立在心理学、认知心理学、神经科学、符号学、语言

1　[作者简介]梁湘梓，四川大学新闻学博士。

学、社会学、人类学、统计学、传播学、新闻学等多门人文社会科学研究的理论成果基础之上，在凸显时代精神的战略思想支撑下，形成了认知传播学这样一个既与传统学科密切相关又相对独立的学科定位。[1]简单来说，作为一个学科，认知传播学顾名思义就是认知科学与传播学的有机融合，重点则是研究人在传播过程中大脑与心智的工作机制规律。而作为众多学科基础的哲学，毋庸置疑，也将始终与认知传播学相生相伴。在认知传播学的理论系统建构与不断修正之中，哲学始终起着奠基、审查与批判的作用，从而推动着认知传播学的建立、完整与完善。认知传播学区别于传统的传播学研究，将“认知”放置在整个传播过程之中，从哲学角度，就是要解决“意识的难题”，这也是哲学对认知传播学提出的极具挑战的问题。

一、传播学之反思：“人思故其在”

诞生于20世纪初的传播学，以对人类传播现象与行为做系统、科学的研究为目的，是一门涉及社会事实与心理事实的学科，其中关联到的社会、媒介与个体心灵、意识则是一组同生共长的相互建构关系。因此，在最初以社会学、心理学一般理论为“奠基石”的传播学，在媒介高速发展的初期取得了相对丰硕的研究成果，并形成了符号学、现象学、控制论、社会心理学、社会文化、批判与修辞学七大传统。但是，随着时间的推移，传播学的研究逐渐式微，关于传播学的质疑之声逐渐增多。“传播学危机的主要原因在于它的研究对象不明确，理论体系不严密。”[2]缺乏完整的理论体系，且当前的传播学研究主要将关注点设置在工具理性，而忽视了传播这一概念本身的思想内涵，也是当前传播学研究的遗憾。这一遗憾是传播学本身就有的吗？答案是否定的，罗杰斯早就对此有过论述：“今天，许多传播学课程的这种没有历史背景的传授结果是：大部分传播学的学生不知道他们的领域从何而来。有人说，这个领域如此之新，以至于她还没有很长的历史。不过，尽管大部分美国大学只是在1950年之后才开始有传播系或传播学院，但其根源可追溯到百年之前。如果人们以亚里士多德的《修辞学》和昆提利安的《样式》开始来计算传播学历史的话，那么这个领域在时间上先于其他的社会科学。传播学有着悠久的历史。”[3]

由此不难看出，罗杰斯所指的“传播学”并非是第二次世界大战后至今被人们所关注的传播学，但是就“传播”的本质来说，传播是什么？传播是交流、互动与共享，因此，若要对当前的传播学研究有所突破，首先就应该对“传播”的节点有所扩展：从远古时期人们之间简单的语言和手势交流开始，传播就已经存在。那么，当时如此简单的传播载体，是如何让信息从A传到B，并得到人们的理解的？从符号学或者语义学角度而言，皮尔士认为传播就是观念和意义（精神内核）的传递过程，通过大量携带意义的感知符号，意义得以彰显。而对这个意义的理解与接受，就需要人们的"认知"参与。因此，"认知"成了传播过程中关键的要素，传播过程中总有"认知"参与，否则传播也将很难完成，而这也是认知传播学存在的合理性。

从哲学层面来看，自人类诞生以来，在认识世界的过程中，意识问题历来被视为研究的重中之重，与之紧密相关的，则属"认知"莫属了。如果将"认知"简单看成哲学中的认识，那么从马克思主义哲学观出发，认识就是作为认识主体的人，在实践的基础上能动的反映作为认识客体的客观世界的活动；在认知科学中，西蒙等人又将"认知"看作符号操作过程，且认知包含着思维和智能；而豪杰兰德的"联结主义"将人脑视为一台计算机，因此，认知便是由大脑神经元构成的某种整体性活动。由此，"人"成为认知中重要的部分，对于"认知"的研究离不开对"人"，尤其是人脑的研究，而这也与认知传播学有着契合之处。

在传播学发展的历程中，它深受理性主义与科学主义的影响，因此美国实证研究传统成为传播学的中流砥柱。在此并非否认实证研究，也不是否认科学主义对传播学的建构作用，只是需要强调的一点：传播学除了自然科学主义，还有更多极具价值的研究议题，尤为重要的便是对于主体——"人"的思维的研究。正如从苏格拉底开始的哲学，苏格拉底将当时的希腊哲学从本体论的研究转向了"心灵"的研究，开启了从自然转向自我的研究过程；随后，柏拉图突出了客观唯心主义世界观，主张理念世界与现实世界的结合；虽然亚里士多德后又将认识论转回本体论，但是从笛卡尔开始，第一次将"主客体"的二元对立认识论问题提到了哲学研究的重要层面，他的"我思故我在"便是强调了"我"作为主体的重要性，认识必须有主体，而没有主体的认识将无从谈起。

于是，对于"人"的重视成为认知科学与传播学共有的哲学反思，也成了认知传播学这一全新学科的最重要的哲学根基。认知传播学将人的认知（智能和思维）放在了重要位置，作为主体的人不仅包括传者也包括受者，将传受双方的认知融合在传播的各个环节，认知传播学期待从更深层次探究各种传播行为。

二、认知传播学之建构：哲学之知

认知传播学虽然结合了认知科学、传播学等学科的精华，但是对它的理解绝非是简单的“认知 + 传播”，而是要将认知传播作为一个整体来看待，重点研究的是传播过程中作为主体的人的思维的变化。因此，可以说，认知传播学区别于传统传播概念中的物理位移，它更多强调的是心理的构建过程。而这一心理构建的诸多因素似乎是我们日常生活中看不见也摸不着的，故需要借鉴哲学中关于“心灵”的相关研究，来探究认知传播学的哲学路径。

（一）意识表征：全局分布性

爱因斯坦曾经这样论述道：“在我们从事物中发现结构之前，我们的大脑就已经开始独立地建构事物的结构了……”而我们的意识又产生于大脑，因此意识是认识事物重要的一环。了解人们意识的活动规律，是认知传播的首要前提，关于意识表征的哲学解释，也为认知传播提供了大量基础性的研究成果。

关于意识问题，一直存在着有意识和无意识两个子命题。想想我们自己的日常传播活动，例如：电视中播放的许多科教类节目，或者现实生活中我们自己的学习习得行为，面对一项新技能，刚开始我们总是显得笨拙，对这一节目的各个细节保持着清醒的意识，直到学会。那么，经过几次电视的后期剪辑，帮助我们重复演练之后，我们就对细节不再有意识。这说明我们对已知事物的复杂性是没有意识的。从这个角度来解释，也许我们就可以理解为什么那么多电视综艺走到了“第三季”就无法再与“第一季”相比，因为人们已经对它无意识了。那么，意识究竟有什么作用或者说是好处呢?

传播学集大成者施拉姆曾经提出过受众选择媒介的公式：报偿的保证 ÷ 费力的程度=选择的概率，在这里的费力程度其实就是一种对有意识还是无意识的解读。因为与无意识相比，有意识状态下进程会慢些，并且容易受到其他有意识的心理过程的干扰，造成错误的产生，因此，许多传播活动：例如辩论赛中的说服，新闻写作中的导语，电视节目中的先导片，都试图用最无意识的方式——人们熟知的案例或者是熟悉的音乐、场景描写，让受众感到是一种已知的事物，从而进行无意识地选择。这种情形在以往信息没那么发达的时代是十分可行的。但是，现在我想说的是，时代在变，人们的心理也会变。

以往人们想获得一条地震的信息，都格外的不易，但是现在，信息泛滥，各种媒介渠道每时每刻都有海量的信息在传播。在这样的信息海洋中，如果还是期望用无意识来获得受众，成功的可能性已经大大降低，因为这样的信息无法引起人们的有意识，很容易被淹没。虽然意识过程有让人苦恼的地方，但是它也有自身的优势，这也是如今“烧脑大片”流行起来的原因之一。

首先，意识的处理过程包含着大量可能性的内容。我们意识的内容，很大程度上是与神经功能的方方面面联系在一起的，因此意识事物的范围是非常广泛的。此前我们已经谈论到了无意识也有其自身缺点，那便是当人们反复进行一个任务或者观看一个节目、新闻后会导致不专心行为的产生，因为无意识产生后人们便不再精确地对待节目或者任务了。因此，可以说，无意识是对已知事物的最佳工具，而意识能力则是作用在新情况的。就认知传播来说，无论是结识新朋友或者推销新产品、新节目，应该调动受众的有意识，引起人们的足够注意。

其次，意识处理是有关联能力和语境敏感的。著名的条件反射训练就是很好的例证。在这个经典的实验中，有意识的刺激物是另一个有意识刺激物的信号——铃声标志食物来了，等等。那么，如果在这两个刺激物中，有一个是没有意识的，会怎么样？苏联研究者声称，若一个刺激物多次重复后成为习惯，那么这个条件反射作用就不会出现。所以，我们无法将任意的刺激物无意识地联系在一起，这便是语境敏感性。正如电视节目的编排，我们习惯了周五晚上7:30看《中国好歌曲》，这样的习惯逐渐会变得无意识。但若有一天发现节目没有了，或者周五晚上7:30居然还在播《新闻联播》，这个无意识就会变成有意识，以适应新的播送情况，或者使我们“换台”来做出另外的收看选择。也许用一个词你就会对此更加明白，那就是“认知一致性”。关于认知一致性，镜头语言总是有着很强的引导作用。试想一个电影或者电视场景：一个全景镜头，描述的是在河边的小孩子正在嬉戏，而天空中正有在飞的毒蜜蜂；在这样的视觉意象中，人们很容易会设想毒蜜蜂最终会飞到小孩身上，比如飞到耳朵上，对其造成伤害。因此，人们的心理会自动把焦点放在蜜蜂身上，在人们的心之眼中，看见的就仅仅是孩子的耳朵。此时，如果镜头恰好给了一个耳朵的特写镜头，那么这便是一种认知一致，否则就会造成认知失调了。这也意味着，在认知传播中，维持意识一致性的趋势与重要性。

若要用一种隐喻式的表达，那么人们的意识表征是具有全局分布性的。这是一种分布信息处理系统，这个全局工作空间可以被视为一个电视台，用来向全国传播信息。它是一个中枢信息的转换系统，意思就是：面对一个立体的信息，我们的大脑会有不同的“专家”进行解释：声音专家、画面专家、色彩专家，等等，但是他们共同存在于一个大脑里面，就要产生交流，而为了让每个专家更好地理解各自表达的意思，就需要一个中枢：例如在黑板上公布这个立体信息，让每个专家都能读到这个信息以对其回应，从而建立专家间的合作。而这个全局的分布空间，就是意识的作用，这也是为何我们需要重点理解有意识的原因所在。

（二）认知语境：图式的激活

关于语境的研究由来已久。“语境”这一概念的最早出现，要追溯到《原始语言中的意义问题》一文，马里诺斯基在里面首次提出了“语境”的概念。而随着认知科学的兴起和发展，语境理论得到了深化与发展：斯珀波和威尔逊在其著作《关联性：交际与认知》中便首次提出了认知语境的概念，指出了语境的认知属性，认为语境是一个心理构体。[4]

那么，为什么我们要研究认知语境？众所周知，认知是一种能动反映，它是行为主体对外部世界的反映，牵涉到感知觉、记忆、理解、行为等要素的运用，它与意识、心灵、情感联系在一起，具有复杂多样性。由此，一些学者提出了语境论的方案，在他们看来，认知发展理论是运用语境论及其语境研究启示法的成功案例。[5]从心理学角度而言，“语境”是意指有形的环境，但是从哲学角度来看，语境是我们意识经验的内部世界。物质世界的语境只有通过大脑中的语境才能形成我们的意识经验，所以，在认知传播中，认知语境的标出是很有意义的。

类似于“被激活的知识结构”，认知语境也需要图式激活得以构建，在这里认知语境并非心理表征，而是一种无意识的表征，但是这个无意识会影响到另一个意识的表征，这是认知传播过程中需要关注的问题。在认知语境的建构动态过程中，启动效应是首先要受到关注的问题。当某一个经验可能影响到另一个类似的经验时，我们就可以说前一个经验“启动”了后一个经验的语境。正如我们听音乐或者演讲时，音乐的曲调、节奏、主题，乐章的发展与变化，都势必构成我们体验该音乐的一个独立乐句的基础，但当我们听取其中某个片段时，这些基础性的东西并非是有意识的。就好像我们看到“册”字，就会想到“书”；听到“难忘今宵”就会想到“李谷一、春晚”一样，启动效应在感知觉、理解和行为中无所不在，是它创造了背景，这便是我们强调启动作用的原因。

那么，认知语境的构建要素是什么？根据Sperber & Wilson的表述：“我们并不能建构同样的心理表征，因为一方面我们狭义上的物理环境不同，另一方面，我们的认知能力不同。人们说不同的语言，掌握了不同的概念、结果，人们能够建构不同的心理表征并做出不同的推理。因此，即使他们都共享同样的狭义上的物理环境，但我们所称之的认知环境仍然是不同的。”[6]由此可见，客观的物理环境、认知传播主体的经验与其个人的认知能力对认知语境起着决定性作用。回归到前面我们提到的认知传播的奠基石——“人”身上来，认知语境的建构便有着深刻的主体性。这一主体性主要便体现在认知主体将从自己的知识、信念、态度出发构建认知语境，因此，认知传播要想得以实现，便需要激活不同大脑中的认知图式，根据启动效应，达到某部分共同的认知语境的实现。

例如：对于某一电影类型——好莱坞大片，可能有的人会觉得它们视觉冲击力极强，是最好看的影片；但对崇尚“走心、文艺”路线的观众来说，这类影片可能技法大过于内容本身，这都是取决于观众自己对电影的不同期待。因此，要想获得共识，还是应该抓住“无意识”的培养，从而形成相对一致的有意识。比如一个以真实、客观新闻为品牌的栏目，通过长时间的重复，人们对其已经是一种无意识状态，形成了“公平、公正”的认知图式，那么即使一条假新闻在节目中被播出，认知主体也许也并不会察觉。这也就是说，认知主体的接收者常常会在认知语境中创造一种认知期待，这样的期待幻化为一种认知图式，即使信息超越了此范畴，认知主体的能动性也会倾向于用自己的认知期待自动做出记忆与理解，除非这一无意识的信息含有大量的“刺点”引起人们有意识的回应。所以，意识经验创建了语境，反过来，语境又为后来的意识经验搭建平台，在这样的循环中，认知传播便有了效果或者没有效果。

（三）隐喻、转喻思维：传播的再理解

在人的认知过程中，尤其是从感性认识到理性认识的飞跃，是哲学认识论研究的主要内容。而相较于理性认识，非理性中的情感、意识、顿悟等，是与人联系更加紧密的部分。弗洛伊德的精神分析学便承认了非理性、无意识活动的存在；皮亚杰的发生认识论，则证实了“认识起因于主客体之间的相互作用”[7]。而波兰尼在其《个人知识》中指出，在人类的交往传播过程中，存在着潜在的认知运行，这便是隐性知识结构。隐性知识的存在，提供了对传播的另一种解读视角：既然传播的内容都有隐性的，“只可意会不可言传”，那么实际上传播活动就是隐喻传播的过程，在这里隐喻不是文学修辞中的一种修辞方法，而是人们认知过程中的独特的方式。

美国学者莱考夫和约翰逊通过对语言系统的研究发现，“影响我们日常生活的大部分概念系统本质上都是以隐喻的方式建构的”[8]。那么，在认知传播过程中，传播者需要将与自己的意识相关的认知语境传给接受者，受众在这里便有一个激活、调整其认知语境的过程：若是旧知识，受众会激活相应的认知心理图

式；而对于新知识，则会调整形成新的认知图式，从而与传播者达成共识。若受众无法调整形成新的图式，那么认知传播则宣告失败。在这个过程中，实现的思维模式便是一种隐喻与转喻的思维，尤其是在认知语境的建构中，作为一种认知前提与背景式知识，往往是隐喻知识，其构建无疑也将存在着隐喻、转喻思维。

一般来说，隐喻思维体现在两个概念或者事物间存在的相似性，而转喻思维则是两者之间的相邻性。相似性能够通过熟知的事物从而认识陌生的事物；而相邻性则可以通过部分认知整体或者是整体加深对部分的理解。具体到认知传播过程中，双方若有共同的知识为基础，则采用转喻思维；而对于私人所特有的语境传播则采用隐喻思维。

例如在广告传播中，可口可乐在中国市场每年春节都会推出“春节”特别版广告，广告中常常会蕴含着“中国红”“灯笼”“春联”“家人团聚”等元素，因此广告常常会引起中国人的共鸣，在情感上获得认同，这就是运用了转喻思维，因为这些富有中国特色的广告激活了人们心中认知语境的共有部分，人们对于灯笼、春联等元素会形成与广告商几乎同样的文化价值；而同样在广告传播尤其是跨文化广告传播中，如果传受双方不具备相应的共同语境，则会造成传播的误解或者传播的失败。例如耐克曾推出的一则詹姆斯广告，在广告中，同样有“中国龙”的元素，但广告内容却是詹姆斯鞭打龙、战胜龙，这则广告直接导致耐克公司在中国市场的危机，故后耐克公司撤销了该广告，并道歉。这个广告在中国市场的失败，就是在于广告商期待用“中国龙”吸引中国受众，但是在中国人心中“龙”是神圣的、不容侵犯的，由此，这则广告的传播没有达成双方共有隐性知识的激发，最终失败。

这是关于转喻思维的典型例子，那么和转喻思维的相邻性不同，隐喻思维强调的是相似性，也就是一般传播双方不具备共同的语境知识，而是在传播中形成新的知识成分。例如在对于青少年群体的认知传播研究中发现，青少年群体的认知与其长辈之间存在着差异。正如下面这个案例：

> 妈妈：你手机屏幕上的男生是谁？
> 我：李易峰，我最喜欢的男生。
> 妈妈：什么时候在一起的？年后带回来吃饭吧！
> 我：……

在该案例中，由于“妈妈”对于“李易峰”没有相应的心理图式，便将自己想象的（应该就是男朋友）投射到她并不熟悉的事物上去，这个隐喻化过程的结局是“妈妈”的一个设想，但是这个过程却充满了戏剧性。因此，对于隐喻思维而言，传播者在传播之前，必须对于源域和目标域之间的相似性有着深刻的认识，否则很容易就造成误解。例如老师上课时会用鸡蛋作为原子结构的比喻；我们会用“芒果台”隐喻湖南卫视，并且被认可。这对于传受双方而言，隐喻性思维便起了重要作用。

当然，这并非意味着隐喻和转喻两种思维就是独立的，它们是融合在传播过程之中，只是各有不同的侧重。如果转喻思维是同一范畴内的整体与部分的关系，那么隐喻就是一种扩展，起着建构新的、陌生的语境知识的作用。

三、认知传播之过程：四段式路径

认知传播的过程不是简单的物理空间位移，也不简单是一种意义和文化的共享。在认知传播过程中，认知主体要通过各自的认知水平和能力，对当前传播的物理环境进行模式识别，从而能够运用自身已有的图式隐喻知识形成相关语境，促使共识达成。因此，认知传播过程将包括模式搭建、图式激发、选择记忆、行为形成四个阶段。比如2014年伦敦奥运会期间，A、C分别为耐克与阿迪达斯，它们都为了吸引消费者B进行了广告宣传。当时A与B之间产生了如下的“对话”：

A：我们的广告主题是“活出你的伟大”，你明白这意味着什么？

B：相较于C阿迪达斯，耐克是奥运会官方赞助商，故更加强调了奥运会的精神——追求自己的伟大，无须向他人解释。

A：嗯。

其实，在这个过程中，耐克A明白消费者B的意思是自己的广告更具有感染力，因此收获了更多的价值认同。但是其实阿迪达斯C才是伦敦奥运会的赞助商，而并非耐克A。可是A没有纠正B的说法，因为这正是耐克A期望达到的效果，并且这种说法更坚定了耐克A走体育文化的路线。之所以耐克能够获得认同，就是因为它的广告传播能够让消费者B识别其文化图式、时间图式（伦敦奥运会前后）和风格图式，从而激活着消费者B大脑中的相关图式结构：A的角色图式、奥运会图式以及播出图式。具体来看，包括以下内容：

A的角色图式：A是世界第一体育品牌；A有众多体育明星代言人；A对于引领体育文化有着重要作用……

奥运会图式：奥运会的时间是夏季；奥运会的口号是“更高更快更强”；奥运会有诸如开闭幕式等众多仪式；奥运会是大型运动会……

播出图示：广告播出时长；广告上线与下线的时间点；广告运用的媒介载体……

可见，一个图式往往包含着许多隐喻知识，但是在认知传播中，知识的形成并不是要调动全部的经验，往往认知主体会根据相关性选择记忆，而其他的知识则会被忽视。所以，消费者B在搭建了知识模式，进行图式激发后，就会进行选择性记忆，最终形成自己的理解、产生行动：到夏季了，伦敦奥运会即将开始，电视上播放了A的一则60秒的广告，且在微博上进行了大量宣传，所以A作为世界第一的体育品牌，理应是奥运会的赞助商，否则A不会这么大力度的进行广告宣传。

由此，这样的认知语境作为推理的前提或背景知识，让B做出选择性的理解：A是奥运会的官方赞助商，并且引领着人们对体育从“心”的理解：只要做到自己的最佳，就是伟大。

于是，认知传播的过程，可以用图1来表达：

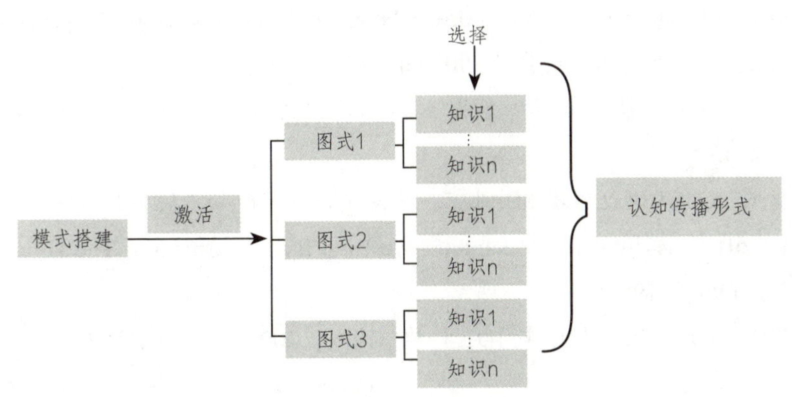

图1 认知传播的过程图

由此可见，日常生活交流传播过程中的每一个简单的对话、信息传播都涉及了许多认知程序，但实际上，我们又不会察觉到这样的认知过程，这便是因为认知其实是没有直接的感知的，是一种无意识的行为。所有的认知程序隐藏在意识之下，但是“我们的思维又依赖于这样的无意识模型”[9]。当然，这样的无意识我们此前也谈论到了，是需要经过反复的过程，在无意识前还有一个有意识的过程，而这个有意识过程便是一种“培养”过程。例如电视培养我们7点半就看《天气预报》的习惯、夫妻之间相互培养的过程，甚至自我培养，这些都是认知传播得以成效的前提。因此，通过哲学角度的解释，从无意识到有意识，进而到心理构建体的认知语境，再到认知构建的隐转喻思维，认知传播有了一个清晰的过程，这对于认知传播学的研究而言，是基础的也是重要的研究。

注释：

1 欧阳宏生，朱婧雯. 论认知传播学科的学理建构[J]. 现代传播，2015（2）：34-40.

2 陶鹤山. 传播学的危机与重构[J]. 新闻与传播研究，2002（2）：31-37.

3 罗杰斯. 殷晓蓉，译. 传播学史——一种传记式的方法[M]. 上海：上海译文出版社，2006：5.

4 D Sperber, D Wilson. Relevance: Communication and Cognition[M]. Oxford: Blackwell Publishers, 1986: 15.

5 Wertsch J L, Tulviste P L. Vygotsky and contemporary developmental psychology[J]. Development Psychology, 1992(28): 548-557.

6 黄华新，胡霞. 认知语境的建构性探讨[J]. 现代外语（季刊），2004（3）：248-254.

7 皮亚杰. 发生认识论原理[M]. 北京：生活·读书·新知三联书店，1987：21.

8 G Lakoff & M Johnson. Metaphors We Live By[M]. Chicago: The University of Chicago Press, 1980.

9 蔡曙山. 经验在认知中的作用[J]. 科学中国人，2003（12）：37-39.

参考文献：

伯纳德·J. 巴尔斯著. 意识的认知理论[M]. 安晖，译. 北京：科学出版社，2014.

弗拉维尔，米勒. 认知发展（第4版）[M]. 邓赐平，译. 上海：华东师范大学出版社，2002.

高新民. 现代西方心灵哲学[M]. 武汉：华中师范大学出版社，2010.
郭庆光. 传播学教程[M]. 北京：中国人民大学出版社，2011.
罗素. 西方哲学史[M]. 北京：北京出版社，2007.
欧阳宏生，朱婧雯. 效果研究的新范式：认知传播学——“后媒介”视阈下的学科构建[J]. 重庆邮电大学学报，2015（4）：118-123.
朱婧雯，欧阳宏生. 认知传播：融合视野中多元传播的创新研究与学科建构[J]. 西南民族大学学报，2015（3）：184-188.

跨界之然：试论认知与传播融合研究的理据性

朱婧雯[1]

摘　要：认知与传播的融合式跨界研究既得益于社会发展所带来的传播转向以及在这种传播转向之下传播主体身份意识的深化，又得益于认知科学的发展所呈现出的对于主体社会化思维方式的观照。而无论是传播技术革新背景下传播主体的意识变迁还是认知科学进步所延伸的主体思维观照，从根本上说，都指向了主体的内在思想以及思维运转方式即认知这一核心环节。从跨界之应然作为认知传播融合研究的动因、跨界之实然即融合之理论溯源、跨界之必然即融合之意义三大角度建构认知传播融合研究的理论基础，以期为传播学研究开辟新的学术视野。

关键词：认知传播　跨界融合　理据性

人文教育鼓励跨学科的视野以及对各知识领域有“宏观”的观点。[1]认知传播的研究视角既是一种社会发展的趋势使然，但更重要的是，认知传播所开创的认知与传播的跨界视野不仅仅为传播研究的进一步深入提供了契机，也为认知研究提供了一种实际的支撑。在传播中研究人类的认知以及通过人类认知评估信息传播，是真实反映信息传播形态以及人类生存本能的两大思路，为认知传播奠定了理论与实际的双重根基。创造力在于联系和跨越不同的知识领域，而不是把人封闭在各个专门领域。[2]认知传播的这种人文跨界研究，超越了传播学或认知研

1　作者简介：朱婧雯（1988—），四川西昌人，四川大学文学与新闻学院博士研究生，四川大学新闻传播研究所副研究员，研究方向：广播电视传播，视觉认知和影视修辞研究。

究的专门障碍，实现了一种建构式的研究领域拓展。

一、跨界之应然——认知传播融合之因

认知与传播的融合式跨界研究既得益于社会发展所带来的传播转向以及在这种传播转向之下传播主体身份意识的深化，又得益于认知科学的发展所呈现出的对于主体社会化思维方式的观照。而无论是传播技术革新背景下传播主体的意识变迁还是认知科学进步所延伸的主体思维观照，从根本上说，都指向了主体的内在思想以及思维运转方式即认知这一核心环节。而信息以及信息的传播既是主体认知施效的对象又是主体认知的呈现形态，认知既是主体参与信息传播的动因又是信息传播施加于主体的效果，传播离不开认知，认知也同样依托于传播，传播与认知的融合式跨界有着深刻的内在原因。

（一）传播研究之困

传播作为一种常见且古老的现象，为自然界所特有。传播作为一门学科进行专门研究则是近两个世纪以来的新突破，而一门学科所必备的核心研究范式在传播学研究过程中却鲜有突破：传播学者施拉姆的控制研究之后，迎来了拉斯韦尔的5W研究模式，继而开启了传播学研究的五模块时代。直至今日，传播学研究大体上可以划分为以美国实证研究为主的经验学派和以欧洲人文精神导引的批判学派。然而，无论是工具理性还是价值理性的传播研究，在后期均走向了一种偏狭的境地：工具理性下的实证研究充满功利色彩的终极动力，在多媒体时代超速迭代效应的影响下，难以走向深入；而价值理性下的批判研究却终将因为缺乏现实支撑而充满沦为空中楼阁的危险。正是在这样的传播研究环境下，传播学科的研究正在走向一种迷茫。一方面，传统的传播研究建立在不甚牢固的理论基础之上，亦即传播学科本身的身份界定模糊、核心研究范式尚不明确；另一方面，传统的研究领域正在被逐步填充，时代的进步引导整个社会不断变革的步伐，创新性研究以及更加贴合当今社会的现实性研究尚未被开拓。2008年，美国著名传播学学术研究期刊《传播学季刊》以“交叉口”为主题再次就传播学学科合法性出路问题发动探讨[3]，“交叉”二字给传播学学科研究带来了全新的思考。“交叉”不仅仅意味着传播与其他内容的相加，更预示着传播学的发展有必要建立在其他学科的内容之上。因此，将传播与人类其他的学科研究融会贯通，让传播来解释其他研究现象或者利用其他现象的规律来阐释和改造传播，将给传播学的学

科建构带来更加广阔的天地，也将为传播内涵和外延的挖掘带来更加深刻的思考。

（二）认知研究之迷思

认知科学是关于自然的和人工智能的跨学科研究[4]，是以认知过程及规律为研究对象，研究人类感知和思维信息处理过程的科学。它包含神经科学、心理学、语言学、符号学、修辞学、人类学等学科。认知科学正式确立于1956年在荷兰达特茅斯（Dartmouth）召开的人工智能研究讨论会，由此拉开了认知科学作为一门专业研究领域的发展序幕。1978年10月1日“认知科学现状委员会”递交斯隆基金会的报告这样定义认知科学：“关于智能实体与它们的环境相互作用的研究”，它们共同的目标是“发现心智的表征和计算能力以及它们在人脑中的结构和功能的表示”[5]。从早期认知科学研究的源起可以看出，认知科学的诞生是以研究人脑的智能为旨归的，着重人脑的技术模拟与智能重现。正如电子计算机的诞生是一种对于人脑计算能力的模拟，认知科学则致力于探索并模拟人脑的信息运作过程，这一过程相对于单纯的运算更为复杂，是通过外在信息输入引起主体相应反映的有机过程。然而，对于人脑“黑箱”的探索并不容易，认知科学家们在研究过程中逐渐发现人脑的运作是一个难以像计算机那样通过公式输入便能够输出的机械过程，其中还涉及原有认知图式的相互作用以及情感等其他因素的左右，认知研究不能完全依据科学的运算来完成人脑的过程模拟，单纯依靠数理逻辑的公式性推理来还原人脑的运作过程，终将走向研究的困境。

（三）融合研究之趋势

正是在传播学与认知科学的研究都走入一种偏狭之境时，“后科学”的科学研究趋势以及后现代思潮所内蕴的对于传统研究思路的超越与突破，促使两大研究相互借鉴交融。首先，对于传播学而言，传统的批判研究导向所开辟的研究领域反而成为研究的一大桎梏，导致了研究思路的僵化；而经验研究虽然借鉴了科学研究的严谨思路与方法，但始终缺乏独立性和科学规律的有效支撑，从而使得传播学的研究迫切需要一种科学有效的独立方法的支撑；其次，认知科学的研究一味依凭于数理逻辑的演算与公式推导，缺乏实际环境作用力的考量从而缺乏真实性。将认知与传播有效融合，将传播的研究通过认知科学的数理推导构造有机框架，提升研究的科学化和逻辑性，同时将认知的研究纳入传播的视野，将传播研究的一种人文思路融入数理逻辑之中，真实还原人类主体认知过程中的环境交互性，为认知科学的研究提供有效的支撑。而实际上，认知科学的研究者们已经在探索的过程中逐步由纯数理转向了一种心智性研究：19世纪60至80年代在哲学、心理学、语言学等领域掀起的、以反叛行为主义为主旨的“认知革命”则使认知科学趋于成熟。“……认知科学……在一定程度上是美国理智生活中行为主义的对立面……它表达了试图进入心智来研究认知过程，而取代仅仅研究对刺激的行为反应。”[6]这充分说明了哲学、心理学、语言学以及后来的符号学、传播学等对于认知科学研究的支撑和转向作用，至此，认知传播作为一种新兴的研究领域和研究视角，是学科交融的必然结果，也是后科学发展趋势下的必然产物。

二、跨界之实然——认知传播融合之源

认知与传播的融合固然是传播学与认知科学在顺应时代发展的趋势潮流之下的学术研究的因然之选，同时也是社会、主体认知、传播三者之间在相互的作用力场域之下所形成的一种实然之变。正如整个社会处于不断的发展变化之中，社会中的个体也相应地发生着变化，主体的社会化生存离不开信息传播带来的群体交流，而由个体至群体的认知变迁又推动着社会的发展。由此，在社会变革的大背景中，信息传播的形式和作用有了巨大的变化，其变化的核心要素便是参与者对传播所带来的直接影响，而要分析这一过程，就需要对人脑的认知本能加以分析，从而形成了以认知为切入点的传播研究以及以传播为支撑的认知探索，两大领域的融合式探索才能为社会变迁之根源做出合理解释。

（一）社会生态的质性变迁

人类社会既有主观的部分，又有客观的部分，所谓主观体现在社会的建构是超越客体自然存在，是奠基于人类主体历经千年的文化创造与积累之上，而这种创造和积累的根源正是人类的认知本能：正是由于人类的认知本能，人类能够将外在的客观世界进行自我的内化与外形的转换，从而生成能够在群体之间共享交流的媒介物，进而实现超越客体存在的社会化生存；然而，人类社会又有着客观的一面，体现在人类发挥认知本能进行的内化加工必须要依凭客观存在，而且人类所创造的任何媒介物，只有在群体之间共享才能成为现实，这种共享即是一种文化的客体存在，个体必然要受制于群体文化与个体间性的认知差异，从而依附于整个社会生态。例如，在不同的时代，人类由于所依凭的媒介物的差异从而形成了迥异的社会生存风格。在口语时代，人类的传播只能依靠口语交流，这种

媒介方式使得传播范围大大受限，而人类所属的社会范围也相应局限，人类的认知完全停留于将外界存在通过认知转化为通过声音传达的信息，从而完成群体交流。而印刷术诞生之后，开启了人类的书面认知时代，人类的认知能动性通过文字得以大大扩展，人类的交往走向了一种以文字为内容、以纸质媒介为载体的大范围传播之中，社会的范围得以扩大，而人类的认知也受到当时所盛行的文字内容的影响；接下来的电子传播时代，人类的认知本能更加得以解放，广播、电视、电影等电子媒介的存在给予人类的群体交流提供了更多元的可能，然而，由于媒介的集中化与职业化，人类又受制于自我所创造的媒介物之中，社会高度民族化；时至今日的后电子媒介时代，彻底解放了媒介的接近权，媒介在与个人认知有机融合的过程中，也加剧了社会变迁的个性化、多元化趋势。社会生态、人类认知、媒介物三者之间的交融关系由此而得以存在且在媒介技术迅猛发展的当下显得尤为突出。

（二）传播研究的当下趋势

传播作为一种人类的本能，是人类群体生活的保证，也是人类塑造社会形态、创造民族文明的根本手段。从某种程度上来讲，人类的社会发展是以人类传播形态的变迁为依据的，不同的传播形态塑造了不同的社会生态。然而，传播学作为一门学科加以研究却始于19世纪初期，并在诞生之初作为一种服务于政治和社会的辅助学科，得以迅速发展，并形成了自己的研究范式。尽管人类的传播形态一方面塑造着人类社会生态，但是社会生态同时也反作用于人类的传播形态，使得传播学的研究呈现出一定的阶段性和时代性。尤其在传播学诞生之时，正是印刷媒介繁荣而新兴的电子媒介初兴之时，由于印刷媒介的技术性和物质依赖性，使得掌握印刷媒介的主体能够占据传播优势，从而成为影响社会的重要力量，包括其后出现的广播、电视等电子媒介，都以一种集中化、专业化的传播形态与彼时的社会形态相互交融，传播学的研究必然受到当时的社会环境和传播形态的影响，形成一种以权力控制为主导的研究范式，如霍夫兰的说服研究、拉扎斯菲尔德的意见领袖和卢因的把关研究等经典传播研究理论皆为当时的传播形态和社会生态做出了深刻的剖析。然而，当今以传播技术为主导的媒介形态再次发生了翻天覆地的变化，与之相应的社会生态也被潜在地形塑，面对变化之中的研究对象，传播学的研究必然需要进行一次深刻的转型调整。2008年，《传播学季刊》以“交叉口”为主题发动的探讨，或许正是传播研究转型的集体觉醒。2008年，电脑在世界范围内得以普及，而载入电脑的互联网方兴未艾。随后，各种电子终端屏层出不穷，成为一种电脑屏的模拟或替代，在互联网的无形传输系统下彻底改变了人类的传播形态：传播走向一种个体化、随时化、碎片化的方向。社会生态也在发生着剧变，原本处于传播顶端的精英传播逐渐以主动的姿态迎合大众传播，社会权力的分层也受到终端媒介的个体化影响，走向一种去权威化、高度平民化的状态。在这样的背景之下，传播学的研究也从原本的宏观、权力控制式研究转向了个体化、个性化、圈层式的研究范式之中，传播的研究真正走向了一种交叉：即媒介与人的交叉，这一种交叉研究的发展趋势又伴随着媒介形态特征、媒介符码特征等更为微观的倾向，为传播学的研究开辟出了一条全新的思路。

（三）认知研究的时代演进

认知是人类的重要本能，是人类区别于动物的核心能力。凭借认知，人类能够将外界的客观存在转化为自我的认知对象，并在此基础上实现跨越时空的群体交流，进而塑造社会生态和文化生态。人类的认知能力并非一成不变，而是伴随着不同的外在环境而时刻处于变动之中，具体来说，个体的认知既要受到客观外在环境的影响，又要受到内在的自我认知结构的影响，外在环境的变迁带动了内在认知结构的变化，从而使得人类能够在顺应客观存在的同时不断创造文明、实现认知的进化与发展。尽管人类的认知是一种本能，然而将认知作为一种研究对象，却始于19世纪60年代，以美国的人工智能研究为主体的认知研究，是为了进一步发掘人类的认知加工能力，从而为人工智能的创造提供支持。然而，随着认知研究的逐步发展，依附于人工智能的认知研究逐渐显现出过于行为主义的倾向，这一倾向使得认知研究走向了刺激–反应简单行为主义模式之中，被心理学、社会学和语言学等领域的研究者所诟病，由此，同样是在19世纪80年代，认知科学转向了心智领域，开辟了认知研究的人文范式。诚然，人类的认知不仅仅是一种刺激–反应的简单机制，而是受到人类心智复杂运作的结果，与个体的经历以及符码的运作规则和社会的生态导向所制约，是一个包含哲学、语言学、心理学、社会学、传播学等多个学科领域的交叉系统。由此，认知研究由在不同的融合视野中生发出了多元的研究领域，例如认知语言学、认知心理学、认知社会学等，而认知传播学则作为融合视野中的一支，试图将人类的传播活动引入认知的微观领域，从认知的角度分析传播的形成与效能，同时也通过传播的研究成果为人类的认知本能做出合理的科学解释，以此开辟认知研究的崭新领域。

三、跨界之必然——认知传播融合之义

认知传播的融合既是学科顺应时代发展之因然，也是社会生态大背景下个体认知与媒介传播相互作用的实然表现，而认知与传播的融合研究更是一种必然，是在媒介技术引领下传播形态变迁所引发的对于传播本质规律的深刻探索，也是信息传播与人类主体关系日渐密切的时代转型下从主体的角度审视传播的新兴路径，还是在媒介、人类主体、社会三重交互视野下对于宏观社会变迁的全面解析。正是在这样的必然之下，认知与传播的融合式研究必然能够更好地贴合社会发展潮流趋势、由主体高度参与所形成的信息传播形态，进一步为传播与认知的发展提供新兴的视角。

（一）信息传播规律的本质回归

信息无处不在，信息的流动就是信息的传播，因此从整个世界来看，信息传播也是无处不在的，并且信息的传播至少包含两大基本要素：传与受。然而真正为人类所用，并且成为人类生存本能之一的信息传播则是以人为传受主体的信息传播活动。因此，传播学研究的信息传播也以有人类参与的传播活动作为研究对象。著名的传播学理论都建立于实际观察所得的社会结果进行归纳总结，如意见领袖、把关理论、二级传播理论、沉默的螺旋，等等。仔细分析这些理论，都是建立于一种社会观察的视角，都是以人为主体的传播效果的规律呈现。所以，除了拉扎斯菲尔德为传播所划分的五大部分是对于传播这一本质现象的本体剖析，其他的诸多传播学理论多半属于传播效果的研究成果范围。如今的传播学研究大体分为批判研究与实证研究，然而只是从不同的方法出发对当前的传播现象也就是一种传播效果进行的总结归纳。而作为以人为主体的信息传播现象，任何效果的产生以及任何传播形式的创新，都离不开最为根本的主体——人。因此，对于人类为主体的信息传播活动的研究，从实质上讲是围绕传播主体和传播对象两大主体的研究，根本而言就是对于人的研究，不过这个“人”并非任意主体，而是切实引发传播、引导传播、为传播所影响的“人”。而认知传播正是以“人”为核心的传播行为研究，将传播的研究重心转移到主体之认知的方向上来，从主体的认知行为考察传播过程的发生与发展以及对于认知的反作用，可以视为一种传播研究本质规律的回归。

（二）个体心智变迁的时效解读

认知传播研究以人类的认知本能为主要研究对象，人类的认知能力并非一成不变又非随意变动毫无规律可循，而是在整个社会化的生存环境中形成一定的固有模式，而又在一些偶然的信息接触中引发微弱的调整。简单来说，人类的认知是伴随整个社会的宏观环境而生成的，然而，生存于其中的个体由于具体的生活方式的差异而在统一化的认知模式下产生了一定的认知差异，因此，人类的认知本能通过社会整体环境的考量分析一方面是可预判的，而另一方面又必须要结合具体的差异化环境来对人类的认知行为做出基于个体的差异化分析。然而，作用于人类认知本能的两大因素之社会环境和个体经历，都与信息传播这一行为密不可分。个体基于某次经历所进行的认知调整也是一次基于信息传受行为的认知成果，而这种基于信息传受效果所带来的认知成果一旦形成一定的社会效应、引发群体的认知调整，则可能带来的是整个社会生态环境的变迁，当然，社会生态的变迁并非一蹴而就，而是一个逐次、缓慢形成的过程。认知传播的研究既以人类的认知为主要的研究对象，又兼顾了信息传播的这一核心变量，以人类的传播史作为人类认知模式变迁的基本框架，由于人类的文明史与人类的传播史密切相关，因此这一研究思路在一定程度从社会生态的宏观背景中还原了人类各个时期的整体认知模式。前口语时期、口语时期、文字时期、印刷时期、电子传播时期、后电子传播时期的时代划分也契合了不同时期社会生态的宏观风貌，而人类处于这一宏观的社会环境之中，其认知结构的形成也必然离不开社会环境的作用，从而使得认知传播的研究能够实现对于人类心智结构变迁的时效解读。

（三）社会发展机制的整合视野

社会是人类利用自然规律而创造的产物，而人类对于客观自然存在的利用则是以传播为工具的。早期的人类将外界的反映转化为能够在群体之间共享的信号，就是一种通过传播行为来认识自然规律的表现。此后，人类逐渐创造了符号、文字，使得从自然界到人类感知世界的传播更为便捷，而且早期的文字符号也实现了群体之间更为便利的沟通交流。可以说，文字这一媒介的诞生是创造人类社会的根本物质。正是由于文字符号的出现，人类得以脱离实在环境的空间和时间制约，实现一种超自然、超客观的跨时空交流，从而有利于形成超越客观存在的新兴创造物。例如进行诗歌、文学等艺术领域的开辟，政治、法律等政治领域的完善，以及金钱、商业等生活领域的成型。这些都是基于文字作为传播媒介的符号认知所带来的结果，人类社会由此诞生并逐步发展完善，在其后随着技术类媒介的创造发明，更进一步加剧了这种脱离客观存在的跨时空创造的趋势，人类的社会生活发生了翻天覆地的变化，从广播、电视到互联网移动终端，人类的社会生活逐步形成了以媒介技术为核心的多元符号的整合认知系统。因此，认知传播以人类的认知和人类的传播两大本能为研究的两大支柱，既以人类的认知为主体考察传播行为的效能，又以传播为主体考察人类认知能动的具体表征，无论是哪种研究思路，都离不开以社会作为宏观背景的生态考量与分析。也就是说，认知传播的研究始终以社会生态为宏观背景，强调主体认知与传播行为的社会性，在具体的研究中将社会同时作为自变量和因变量进行全面的衡量考察，既有微观又有宏观，为社会机制的发展变迁的考察提供真实有效的整合视野。

注释：

1 Jurgen Habermas. *The Theory of Communication Action*, *Vol.* Ⅰ: Rationalization of Society[M]. Boston: Beacon Press, 1984.

2 魏明德. 对话如游戏——新轴心时代的文化交流[M]. 北京：商务印书馆，2013：37.

3 陈蕾. 传播学的身份定位与发展取向——在三种社会科学合法性逻辑的思想张力之间[J]. 新闻与传播研究，2011（6）.

4 吴彩强. 从表征到行动——意向性的自然主义进路[M]. 北京：中国社会科学出版社，2010：52.

5 席勒尔. 为认知科学撰写历史[J]. 国际社会科学（中文版），1989（1）. 转引自熊哲宏认知科学导论[M]. 武汉：华中师范大学出版社，2002：22-23.

6 Peter Baugartmer& Sabine Pay Reds. *Speaking Minds: Interview with Twenty Eminent Cognition Science*[M]. New Jersey: Princeton University Press, 1995: 204.

中国国家话语框架中的“新常态”重构与再造

吕承昭[1]

摘　要：作为经济学术语的“新常态”一词在被习近平公开使用与阐释之后，进入了中国大众的视野。新近使用的“新常态”一词来源于西方，在西方语境中的“新常态”一词带有对“旧常态”的怀念与对“新常态”的失落。中国特殊的语境使得“新常态”在中国得到广泛的传播，并且在这一场由政府主导大众传媒实施的话语构建中，“新常态”通过“意义阐释”“意义赋予”“意义的沉淀”三个阶段完成了重构与再造，并确立了在国家话语系统中的位置，成了新的话语情境指导着国家话语的建构。而大众媒介在国家话语框架下对“新常态”建构的主要方式“信息凸显”体现在媒体平台的权威性赋予信息显著性、议程设置制造“热点化效果”凸显信息重要性、报道框架与叙述框架凸显“新常态”新内涵完成意义的赋予。

关键词：新常态　国家话语　信息凸显　语境

一、前言

福柯认为制度产生权力，权力制造话语。国家领导人是政府与国家的象征，习近平作为“新常态”概念进入中国大众视野的叙述者，“新常态”概念便开始了在中国的话语转变之旅。话语，作为语言的一种有规则的实践方式，为言说者

1　[作者简介]吕承昭，四川外国语大学新闻传播学院硕士研究生。

提供主体立场，因此，言说内容才在秩序之内。话语的意义产生于主体的立场之中，而每一个主体的立场都是有规则的话语意义单元。首次提及“新常态”的国家领导人代表着国家政府，作为话语的主体，将“新常态”纳入国家话语的言说规则之中。至此，“新常态”的话语立场与言说规则被固定下来，“新常态”概念在体制的推动下高频率传播使用。之后，在政治权利框架内得到解读的“新常态”，开始被运用到各个方面，并在各级政府的重复阐释与多方引用下获得新意义，在新闻媒介上的出现频率日趋频繁。

福柯认为话语是一种有规则的言说方法，限定并产生了知识的对象，从而主导主题被谈论与实践处理的方法。[1] 倘若将运用于不同领域、不同情境的“新常态”看作单个的话语单元，那么“新常态”概念以主题的同一性，打破了最初的话语方式，囿于经济领域的“新常态”成为一种普遍的真理，并且重新对言说的内容进行了层次划分、体系建构、重新定位了合理与不合理。“新常态”话语中所包含的理念与权力在“新常态”一词于文字语言与声音语言的频繁使用里，在日常生活社会交往中形成了自己新的语言规则，“新常态”概念在“新常态”话语体系下发生了转变，逐渐从最初的意义中抽离，升华为一种话语情景。

二、从概念到话语：“新常态”传播的三个阶段

“新常态”从一个经济学概念到国家话语的转变并非一蹴而就。有学者认为，人类社会中的传播是一种普遍存在的“意义”沟通交流的现象，是人类社会所独有的，无论怎样理解communication一词，为“交往”或“沟通”或“通信”或“传通”抑或其他含义，它都指涉有意义交换的活动，包含着“理解”“解释”与“应用”等含义。因此，传播就是阐释，阐释就是传播。落实到“新常态”话语建构中，“新常态”在中国语境下的建构经历了三个阶段：概念的解释、意义的赋予与沉淀、话语的确立。大众媒介在建构“新常态”话语的这三个阶段中不断地对“新常态”的内涵进行阐释与再阐释，“新常态”话语的意义与内涵就在阐释中浮现、强化并沉淀。

（一）第一阶段：概念的解释

2014年5月习近平首次使用“新常态”之后，新闻媒介对“新常态”的关注就转到了对当前中国经济状况的关心与描述这一方向上。从此“新常态”就仅仅是作为一个西方经济学者对金融危机之后经济发展放缓现状概括使用的经济学

领域专业词汇在新闻内容中出现，而媒体对于“新常态”传播的重点在于对“新常态”一词的解释，关于“新常态”的报道大都围绕着“新常态是什么”“中国新常态特点”这两个问题而进行；如何让大众了解“新常态”，中国经济为何进入“新常态”，进入“新常态”的中国经济有何特征是媒体传播的主要内容和目的。始发稿件的媒体相对集中，多数媒体采用转载的形式进行传播。从此大众传媒对“新常态”已经开始关注，但对“新常态”进行解读的媒体鲜有几家，仅光明日报、人民日报、中国经济时报、新华网等几家媒体。就在“中国经济进入新常态”这一表述出现后3天，《第一财经日报》就从当前中国经济呈现出的特点与危机对“中国式的新常态”进行了分析与评估，报道引用多方观点着重对中国经济发展“新常态”进行了关注。大众媒体中，首家系统地对作为经济学术语的“新常态”进行阐释的媒体是新华网，5月28日新华网发文《“新常态”来源考》对“新常态”概念来源进行了简要的梳理，并且对习近平应用中的“新常态”的中国特性做了简要的阐述。6月18日《人民日报》在第五版发表文章《在“新常态”孕育发展新机遇》，文章中使用到“破茧成蝶”“由大到强”这样富含重生与质变意味的词来解释“新常态”对于中国经济的意义。同时，这是《人民日报》首次以“新常态”为关键词系统地对之进行解读与阐释，标志着“新常态”在国家话语中的建构进入第二个阶段，即对中国语境下的“新常态”意义的建构。

（二）第二阶段：意义的赋予

“新常态”国家话语系统中经过前一阶段的传播已受到各方关注。“新常态”在国家话语系统中传播的第二阶段特点集中在主流媒体对“新常态”开始全方位解读，赋予“新常态”在中国语境下的特殊含义，“新常态”完成在中国的符号化过程，成为一个符号。

在这一阶段中，“新常态”在媒体上的出现频率陡然增高，各种性质的媒体都在对之进行报道并加以评述。作为主流媒体的《人民日报》是中央政府的发声筒，是政府进行舆论引导的开路先锋和权威领地，它的报道与评论反映了政府态度，暗含着未来政策走势。在政治传播中，作为中央机关报的《人民日报》具有政治理论方向的权威性以及对其他媒体传播方向的引导性，它的观点和理论是其他媒体对政治理论进行分析解释的基础和依据。在中国政治系统之下对“新常态”概念传播的考察，《人民日报》的相关报道就具有典型性和代表性。从2014年5月以来《人民日报》中关于“新常态”的报道对“新常态”概念到“新常态”话语的转变具有镜像作用，其报道的变化反映了“新常态”概念在国家话语系统中是怎样从经济学概念转变为“新常态”话语并且成为国家话语体系中的元话语，成为新的话语语境，从影响着新的话语建构。《人民日报》2014年7、8两月中关于“新常态”的报道从数量上来说远比第一阶段多。从7月23号起，《人民日报》开辟新专栏“新常态新亮点”对“新常态”下的中国经济形势和特点进行全方位的解读。在“开栏的话”中编者写道：“习近平总书记不久前在河南考察时指出，中国发展仍处于重要战略机遇期，要增强信心，从当前中国经济发展的阶段性特点出发，适应新常态，保持战略上的平常心……面临一些新的困难，也展现出一些新的亮点。从今天起，本报将陆续报道全国及地方经济发展面临的新成就、新经验。”在此之后连续12天刊登专栏文章，以“新常态”下全国各个行业各个地区经济特点为内容对进入“新常态”下的中国经济进行全方位描述。

表1　2014年7月23日—8月4日“新常态”相关全部报道汇总表

日期	标题	所在版面
7.23	《小技改撬动大减排》	第三版“新常态新亮点”专栏
	《能耗持续下降 标志经济进入新阶段》	第三版“新常态新亮点”专栏
7.24	《“中国服务”成外贸新动力》	第三版“新常态新亮点”专栏
	《服务出口更低碳》	第三版“新常态新亮点”专栏
7.25	《“移动生活”激发消费新需求》	第二版“新常态新亮点”专栏
	《提振消费需完善购物体验》	第二版“新常态新亮点”专栏
	《上半年营改增减税851亿——为现代服务业创造良好环境》	第二版“新常态新亮点”专栏
7.26	《737万人　上半年全国城镇新增就业》	头版
	《改革释放更多就业红利》	第二版“新常态新亮点”专栏
	《上半年我国小微企业贷款余额增长15.7%》	第二版“新常态新亮点”专栏
	《上半年新增贷款6.2万主要投向重点项目和民生》	第二版“新常态新亮点”专栏
7.26	《农民收入唱响“四季歌”》	头版“新常态新亮点”专栏
7.28	《稳中有进看活力——年中经济形势评述（上）》	头版
	《稳中有进看亮点——年中经济形势评述（上）》	第六版“新常态新亮点”专栏
7.29	《动静自如看调控——年中经济形势评述（下）》	头版
	《高铁助推中小城市崛起》	第二版“新常态新亮点”专栏
	《高铁溢出效应正释放》	第二版“新常态新亮点”专栏
	《动静自如看调控　年中经济形势评述（下）》	第六版

续表1

日期	标题	所在版面
7.30	《关注楼市走势上——全国楼市逐步回归理性》	第二十三版“新常态新亮点”专栏
7.31	《楼市调整更趋健康——关注楼市走势（下）》	第十三版“新常态新亮点”专栏
8.02	《我国经济增速呈回升态势》	第二版“新常态新亮点”专栏
8.03	《西安 借城市之火 点农村之灯》	头版“新常态新亮点”专栏
8.04	《区域发展唱响协奏曲》	第二版“新常态新亮点”专栏

在这长达12天，23篇报道中，《人民日报》在报道上方式上采取了以消息与评论相结合，客观事实与权威解读评论相结合的方式，从不同行业视点对“新常态”下中国经济特点进行详细报道，涉及话题均为大众关注的热点、焦点话题，在阐释“新常态”下中国经济特点的同时为“新常态”下中国经济转型发展和经济改革之必须埋下伏笔，让大众从知识层面上了解“新常态”，从心理层面上接受“新常态”。7月30日、31日，连续两日对全国楼市房价的报道中，以邀请房企高管领导撰写文章发表观点的方式，向大众传播我国房价在经历过一路高歌之后，在政策的合理调控之下已经平稳的回归到健康发展空间之内，大众对于房价是否会再次回飙升的疑问以及地产界是否会因市场趋于饱和而发生崩溃而担忧，在文中都从市场专业视角和政府政策理论视角进行回答。《人民日报》8月5日、6日、7日在头版发表的《新常态下的中国经济》上、中、下三篇评论员文章，作为对中国语境下“新常态”特点的一个权威归纳与陈述，把“新常态”概念在中国的意义沉淀下来，将“新常态”概念在国家话语系统中的建构推向了下一个阶段。

这一系列的报道叙述模式都表现出“现实理性”与“建设情怀”的二元话语特点。“下滑”与“稳定”，“困难”与“希望”，“挑战”与“机遇”，“长期状况”与“合理形态”，含义与情感色彩截然相反的一组词语被组合在同一个句子中构成转折式的表述，将关注的焦点从兵临城下的严酷现实上转移到对合理推断中的未来之上，焦虑、担忧和不安被替换成安心、动力和建设激情。“动静自如”“破茧成蝶”等词汇的选择则是以对未来中国经济发展形势的推断为前提，话语的共时性与历时性共同存在，现实情况的客观陈述，未来前景的理论判断，在词语、断句的组合中排列成为一个整体，而当这些具有强烈情感取向的语言单位被提取出来，投放到语言的组合轴上以转折的句式被强调的时候，词语的意义就被无限放大，“乐观局势”“美好未来”的信息就被凸显出来，成为文本描述中“新常态”最显著的特点。中国语境“新常态”的含义在一系列的阐释与修辞中意义逐渐沉淀下来：经济增长速度缓慢，但属正常状况；增长速度持续下跌，仍在合理空间；多行业发展遇瓶颈，然而挑战带来新机遇。总之，中国的“新常态”与西方“新常态”不同，中国的“新常态”是发展必定面临的阶段而并非衰退，是全新的平台和机遇，是经济更上一层楼的必经之路，是需要积极主动去把握的契机。

（三）话语的确立

在第二阶段的传播中，“新常态”概念的含义已经清晰，“新常态”从一个经济术语概念转换为一个话语符号。在第三阶段里，“新常态”完成了在国家话语系统中话语建构的最后一个步骤，即完成身份的确定，确立在国家话语空间中的位置。在11月举办的2014年亚太经合工商领导人峰会开幕式上，习近平发表的主旨演讲中对“新常态”进行了系统的论述，这一论述的发表标志着“新常态理论”在中国落定。“新常态”从被国家领导人引用的经济术语转变成一套系统的理论，成为新常态话语。领导人传播将其纳入国家话语系统之中，领导人在重要的政治场合中完整系统的阐述完成了其话语建构的最后一步，“新常态”于中国国家话语系统的位置得到权威的认定。

三、信息凸显——“新常态”建构的途径

“新常态”话语的建构与中国语境下“新常态”内涵的赋予与大众传播密不可分，大众传媒通过“传播三部曲”步步为营地精心布局完成了“新常态”话语建构与内涵赋予，实现了“新常态”这一舶来概念的本土化。信息凸显作为大众媒介重构“新常态”的重要途径，“新常态”建构中的信息凸显主要体现在“新常态”信息价值要素的显著性与重要性、权威媒体议程设置产生“新常态”传播中的热点效应，以及报道框架与叙述框架凸显“新常态”的新内涵。

（一）“新常态”信息价值要素的显著性与重要性

构成公共关系新闻的事实和材料本身所具有的能够满足社会公众对公共关系新闻需要的素质，是新闻事实满足传播主体新闻需求的承受度。关于“新常态”的新闻信息大都被归类为政治新闻或经济新闻，作为硬新闻的政治新闻和经济新

闻都直接或间接地关系到社会普通大众的切身利益，其重要性不言而喻。再者，信息发布都是通过官方的渠道，重大会议、官方文件、新闻发布会或者领导人，信息发布渠道的显著性与传播者身份的显著性构成了“新常态”信息的显著性要素。习近平作为“新常态”传播中的重要传播者，当传播者拥有象征国家与政府的身份时，这一特殊且重要的身份地位赋予了说话人言语行为的权威性与指导性，说话人所言所行不再是个人行为而是国家行为，其具体的言语行为中象征着国家，表达着国家的意志。作为国家领导人的习近平是中国政府的象征，在政治话语场中其语言资本无可厚非，习近平独特身份的显著性，赋予了“新常态”信息新闻价值层面的显著性与重要性。大众传播中“新常态”的传播集中在中央电视台、《人民日报》、《光明日报》等权威媒体，媒体平台的权威性与重要性亦凸显出“新常态”信息的重要性。

（二）权威媒体议程设置产生“新常态”传播中的热点效应

托马斯·戴伊在《民主的嘲讽》中认为，传媒具有推动政府确定议事日程的功能：新闻媒介的真正功能在于它们能够决定被决定的事。[2]规定问题的范围，分辨可选择的政策，将民众的目光引向社会、经济及政治危机。议程设置功能的作用机制分被分为三种机制，第一种知觉模式，第二种显著性模式，第三种优先顺序模式。媒介通过这三种方式将信息凸显出来，使得受众从“感知”到“重视”，再到为一系列议题按照其重要程度排出“优先顺序”来。[3]作为中国政治传播的中最为重要的两个平台，《人民日报》与中央电视台在“新常态”话语建构过程中的议程设置明显突出。《人民日报》通过循序渐进的方式步步推进对“新常态”的本意解读，对中国语境下的“新常态”赋意。2014年7月23日起开设的“新常态　新亮点”专栏对中国经济“新常态”进行的细分及行业的全方位解读，连续长达13天的报道，首先从数量上将其凸显出来，其次，专栏排版位置上，13天的报道中，“新常态”一词5次现身头版，2次占据头条，其他报道均出现在作为“要闻”的第二版、第三版和理论版面第六版，使“新常态”从位置的重要性上得到凸显。《新闻联播》栏目是中国政治传播、政治话语建构在电视媒介上的一个重要平台，它以每天半小时的新闻时间对国内外重要时政新闻进行报道。报道的频次、报道时间、报道顺序等是信息或话题的重要性表现，高频多次长时间的报道制造的“热点化效果”将“新常态话语”在“重要性顺序排列”中凸显出来。

（三）报道框架与叙述框架凸显“新常态”的新内涵

美国学者恩特曼（Entman，R. M.）认为：“框架涉及选择和凸显，框架一件事，就是选择所感知的现实的某些方面，并使之在传播文本中更加突出，用这样的方式促成一个独特问题的界定、因果解释、道德评价以及如何处理的忠告。”[4]“框架”是一种认知、呈现事物的架构、经过对事物的选择和加工，凸显特定的内涵，表达某种思想，而这些思想又反映了特定文化价值。[5]按照“言语行为”理论，任何言语都是言说者的主观目的和议题的体现，新闻媒介传播的新闻信息并非完全客观中立的，都是经过一系列的选择与把关，呈现在受众眼前的信息仅是符合新闻媒介传播目的的那一部分。信息的传播就是编码与解码的过程。显著性的增加使得人们能够将注意力聚焦在议题的某个方面或者议题的某种思考方式上。媒介框架在“新常态”传播中的显著性效果表现在对个人层面上对信息的解读之上，受众的思考方式和价值观等都在新闻框架与叙述框架之内。大众媒体为受众提供了大量的中国现今经济状况的文字信息和图表信息，这些信息的共通特点即是都在强调中国经济进入增长幅度小但稳定可控阶段，市场经济面临结构性调整但机遇大过挑战。信息文本中在对现状与未来、问题与方法、机遇与挑战等“二元结构话语”进行陈述时大量的使用了“虽然……但是……”“即便……但……”“尽管……然而……”等强调后者的连词来构筑文本中的乐观色彩，信息的内在逻辑引导着读者对信息的解读以及对信息议题的评价和决策。虽然媒介框架的显著性并不代表在框架之内受众对信息的解码就一定是按图索骥按部就班，受众仍然是具有主动性。但媒介框架的作用是在顺从式解读与协商式解读模式中与认知基模产生共鸣，减少译码中的阻碍，让受众的解读顺利地按照编码者预设的路径进行。而“新常态”传播是一个完整的过程，在通过对“新常态”释义、“新常态”赋意两个阶段的传播，大众媒介对“新常态”的阐释与构架形成了受众对“新常态”的既有认知基础。通过报道框架与叙述框架完成了中国语境下的“新常态”新内涵的赋予，而这一赋予过程正是通过凸显关键信息影响或改变大众认知路线而完成。

四、结语

面对“阶段性转型”的新现实，如何从“批判现实主义”立场出发，从社会主义建设时期理论的高度把握、剖析、梳理、认知和理性批判“现实文本”，提高发展新时期、新阶段社会主义理论对现实的解读、指导、评价、预测能力，形成全社会的“新发展共识”，并在这种“共识”的基础上形成符合社会主义新现实的“新改革观”，以推进中国社会结构在新的发展阶段的“结构性的平衡和再平衡”，实现社会治理结构在宪法原则和价值规范下的良性运行。[6] 这被认为是当前中国理论创新的艰巨任务。“对于一个新的传播时代来说，一个民主的理论是必须的——它能够忍受并充分考虑到人类知识的复杂，并能将这些知识自觉主动地运用于政治的目的。”[7] “新常态”理论正是在这些需求的指导下，政府从国家的高度对所面对的新现实从理论上做出的回应。语言学家韩礼德（M. A. K. Halliday）认为“选择就是意义”，词汇的历史也让我们看到，对象表征言说的选词上并非是任意的。同一事物在不同语言的表达下其语意范围截然不同，每个词汇的背后都有属于其各自的一整套理念体系和价值体系，表征着不同的话语系统，在语言的内部，一个符号的内容很大程度上取决于同属于一个语意场的符号内容，在这里词汇与场景相互反应，划出词意的疆界。对词汇的选择这一行为本身就已经暗含了各自不同的意义指向和主体意图。“新常态”理念背后是一整套全新的政治理念，“新常态”必然随着政治的大船，在体制的作用下成为一个国家性的话语实践，逐步的将其携带的各种意义渗透到社会生活的方方面面，它将成为且俨然已经成为一种共识，作为一种真理被学会、被认可。而“新常态话语”的建构方式也必将成为由大众传播主导话语建构的现代政治话语建构范式中的一种典范。

注释：

1 陶国山. 批判性话语理论：福柯的人文学科话语型研究[J]. 文艺理论研究，2011（6）.

2 聂静虹. 论政治传播中的议题设置、启动效果和框架效果[J]. 政治学研究，2012（5）.

3 郭庆光. 传播学概论[M]. 北京：人民大学出版社，2011：196.

4 Entman, R M. Framing: Toward Clarification of a Fractured Paradigm[J]. Journal of Communication, 1993, 43(4).

5 孙彩芹. 框架理论发展35年文献综述——兼述内地框架理论发展11年的问题和建议[J]. 国际新闻界，2010（9）.

6　竹立家. 社会主义改革理论的新发展——理解“新常态”下的理论创新与改革[J]. 当代世界与社会主义，2015（1）.

7　W. 兰斯. 本奈特，罗伯特. M. 恩特曼. 媒介化政治：政治传播新论[M]. 董关鹏，译. 北京：清华大学出版社，2011：216.

中国玉礼文化的认知传播与认同建构

——以电视纪录片《玉石传奇》为例[1]

张兵娟　刘佳静[2]

摘　要：在人的传统认知概念中，玉石是中国文化一个具有代表性的符号。玉石经历了从巫玉、神玉、礼玉到美玉的发展。玉礼文化被赋予了宗教、传统、道德、地位、政治等诸多文化内涵，渗透社会价值和观念之中。纪录片作为影视艺术的一种传播形式，以翔实的史料讲述了玉石文化的发展之路，用影像上演了一场玉礼文化盛宴。本文以纪录片《玉石传奇》为研究对象，运用叙事学和符号学的研究方法，结合传播学、阐释学和建构主义的理论，探讨纪录片《玉石传奇》对玉礼文化的影像叙事、认知传播及认同建构。笔者将从以下几个方面展开论述：首先，从考古历史层面论述中国玉的发展历程；然后，从影像叙事与符号层面论述纪录片《玉石传奇》在玉礼文化认知传播中的作用和特点；最后，从传播价值与意义层面，论述作为中华民族的文化符号——玉在全球化背景下建构身份认同中的作用。

关键字：玉礼文化　纪录片　传播认知　认同

1　本论文为郑州大学“新媒体公共传播”学科方向招标课题“新媒体公共传播与文化建构”的阶段成果。课题编号：XMTGGCBJSZ03。

2　[作者简介]张兵娟：郑州大学新闻与传播学院教授。刘佳静：郑州大学新闻与传播学院2014级戏剧影视艺术研究生。

一、《玉石传奇》呈现中国玉文化的发展历程

2011年1月CCTV-9纪录频道《特别呈现》栏目播出纪录片《玉石传奇》，影片以时间为线索，很好地呈现了有关玉器、玉文化的考古发现和历史研究。创作者在众多历史材料中整合、挑选出与玉石有关联的素材，历时3年的艰辛拍摄，运用3D、搬演等手法，把“玉石”的传奇故事展示在观众眼前。纪录片共有8集：《玉石之路》《巫神之玉》《国之大事》《诸侯之礼》《君子贵玉》《尊卑之序》《宫室之宝》《百姓之藏》。纪录片以视听语言形象地展示了玉器与巫神、礼制、政治、品德之间的密切关系。

（一）巫神之玉

经过考古学家和历史学家的多方考证，发现在距今9000～8000年前，中华历史、中华文明史中存在一个玉器时代。考古发现了距今12000年前的玉质砍凿器，还出土了公元前6200年至前5400年左右的石雕女神像、人面形石佩等玉器饰品。公元前5000至6000年的红山文化成了玉器发展的一个高峰，出土了玉猪龙、“C型”玉龙、玉龟等很多珍贵的玉器。公元前4500年，在江苏大依山和以北辛文化为主的地区，玉器得到了广泛的使用，出土了石家河文化玉器，玉戚，大玉刀、龙山式玉琮等文物。三星堆遗址、金沙遗址出土了公元前4000年左右的玉琮、玉璋、玉璧、玉斧、玉锛、玉戈等。公元前3200年左右的良渚文化玉器，达到了中国史前文化的又一高峰，出土了玉琮、玉钺、玉璧等文物。从红山文化到良渚文化，分别成为南北两大玉礼器、玉文化的中心，奠定了中华文明发展的基础。

《玉石传奇》第二集将红山文化到良渚文化的历史跨度，以“巫神之玉”的发现串联起来，通过影像表达玉器与祭祀、巫神之间的联系。本集纪录片从村民发现C型云龙、玉猪龙、玉琮等文物开始，引出红山文化、良渚文化。纪录片中特别提到，五千年前的红山文化时期，古辽河平原气候干旱。当时的内蒙古东南部和辽宁西部地区以山地丘陵为主，没有水利灌溉，农耕生产主要是靠降雨。干旱成了先民生存最大的敌人。每当干旱季节来临，部落人们就会聚集在一起请巫师和上天神灵沟通。玉龙、勾云形玉器就是与这种祈雨的宗教巫术有着密切联系的法器。

在生产力不发达，知识储备有限的古代，人们对自然灾害没有防备抵御的能力，这就促使人们对天地产生敬畏之情。基于这种对自然界的敬畏，人类将玉

作为了“人—巫—神”沟通的媒介，人们觉得万物皆有灵性，将出自自然界的玉石视为具有神灵之性的神、神物。先民认为玉吸收天地之精华，色彩温润富有光泽，将玉作为了祭祀的法器。最初玉雕刻的形态样式是与神性相关的，“先民心中的玉不但是神，亦是神物，是与神灵沟通的媒介。制玉就是创造与神灵交流的渠道，而祀玉就是事神”[1]。

“神人沟通的媒介所承载的社会信息，不论是要着力表达的还是深刻隐藏的，都体现在这种神圣之物上。它将社会关系的各种内容以一种外显的形式表现出来，即把所有与社会内容相关的现象性的、象征性的意义和‘真实’的内容统一融合起来。作为一种文化性的物件，神人沟通的媒介‘玉’把想象性的和真实性的社会因素凝聚、统一到一起，它比其他任何一般的物件都更为有效地表达出象征的意味。”[2]

（二）礼制之玉

玉与青铜器等一样，都是一种礼器，它们的产生具有深厚的文化根源。史前古玉时期，玉器主要在祭祀中使用，是巫觋者使用的祭拜神灵先祖的礼器。在这个时期孕育着礼仪的发展。夏商周时期，礼制不断发展，直到西周以宗法制为基础和核心的礼制最终得以确立，成为一个相当严整规范的制度体系。《周礼》中《天官》《地官》《考工记》中记载周王朝专设玉府、玉人等多种官职来管理玉器的生产、使用。天子有玉府专门侍奉用玉，各个虢国也有自己的玉府制玉。在用玉的礼制中，不仅仅数量上有限制，玉的质量、做工、造型等都有明确的规定。

玉作为传承礼文化的媒介，显示了自上而下尊卑有序的礼制传统。西周继承了夏商的用玉传统，并在此基础上根据自己的需要把用途系统化、明确化。这突出表现在天子至士的享玉命数之等级，遵从之礼束方面。《周礼·春官·大宗伯》载：“以玉作六器，以礼天地四方。以苍璧礼天，以黄琮礼地，以青圭礼东方，以赤璋礼南方，以白琥礼西方，以玄璜礼北方。”[3]根据历史文献记载的玉器在行礼时的用途和主要方式，玉可视为“六器”。六器即玉璧、玉琮、玉圭、玉琥、玉璋、玉璜，古代祭祀天地四方的礼器，即以璧礼天，以琮礼地，以圭礼东方，以琥礼西方，以璋礼南方，以璜礼北方。《周礼》中的玉器通常是指祭祀和丧葬所用的玉器。史料还记载古代以玉作瑞信之物，用于朝聘，计六种，故名“六瑞”。《周礼·春官·大宗伯》记载：以玉作六瑞，以等邦国。周制王执镇圭，公执桓圭，侯执信圭，伯执躬圭，子执谷璧，男执蒲璧。[4]王、公、侯、伯、子、男六种爵位分别对应不同瑞玉，以表示身份地位的不同。“玉瑞”通常为天子、诸侯等王公贵族阶层享用，用于朝觐、聘问、施命、馈赠等活动中。

在纪录片《玉石传奇》第四集《诸侯之礼》中，主要向观众讲述了周王朝使用玉的特殊制度。本集纪录片将专家的探索发现的过程展现在观众眼前，从周王朝封诸侯建同姓的制度开始讲述，逐步总结出周王朝君臣用玉的礼仪制度。随着封建社会的不断发展，玉器的礼化制式有所变化，玉器作为传承礼的媒介开始多元化地发展。春秋战国之后，玉器逐渐走下神坛，变得世俗化，开始作为信物、礼品等广泛用于朝堂、婚聘等方面。君主赏赐，宾主相见等皆以玉作为礼品，属于一种具有政治及社交意义的礼物。当然玉作为一种馈赠、宾礼之物的收受方式、场合、数量、品质要符合宾主的身份地位，体现出一定的尊卑、贵贱之别。玉作为这样一种宗法礼仪符号，以“挚玉”之礼的方式显示尊尊之举，又表现出亲亲之为。

（三）王权之玉

随着中华文明的发展，人类从原始的部族社会发展到世袭的封建王朝阶段。到了唐代玉器仍然非常珍贵，官员的身份等级要从玉带上面进行表现。唐高祖制定了腰带制，以腰带上的装饰品的质地和数量来区别官员等级，而装饰有玉的腰带等级最高，只有二品以上的官员才可以佩戴。按照唐朝当时的规定三品可以使用镶金玉带，三品以下只能使用金、银铜质的腰带。在这个以官服上的饰品来规定官阶等级的制度中，选择了玉带作为最高级别官阶的象征物。这与中国人崇尚玉石的文化有着密切联系。玉是中国人一直尊崇的一种物质材料，中国人把很多美好的东西都赋予在玉上面。

《玉石传奇》将中国7000多年的玉石文化浓缩在荧幕中，完成对历史事件与历史人物的探索与还原，从而进一步认知中华玉文化与王权、政治之间的关系。在纪录片《玉石传奇》第六集《尊卑之序》中，影片主要讲述玉石在唐朝与身份地位的联系。陕西省乾县发现的唐僖宗的靖陵中出土琉璃制成的玉璧。另外，考古专家在西安市南郊何家村家发现一个巨大的陶翁，陶翁中有大量金银器，还发现了十条玉带，专家鉴定这批文物是唐朝遗物。唐朝的官位品阶分为王、侯、公、卿、将、相，不同的官职拥有的玉带也不尽相同。玉带以其珍贵的材料、精美的做工、独特的含义成了唐朝身份权威的符号。

除了纪录片中提到的玉带作为了身份权威的符号，玉玺、玉扳指等和玉相关的器物都被作为身份权威的符号。据东汉蔡邕《独断》载：“秦以来，天子独以印称玺，又独以玉，群臣莫敢用也。”玉玺从秦代以后，皇帝的印章专用名称为“玺”，又专以玉质，称为“玉玺”。玉玺是皇家绝对的权威象征。玉料晶莹剔透、色彩莹润，被选为制作玺的材料，代表着一种至高无上的尊贵皇权。玉扳指本意是拉弓射箭时扣弦用的一种工具，套在射手右手拇指上，以保护射手右拇指不被弓弦勒伤的专用器物。本是辅助习武的扳指，到了清代，由于满汉两族广大男士的欣羡与效颦，竟使之成为一种极为时髦的佩饰品，上至皇帝与王公大臣，下至满汉各旗子弟及富商巨贾，虽尊卑不同而皆喜佩戴。因为玉石珍贵，玉扳指后来引申为具有身份和能力的又一象征。

（四）美德之玉

“文化视野下的‘玉’有别于现代地质矿物研究所称的‘玉’，它既是一个频繁出现且有宽泛意义的概念，又是一个被特定指称的、狭义范围内的概念。它与自然界普通的石头不同，它的自然属性中蕴含了史前人类无法解释、渴望拥有、不懈追求的各种特质（稀有、美丽、坚韧等），这些特质在人们的使用认知下很早就具备了社会属性和文化的印记。”[5]“玉”字在古人心目中是一个美好、高尚的字眼，在古代诗文中，常用玉来比喻和形容一切美好的人或事物。“玉”对于中国人而言，不仅仅只是一种由自然界产出的矿物质，更成为一种文化根植到中国人的血脉里。

从周代到汉代，玉器的文化象征意义从礼制尊卑发展到了品德内涵。玉之美不仅仅在于它外表的晶莹剔透、温润光泽，更在于它“昔者君子比德于玉焉，温润而泽，仁也”的品德内涵。《玉石传奇》以“金缕玉衣”为线索，以不同汉墓中出土的玉衣为依据去考证刘胜、刘宽、刘兴的生平事迹。这些诸侯生前品德的好坏与死后是否能够拥有“金缕玉衣”陪葬有直接关系。汉朝用玉制度的核心就是“君子比德于玉”，把玉当作君子品德的象征。玉是中国人一直很尊崇的一种物质材料，会把很多美好的内涵赋予在玉上面。以玉来比喻君子有很长久的传统，并且随着时代的发展一直沿用至今。

从古到今，玉石褪去了至高无上的神秘色彩，走进寻常百姓家，成了“百姓之藏”。玉石“前世今生”的相关历史、文化、考古发现等内容，导演在纪录片中都给予了较为权威的解读。不同的专家、学者从自己的研究领域出发，对纪录片中的玉石进行鉴定，对史实进行考证，呈现出具有学理性、权威性的纪录片形态。

二、《玉石传奇》的影像叙事与认知传播

（一）器以藏礼：玉器的叙事与玉礼文化

玉的叙事功能首先表现在作为一种器物承载了中国的礼乐文化，促进了礼乐制度的形成与传播。《左传》中记载“信以守器，器以至礼，礼以行义，义以生利，利以平民，政之大节也”。在古代，礼器被当作是一种象征物，典章礼法、仁义忠信的内涵都可以在礼器上有所显现。那么，玉器作为一种重要的礼器，是历史记忆和玉礼文化的承载者和传播者，可以说是“器以藏礼”。它对中华礼乐文明的形成与传承具有重要意义。“玉礼同礼制一样，不单包括行礼时所借助的有形的器皿和物品，还包括了附着在礼器上的无形的礼乐法度和典章制度。其内涵由表及里应包括三个层次：其一为行礼时所用玉礼器。其二为使用玉礼器的规范，即所谓‘制度文章’。此二者为玉礼之形而下者，构成了玉礼的物质内容和外在表现形式。其三为附着在玉礼器之上的观念意识和社会功能。”[6]

玉的叙事功能其次表现在它的象征意义和文化内涵。汉代许慎在《说文解字》中对玉的解释是：“玉，石之美者，有五德。润泽以温，仁之方也；鳃理自外，可以知中，义之方也；其声悠扬，尊以远闻，智之方也；不挠不折，勇之方也；锐廉而不技，洁之方也。”从玉之感、玉之色、玉之形、玉之声、玉之质的特质，象征君子的仁、义、智、勇、洁五种德行。

再者，玉也是一种文字承载的媒介。古代玉简，是用玉制成的简札，多用于帝王封禅、诏诰用的文书和道家的符箓。考古发现的有秦惠文王祷词华山玉简，林屋洞出土的有铭大玉简等历史文物。秦惠文王嬴驷志在统一文字、度量衡建立一个统一的大秦帝国，玉简的使用成了当时一种重要的文化工具，对促进文化融合起到了不容小觑的作用。

玉的叙事功能还表现在为后人留下了丰富的历史物证。现代的研究主要就是通过这些出土的玉器以及玉简铭文来考证历史的，其重要性不输于历史传世文献。比起其他媒介形式，玉器的材质易于保存，在历史长河中更好地保存了中华民族的历史记忆，其承载的信息令后人有据可查。

当代文史研究的成果以纪录片的形式展现给世人，是一种更加直观形象的文化书写方式。在纪录片《玉石传奇》的内部形态中，展示了玉器在考古、文史研究领域的叙事功能。那么，从认知角度看，《玉石传奇》则具有认知玉文化功能。这种认知功能不仅体现在纪录片《玉石传奇》对玉文化的编码过程中，而且

体现在受众对纪录片作为视觉修辞的传播行为的解码过程中。玉器的叙事所表达的历史和文化认知，远远超出了口述、文字等文本的表达效果。《玉石传奇》纪录片将现有的玉礼文化重新整合，从而帮助世人了解玉礼文化的发展历史。

（二）比德符号：玉礼文化的精神内涵

玉石经过打磨、雕琢、入土、受沁、改制、盘养等工序之后，成为各式各样的玉器。玉生而有“质”，并无所谓“德”，但是由于它的来源珍贵、形制温润亮洁，故而古人把这种温润坚实的玉石看作是灵性之物，在礼制中赋予它重要的地位。儒家先哲们将玉作为衡量君子道德品行的符号，并要求佩戴玉之人要有玉的品格。

“子贡问于孔子曰：‘敢问君子贵玉而贱碈者，何也。为玉之寡而碈之多与？’孔子曰：‘非为碈之多故贱之也，玉之寡故贵之也。夫昔者君子比德于玉焉：温润而泽，仁也；缜密以栗，知也；廉而不刿，义也；垂之如队，礼也：叩之其声清越以长，其终诎然，乐也；瑕不掩瑜、瑜不掩瑕，忠也；孚尹旁达，信也；气如白虹，天也；精神见于山川，地也；圭璋特达、德也。天下莫不贵者，道也。”[7]孔子结合玉的特点，提出了十一种美好的品德。经过孔子的提倡，儒家后世大师的阐释和完善，“君子无故玉不去身”“君子必佩玉”的比德观念逐渐发展，成了玉礼文化的精神内涵。

比德符号传达一种“君子”形象及与之相符的文化意义，其地位身份象征、道德品评标准皆为世人所认同。“而且，随着儒学被作为历来统治阶级加以利用提倡的主流文化，‘玉德’说也得到推广，贵玉心理在整个中华文化中得以长久保持。”[8]玉礼文化所代表的精神内涵，千百年来对中华民族的品质、道德、行为产生着巨大的影响。

纪录片中呈现出金缕玉衣，将玉石的色泽、材质通过镜头展示出来，通过解说了解金缕玉衣背后的历史与故事。陈汝东学者认为：“以图像为主、语言文字和音乐等为辅的综合视觉修辞行为，同样包括上述综合视觉形象的建构、编辑、理解和认知，也包括图像与语言文字、音乐等的匹配关系。”[9]将刘胜、刘宽等人具有历史传奇色彩的故事以搬演的手法呈现。在搬演中，以图像、音乐、语言的融合组成综合的视觉修辞行为，避免单一的解说词、口述、采访等手法。导演将“搬演”方式融入历史影像，其目的在于在众多历史材料中整合、挑选出与玉石有关联的素材，并且以清晰直观的方式展示给观众。史料的考证与纪录片的艺术性，能够达到纪录片真实创作与价值认知的对接。以一种“虚构的真实”完成对历史事件与历史人物的探索与还原，从而进一步认知历史真相。

（三）视觉说服力：四重证据法的多元运用

叶舒宪的主张是："将文化研究的多重叙事概念与国学研究的所谓四重证据法联系起来：一重证据指传世文献；二重证据指出土文献和文字；三重证据指人类学的口传与非物质文化遗产方面，包括民俗学的民族学的大量参考材料；四重证据指图像和实物。若着眼于叙事学的角度，也可以将文化书写方式划分成四至五种：1）口传叙事；2）传世的文字文本叙事；3）出土的文字文本叙事；4）图像叙事与物的叙事；5）仪式和表演的叙事。"[10]

在纪录片《玉石传奇》文本内部中，用影像语言演绎了传世文献、出土文献和文字、人类学的口传与非物质文化遗产的大量参考材料、图像和实物四重证据。纪录片所呈现出来的文本涵盖了多元的内容。它集合《周礼》《仪礼》《礼记》等文献资料，考古发现的红山、良渚等地方墓葬的文献文物，还有博物馆以及收藏界的玉石之宝。

纪录片《玉石传奇》，作为一个综合的艺术形态，其中的影像是认知、理解、研究玉礼文化的第四重证据。叶舒宪曾论述："人类的符号意指系统除了最常用的语言之外，还有更加古老的视觉符号系统。视觉符号以具体可感的形象、意象、画面、造型和象征来传达意义，恰好成为弥补'道可道，非常道'的语言缺陷的替代性选择。当我们说'图像的蕴涵远远大于语言和文字'时，也就相当接近了对图像特有的视觉说服力的认识。"[11]

纪录片《玉石传奇》第二集中，3D影像和解说词相辅相成，向观众展示了红山女神庙主殿的雏形。3D技术的立体效果适合运用在这样的场景中，可以给观众带来足够的视觉冲击力和视觉说服力，让观众有身临其境之感。纪录片《玉石传奇》作为传达玉礼文化的视觉符号系统。纪录片中实证与阐释相辅相成、证明与说明进行互动，以更生动的叙事手法使得玉礼文化变得通俗易懂。玉石传奇以视听语言的形式呈现出来，达成一定的调节和均衡状态，具有很强的视觉说服力。纪录片的影像资料可以作为传统研究方法的佐证与辅助，它与传世文献、出土文献和文字、人类学的口传与非物质文化遗产等证据一起相互补充、相互印证，为后世研究提供新的视角。

三、认知传播的价值与身份认同的建构

（一）玉礼：礼制的器物承载

“自玉被从石头中区分出来并加以运用以后，它从来就不仅仅是作为物质形态存在着，人们赋予了它诸多象征意义和意识形态功能，它被看作是通神的工具、权力的标志、道德的体现、富贵的载体以及对美的最好诠释，玉器已经成为中国传统文化精神的重要象征。”[12]人类的物质文明不断发展，虽然生活、经济、社会文化等方面都发生了巨大变化，中国人的“玉石情结”仍在，中国文化的“玉石品格”仍在。它仍然是中国文化最值得重视和传承的部分。

北京奥运会从2001年申奥成功便开始进入紧张的筹备工作。比赛场馆的建造、开幕式和闭幕式筹划、奖牌和徽章的设计等事宜都受到了全球人民的瞩目。如今，开幕式和闭幕式的精彩演出成为所有全球人民的集体记忆。“京”字人形的“2008Beijing−奥运徽宝·玉印”，以及“金玉合璧”的奖牌成了第29届北京奥运会的符号。奖牌在历届奥运会中都扮演了极其重要的角色，是运动员成绩的见证，是一个国家荣誉的象征。以往运动会的奖牌只是在图案设计上有所不同，然而29届北京奥运会的奖牌别具匠心，在图案、材质方面都大胆创新，奖牌图案的创意取自中国古代龙纹玉璧造型，并以金、银、铜融合白玉、青玉、墨玉构成北京奥运会的金牌、银牌、铜牌。

上万年来的玉礼文化依然是中国文化的经典和国魂，奖牌的设计体现中华民族自古以来的以“玉”比“德”的价值观、荣誉观。中国人向世界展示出了我们历史悠久的玉文化，并将中国文化与奥林匹克精神结合在一起，使得中西文化相得益彰。以其奖牌赠予奥运成绩优胜者，是一种崇高的荣誉和礼赞。

（二）玉教：中华文化的原型编码

叶舒宪认为玉可以成为中华文明中最具代表性的文化基因。他认为：“如果说这个基因只能有一个代表的话，那只能是玉，对于华夏后人的影响，也就是围绕着玉的神圣化信仰所形成的生命力强大而持久的玉文化传承，那是从史前开始贯穿整个中华文化发展历程的。”[13]以叶舒宪先生提出的文化基因的理论去理解玉教，就是玉的神圣化信仰及其神话建构所产生的玉文化对人的教化和熏陶。

“从传播学史的视角看，玉早就成为前汉字时代中国文化编码的最重要的符号载体。玉是沟通天地神秘力量的有效媒介，借助于信仰和观念的文化传播作

用，此种玉教的分布空间拓展到了整个东亚地区，包括国土南端的岭南的西部的河西走廊一带。”[14] 现如今玉教信仰的观念和文化传播方式更加的丰富多彩。有了对中国玉教的原型编码作用的新认知，再去看各种影视作品中关于“玉”的表述，其背后的哲理寓意性质就会逐渐显现。

中国现当代文学作品中，《穆斯林的葬礼》与玉的关系最为紧密。一个穆斯林家庭、六十年间的兴衰、三代玉石匠人命运的沉浮均与玉石有着非常紧密的联系。小说以独特的视角、真挚的情感深情观照中国玉石匠人漫长而艰难的足迹。海岩的小说《玉观音》又是关于玉的另一巨作。虽然小说中直接描写玉观音的内容不多，但是玉观音成了一种象征、一种隐喻，一直存在于字里行间。

从文字到影像，从小说到影视作品。电影、电视剧更多的是是一种戏剧化的方式去演绎中国玉文化，将玉教渗透于电影、电视剧中，以“寓教于乐”的形式潜移默化地感染观众。1987年播出的央视版电视剧《红楼梦》被誉为“中国电视史上的绝妙篇章”和“不可逾越的经典”。这部电视剧一开头便出现了“通灵宝玉”，故事也由此玉铺展开来。2010年李少红担任总导演再次拍摄经典名著《红楼梦》。2003年根据海岩同名小说《玉观音》拍摄的电影、电视剧上映，此电视剧也主要围绕着随身携带一枚玉观音的女主人公而展开。2006年又一关于“玉”的力作搬上荧幕，《疯狂的石头》是由宁浩导演的一部带有黑色幽默风格的中国影片，该片围绕一块价值连城的翡翠展开故事。除此之外还有电视剧《玉碎》《翡翠凤凰》《乱世玉缘》《翡翠王》等。

（三）玉德：价值观念的阐释

“儒学原本是在原始神灵政治的基础上，沿着从巫到儒的轨迹，逐步建立起来一整套以崇玉观念为标志的统治理论。发展至春秋战国时代，在‘礼崩乐坏’历史浪潮的强烈冲击之下，儒家的传统玉宝理论发生了深刻的变化。正是在这个新的历史条件之下，孔子关于‘贵玉贱珉’玉德理论的阐述，将玉的美质从有神论的桎梏下导向以富国强兵为目标的新的统治原则，导向日常的社会伦理，重新奠定汉民族玉文化的基本结构。”[15]

玉器在中国古代多是用于宗教巫术和王权礼乐，而如今已走下神坛转向服务于社会公德和个人道德。从而体现了儒学对现实生活的进取精神和对玉理论的实用原则。通过“玉教”，令“君子比德于玉”的操行形成由经典儒化培育而获得。“化干戈为玉帛”“宁为玉碎不为瓦全”等价值观念成了中国人为人处世的准则。教化过程中，个体通过社会化的玉教氛围而加以涵化，在耳濡目染之中构成欣赏与理解玉礼文化传统的框架。

在“玉教”的文化范畴内，社会规范存在于每个个体的意识中，而不是被看作是一种难以达到的理想或强制性的命令。也正是这种价值追求与教化氛围的存在，比德符号至今被人们津津乐道，使得原本经典的“君子以玉比德”价值观念变得世俗化、平民化、现代化。玉琢、玉坠等玉器琳琅满目的存在于珠宝市场，其价值意义是黄金、钻石等无法相提并论的。现实社会中，玉石能传达一种“君子”形象及与之相符的文化意义。

四、结语

近年来，《丝绸之路》《茶》《瓷路》等多部反映中国传统文化的纪录片陆续走上银幕。观众通过纪录片走进了中国灿烂的历史之中，重新认识了中国深厚的文化内涵。纪录片所传播的道德、政治、礼乐等诸多文化内涵，渗透进了社会观念和大众认知之中。纪录片的传播价值随着历史、文化的发展焕发出经久不息的光彩。

纪录片《玉石传奇》将考古专家、历史学家对玉的研究发现通过画面、解说的方式直观地展示在观众面前。将很多陈设在不同博物馆中的精美玉器变成影像画面，综合系统的进行展示。《玉石传奇》不仅仅是讲玉石，更多的是将玉石与中国历史的背景、社会风俗、政治军事等内容联系起来。创作者在玉石传奇中寻历史、讲故事、塑认知。纪录片中所讲的内容都是经过历史考证，有据可依的事件。通过多种3D动画、搬演、采访等手法再现历史、解读历史。让高深难懂的玉文化，以一种轻松易懂的方式进入观众的认知视野。

纪录片《玉石传奇》所传播的玉文化，蕴含着丰富的内容。作为巫神之玉，玉石是人神沟通的媒介；作为礼仪之玉，玉石是传承礼文化的媒介；作为君子之玉，玉石是道德品行的符号；作为贵族之玉，玉石是身份权威的符号；作为政治之玉，玉石是国家文明的符号。纪录片《玉石传奇》是玉文化的认知普及，是爱玉之人兴趣的引导。它启示人们不断探索玉礼文化，不断丰富玉礼文化。在今后的岁月中传承中国玉礼文化，将玉礼文化发扬光大。

注释：

1 朱怡芳. 中国玉石文化传统研究[D]. 北京：清华大学，2008：35.

2 朱怡芳. 中国玉石文化传统研究[D]. 北京：清华大学，2008：53.

3 杨天宇. 周礼译注[M]. 上海：上海古籍出版社，2004：281.

4 杨天宇. 周礼译注[M]. 上海：上海古籍出版社，2004：280.

5 朱怡芳. 中国玉石文化传统研究[D]. 北京：清华大学，2008：31.

6 何宏波. 先秦玉礼研究[D]. 郑州：郑州大学，2001：13.

7 杨天宇. 礼记译注（下）[M]. 上海：上海古籍出版社，2004：852.

8 荆云波. 文化记忆与仪式叙事[M]. 广州：南方日报出版社，2010：137.

9 陈汝东. 新兴修辞传播学理论[M]. 北京：北京大学出版社，2011：36.

10 叶舒宪. 物的叙事：中华文明探源的四重证据法[J]. 兰州大学学报（社会科学版），2010（6）：2.

11 叶舒宪. 第四重证据：比较图像学的视觉说服力——以猫头鹰象征的跨文化解读为例[J]. 文学评论，2006（5）：172.

12 荆云波. 文化记忆与仪式叙事[M]. 广州：南方日报出版社，2010（110）.

13 叶舒宪. 图说中华文明发生史[M]. 广州：南方日报出版社，2015：64.

14 叶舒宪. 图说中华文明发生史[M]. 广州：南方日报出版社，2015：64.

15 姚士奇. 评东周政体与传统玉德理论的建立[J]. 珠宝科技，2004（5）：11.

超越图式：论少数民族新闻认知机制与叙事意义的交界[1]

李欣[2]

摘　要： 受众的图式认知视角并不能全面反映新闻传播的生产机制与社会语境在受众认知过程中发挥的作用。本文主要从映射文化间性的历史与时代感，分离建构到共享意义的传播语境，解构不同群体之间语言异化现象，达成少数民族新闻伦理共识等四个方面，探讨超越图式之外更大的意义框架的建构，强调少数民族受众应用图式知识的综合动态过程。

关键词： 认知图式　叙事意义　少数民族新闻　国家认同

受众如何理解新闻叙事的认知过程是认知传播学面对的重要研究问题之一，源于认知心理学的图式理论为这个研究目标提供了很好的理论基础。作为人脑中预存的认知结构，“图式”影响个体信息处理的全过程与结果，这个概念指涉人们认知行为的基本模式，或者叫心智结构、认知结构或认知导引结构，它的功能在于当人们接触新的信息时，调动原有的知识经验储备，并对新的信息性质做出评判和预测，从而确定人们对于新信息的反应。日本学者稻叶哲郎认为，“图式”不仅包含知识和经验以及人们对各种事物的认识，还蕴含了人们情感的特有倾向，而且以一定的有机关联性，预存在人类的大脑之中。

1　本文为国家民委科研项目“媒介融合视角：少数民族新闻话语分析与国家认同”的阶段性研究成果。

2　[作者简介]李欣：新闻学博士，西北民族大学新闻传播学院副教授。

20世纪70年代美国学者罗伯特·阿克塞尔罗德对个体信息处理过程中图式的影响，深化提出了“核对”作用的一般过程模式。因为个体的信息处理过程是多种多样的，图式发挥的影响和支配程度也就可能不同，有可能是依照图式的简单过程，还有可能趋向创新和深度思考方式。佛卢德尼克认为读者的图式主要分为两个步骤，前一个步骤是读者的文本经验，包括关于事件的基本图式，不同视角的图式和文类的经验图式，后一个步骤涉及读者不同文化背景和意识形态的阐释经验，被称之为读解图式。少数民族受众对于新闻意义的认知机制，存在受众图式简单的知识利用现象，因为受众的图式与新闻文本产生理解层面的冲突与重构的过程，也并非各类受众差异化调动图式的认知过程，而是需要建构一个更大的意义框架来协调受众的文本经验图式，这个意义框架处于少数民族受众认知机制与传播主体新闻叙事的交界地带。

一、映射：文化间性的历史性与时代感

在受众对于新闻叙事的认知过程中，图式往往会遭到修改和新的改变，这时候受众的文化背景便发挥着关键的作用。文化间性作为跨文化认同理论的核心概念，来自西方社会文化的重要概念之——主体间性。“文化间性是指文化之间复杂的联系，既涵盖文化的重叠、相似性与互补性，也包括文化的差异、矛盾和张力。”[1]从文化间性的视域出发，我们应该认识到不同文化相互交织的协调或差异构成文化格局的常态，无数历史实践验证，社会管理者绞尽脑汁地力图消弭文化之间的差异和冲突都是徒劳的，建构互惠互补、共生共赢的文化间性“场域”是形成文化认同、民族认同和国家认同的合理通路。

文化间性在跨文化“共义”空间的介入策略，一方面要关注重视少数民族的地域化因素在跨文化“场域”中的基础支撑作用。少数民族文化是在地方社会的滋养和孕育中获得生长、成熟和传播的空间，跨文化的“共义”空间只有立足于地域文化才能获得稳固的资源和发展潜力。另一方面，地域性的意义框架是社会历史和文化交流的产物，虽然具有稳定性、客观性的特征，但是它的封闭性和局限性必须要加以清除和变革，地域性的意义框架要通过扩展和更新的通道，呈现一定的开放和活力。地域化的社会系统需要通过源源不断的方式吸纳其他文化的个性、理念与价值观，丰富它的文化内容，创新它的价值判断，跨文化的“共义”空间才能得以建构起来。

文化间性的国家认同构建策略，首先要把少数民族文化的历史地域性和民族

精神的时代感结合起来。少数民族文化的力量来源于它的地域性历史积淀，存在于每个民族的特性之中，民族主义强化了这种特性并且称之为绝对性的范畴，民族主义脱胎于所依赖的地域、历史和文化环境。文化的交流和互动中，与“他者”的相遇使得民族文化得到强化，少数民族文化之间的差异在交流、碰撞中唤醒了个体的自我认同感，个体与文化“他者”源源不断的相遇，这本身体现了社会历史的纵深感。

民族精神的时代性就是其过往历史性的当今延续，“民族精神是由民族文化的叙述系统延续的，无论如何变化，它都会以某种形态继承始发起点的基因，是对民族现实的历史创造性活动的引领和反应”[2]。民族精神的时代性，要求民族精神符合理性思维不走极端偏狭的路径，它应具有主动的而非被动的，开放宽容、创新进取的时代特征。

《兰州晚报》的《800年同根今朝联》[3]这则报道，在撒拉族文化的历史纵深中发现新闻，用新闻来回顾撒拉族的历史渊源，这则新闻为受众提供了非常开阔的跨文化认知空间。首先介绍了撒拉族的先祖浩荡东迁的背景资料，接着转入土库曼斯坦高层曾经吐露到中国“寻亲”的心声，他们期待以“寻亲”为契机，借此机会与中国建立“新丝绸经济带”，实现文化、经贸、教育等方面的合作共赢。文化间性与国家认同意义的构建，具体表现为中华民族与少数民族的历史文化融合，最终的“愿景”是在民族亲缘的认同基础上，促进中国与土库曼斯坦两国之间的广泛交流合作。

通过上述报道范例，我们看到，跨文化语境中新闻的主题是由差异化的统一性构成，文化间性的历史纵深与时代精神的意义交织中，由于过去的历史变迁和未来将要达成的目标，都同时存在当下的传播情境，这样就为新闻主体增添了“复调内容”，同时受众也被赋予了极为丰富的想象和解读空间。文化的间性带来了异质民族文化的多样性和差异性，它不仅促进了反思性发展，而且构造了共同性，在巩固历史地域化的民族意识的同时，激励具有反思和时代进取精神的人，能够冲破地域化的局限和族群的束缚，进入更广泛的社会公共领域。实际上，人们只有超越地域化、族群化的局限，认同现代公民意识，才可能形成具有时代精神的公民意识。

二、语境：从分离建构到共享意义

我国的民族政策是最富有成效的，它形成于中国共产党领导人民革命的历史背景，将受压迫的弱小民族团结起来，动员一切积极的力量打破旧制度，争取革命的最终胜利，这是一种同情、扶助和支持处于弱势地位的少数民族的价值取向。中华民族是由56个民族形成的文化共同体，“中华民族”不是汉族的代名词，“中华民族的文化”也不等同于汉族文化，历史上中华各个民族之间的文化交流、人口动迁、族际通婚、经济合作等方面源远流长，中华各个民族之间共享的文化特性很多，如何把这些文化的共同性发掘和展示出来，努力创造中华民族的文化认同性，这将成为今后我国少数民族新闻报道需要重点关注的领域。中华民族的共同文化基础为世人有目共睹，假设在新闻报道领域只关注少数民族区域发展成就，各个民族自身的文化多样性和差异性，缺乏文化认同的社会基础，政治认同和国家认同将无法保持牢固和长久性。

2007年，《光明日报》的通讯《珍藏西藏：叶星生抢救、保护西藏民间文化遗产成果》堪称这方面的优秀范例。本篇通讯分为四个部分：第一部分是“藏族文化：豪放与细腻的奇妙平衡”，第二部分是“藏汉一家：文化融合点化艺术魅力”，第三部分是“众星拱月：保护西藏文化感动常在”，第四部分是“展示西藏：宏大规划正扎实推进”。其中第二部分描述藏汉文化融合的历史最为细致生动。

藏汉一家：文化融合点化艺术魅力[4]

“藏汉合一本大统，执着此生自一家”，置身展厅，很多参观者都感受到了藏汉文化融合、点化所带来的魅力。

在西藏乃琼寺，叶星生曾经抢救性地主持临摹了一大批壁画，其中的精品也在此次展览中亮相。“传统的藏族壁画，大多采用‘铁线’勾画，它的特点是线条粗细匀称。你看，这幅画采用的则是内地绘画中常见的‘柳叶描’——线条根粗梢细，宛如柳叶——明显受到内地画风的影响。”叶星生指着一幅“吹笛伎乐天女图”说，“再看其中的人物，采用了类似内地传统侍女图的表现手法；其身前芭蕉叶的处理，也有内地工笔重彩的感觉。其实、内地的亭台楼阁，甚至五台山的风光等元素，在很多藏族壁画、唐卡创作中都能见到。”

即便不是叶星生这样的专业人士，普通观众也能在展览中找到自己熟悉的东西——有一件唐卡，就算不看说明，观众也能一眼看出其中的主人公是大名鼎鼎的关羽，其身边关平、周仓的形象也是人们再熟悉不过的。这幅名为“伽蓝护法关云长”的唐卡的说明文字为：“在汉藏两族的宗教文化交流中，关羽被视为战神格萨尔的化身。”

“这好像是十二生肖啊？”在另一件唐卡前，一位观众凑近仔细辨认，有了新的发现。这件唐卡名为‘贡孜垂杰’，有学者认为‘贡孜垂杰’意为‘孔子神变之王’，画中右首这个白发老者，就是孔子。画下方环绕孔子的，的确是人面兽身的十二生肖。画面下部有手写的二十一句藏文，上部分是对诸神的膜拜顶礼，下部分是对孔子及世间道的敬仰与吉祥的祝愿。”叶星生解释说，此件唐卡突破了宗教绘画中的严格界定，体现了画家丰富的想象力与创造性，也充分表现了藏汉文化的相互影响和相互融合。

在叶星生的收藏中，有一件令他最为难忘：“那是一件合二为一的‘碗套’，碗是汉地的古瓷碗，套是藏区的牛皮套。碗深深地放进套里面，套紧紧地包着碗口。碗离开套子容易破碎，套离开碗没有依靠，只有合成一个整体，才能千里跋涉，安然无恙。我觉得，这仿佛就是藏汉文化共荣发展的一个象征。”

这篇报道出台的背景源于2007年12月1日胡锦涛总书记参观“叶星生抢救保护西藏民间文化遗产展”后做出的指示：作为在知识界、文化界有影响的报纸，《光明日报》应该对这一展览多宣传。通过对藏族壁画、唐卡、“碗套”等代表藏汉文化交融的作品的分析，反映西藏文化是与汉族文化相融相通的，赞扬了藏汉人民合力保护西藏民间文化的极大热情。

与面对特定受众群体追求同质化传播效果完全不同的是，少数民族新闻报道意义的共享意味着异质文化融合的传播效果。要探讨不同民族之间的共同性，就要事先预设一定数量的为各民族大众所共享的知识、信念和价值观，尤其是对于各民族大众不甚了解、不太熟悉的事物，记者要尽量构建不同民族的受众所共有的经验、兴趣和知识，进而转变为集体无意识心理，这样它就有可能上升为新闻主体支配性的力量，从而建构主流话语的权威性。

反之，对于单一介绍某个少数民族艺术文化的报道，它可能就被限定在一个只能内群吸引的圈子里面。这种报道的新闻话语类型注重强化某一族群的价值导向，忽视了文本与读者交往语境的空缺，在内群成员范畴内可能是有效的，但是一旦涉及与“他者”的外群受众交流，意义就无法实现共享。

三、文本：解构群体之间语言异化

美国社会心理学家奥尔波特认为，语言能够微妙准确地反映不同群体交流时人们思维结构的变化，尤其在内群体成员对外群体成员的语言描述时，可以从中发现内群体成员对于“内群体”本身的偏好和肯定，与之相反的则是对“外群体”的刻板印象。群体间语言的使用反映刻板印象无处不在：“当描述一个内群体成员的积极行为或外群体成员的消极行为，人们往往使用更为抽象的语言；而当提及内群体成员的消极行为或外群体成员的积极行为时，人们则使用更加具体的语言。”[5]

语言的抽象程度从低到高依次分别为：具体的描述性动词、解释性行为动词、状态动词和最为抽象的形容词。抽象的语言是从可观察到的事物中抽取出来的本质和共同特征，如理想、信念、创造性、品质情操等；具象化的语言描述着具体的、可观察到的行为，如微笑、帮助、坚持等。

社会心理中的动机机制和认知机制促进了群体间语言的异化现象，第一，动机机制。首先人们都有对自身所归属的内群体，具备程度不一的熟悉和偏好，很容易产生认同的倾向性，而群体之间语言的异化恰恰保护或支持了这种认同感。第二，认知机制。人们在对与自身期待一致的行动进行描述时，更可能使用抽象化的语言，因为抽象化的语言更能表现事物稳定性和典型性的特征。但是另一方面，人们对外群体成员更可能倾向于使用具象化的语言进行描述，其原因在于，虽然人们常常感知到外群体成员的积极行为，但是刻板印象会使人们认为外群体成员消极行为的概率较大，于是“将非典型的积极行为与外群体的一般行为区分开来，或者将一个单独的行为从外群体的众多行为中剥离开来，以维护刻板行为的一致性”[6]。

群体之间语言异化的使用机制说明，语言往往通过更具有隐匿性，不为人所察觉的方式反映主导地位的文化价值观念，这一现象的深层根源在于人们心里普遍存在的动机机制和认知机制。打破群体之间语言使用的异化现象，其根本在于尝试解构这两种机制，改变对于外群成员身份认同的封闭结构，在与“他者”的对话中改变主体单向度理解，因此，必须摆脱语言抽象性的偏见。

新闻报道“用事实说话”，这个事实的表现形式是记者对众多事实选择涵化的结果，语言是由概念组成的，事实首先通过许多表象被记者观察描述出来，语言使用的区别必然代表思想的分界。把少数民族新闻报道放在具体的语境中进行，能够更好地引导受众理解遥远的地域和生疏情境之下发生的事件，同时尽量少用抽象化的语言，防止超出受众的知识储备与日常经验的理解和接受范畴，尤其是少数民族新闻的典型人物报道，使用更多具象化的词语才能得到更多的认同。

少数民族新闻的叙事意义，涉及不同民族群体互动的过程，国家认同的意义是在维护自我形象和寻求“他者”认同的过程中产生的，通过强化呈现新闻事件的具体情境，解构刻板形象主导的抽象话语，能够消除受众所产生的漠然和抗拒心理。

四、建构：少数民族新闻伦理共识

少数民族新闻话语与国家认同的建构并不能止于抽象原则，任何价值和规则的认同都在变化和发展过程之中，都是在文化之间交流的具体语境中达成的。任何个体的价值观和伦理准则也并非一成不变的，而是随着个体的认知不断发生变化，即使存在共同的价值观，个体之间的认同必然会因人而异。所以，少数民族新闻伦理建构的前提，就是深入理解不同民族之间的文化差异，如果只停留在抽象的表面，无形形成对文化“他者”真正的尊重与交流，超越“简单地尊重文化差异”是当务之急。

跨文化传播伦理交际的理论，在某种程度上适用于少数民族新闻报道的伦理融合建构。

第一，记者与处于“他者”文化的采访对象，要展开深入的交流，寻找共同对话的基础，表现出一种对于少数民族文化的适应态度，在采访活动中，要尽量寻找“我者”文化与“他者”文化的共同之处，“我者”从而能够对最初的“他者”文化适应态度进行协调。长期以来，人们的习惯意识，形成了固守线性社会进化论的一个思维模式，一些人认为农耕文化具有超过和替代草原游牧文化的优越性，凡是不同于汉族农耕文化的“他者”文化，统统被视之为落后的、原始的文化，这种观念在少数民族新闻的报道中实在应该被斥之为愚昧无知。

第二，“我者”的主体建构应该能够充分意识到，文化“他者”的生活空间分为个人领域和公共领域两部分，文化“他者”的个人领域由其固有的民族文化所主导，在公共领域由其所处的社会主流价值观所主导。少数民族新闻话语与认同意义的达成，要使得两个领域不同主导文化处于和谐的动态演化之中。

第三，“我者”的报道如果采用积极的做法，有助于消弭文化的间距，创造文化的融合与认同，但消极做法导致文化的间距增大，导致文化的对抗与冲突。《中国民族》杂志著名的蒙古族女记者斯热歌，在20世纪70年代曾经到访过当时被划入黑龙江省，现在归属内蒙古的敖鲁古雅民族乡，雅库特人原是属于鄂温克族的一支，在森林中以狩猎和饲养驯鹿为生，他们最初住在森林里的木克楞房。20多年之后，《中国民族》又登出一篇雅库特人的文章，文中作者不无忧虑地提出“驯鹿文化”还能在现代文明的强势冲击下存活多久，原始森林的生态环境保护等问题。

创建不同民族之间文化的和谐与认同，斯热歌作为一名非常资深的少数民族新闻工作者，她认为：“从敏感处回应社会的敏感问题，需要尊重历史，同时也要尊重民族情感，不给追求稳定和统一的社会带来冲突和裂痕，这是一道慢工细作的复杂工程。”[7] 尊重少数民族文化价值是不同民族之间互动的道德底线，当这一底线被践踏时，被贬损群体的抗争就具备了道德的意义，如果被贬损的群体屈服于强权文化，被迫丧失自尊和自信心，群体间交往的道德前提也将不复存在。所以，少数民族受众认知机制与叙事意义交界的最高目标，就是实现融合不同民族文化的价值体系，形成国家认同的价值趋向。

总之，少数民族新闻伦理的共识，就是尊重不同民族之间文化的差异性，但这并不意味着走向文化相对主义。在寻求不同民族文化差异的基础上，构建中华民族文化的共性基础，它并不排斥不同民族文化之间的可交叉性，但是它的最终目标绝不可以降格为“混杂化”，而是以一种中华民族文化自信的品格，迈向主流意识形态的主导建构。少数民族新闻工作者，如能自如地行走于主流意识形态文化与少数民族文化的交流地带，就可保持自我心灵的和谐性与同一性，为建构少数民族新闻伦理打下基础。从超越图式的角度探讨少数民族新闻的认知机制，无疑丰富了对少数民族新闻叙事意义的研究，通过文化间性的历史与时代感的映射，分离建构共享意义的语境，解构群体之间语言异化的文本，达成少数民族新闻伦理共识。

注释：

1 陈国明，安然. 跨文化传播学关键术语[M]. 北京：中国社会科学出版社，2010：220.

2 韩震. 全球化时代的文化认同与国家认同[M]. 北京：北京师范大学出版社，2013：171.
3 穆珺. 800年同根今朝联[N]. 兰州晚报，2013-11-27.
4 中国新闻奖评选委员会办公室. 中国新闻奖作品选（2007年度·第十八届）[M]. 新华出版社，2008：216.
5 单波. 跨文化传播的问题与可能性[M]. 武汉：武汉大学出版社，2010：161.
6 单波. 跨文化传播的问题与可能性[M]. 武汉：武汉大学出版社，2010：161.
7 《民族团结》杂志社. 看，这一本杂志[M]. 北京：民族出版社，2007：271.

认知传播学视野下的时尚传播[1]

孔令顺　翁玲青[2]

摘　要：从本质上来讲，时尚是传播的过程、现象和结果，是建立在个人认知与社会认知基础之上的传播行为。认知传播学的学科创新为时尚传播的研究提供了重要的理论基础和探寻路径。现实生活中时尚与传播复杂而又活跃的互动存在必将丰富认知传播学原有的研究领域，成为业界与学界共同关注的对象，使与时俱进的时尚传播学呼之欲出。

关键词：认知传播学　时尚传播　学科拓展

所谓时尚，就是被某一特定的群体在某一特定的时期内所推崇的思想观念、行为方式或文化产品。从本质上来讲，时尚是传播的过程、现象和结果，是建立在个人认知与社会认知基础之上的传播行为。认知传播学的学科创新为时尚传播的研究提供了重要的理论基础和分析路径。现实生活中时尚与传播复杂而又活跃的互动存在必将丰富认知传播学原有的研究领域，成为业界与学界共同关注的热点，使与时俱进的时尚传播学呼之欲出。

一、个人时尚：自我的认知与形象的塑造

也许在远古时代某个寒冷的冬天，一位女子把兽皮披在身上御寒，于是服装

1　本文系国家社科基金项目“文化产业背景下中国电视的媒体责任问题研究”（编号：13BXW022）的阶段性成果。

2　[作者简介]孔令顺：山东大学文学与新闻传播学院副教授、博士后、硕士生导师，美国密苏里大学新闻学院访问学者；翁玲青，山东大学文学与新闻传播学院硕士生。

诞生了；某个明媚的春日，一位男子把作为战利品的兽骨串起来挂在脖子上炫耀，于是饰品出现了。其他族人在认同于这些兽皮和兽骨的实用性或装饰性功能后，也纷纷效仿，服装和饰品开始流行，并逐渐演变为时尚。法国符号学家罗兰·巴特认为：服装是时尚的物质基础，然而时尚本身却是一个文化性质上的意义体系。随着人类社会的发展，时尚也早已超越了服饰的藩篱而不断延伸到人们生活的多维层面，包括品位格调、精神理念，甚至道德标准上，因此从这一角度来看，广义的“时尚”比“服饰”的外延要宽泛很多，而狭义的时尚有时则仅仅指涉服饰，比如法国时尚学院（IFM）和巴黎HEC商学院就将时尚定义为“时装”。

流行与时尚密不可分：英文中的“fashion”一词就兼具“流行”和“时尚”的双重含义，在西方世界常常混用。一般说来，流行是时尚的必要条件，时尚是流行的必然结果。一种思想观念或者一件文化产品，要想引领时尚，必须借助媒介的力量才能真正流行传播开来。但是，正如德国社会学家西美尔在其《时尚的哲学》中所说：时尚是具有阶级性的，“一旦一种时尚被广泛地接受，我们就不再把它叫作时尚了；一件起先只是少数人做的事变成大多数人都去做的事，例如某些社会行为开始只是少数人的前卫行为，但立即为大多数人所跟从，这件事就不再是时尚了”[1]。因此，流行有时又被认为是“大众化”和“廉价货”的代名词，与真正的时尚相去甚远。香奈儿、玛莎拉蒂等时尚奢侈品，恐怕永远也不会在普通市民中普及流行起来。这些高档奢侈品，既是区分“群体”的门槛，又是吸引潜在客户加入群体的标志。奢侈品牌着力于树立自身高端形象，凸显品牌拥有者的社会地位，很大程度上更像是为品牌用户培养观众和粉丝。

模仿性和从众性是时尚传播的两大心理基础，也是时尚通过传播得以形成的内在动力机制。模仿论认为：人们是通过观察他人行动而获取新的行为方式的。模仿是个人有意或无意地对某种刺激做出类似反应的行为方式。南京大学周晓虹教授根据时尚追随者的目的，将模仿分为“虔诚性模仿”和“竞争性模仿”。[2]虔诚性模仿纯粹是出于对模仿对象的尊敬和崇拜，这主要存在于等级较为森严的传统社会；而竞争性模仿是为了赶上甚至超过被模仿对象的行为，更多地存在于大众追逐流行时尚的现代社会。当人们觉得一件服装或饰品赏心悦目时，当人们觉得一种行为举止美好优雅时，当人们觉得某种言谈方式风趣幽默时，可能就会自觉或不自觉地去模仿。当这种模仿被少数人认同并开始传播的时候，它就可能形成一种时尚。在古代社会，衣服的色彩有着高低贵贱之分。最早的时候只有贫贱的百姓才会穿紫色的衣服，紫色是地位低下的标志。但春秋时期的齐桓公却喜欢穿紫色衣服，朝臣宫女们于是也纷纷效仿。“上有好者，下必甚焉”。这种宫廷的时尚自然带动了百姓的模仿，一时之间“全国尽紫”。从传播学的角度来看，在整个时尚传播的过程中，总有一些人充当着“意见领袖”的角色，这些人能敏锐地洞察一些新气象，发现一些新事物，并且具有把这些新气象新事物进行传播的勇气和能力。这些“意见领袖”的个人认知和自觉传播使得大众对时尚的追逐成为可能。

追赶时尚，并非都是一种自主自愿的行为，对于很多被动加入时尚潮流行列的普罗大众而言，从众心理是他们的主要心理机制。也就是说，人是群体性和社会性的动物，由于受到群体压力甚至社会舆论的影响，个人在自我的认识、判断和举止上需要表现出符合公众期待或多数人认可的行为方式。从众心理本质上是为了克服被孤立的恐惧感，从而试图在群体中寻找到安全感和归属感。当某种时尚在群体中开始流行，人们纷纷加入这个时尚潮流中时，很多人便会出于从众心理进行追随与模仿。只有这样他们才能寻找到内心的认同感和存在感，也才不会被视为“土气”或“落伍”，从而在心理上获得“使用与满足”。社会中的很多所谓时尚服饰或者流行语言大多如此，比如一度非常流行的尖头皮鞋，其实既不美观也不舒适，但大多时尚人士鞋橱里却几乎都会有一双；内涵极不文雅的一些网络词汇等语汇高频度地出现在自认为文青们的口中，似乎若不如此便“out（过时）”了，有时也是一种无奈。这种出于从众心理而追逐时尚的现象，成为传播学中“沉默的螺旋”这一经典理论的生动注脚。在时尚传播的过程中，优势意见的压倒性存在导致了弱势意见的日益沉默。对于时尚的追随者而言，要么落伍，要么效仿。落伍是他们心理上无法接受的，而效仿必然导致时尚的进一步传播蔓延，直至下一轮时尚的到来。

凡事过犹不及，当因追逐时尚而与其他人过于雷同的时候，人们自身也会产生厌倦感和乏味感等反叛情绪。从“本我”的角度来看，人天生是叛逆的，往往更倾向于标新立异与特立独行。因此在时尚流行的大潮之中，人们也会尝试重塑自己的形象，进行独特的自我表达。青春期的少年常常借助于抽烟、喝酒、打牌等怪诞方式和奇装异服来表达自己的个性，借以逃脱某个群体而融入另一个群体，这些他们眼中的“时尚”是他们区分“同类”和“另类”的重要标志。在一定程度上，服饰上的标新立异被认为是可接受的对公众标准的隐形背离，是社会生活中较为安全的一种叛逆行为。同时，个性表现欲强的人会对稀有的东西更加渴望。限量版的服装、皮包、跑车，都成为这部分人自我表达个性的途径，时尚演变为社会身份的密码或钥匙。这种饥渴式营销方式正是满足了部分有购买实力又强调个性的消费者的心理诉求。

从逻辑起点上来看，时尚相对而言是比较小众和前卫的。人们往往希望通过时尚的穿着打扮或生活方式来表现出其特有的地位、身份和品位，其本质是为了体现出差异化和高端化，以区别于普通大众。因此，时尚最初往往由部分小众所主导和发起，经过群体性传播，后被大众所崇尚和效仿而流行。在过去，上层社会会尽量努力与下层社会通过外在的方式区分开来。因此，当下层社会开始追逐他们所创造的时尚的时候，上层社会就会主动抛弃他们已有的时尚，而重新创造新的时尚。时尚成为社会阶层和群体分野的重要标志，有着既使原有的社会各界和谐共处，又使他们与外界相互分离的双重作用。但在时尚传播的过程中，不同阶层和群体之间的界限不断被突破。社会群体的聚集和形成实际上成为一个自我认同感不断清晰和强化的过程。

奥地利心理学家弗洛伊德提出了本我、自我和超我的理论。作为社会人的个人很难遵从本我的快乐原则，在时尚选择中只能表现出明显的自我和超我倾向。通过时尚产品，人们不断建构、修饰甚至重塑自己的形象特征，借以掩盖不希望被人发现的一面，又尽力突出希望被公众认可的特质。消费者根据自我定位，往往选择与自己所倾向的社会特征或品质相接近的时尚产品，并希望得到别人的认同。这些时尚用品，甚至成为自我的“第二体征”，传递着一个人的喜好、品位、地位和职业等，是一种无言的表达，在社交场合起到了重要的交流沟通作用。

瑞士语言学家索绪尔曾提出符号的“能指”和“所指”，其实时尚的传播就是一套完整的符号学系统。在这个系统中，能指更多指向外观（比如衣着打扮），是具体的、看得见的实物或形象；所指是能指所指涉的概念或意义。人们通过把握时尚，试图塑造自己的社会形象，扮演着适当的社会角色，最终影响着他人对自己的认知。自我的定位，媒体的跟风，万众的追捧，不断掀起此起彼伏的全民时尚。消费文化语境下，大多数自认为时尚的人群被裹挟其中，似乎若不如此，便成为格格不入的“另类”。许多电影的低口碑高票房，使很多雷人影视剧在口水中热播，而时下流行的诸多综艺娱乐节目，也大多可作如是观。

二、大众时尚：社会的共谋与传播的结果

无传播，不时尚。时尚从萌芽、发展、高潮直至消退，几乎每一步都离不开传播的力量。在人类历史的漫长岁月，时尚只能通过人际传播等相对简单的模式

在特定的人群中小范围地进行。随着大众传媒时代的到来，尤其是移动互联网的普及，时尚传播的范围得以极大拓展，速度也大大提高。时尚的传播速度越快，在很大程度上意味着它的存在周期就越短，也就越需要不断创造出新的时尚来满足日益增长的文化需求。在社会多方力量的共谋下，大众时尚呈现出日新月异的格局：一方面，时尚是传播的过程和结果；而另一方面，传播也体现为对时尚的引领与创造。

在过去媒体相对不发达的时代，时尚作为稀缺资源，带有某种神秘的色彩，与普通大众保持着适度距离。随着大众传媒的日渐繁盛，时尚变得不再陌生，并在一定范围内呈现出平民化倾向。众多时尚品牌纷纷放下身段，不再刻意保持距离，甚至通过传媒，积极加入与大众的频繁互动中，时尚越来越向流行靠拢。在移动互联时代，时尚信息更是通过微博、微信等社交媒体得到快速传播，几乎时刻影响着时尚潮流的走向。

作为社会这艘航船瞭望者的大众传播媒介，主要职责和使命便是及时准确地反映现实社会的种种变化与趋势，因此对作为文化重要构成的时尚进行报道便是分内之事，而传媒影响受众的基本手段也在于树立榜样来促使人们模仿。通过形形色色的时尚传播，广大受众感知着社会时尚的脉动，与大众文化的嬗变保持着同步，甚至实现“环球同此凉热”的共振：比如全球同一时间上映同一部电影，发行同一部书籍，开售iphone的第N代产品等等。法国社会心理学家古斯塔夫·勒庞认为：“群体通常总是处在一种期待注意的状态中，因此很容易受人暗示。最初的提示，通过相互传染的过程，会很快进入群体中所有人的头脑，群体感情的一致倾向会立刻变成一个既成事实。”[3] 群体认知转变为群体行动，时尚由此形成。

从大约2015年的春天开始，“头上长草”的发卡开始在民间流行，并迅速蔓延到全国各地，甚至成为时尚国民的“卖萌神器”。不仅国内媒体追逐并加速了这一时尚，就连众多国外媒体也争先恐后地予以报道和解读。美国《华尔街日报》认为：“中国的本土时尚常常令人无法理解，比如无镜片眼镜和自拍杆，这股新潮流亦是如此。”作为低语境文化的美国媒体自然很难理解这一时尚潮流，但在中国，“结草”的习俗却是古已有之，且内涵丰富。《左传》中最早记录了“结草报恩”的典故：春秋秦晋交战时，晋国一老人为报魏颗救女之恩，用草结成的绳子绊倒秦国大将杜回，使晋军大获全胜。后世的小说戏曲中，孝顺的儿女头上佩戴小草以卖身养父或葬父，也是报恩意义的演化。当然，现代人佩戴长草的发卡肯定不是为了卖身，而是彰显了时尚的文化内涵——“萌”文化。微博博主“伟大的安妮”绘制的青春漫画《安妮与王小明》中，每当男主角王小明说一些萌萌的话时，头上便会长出小草，这正好符合中国汉字“明”头上长草是为“萌”字的含义，甚至有人据此演绎出十月十日为“卖萌日”。由此可见，一个民族特有的文化传统很大程度上影响和决定着时尚的内容与形式，而现代的传播方式无疑加剧并改良了时尚的基因与元素。

媒体不仅追逐着时尚，很大程度上也在制造着时尚。根据心理医生研究，发现时尚媒体对青少年的自我认同有着决定性的影响。在对13-17岁的女孩调查后发现，大约41%的少女说她们节食的想法来自时尚媒体。城市人群尤其是青少年求新求异、追求时尚和流行的心理特点，决定了他们最容易成为受到潮流影响的人群。好莱坞影星奥黛莉·赫本，是数以万计的女人心目中的偶像。她的黑色短发改变了好莱坞只爱“金发碧眼”的历史，也在很大程度上创造了新的时尚。收视率高的青春偶像剧，更容易让观众投入感情因素而爱屋及乌，剧中人物的衣着打扮和言谈举止，都会引发年轻观众的追随热捧。20世纪80年代，中国大陆的很多时尚服饰皆与影视剧有关：《大西洋底来的人》中麦克的蛤蟆镜、《上海滩》中许文强的白围巾、《红衣少女》中安然的红裙子等，都曾经风靡一时。媒体对时尚的创造魔力由此可见一斑。也正是因此，当下的许多时尚类产品青睐于植入性广告，精明的商家会及时推出“影视同款”，甚至直接出现了《女神的新衣》样态的时尚娱乐节目，时尚与传播实现了良性的互动。美国电视剧《欲望都市》批判性地展现了一群收入不高却不顾一切盲目追逐高档时装的女孩，吊诡的是，这部电视剧又反过来加剧了这种时尚消费理念的传播。

民间的中国长期流行着所谓的“四大件”：最早指的是收音机、自行车、缝纫机和手表（所谓“三转一响”）；到了20世纪80年代，作为时尚标志的“四大件”升级为电视、冰箱、洗衣机和录音机；到了今天，已经演变为手机、电脑、汽车和房子。随着时代的进步，尽管“四大件”的所指不断调整，但总有一种传播媒介包含其中。从收音机到录音机，从黑白电视到彩色电视，从手机到电脑，更新换代的传播媒介总是受到大众的追逐，成为时尚生活的标志。人类对新奇的热爱和对被关注的向往，成为时尚的根本动力。时尚的产品更像个人品位、地位、财富的标签，它如影随形，几乎无时无刻不在诉说着拥有者的价值和身份。从BP机到大哥大，从非智能手机到智能手机，这些媒介产品的象征意义和符号价值有时远远大于其实用功能，否则便无法解释为什么会出现疯狂的“果粉”不惜代价也要买iphone的社会悲剧。消费者忠诚甚至沉迷于某一时尚品牌，根本的原因在于情感的依赖与归属，而非理性的推理及判断。在现代社会中，这种符号价值已经成为时尚快消品的重要组成部分。购置物品已经不是因为这些物品本身具有的内涵（包括使用价值和交换价值），而是因为这些物品所代表的符号价值。[4]炫耀性消费，即是将这些时尚符号作为彰显身份和地位的一种消费心态。

传播永远都是一柄双刃剑，健康的时尚传播可以促进人类文明的发展，而畸形的时尚传播自然就会带来诸多社会问题。“中宗女安乐公主，有尚方织成毛裙，合百鸟毛，正看为一色，旁看为一色，日中为一色，影中为一色，百鸟之状，并见裙中。凡造两腰，一献韦氏，计价百万。……自安乐公主作毛裙，百官之家多效之。江岭奇禽异兽毛羽，采之殆尽。开元初，姚、宋执政，屡以奢靡为谏，玄宗悉命宫中出奇服，焚之于殿廷，不许士庶服锦绣珠翠之服。自是采捕渐息，风教日淳。”[5]长期以来，时尚传播带来的环境破坏、资源浪费等问题普遍存在，而又屡禁不绝。反皮草运动、拒绝食用鱼翅、抵制象牙制品等活动，就给许多曾经代表高贵奢华的生活时尚贴上负面标签，并将人们的视线引向社会道德、环境保护等领域，甚至促成一些国家和地区相关法律制度的完善。因此在媒介日益繁盛的现代社会，如何规避由于时尚传播所带来的负面影响，巧妙运用传播媒介进行大众时尚观念的引导显得愈发重要而急迫。

三、时尚传播：理论的创新与学科的拓展

时尚传播的现象几乎与人类文明相伴而生，但学者们对其真正开始关注却始于19世纪末。1890年法国社会学家塔尔德发表了《模仿律》，其中就有对时尚心理机制的判断：“一切事物不是发明就是模仿。”德国社会学家格奥尔格·西美尔从社会阶层的角度，将时尚的流动视为从较高阶层向较低阶层的扩散过程，社会上层人士永远处于表达风格的时尚制造者的地位，而社会下层人士出于对上层生活向往的需要而总是在模仿。同样是这个角度，保罗·布卢姆伯格却得出了不同的结论。他考察了诸如长发、背心、粗棉布、工作服等反主流文化的流行装束在从下往上渗透的事实，得出失去社会地位的、反文化的人群所制造的时尚也可能向上层阶级扩散的结论。[6]总之，对时尚现象的研究更多地出现在社会学领域，其他著名的社会学家比如韦伯、凡勃伦等也都有过一些解读，在此不再赘述。美国的伊丽莎白L·克莱因的《时尚经济学》，主要从时装消费的角度入手，读来颇有趣味，但显然不是严肃的学术研究。

国内对于时尚的研究起步相对较晚，最初也是出现于社会学领域。20世纪40年代，社会学家孙本文在《社会心理学》中曾给时尚下过定义：“所谓时尚即一

时崇尚的式样。式样就是任何事物所表现的格式。只要社会上一时崇尚，任何有式样可讲的事物，都可称为时尚。”[7]之后由于复杂的社会原因，时尚研究很长一段时间处于停滞状态，直到八九十年代才重新焕发生机。20世纪90年代中期南京大学社会学教授周晓虹发表了《社会时尚的理论探讨》《时尚现象的社会心理分析》等多篇论文，认为“时尚是在大众内部产生的非常规的行为方式的流行现象。具体地说，时尚是指一个时期内相当多的人对特定趣味、语言、思想和行为等各种模型或标本的随从或追求”[8]。这一表述阐明了时尚具有模仿性与从众性这两大特征。2006年，北京大学的社会学教授郑也夫在《论时尚》一文中把“熟悉”与“新奇”这两重心理机制作为人们追求时尚的重要原因。

随着传播学的兴起，时尚这一重要的文化现象逐渐进入了传播学者们的视野。东华大学的王梅芳教授从历时性角度切入，阐述了时尚传播从最初的日常生活领域，逐渐向非日常生活领域渗透，进入到公共空间的时尚传播对政治、经济、文化、艺术等多元价值的呈现作用显著。华中科技大学的张昆教授及其团队则认为时尚传播得益于传统文化的传承性，没有传统文化对特定群体形成的共识，时尚传播就不会有规模的受众基础。武汉纺织大学的马庆副教授则认为，时尚传播不能忽略“社会情境”这一社会变量，而社会情境往往由政治、经济、文化、制度等内容构成，它们成为除了受众的模仿与追求之外另一个影响时尚传播的变量。北京服装学院赵春华教授的《时尚传播》可能是目前国内唯一的一本以“时尚传播”直接命名的专著，但“主要聚焦狭义的时尚，即以时装、配饰等为主的与生活有关的时尚产品”，对时尚传播的诸多理论问题尚缺乏更为深入的探讨。

时尚作为一种特定的文化现象，其本质就在于所包含的文化信息得到传播和扩散。在不同的历史时期，各类传媒对时尚的传播发挥了巨大的作用。正如麦克卢汉所认为的那样，媒介是社会发展的基本动力，每一种新媒介的产生，都开创了人类感知和认识世界的方式。人类进入文明社会以来，书刊、报纸、广播、电视、网络等传播媒介次第出现，信息传播的速度大大增加，一些原本只在小众范围内传播的时尚得以扩大为大众时尚，甚至远播世界各地，成为一个民族、一个地区甚至是一个国家的文化软实力。作为象征性文化权力的时尚，在全球化传播的过程中，毫无疑问会为特定的国家或地区收获美誉度、凝聚向心力。美国的好莱坞是全球影视产业的集聚区，引领并代表着全球时尚的最高水平，甚至成为全球时尚的发源地。从服饰到旅游，从影视到汽车，“韩流”也已成为韩国文化软实力提升的重要战略，在国际传播中不断地为国家赋权。

中国认知学会会长欧阳宏生教授认为："传播，包括媒介承载的信息传播和非媒介的信息传播都离不开人的参与，而且人的价值和身份必须要依靠传播才能得以实现，人对于外界信息的认识、加工到态度变化、行动的整套认知流程贯穿人与传播环境生态互动全程，而且还是作为最基础的组成部分。"[9]认知传播学的核心就是"要揭示传播与人类认知行为之间密不可分的联系"，它"不是传播学的二级学科，也不代表传播学的分支学科，而是定位于目前传播学界近年来兴起的一个学派或思潮，可以视作传播学研究的认知转向"[10]。认知传播学的发展为基于认知心理的时尚传播研究提供了重要的理论基础和考察路径。中国的传媒业若要更好地担当责任，也需要有一种时代性的时尚元素不断注入，才能成为有魅力的媒介。学界和业界的双向召唤，亟须传播学者的关注和学理的支撑，水到渠成的时尚传播学也呼之欲出。这一学术命题的提出，相信能够在一定程度上实现对原有传播理论的创新和已有认知传播学科的扩展。

注释：

1 格奥尔格·西美尔. 时尚的哲学[M]. 费勇，译. 文化艺术出版社，2001：77.

2 周晓虹. 模仿与从众：时尚流行的心理机制[J]. 南京社会科学，1994：8.

3 古斯塔夫·勒庞. 乌合之众——大众心理研究[M]. 冯克利，译. 北京：中央编译出版社，2015：16.

4 杨伯溆，李凌凌. 资本主义消费文化的演变、媒体的作用和全球化[J]. 新闻与传播研究，2001（1）

5 刘昫，等. 旧唐书卷37[M]. 北京：中华书局，1975：1377.

6 郭珊. "都市型男"：时尚传播中媒体对"新人群"的建构[J]. 新闻大学，2005（2）.

7 孙本文著. 社会心理学[M]. 北京：商务印书馆，1946：334-335.

8 周晓虹. 时尚现象的社会学研究[J]. 社会学研究，1995（3）.

9 欧阳宏生，刘俊. 融合视野中认知传播的创新与建构——专访中国认知传播学会会长、四川大学欧阳宏生教授[EB]. 转引自中国认知传播学会微信公众号，2016-2-15.

10 林克勤，严功军. 认知传播学论丛（第一辑）[M]. 成都：四川大学出版社，2015：26.

亚洲电影在中国：华莱坞的跨地方生产与本土现代性实践

邵培仁　王昀[1]

摘　要：传统文化帝国主义理论强调霸权文化的国际输出影响，而“亚洲电影”作为全球文化流动中令人瞩目的现象，则修正了文化交换的权力结构认知。华莱坞的跨国性生产过程，正在与亚洲地理时空紧密结合起来，这种“亚洲化”进程实际交织着内部经济动力、区域共同市场竞争以及全球文化政治竞合的三重张力。华莱坞亚洲电影既表现出一定的地区文化认同，又基本局限于浓厚的东亚化色彩，在此之中，“中国”这一核心概念实际并未缺席，并呈现了新的现代性改造结果。在全球文化融合背景之下，“亚洲电影”这一概念依然为探讨地方性知识、共同体记忆以及区域文化权力再生产提供了可供适用的框架。

关键词：华莱坞　亚洲电影　中国　跨地方生产

一、亚洲的“亚洲电影”与中国的“亚洲电影”

在全球化推动媒介研究向“区域理论”的回归中，“亚洲电影”成了一种令人瞩目的现象[1-3]。作为重要的区域概念，“亚洲”一词意味着全球场域中的某种地方属性，代表着一种空间权力符号。亚洲电影不仅由一整套特定的文化商品体系构成，并且包含着特殊的地缘政治内涵。从以往研究来看，“亚洲电影”又

1　[作者简介]邵培仁，王昀，工作于浙江大学传播研究所。

被纳入一种相对的范畴：之于世界语境，华莱坞电影、日本电影、印度电影、伊朗电影，它们都可被称之为国际视角中的“亚洲电影”，属于区域文化集合，是“亚洲”的亚洲电影；而之于国内语境，“亚洲电影”则牵涉亚洲跨国性的网络合作，虽以亚洲为名，却是以自身为视角的观照结果，是华莱坞“走出去”的产物。本文讨论的亚洲电影，应当属于后者。

自20世纪末以来，亚洲民族电影的发展推动了地区文化商品流通的繁盛局面，逐渐在全球文化交换中扮演重要角色，重新唤起人们关于亚洲本土性的反思[4]。“亚洲电影”这一符号的出现，既反映出亚洲各国面对文化全球化的普遍焦虑，又与亚洲现代性进程紧密缠绕在一起，表现出东方愈发强势的与全球市场相互融合的姿态，即Robins（1995：250）所言：“视听地理（audio-visual geographies）从本土文化的符号空间中分离出来，并被更广泛的国际消费文化原则重组。”[5]

随着美国作为全球经济文化的支配性力量逐渐弱化，全球媒介文化因此进入多主体竞争格局。[6]亚洲电影的兴起可谓此一趋势的注脚，成为修正传统文化帝国主义理论的一个重要方向。Appadurai（1990：296）在20世纪90年代初便提示，应当摆脱“中心–边缘模式”（center-periphery models），而基于“复杂的交织重合的碎片化的秩序”来理解新的全球文化经济。[7]作为经济与意识形态的“镜像”[8]，电影工业总是被卷入全球权力结构的内在博弈中。在此视角下，亚洲电影作为一种区域现象，实际既反映出当前亚洲的文化经济动态，又仍是参照以好莱坞为代表的文化帝国主义结果[9]。

受殖民历史传统的影响，徘徊在本土性与现代性之间的亚洲文化传播一贯对欧美世界保持相当敏感的态度。不过，在“去中心化”的文化全球化格局下，按照Boyd-Barrett（1977）的观点，“帝国主义”（imperialism）的论调其实可以适用于任何国家。[10]言下之意，本土文化的现代转向不只是受到单一霸权文化的压力。我们在观察多元化的跨国媒介文化生态时，可能需要将更多注意置于区域的中心国家。在亚洲电影发展中，哪些中心国家推动了这一建构过程，这对身处其中的华莱坞有何影响？华莱坞电影在其中扮演了何种角色？在探讨这些问题的过程中，我们实际可以发现，在实践本土现代性的过程中，华莱坞电影不仅受到中国关于遥远发达世界的想象之影响，更在现实互动中与亚洲地理时空紧密相连。

本文讨论的正是此种亚洲跨国产制中的电影工业。通过将华莱坞置于“亚洲电影”框架，本文试图回答：华莱坞电影乃是如何进入亚洲电影范畴？在跨国化网络生产中，华莱坞电影如何在“亚洲”这一宏观的空间情境再现关于“中国”的核心想象？“亚洲电影”这一现象对于反思全球化进程中的亚洲地方性有何意义，其对于中国而言意味着什么？

二、华莱坞电影的“亚洲化”脉络

与现代性相连的“亚洲电影”反映了亚洲国家不断被卷入新的世界体系的过程。华莱坞电影的亚洲化脉络在改革开放初期便已经初现端倪。彼时，以《一盘没有下完的棋》《孙中山》《侠女十三妹》等中日合拍片为代表，已经在演员、编剧、导演、摄影以及美术设计等多方面展开合作。不过，事实上，一种普遍认同的“亚洲电影”实际乃是历经20世纪90年代电影市场转型之后，方在21世纪进入亚洲各国视线。在此之中，至少交织着如下相互内嵌的三条线索。

（一）国家市场化转轨

20世纪中后期，持续开放的市场压力构成了华莱坞电影面向亚洲的基本动力。1978—1991年，中国电影市场观众总人次从293亿下降到144亿，放映场次下降了20%。20世纪90年代初期，电影经济指标同样不容乐观，1992年，观众总人次已经降至105亿，票房则继续保持下滑态势。[11] 为了刺激电影市场经济，同时亦响应未来加入世贸组织谈判，国家开始从对内与对外两方面逐步放松国内电影市场空间。引入外来竞争者成为一种唤醒本土市场的主动选择。1993年，当时的广播电影电视部颁发《关于当前深化电影行业机制改革的若干建议》，开放电影票价，并改变以往由中影公司统一发行影片的形式，强化地方发行单位权力。1994年，国内开始以分账形式进口“大片”。裴亚莉与饶曙光（2010：242）指出，这一系列市场建设政策推动“票房”争夺成了检验电影的基本逻辑，“应该说，尽管在最初的几年中，这些进口大片似乎让中国的民族电影面临着市场和资本的双重挤压，以至于到了一种生死存亡的关头，但事实上，这个挤压还是激发了民族电影的生命力”[12]。与国外尤其是好莱坞工业相抗争，由此成为中国电影成长的主线之一。

在20世纪90年代，中国电影市场并未完全整合进入全球市场经济，政府通过多种行政与经济手段来实现对民族电影产业的保护。比如，要求中央电视台将每年3%的广告收入都投入影视生产。电影产业实际在长时期内并没有进入自由经济计划之中。[13] 尔后，政策转向推动民营资本进入电影生产，在相当大程度上推动了华莱坞电影的市场化程度。在改制浪潮下，至1999年，中国电影制片厂已经有1/3被公司化。自2002年《电影管理条例》降低准入门槛后，大规模民营电影企业的参与强化了竞争格局。一方面，参与文化出口的民营公司成为国家对外传播体系的重要部分，2002年，新画面影业出品的《英雄》被认为真正开启了中国的“大片”时代；另一方面，基于市场需要，民营电影又不断采取多融资主体、跨国合拍的形式积极探索商业电影的开发。[14] 从新近几年的数据来看，民营电影公司一直占据国产片票房总占比的50%以上。2014年，民营电影公司票房总收入达到162亿，包括华谊兄弟、光线传媒、博纳影业、乐视影业和万达影视在内的五大民营电影公司已经成为国产片票房增长贡献的主要力量。[15]

经济结构的驱动使得大量境外影片被引入国内，并推动了电影工业面向亚洲乃至国际化对话。随着世纪之交后港澳台与内地电影产业之间的合作日趋成熟，这种跨地区运作表现出抢眼的“大中华”电影圈效应，这为华莱坞进一步向其他亚洲国家开展对话提供了优势。一部分亚洲元素被吸收进入华莱坞电影产制的常态。比如，《英雄》《十面埋伏》《金陵十三钗》《肩上蝶》等电影邀请日本设计师担当艺术指导，《太平轮》《狄仁杰之神都龙王》《分手合约》《我的早更女友》等影片的配乐亦纷纷吸收了日韩制作人风格。不过，这种对于外来元素的借鉴既非简单的组合叠加，也不是一种单向接纳的结果。随着亚洲大众文化消费市场的自然融合，在21世纪以来的华莱坞工业中，“亚洲”跨国要素实际已经成为表达本土内容必不可少的一部分。在此之中，实际交织了一种更为复杂的关于亚洲国家历经现代性发展之后的空间认同。

（二）区域共同市场形成

“中国电视、中国电影的开放，基本上都是在外国电影的影响之下。”[16] 华莱坞电影的发展既不断呈现出向好莱坞工业的模仿，又在区域经济市场整合趋势中，无时无刻不汲取来自周边文化中心的影响。在1980—1990年之间，日本是国内电影合作最为频繁的亚洲国家之一。20世纪90年代中期以后，日本文化产业渐趋封闭，在“韩流”兴起背景之下，国内市场又掀起向韩国电影工业学习的热潮。尤其在新时期以互联网、社会化媒体为代表的媒介技术影响之下，本国受众可以更方便地动用各种渠道接触他国资源，并形成对日韩、港台流行文化的审美认同，这极大地提高了电影市场的竞争水平。在受众日益提升的需求压力下，华莱坞电影想要继续维持本土市场优势，则必须通过主动借用他者元素创新内容机制。

如果我们稍微观察一下，会发现国家一开始在亚洲区域市场的建构中扮演了极其重要的角色。而伴随着共同市场形成，国家力量则逐渐退居幕后，亚洲电影的成长开始主要依赖于商业电影发展的大环境。如Sparks（2012）所言，在“全球化”与“地方化”进程中，国家控制与规范社会生活的影响力渐渐被边缘化，此时的跨国文化传播主要是通过在经济领域的自由竞争而实现的。[17] 20世纪80年代，在亚洲开放市场经济的大环境之下，文化商品竞争亦带来文化入侵与本土化的反思，但是这种竞争反过来又促进了“亚洲化”过程。一部分亚洲中心国家通过国内文化产业扶持政策推动电影业走出国门，而它们在国际市场的成功则减少了保护主义的需要。以韩国为例，在20世纪90年代以前，长期对日本流行文化实行保护主义政策，而现在已经在日本以及中国大陆和台湾市场取得了长足进步。[18] 随着经济诉求成为推动“亚洲电影”合作的主导因素，这种经济行为有时甚至表现出盲目的市场性。韩国导演姜帝圭（2014）便在采访中说道：“有些中国制作方看到韩国导演很好、韩国演员很红，找个中国剧本，就生硬地把他们放在一起”。[19] 范小青（2014）在谈到中韩电影合作时亦认为：“我们的国内大导演并没有太多商业电影经验。而新人储备又不足以供应日新月异、数倍增加的市场需求。所以最方便最经济的解决方式便是启用韩国的电影创作人才拍本土电影。”[20] 可见，跨国合作被华莱坞本土电影人策略性地用来应对本国商业电影的发展之路。

新世纪以来华莱坞的发展之路涌现了大量亚洲电影案例，比如《英雄》《十面埋伏》《赤壁》《南京！南京！》《深夜前的五分钟》等中日合拍片，以及《分手合约》《七剑》《笔仙》《我的早更女友》《好雨时节》《夏都故事》《非常完美》等中韩合拍片。这些合拍片类型多数集中在亚洲国家擅长的武侠、历史、都市爱情以及悬疑题材，体现了资本对于优势内容资源的追逐。值得注意的是，对于华莱坞来说，亚洲国家带来的异国元素并非完全是“陌生的”。比如，在20世纪八九十年代，中国电影对韩国市场有着重要影响。Hyun（1998）也发现，在90年代初期，韩国进口香港地区电影的均价甚至超过了好莱坞。换而言之，香港地区电影在韩国成了一种取代好莱坞电影的重要选择。[21] 中国电影的艺术审美曾影响、融入韩国电影生产，经过重构之后再反哺本土，这种“互镜”模式构成了亚洲当代大众文化循环流动的基本逻辑。以至于权相佑，这位出生于20世纪70年代的韩国演员在接受采访时也承认：“相比好莱坞电影，我们这一代韩国人看得更多的其实是中国电影。”[22]

随着区域共同市场的形成，亚洲内部在合作之外亦产生了国家间竞争的事实。在某种程度上，这种竞争有时会改变区域内部文化合作的平衡。2012年，日本掀起“反韩流”风潮，韩国影视产业在日本受到打击后，为挽救困境转向拥有庞大收视群体的中国。“而这种转移的方法除了以往的合作拍戏外，他们也入乡随俗，学习中国演员决定来华开属于自己的个人工作室。”[23]可见，区域中心国家之间的竞争可能会给他者带来“搭便车”效应。区域共同市场通过提升成员之间的竞合参与，不仅改变了华莱坞融入亚洲电影的方式，也对华莱坞进入全球电影工业产生了重要影响。

（三）“去西方”的文化政治

Dirlik（1999）指出，尽管亚洲内部同样存在冲突，但更为重要的并不是这种亚洲内部的差异，而是他们如何被外界定义。在欧亚、东西方以及传统与现代的矛盾之间，亚洲国家之间的文化共性为彼此提供了一种亲切的认同感，区域意识的觉醒赋予了新的“泛亚洲”（Pan-Asian）意识形态。[24]

文化帝国主义是推动华莱坞“亚洲化”的基本动力之一。尤其在经济全球化的统合之下，一些带有西方现代性的跨国文化元素确实比本地节目更受人们欢迎[25]，这造成了亚洲国家内部存在的关于本土市场的担忧。20世纪80年代以来，华莱坞电影面对欧美文化强势输出的焦虑生存状态反映了同一时期亚洲地区在国际文化竞争中的普遍问题。一方面，地方意识形态建构了过滤西方现代性的框架，使之不得不采取一系列适应性变化，比如中国进口电影的配额与审查制度。另一方面则是区域电影市场本身的反抗手段。Higbee与Lim（2010）认为，好莱坞电影总是施加一种英语文化霸权，其对族群差异的忽视往往容易点燃地缘政治矛盾，其中一个代表性案例是电影《艺伎回忆录》，由中国演员扮演日本艺伎的角色。因此，当我们追溯东亚电影轨迹时，会发现它充满了一种愉快的基调：它既被认为有利于亚洲自身电影产业的发展，又呈现出一种由“边缘”向“中心”的反抗。[26]

在全球大众文化的碰撞中，电影总是与文化政治话题密不可分。Dissanayake（1996）在观察电影语言中表达的帝国主义之后，发现一些亚洲电影总是通过不同方式来强调、批判美国社会文化在亚洲的霸权宰制与扩张。[27]在亚洲电影发展的30年进程中，亚洲主要国家都表现出对文化帝国主义的相同警惕姿态。Choi（2010）也指出，在一段时期内，韩国高票房电影与以徐克为代表的中国香港新浪潮电影呈现出一种接近平行的发展线索：他们都试图通过电影的方式来反映特定的国家主义想象[28]。正是在这种全球资本主义的不断对抗中，亚洲尤其是以中日韩为主的东亚国家通过一系列本土性策略以及市场试验，推动电影产业获得了相当大的国际关注，为争取亚洲电影的国际话语权取得了极大效果。叶月瑜与戴乐为（2011：3）也谈道："东亚电影的（再）崛起，是发生在电影产业面临生存威胁、整个90年代东亚银幕被好莱坞出口电影所围攻之时。"[29] 这暗示了亚洲国家电影的"亚洲化"过程，实际是伴随着东西方文化产业的历史竞合。

三、华莱坞电影的亚洲想象

讨论华莱坞电影国际传播，"亚洲电影"已成为不可或缺的视角。当我们基于亚洲电影观照华莱坞，既需考量这种亚洲性的具体面貌，亦有必要提问，当以亚洲为背景，华莱坞的"中华本位"以何种形态存在，即，转向电影生产如何将本土话语与区域经济文化结构相结合的过程。在此部分，我们试图进一步追问华莱坞亚洲电影的跨地方性如何实现，同时，关于"中国"的印象如何呈现于这种亚洲想象的框架之中。

首先，地区文化认同无疑构成了亚洲电影的基本面向。跨文化传播研究向来存在关于"文化距离"（cultural distance）和"文化接近"（cultural proximity）的共识。莫利（Morley，2007/2009：186）指出，在亚洲文化消费中，对于越南和中国台湾地区的人而言，东亚文化相比美国或者西方呈现给他们的，要少很多"外国味儿"。因此，关于亚洲传播之研究，往往强调存在一种相互亲近的文化纽带推动着区域交流机制。在华莱坞电影的亚洲合作中，"大中华圈""儒家文化圈"以及亚洲历史传统亦被频繁提及。如Otmazgin（2005）指出，共通的历史和文化背景为亚洲流行文化商品流通提供了动力，并推动着东亚"地区化"的形成。[30] 这种亚洲性脉络实际在较早历史时期便开始显现。按照张英进（2010）的观点，自民国时期开始，中国电影无论是在生产、发行或是展览层面，都并非局限于国家范畴，而呈现出"跨地方"特质。以电影《无极》为例，他指出，作为中国、日本、韩国等多方合作的产物，影片更多呈现出跨地方性如何与中国的全球化进程连接起来，而并未呈现明显的国族文化。[31] 由此观之，亚洲电影产制会不自觉地放大"求同"的成分。不过，在某种意义上，强调"文化接近性"有意无意地强化了亚洲的"整体性"，又似乎使得亚洲文化变得静态化了。魏玓（2010）提到，亚洲地区分布的种族、宗教、政治和文化构成，有着相当巨大的复杂性和差异性，新时期亚洲电影合作实际乃是基于"亚洲崛起"的政治经济背景以及通俗文化产品的跨国消费形成的。因此，亚洲电影反映的文化认同不仅牵涉到古典文化传统在新语境下的继承，还包含了外界关于发展型国家现代建设成果的普遍认可。比如华莱坞亚洲电影中反复出现的北京、上海、香港等都市景观，其既是当代中国社会成就的标志性符号，又在混杂的跨国元素中被淡去了国家性，进而暗示出在全球化张力中被人们所广为接受的现代性进步观念。

其次，亚洲电影在华莱坞合作产制中带有显著的地理东亚化色彩。以中日韩为核心的东亚文化圈在亚洲文化商品市场向来占据着主导地位。Iwabuchi（2001）也以20世纪90年代日本文化在东亚以及东南亚的影响力为例，认为尽管亚洲内部的文化流动是双向的，但文化商品的跨国竞争中仍有保持较大优势的一方。[32]从以往经验来看，一些受到较大关注的亚洲跨国合作的大制作电影，亦多出现于东亚市场（魏玓，2010）。这意味着亚洲电影虽以“亚洲”为名，却主要是以“东亚”为中心的权力结构产物。换而言之，在建构整体性的“亚洲电影”的过程中，一部分亚洲国家在此之中天然地“缺席”了。并且，即使在东亚各国内部，亚洲电影亦是存在分歧的概念，一方面，它被本国电影人策略性地作为民族电影“走出国界”的成功范本，另一方面，又时常参照欧美的“他者视角”，表达着与西方电影相对的概念，强调“区别于西方的，只是属于自己的独特的影像文化”[33]。事实上，当亚洲电影浓缩到东亚这一地理情境的时候，中国作为东亚重要的中心国家，其在跨国文化网络中的地位也在另一层面得到了彰显。

因此，就另一方面而言，亚洲电影固然以亚洲为背景，中国话语却依然能在不同面向得到表达。从一开始，“亚洲电影”便没有一种统一的范式，抑或说，不同国家衍生而出的亚洲电影现象本身就带有强烈的自我色彩。以韩国《雏菊》《盗贼同盟》这两部与中方合制的影片为例，两者皆带有典型的韩国黑帮电影表现手法。不过，与长期在海外输出市场获得成功的日韩不同，华莱坞电影的亚洲合作似乎表现出更强烈的本土性筛选。面对国内庞大的内需市场，近年来华莱坞电影一直对海外市场挖掘缺乏兴趣，从其的海外传播效果来看，尽管合拍片比重逐年升高，2010年已经占到惊人的97.8%，但国际市场份额仍然呈现锐减状态[34]。魏玓（2010）的观察也发现，“在中国市场规模的物质条件制约下，‘新亚洲电影’中的亚洲无可避免地倾向于‘中国’。”从早期的《无极》《墨攻》《剑雨》到近年来的《分手合约》《深夜前的五分钟》等影片来看，此类亚洲电影始终带有浓郁的“中国化”色彩，尽管电影在编剧、导演、演员等生产层面呈现出更深刻的跨国性，但在市场空间、语言、文化符号以及布景层面等等依然明显保持与本土文化接轨。

四、亚洲电影在中国的应用框架

在华莱坞电影面对的巨大内需市场与国际抱负面前，亚洲是极其特殊的存在。从本土谈论本土向来是一个危险的话题，如罗伯森[35]提到，全球化中总是存在着对传统、认同、家、本土性、地方性等思想的特意“寻求”，“走向本土”通常包含着“他者”的“本质化”，强调文化特质的纯洁性却容易忽视此种本地知识可能很久以来便是全球结构的一部分。通过一种跨地方性的路径，亚洲电影为我们立足本土看待华莱坞电影提供了另类视角。作为交织亚洲国家用各自文化权力的中间地带，“亚洲”呈现了本土现代性是如何通过与外部地理世界的互动、竞争与融合进而不断进化的过程。对于华莱坞而言，区分自身是否属于亚洲电影并不重要，值得深思的问题在于华莱坞的影像生产如何借由“亚洲化”来重现“中华基因”的当代面貌。在全球文化交流的“去国家化”方向中，亚洲电影作为重要的区域文化概念，依然能在下述文化研究层面发挥作用。

（一）地方性知识的再诠释

亚洲电影产生的重要前提在于原有文化认同空间的改变。在这种认同机制的变迁中，牵涉到影像动用的地方性知识资源。关于“现代”的说法总是伴随着对历史认知方式的挑战，对于被视为“历史的复苏”（resurgence of history）的现代性，既有人看到了国家主义的复苏，也有人认为多元的地方性知识以及全球文明正在消解民族国家发挥的作用（Dirlik，2002）。我们观察亚洲电影类型时，实际上也能看到这种分歧：当涉及近代历史题材，由于亚洲特殊的殖民记忆，往往牵涉浓厚的国家主义印记；而对于近年来广为流行的都市题材，影像则习惯隐去国家权力，多描绘发展国家转型后的都市文化以及普通人的情感生活。

“在中国的境遇中，现代性本质上‘不在场’或尚未生成”，不过，由于市场经济推动相对自律自觉的市民阶层逐渐成形，传统的文化结构和文化模式正从根本上受到触动和改变。[36] 文化帝国主义的全球流动迫使华莱坞不得不接受现代性的自我改造。闵应畯等人（2013）在论述韩国历史时也谈到，抵御好莱坞电影入侵的抗争成为韩国现代化过程的重要表现形式，电影形式建构了国家、民族想象的意义。[37] 在亚洲电影的跨区域生产中，地方性知识通过不断妥协与融合，产生了新的内涵。现在，亚洲共同的历史文化往往被视为某种本土现代性的起源，被认为可以治愈西方现代性的某些问题。因此，亚洲电影在历史题材层面的合作层出不穷。在华莱坞的亚洲电影生产中，功夫、武侠等古装题材的影片成了在全球现代性中发出“中国声音”的重要方式。而现在，这些题材也开始有意识地纳入日本武士、忍者与动漫等亚洲区域元素，重构原有的文化形态。

现代性与社会变迁紧密相连。而华莱坞电影生产的特殊面貌决定了其一开始就面对的“亚洲化”道路。如Berry与Farquhar（2006）指出，很少有地方像中国那样存在一种关于“国家”的复杂关系了，它包含了内地、香港地区、台湾地区及中国在世界各地的离散人群这样的复杂概念。[38] 因此，对于华莱坞而言，亚洲电影的建构既强化了“大中华”文化圈的建构，将国家主义植入一种更为广泛的地理想象之中，同时也将其他亚洲国家拉入进来，进而“出现了一种关于中国的现代性（或者更广义而言，东亚的现代性）声明，它削弱了普遍而言的欧洲中心主义，并促进人们关于文化与现代性之间关系的反思”[39]。

（二）亚洲共同体的再想象

华莱坞电影进入亚洲产制之后，随之而来的问题便是：中国的电影生产如何适用于亚洲情境？原有的国族主义又以何种形态表现与亚洲他国之间的关系？随着亚洲区域共同体的联结，文化本身就表现出一种持续性的反思。通过亚洲国家保持的紧密互动，电影叙事也不断将时代潮流导入影像，重申、反抗与修复共同体过去的历史记忆。

较为典型的体现于内地抗日题材电影。早期《铁道游击队》《地道战》等知名电影都聚焦于双方的战争对抗，并普遍出现敌对方的“失语”现象，而在亚洲电影合作趋向热络的背景下，包括《南京！南京！》《鬼子来了》等影片在内，不仅开始采用日本演员以及更细节的叙事手段，在发行层面亦面向港台地区，以及韩国、新加坡乃至日本在内的亚洲受众，将战争历史植入更广泛的共同体记忆之中。与此类“文化创伤”记忆形成鲜明对比的是亚洲电影的现代都市题材类型。《初到东京》《我的早更女友》《深夜前的五分钟》已经开始呈现当代亚洲跨文化流动面貌，中日关系由近代的殖民与被殖民关系跳脱到跨国间交流，包含了现代年轻人都市爱情观、中产阶级生活方式等一整套符号在内，更多表达出亚洲现代性社会发展下具有代表性的普遍生活状态。

泛亚洲认同的建构方式之一在于自觉地对文化国家主义的抹除。[40] 通过将文本改造为更适应于大众消费文化的形态，亚洲电影淡化了国家在话语中心承担的角色。Callahan（1999）[41]也以韩国电影为例，指出儒家学说这一带有深刻中华文化烙印的记忆亦被用于韩国的国家主义建构中，这种国家话语逻辑通过资本形式使得儒家变得“商品化”，同时随着大众文化领域的渗透建构出一种东亚的地区认同。可以说，亚洲电影所呈现的记忆共鸣，既是基于传统历史线索的产物，也是寻求跨国市场流通最佳路径的自觉选择。

（三）全球区域化的权力再生产

文化地理重构了全球化的主导框架。亚洲电影的热络合作背后是全球权力结构的变化。尽管现代性来自西方世界，但按照Keane（2006）的观点，“亚洲性”（Asianness）正通过自己的方式争取在国际传播市场的地位，这包括以索尼、三星以及联想等为代表的东亚技术，以日本动漫、电视版权为代表的内容传播风潮，“好莱坞模式”在东亚电影市场的重构，以及以张艺谋、李安、成龙、吴宇森等为代表的人员跨国交流。作为世界体系的一部分，亚洲正在超越自身地域界限，与非洲、澳大利亚以及太平洋等地区联结起来（Dirlik，1999）。

因此，当我们提及亚洲电影时，这并非意味着“亚洲”是唯一对象，还往往牵涉亚洲如何在全球化进程中实现与外界的互动这样的问题。以《三更》《午夜凶铃》等系列影片为例，这些电影不仅基于亚洲市场进行了工业、资本、制作人员、明星等层面的整合，更以“亚洲生产”为标签进入全球市场。这些东亚电影在欧美世界产生的影响使得好莱坞也开始考量将这些源自亚洲的类型电影资本化。[42]除此之外，在揭示亚洲在当代全球文化流动中逐渐升温的话语权的同时，亚洲电影也包含着亚洲国家内部的在地化过程。一方面，亚洲尤其东亚地区的电影生产表现出越来越深刻的联结，例如在特效、艺术指导、演员、编剧等层面，华莱坞电影尚有许多向日韩等国的借鉴之处；另一方面，这种融合机制并不妨碍华莱坞电影自身的内部实践。譬如，《钢的琴》在监制与演员上加入了韩国队伍，但是它在风格上依然是一部浓郁的中国叙事电影；《太平轮》虽然是中日韩跨国制作，其影片的基本背景依然围绕国共战争历史；日本电影《浪客剑心》在大量引用了香港功夫指导的同时，亦并不影响影片本身作为典型日本武士片的基调。可见，“亚洲性”常常成为本土拿来“为我作用”。此时，亚洲性淹没在本土现代性实践之中，抑或说，它本身就成了本土性的一部分。

“对现代化模式的渴望会以各种不同的面貌出现，在世界的某些部分，如今并不是总是有必要从西方区分出来。”[43]历经长期浸淫于好莱坞模式与欧洲中心主义的电影语境之后，亚洲电影驯化与吸收了西方电影的某种重要面向，它们被改造成为了本土内容的一部分。当代亚洲电影通过区域“协同效应”丰富了其内涵，国家权威隐没在现代性符号生产之中。但对于华莱坞电影而言，在亚洲国家彼此之间的经济合作与价值互镜之间，“中国”这一国家主义想象依然是存在于跨地方网络生产的基本动力。亚洲电影反映的权力再生产现象并非简单的东西方对抗，它伴随着亚洲国家文化自觉与现代性发展的自然经历，又体现出全球文化流动已经突破传统文化帝国主义框架。亚洲电影作为一种理论视角，其所呈现的文化权力对话过程，既有利于我们观照新时期的电影合作产制，更可以此为断面，促进重新思考中国在全球媒介生态中面临的处境与机遇。

注释：

1 Dissanayake, W. *Colonialism and nationalism in Asian cinema*[M]. Bloomington: Indiana University Press, 1994.

2 Ciecko, A. T. *Contemporary Asian cinema: Popular culture in a global frame*[M]. New York: Berg, 2006.

3 Hunt, L. & Leung, Wing-Fai. *East Asian cinemas: Exploring transnational connections on film*[M]. London: I. B. Tauris, 2008.

4 Lee, V. P. Y. (ed.). *East Asian Cinemas: Regional flows and global transformations*[M]. London: Palgrave Macmillan, 2011.

5 Robins, K. The new space of global media[M] // Johnston, R. J., Taylor, P. & Watts, M. (eds.) Geographies of global change. Oxford: Blackwell, 1995.

6 Tunstall, J. *The media were American:* US mass media in decline[M]. Oxford: Oxford: University Press, 2008.

7 Appadurai, A. Disjuncture and difference in the global cultural economy[J]. *Theory, Culture & Society,* 1990(7): 295-310.

8 Comolli, J. L. Technique and ideology: Camera, perspective, depth of field. In Philip Rosen (ed.), *Narrative, Apparatus, Ideology: A Film Theory Reader.* New York: Columbia University Press, 1986: 421-443.

9 魏玓．“新亚洲电影”的打造与拆解[J]. 新闻学研究，2010（104）：161−194.

10 Boyd-Barrett, O. (1977). Media imperialism: Towards an international framework for the analysis of media systems, pp.116-135. In Curran, J. & Gurevitch, M. (eds.) Mass communication and society, London: Edward Arnold.

11 贾磊磊，段运冬. 跨世纪的汇聚于分流——1990—2004年中国电影[J]. 中国电影年鉴2005[M]. 北京：中国电影年鉴社，2005：212−226.

12 裴亚莉，饶曙光. 电影、政治、知识分子和产业：新中国60年电影形态研究[M]. 北京：中国社会科学出版社，2010.

13 Yin, Hong & Xiao, Zhiwei. Hollywood's global strategy and the future of Chinese cinema[M] // Lee, V. P. Y. (ed.) East Asian Cinemas: Regional flows and global transformations. London: Palgrave Macmillan, 2011: 33-60.

14 丁亚平. 当代民营电影发展态势研究[M]. 北京：北京师范大学出版社，2014.

15 钟茜. 2014中国电影谁是大赢家[N]. 成都晚报，2015-2-4（10）.

16 尹鸿. 走向世界的中国电影[M]. 转引自王晓玲主编：《广州讲坛演讲录》（第4辑），北京：商务印书馆，2012：1−28.

17 Sparks, C. Media and cultural imperialism reconsidered[J]. Chinese Journal of Communication, 2012: 5, 3, 281-299.

18 Keane, M. A. Once were peripheral: Creating media capacity in East Asia[J]. Media Culture and Society, 2006, 28(6): 835-855.

19 肖扬. 姜帝圭：中国影人必须捍卫本土电影[N]. 北京青年报，2014-3-31（7）.

20 马嫚丽. 观察：签导演拍续集买股权，中韩合拍片玩大了[EB/OL]. 搜狐娱乐，2014-10-16，http://yule.sohu.com/20141016/n405163155.shtml，访问日期：2015-04-29.

21 Hyun, D. Hong Kong cinema in Korea: Its prosperity and decay[J]. Asian Cinema, 1998, 9(2): 38-45.

22 刘嫣. 权相佑：我们这一代韩国人是看中国电影长大的[N]. 新快报，2012-5-10（5）.

23 张漪. 玄彬有望来华开工作室[N]. 扬子晚报，2012-9-13（27）.

24 Dirlik, A. Culture against history? The politics of east Asian identity[J]. Development And Society, 1999(2): 167-190.

25 Fung, A. & Zhang, Xiaoxiao(2011). The Chinese Ugly Betty: TV cloning and local modernity[J]. International Journal of Cultural Studies, 14(3): 265-276.

26 Higbee, W. & Lim, S. H. (2010). Concepts of transnational cinema: towards a critical transnationalism in film studies[J]. Transnational Cinemas, 1(1): 7-21.

27 Dissanayake, W. (1996). Asian cinema and the American cultural imaginary[J]. Theory, Culture & Society, 13(4): 109-122.

28 Choi, J. (2010). The South Korean film renaissance: Local hitmakers, global provocateur[M]. Middletown: Wesleyan University Press.

29 叶月瑜，戴乐为. 东亚电影惊奇[M]. 台北：书林出版有限公司，2011.

30 Otmazgin, N. K. (2005). Cultural commodities and regionalization in East Asia[J]. *Contemporary Southeast Asia,* 27(3): 499-523.

31 Zhang, Yingjin (2010). Transnationalism and translocality in Chinese cinema[J]. *Cinema Journal,* 49(3) : 135-139.

32 Iwabuchi, K. (2001). Uses of Japanese Popular Culture: Transnationalism and Postcolonial Desire for "Asia"'[J]. *Emergence*, 11(2): 199-222.

33 金东虎. 亚洲电影的现状与展望[J]. 艺术评论，2008（6）：69−71.

34 邵培仁，等. 华莱坞电影理论：多学科的立体研究视维[M]. 杭州：浙江大学出版社，2014：44.

35 罗兰·罗伯森. 全球化：社会理论与全球文化[M]. 梁光严，译. 上海：上海人民出版社，2000：226.

36 衣俊卿. 现代性的维度及其当代命运[J]. 中国社会科学，2004（4）：13−24.

37 闵应畯，朱真淑，郭汉. 韩国电影：历史、反抗与民主的想象[M]. 北京：中国电影出版社，2013.

38 Berry, Chris, and Farquhar, Mary. China on Screen: Cinema and Nation[M]. New York: Columbia University Press, 2006: 14.

39 Dirlik, A. Modernity as history: Post-revolutionary China, globalization and the question of modernity[J]. Social History, 2002, 27(1): 16-39.

40 Teo, S. Promise and perhaps love: Pan-Asian production and the Hong Kong-China interrelationship[J]. Inter-Asia Cultural Studies, 2008, 9(3):341-358.

41 Callahan, W. A. Negotiating cultural boundaries: Confucianism and transnational identity in Korea, Cultural Values[J]. 1999, 3(3) : 329: 364.

42 Wei, Ti. In the name of Asia: Practices and consequences of recent international film co-productions in East Asia[M] // V. P. Y. Lee (ed.) East Asian: Regional flows and global transformations (pp.189-212). New York: Palgrave Macmillan.

43 戴维·莫利. 传媒、现代性和科技——"新"的地理学[M]. 郭大为，等译. 北京：中国传媒大学出版社，2009：187.

小样本与大数据：眼动认知实验在电视剧收视率评价中的探索研究

诸葛达维[1]

摘　要： 如何有效预测电视剧的收视率一直是业界和学术界关注的问题。认知神经科学的兴起为解决电视剧评价难题，预测电视剧收视排行提供了新的理论与思路。本文在论述认知符号学与认知神经科学对话的学理基础上，引入认知神经科学的眼动认知实验方法对电视剧收视率预测评价进行探索研究。研究中，笔者尝试探索小样本实验的认知数据与大样本的收视率数据之间的变量关系，希望通过实验的方法为收视率预测评价提供新的途径。本研究以一组电视剧为材料进行探索性实验，发现眼动实验数据指标在电视剧收视率预测上具有显著效应。

关键词： 眼动　认知　符号　电视剧　播前评价　收视率

一、研究缘起

收视率长期以来就是衡量电视剧收视效果的普遍方法。如何有效预测电视剧的收视率走势一直是业界和学术界关注的问题。某些电视剧播出之前评价呼声很高，但播出后的收视率却不理想；有些电视剧播前无人问津，但播出后的收视率

1　[作者简介]诸葛达维：浙江大学传播研究所研究员，主要从事认知神经科学与传播符号学研究。

却节节攀升，“叫好”与“叫座”的矛盾一直存在。主观评价能否准确预测电视剧收视率？如何在事前运用科学的方法预测电视剧收视率？主观满意度评价高的电视剧是否一定有较高的收视率？带着这些问题，我们进行了有关电视剧收视率预测方法的初探研究，试图通过小样本的实验探索研究为收视率预测提供有益的参考方法。

二、电视剧播前评价方法现状与讨论

“以播出为界，电视剧评价可以分为播前评价与播后评价。电视剧播前评价是指对正式播出之前的电视剧进行的预测性评价；播后评价是指对电视剧在实际播出之后进行的结论性评价。”[1] 国内对播前评价研究相对较少，主要集中在审片机构与播出机构对此的研究中。在审片机构中，央视总编办公室指出在审片时需要关注电视剧欣赏性指标，并从故事、人物、情感和制作四个维度提出了“电视剧欣赏性要素评价”的量化指标体系，以便为电视剧审片工作提供一套简便可行的评价标准。此外，对于已通过广电部门审批公示的电视剧，电视台等播出机构对电视剧的购播评价就显得更加重要。有的播出机构指出，要从观赏标准（60%）、艺术标准（20%）、美学标准（20%）等方面对购播的电视剧进行量化评估，从而预测电视剧的市场价值与竞争潜力。

然而，目前所运用的播前评价方法，无论是问卷调查、深度访谈等，都来源于受众事后的主观表态，属于外显层面的态度。认知神经科学研究指出，对于态度评价等主观感受方面的问题，通过意识层面的语言表达与逻辑解释所得出的结论往往不可靠——因为多达95%的思维过程都是在潜意识中发生的，“这种潜意识来源于一些我们意识不到而且无法表述的认知过程”[2]。传统的问卷、访谈等基于语言表达与解释的方法大多反映了人的显意识层面的认知，而无法深入支配情感态度认知的潜意识层面。诚然，利用严谨的问卷和周密的访谈有时确实可以发现受众对于一些事物的态度与情感表达，即使这种态度与感情便于决定且易于表达，但这也只反映了人们5%的思维过程。也就是说，我们通过传统的问卷调查、访谈等主观评价方法所看到的只不过是“冰山的一角”。因此，大多数这样的问卷、访谈所得出的结果都只浮于表面，“消费者所表达的只不过是经理人认为消费者应该正在思考的那些东西”[3]。此外，通过问卷、访谈等方法询问受众的态度与喜好等主观感受方面的问题，受众很可能会碍于面子而给出调研人员期望获得的结论。正如著名的神经科学家约瑟夫·里都克斯（Joseph LeDoux）教授所说：

“当我们把基于自我内省式的汇报当作科学依据时，必须格外小心。”[4]

认知神经科学的方法作为客观地测量主观情感态度的方法，对科学测评影视剧市场反应具有重要借鉴意义。[5]认知神经科学的方法可以深入测量人的潜意识层面的思维过程，为揭示人们的态度情感等内隐思维过程提供科学指导。认知神经科学家通过科学实验证明了人的思想产生于所谓的“映像”，而不是人们通常认为的语言。脑电波扫描和其他心理功能测量结果也表明：脑细胞和神经元的活动总是超前于我们有意识地思想和包含语言功能在内的一些大脑领域的活动。只有当人们有意想把这些思想以语言的形式向自己或他人表达的时候，那些包含语言功能的神经领域才会被激活。也就是说，“是认知决定语言，而不是语言决定认知”[6]。因此，通过认知神经科学的方法可以直接探测人的认知态度，而不是通过语言间接获得，解决了以往态度研究中面临的“隔靴搔痒”问题。正因如此，本研究采用认知神经科学的实验方法来进行电视剧播前评价研究，以更加科学的方法探索电视剧收视率预测。

在国外，关于影视剧的认知神经科学研究已经在影视产业界出现端倪，其中又以恐怖片为探路先锋对象。“头脑符号”神经营销公司（MindSign Neuromarketing）将神经科学运用于好莱坞电影工业，以观众的情绪反应为参照，做出更加优秀的电影，他们称这种神经营销学和电影的新结合体被称为神经学电影（neurocinema）。[7]

三、符号认知机制与眼动认知原理

（一）符号认知机制

符号学一直在关注认知的作用。符号学，尤其是延续至今的“皮尔斯式符号学”，实际上一直是认知符号学，而皮尔斯本人实际上是最早认真地讨论认知问题的理论家之一。[8]在皮尔斯看来，任何事物只要独立存在，并且和另一种事物有联系，而且可以被“解释”，那么它的功能就是符号。这就意味着，皮尔斯的符号概念能有效地发挥作用的一个最重要的领域将是认识论：对“认识”过程本身的分析。[9]这一认识论符号学具有认知性，著名符号学家托马斯·阿尔伯特·西比奥克曾说：“皮尔斯符号学肯定是一门认知科学。”国内也有学者从逻辑范畴、实用主义哲学和符号学范畴角度综合分析了皮尔斯的符号学，并指出皮尔斯符号学就是“认知符号学”[10]的观点。从理论上看，符号化是一个无限的过程。然而，在现实的传播活动中，符号化必须通过片面化来实现。在实际的传播过程中，我们不必对物的所有品质都进行认知才能进行符号意义的把握。我们通常只需要对符号对象的某些品质与特征进行把握就可以。

符号认知的片面化不仅在传播经验层面可以观察到，也得到了心理学实验研究的证明。媒介是传播符号的载体，国外关于媒介信息的认知加工研究在某种程度上印证了符号化过程的机制。美国印地安纳大学电讯传播系的安妮·朗（Annie Lang）教授通过大量媒介生理心理学实验探索提出了动机性媒介讯息加工的有限容量模型LC4MP（Limited Capacity Model of Motivated，Mediated，Message Processing，Lang，2009）。在媒介化讯息的认知加工的实际语境下，有限容量指的就是人类认知系统没有能力彻底地加工一条媒介讯息中所包含的所有比特的信息。这一LC4MP模型包括三个动态平行的子过程，即编码encoding、检索retrival、储存storage。各个子过程的加工程度依赖于认知资源在它们之间的分配。这个模型的基本前提就是，个体的认知资源是有限的。有限认知容量的概念不仅仅是LC4MP某信的前提，在最早的有关人类注意和记忆的实验的已发表的成果里，也被一些最受尊敬的心理学家纳入到了他们所提出的理论中（Wickens，1984）。[11] 这一模型关于具体情境下个体认知过程机制的探索与符号感知的片面化机制具有类似之处。这也从一定程度上证明了传播符号学与认知科学具有相通的学理基础。

（二）眼动认知原理

既然传播符号学与认知科学具有相通的学理基础，那么我们可以尝试在传播符号学研究中引入认知科学的方法。李思屈教授指出：当代传播符号学研究“对认知神经科学的尝试性引进丰富了对符号主体的研究。意义不仅是符号、符号义和客体之间的互动的结果，而且也取决于符号认知主体——人，与符号之间的动态关系。而对符号认知主体的研究就成为传播符号学进一步推进的关键环节。大脑是人类思想、感情和行为的中枢，符号的解释和传播效果的实现都离不开大脑的相关神经活动。借助当代神经科学的技术手段，结合传播符号学的深度解释，就有可能为相关研究领域带来突破性进展。”[12]

基于eye-mind hypothesis原理设计的眼动仪（Eye Tracker）是认知科学、心理学和医学中用来通过观察人的眼球运动来分析心理认知规律的工具。眼动追踪技术（Eye Gaze Tracking Technology）就是借助眼动仪记录分析人的视线活动情况，并以此来分析认知活动的技术方法。视觉是人类获取信息最重要的途径，信息认知加工在很大程度上依赖于视觉，约有80%～90%的外界信息是通过人的眼睛获得的。

眼动有三种基本形式：注视（fixation）、眼跳（saccades）和追随运动（pursuit movement）。其中，100ms以上的视线（eye gaze）停留称为注视，绝大多数信息只有在注视的时候才进入认知加工过程。注视点之间的飞速跳跃称为眼跳，眼跳其间几乎不加工任何信息。追随运动是缓慢的视线移动，正常速度的阅读时的视线运动多为追随运动。眼动仪记录的眼动形式主要是注视与眼跳。根据眼动记录的数据，我们可以分析人们感知与关注的兴趣区域、注视时间长度、视线信息搜索路径等与视觉符号认知相关的数据情况。以眼动注视点为例，注视即表明有信息加工，这属于符号化认知过程。其中的首次注视时间（time to first fixation）指标可以用于分析符号化认知加工的起始阶段相关的研究；注视的兴趣区域可以用于分析符号认知片面化相关的研究；视线轨迹可以用于分析认知路径研究；等等。

在认知神经科学中，注意（attention）是指心理活动对一定事物的指向与集中，是一种思维层面的认知活动。注意具有“指向性”和“集中性”两大特点[13]，指向性是指人的心理活动选择了某个对象而忽略了其余对象的心理过程，说明大脑能有效过滤不相关的信息，而将感兴趣的区域移动到具有高分辨率的视网膜中央凹区。集中性指个体将心理活动稳定在某个对象上并且抑制多余的活动，说明个体能够屏蔽外部非关键性信息，而将注意聚焦在关键的刺激源上。因此，注意是一种重要的意识认知活动。当某个物体具有非常高的吸引力时，人们会不由自主地将注意目光投向它。此外，人在同一时刻的注意力资源是有限的，当面对多个注意对象时，人们分配给某一对象的注意资源多了，则分配给其他对象的注意资源就少。

综上，眼动追踪技术在媒体效果评估等传播学研究中应用广泛，其学理基础正是传播符号学与认知科学。通过眼动仪记录并分析人的视觉注意活动能够从潜意识层面观察人们的注意对象与兴趣区域，具有方法上的客观性与精确性。因此，本研究尝试利用认知神经科学的眼动试验方法对电视剧播前评价进行研究。

四、实验目的与测量指标

（一）实验目的

首先，分析眼动注视点个数指标与收视率的相关性，判断眼动实验法在收视率排行预测中的效果。

其次，分析首次注视前时间指标与收视率的相关性，判断眼动实验法在收视率排行预测中的效果。

第三，检测被试对电视剧预告片传递的“在哪个台播出”与“在什么时间播出”这两种预告信息的记忆效果，分析它们的传播效果。

此外，对不同电视剧最吸引被试观看的要素进行初步分析，观察不同剧目最吸引人的要素是什么。

（二）测量的指标

1. 注视点个数指标

注视点个数（fixation count）是指被试对某一观看对象的注视的点的总个数，可由眼动仪记录获得。该指标越大表示所看对象越受关注，通常用来检测所看对象的受关注程度。

2. 首次注视前时间指标

首次注视前时间（time to first fixation）是指被试首次注意到某个物体所用掉的时间，可由眼动仪记录获得。该指标越小表示所看对象越容易引起被试关注，通常用来检测所看对象的吸引力程度。

3. 主观满意度评价指标

即运用五度量表对电视剧预告片进行主观满意度打分，1分表示最不满意，5分表示最满意。用该方法代表传统的电视剧播前评价方法。

4. 收视率指标

收视率指标采用央视-索福瑞媒介研究有限公司（CSM）公布的电视剧收视率数据，同时参考舜风传播有限公司依据CSM收视率数据编写的《收视率月报》中的电视剧收视率排行数据。

5. 记忆效果指标

统计被试对电视剧“在哪个台播出”与“在什么时间播出”等预告信息的记忆正确率作为记忆效果指标。

6. 最吸引关注的要素指标

以被试选择实验播放的电视剧最吸引他关注的要素（故事情节、人物、画面音效、蕴涵的意义）作为统计指标。

五、实验设计与方法

（一）实验材料

电视剧正式播出之前播放的预告片片花是电视剧内容的浓缩提要，对电视剧进行预告与宣传。因此，我们将电视剧的总预告片片花作为一部电视剧的实验材料。由于该实验属于探索性研究，我们选取一部分电视剧作为测试对象，探索该方法的可用性。我们根据电视剧类型片的划分，选取其中一种类型的电视剧作为分析对象，并从该类型片中选取3部电视剧的预告片片花作为测试的样本，控制每部预告片时长相等，且均为电视台播剪辑播出的预告片。

根据以上筛选条件，本实验选取的电视剧预告片为：安徽卫视《楚汉传奇》、湖南卫视《陆贞传奇》、央视一套《赵氏孤儿案》三部电视剧的预告片片花，每部时长均为1分钟，均为标清版视频。其中，《楚汉传奇》投资2.4亿元，是当年数一数二的大制作电视剧，而《陆贞传奇》与《赵氏孤儿案》投资均只有几千万元；《楚汉传奇》与《赵氏孤儿案》的故事题材耳熟能详，属于熟知剧目，而《陆贞传奇》的故事的熟悉度远不及前两部。三家播出电视台都属于全国覆盖广泛的电视剧媒体平台，而安徽卫视更是以电视剧为立台品牌，在电视剧市场上拥有较高地位，因此，播出平台之间的优势比较均等。综上，从制作规模、故事题材熟悉性等角度综合考虑来看，《楚汉传奇》的收视优势似乎要高于《赵氏孤儿案》，高于《陆贞传奇》。实际结果真实这样吗？请看下文分析。

（二）被试

由于实验所选电视剧均为古装剧，较迎合年轻大学生的收看偏好，并且大学生的人口特征较为接近社会人口分布，故实验随机招募32名在校大学生作为被试，平均年龄22.4（n=32，SD=2.59），男女人数各半，被试在实验前均没有看过以上电视剧。被试均为右利手，无精神病史或大脑创伤，视力正常或矫正后正常。实验完成后付给被试一定报酬。实验在浙江大学传媒与国际文化学院985新媒体实验室进行。

（三）实验程序

在正式试验开始前，主试人员对每名被试进行简单的问卷调查。问卷内容包括：年龄、性别等基本信息，以及平时观看电视剧的频率，比较关注的电视剧类型等信息。实验主体包括眼动仪测试部分与问卷调查部分。

眼动仪测试部分。让被试同时观看两部电视剧预告片，总共三部预告片，分三组呈现在眼动仪屏幕上。每部视频均为1分钟，让被试根据自己的喜好自由浏览两个同时呈现的预告片视频，每组视频之间有10秒钟的间隔时间。

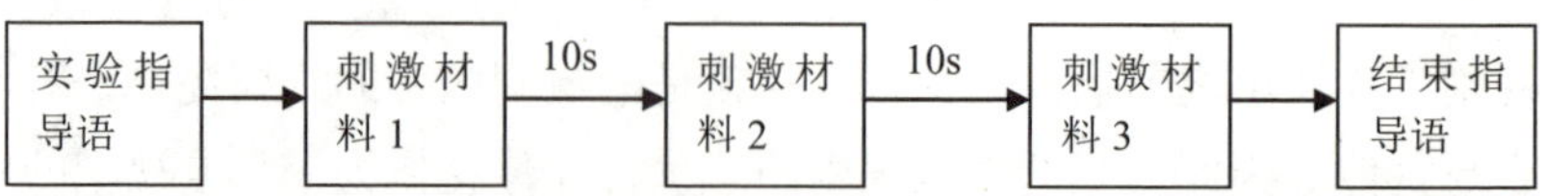

图1 《赵氏孤儿案》与《陆贞传奇》蜂群图对比

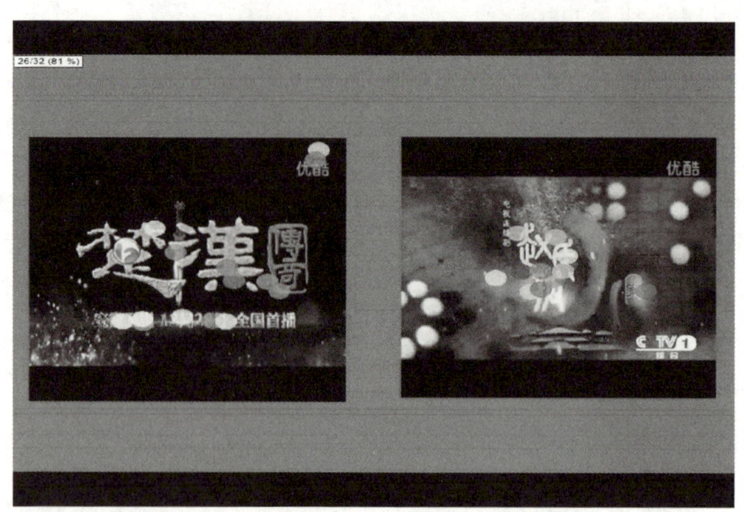

图2 《楚汉传奇》与《赵氏孤儿案》蜂群图对比

图3 《陆贞传奇》与《楚汉传奇》蜂群图对比

问卷调查部分。先让被试分别观看每部电视剧预告片，结束后让被试填写调查问卷。问题包括：对三部电视剧预告片进行五度量表度打分（1分：最不满意，2分：比较不满意，3：中等，4：比较满意，5：最满意），选择最吸引你关注的电视剧要素（故事情节、人物、画面音效、蕴含的意义），以及对电视剧"在哪个台播出""在什么时间播出"等预告信息进行记忆效果检测。

（四）数据记录

实验所使用的是tobiiTX300眼动仪，仪器主要参数如表1：

表1 tobiiTX300眼动仪参数简介

指标	参数	指标	参数
眼动追踪屏幕大小	23"	眨眼后恢复追踪时间	立即
长宽比	16：9	屏幕分辨率	1920×1080
屏幕反应时间	标准5ms	采样频率（双目）	300Hz

六、实验结果分析

利用tobii studio、spss17.0等软件对实验数据、问卷调查结果等进行分析，分析结果如下：

（一）注视点个数指标与收视率具有显著相关性，而主观满意度评价指标与收视率不具有显著相关性

被试观看电视剧预告片的注视点个数与电视剧收视率数据如表2。从表中可以看出，《楚汉传奇》《赵氏孤儿案》《陆贞传奇》的注视点个数数据与收视率顺序一致。

表2　注视点个数与收视率对照表

	注视点个数（个）	收视率（%）
《陆贞传奇》	92.33	1.79
《赵氏孤儿案》	70.81	1.57
《楚汉传奇》	66.72	0.67

通过Spearman等级相关对注视点个数指标与收视率进行相关分析，结果显示两者具有显著相关性（$r=1$，$p=0<0.01$）。然而，从表4中可以看出，三部电视剧的主观满意度评价数据与收视率的顺序不一致。《陆贞传奇》的主观满意度低于《赵氏孤儿案》与《楚汉传奇》，但收视率反而高于《赵氏孤儿案》与《楚汉传奇》。

表3　三部电视剧的收视率与主观满意度统计表

名称	主观满意度评价	收视率（%）
《陆贞传奇》	3.19	1.79
《赵氏孤儿案》	3.72	1.57
《楚汉传奇》	3.72	0.67

通过Spearman等级相关对主观满意度指标与收视率进行相关分析，结果显示两者不具有显著相关性（$r=-0.866$，$p=0.333>0.05$）。

（二）注视点个数指标在不同电视剧之间具有显著性差异，而主观满意度评价指标不具有显著性差异

对三部电视剧预告片的注视点个数指标进行方差分析，one way ANOVA处理后的结果显示，注视点个数指标在三部电视剧之间具有显著性差异，F=12.341，

$p=0<0.001$。同样，对各电视剧预告片的主观满意度评价进行方差分析，one way ANOVA处理后的结果显示，主观满意度评价指标在电视剧之间不具有显著性差异，$F=2.862$，$p=0.062>0.05$。具体分析结果如表6与表7。

表4　注视点个数的方差分析表

ANOVA

	平方和	df	均方	*F*	显著性
组间	12112.224	2	6056.112	12.341	.000
组内	45639.148	93	490.744		
总数	57751.372	95			

表5　主观满意度评价的方差分析表

ANOVA

	平方和	df	均方	*F*	显著性
组间	6.021	2	3.010	2.862	.062
组内	97.813	93	1.052		
总数	103.833	95			

（三）首次注视前时间与收视率、注视点个数均具有显著相关性，但与主观满意度评价不具有显著相关性

三部电视剧预告片的首次注视前时间顺序为：《陆贞传奇》（0.31s）<《赵氏孤儿案》（0.75s）<《楚汉传奇》（1.10s）即这三部电视剧的吸引力顺序为：《陆贞传奇》>《赵氏孤儿案》>《楚汉传奇》。

表6　首次注视前时间与主观满意度、注视点个数、收视率对照表

	首次注视前时间（秒）	主观满意度评价	注视点个数（个）	收视率（%）
《陆贞传奇》	0.31	3.19	92.33	1.79
《赵氏孤儿案》	0.75	3.72	70.81	1.57
《楚汉传奇》	1.10	3.72	66.72	0.67

通过Spearman等级相关分析首次注视前时间与主观满意度评价、注视点个

数、收视率之间的相关性，结果显示，首次注视前时间与注视点个数（$r=-1$，$p=0<0.001$）、收视率（$r=-1$，$p=0<0.001$）均具有显著相关性，而与主观满意度评价（$r=0.866$，$p=0.333>0.05$）不具有显著相关性。

（四）被试对“在哪个台播出”的预告信息记忆度高，而对“在什么时间播出”的预告信息记忆度低

通过记忆效果检测发现，被试对播出媒体频道（即，“在哪个台播出”）的记忆准确度较高，正确率均在50%以上，而对播出时间（即，“在什么时间播出”）的记忆准确率较低，正确率均在50%以下。被试对预告片所预告的播出媒体频道与播出时间的记忆准确率如下表。

表7　记忆度准确率对照表

名称	播出媒体记忆准确率（%）	播出时间记忆准确率（%）
《陆贞传奇》	87.5	12.5
《赵氏孤儿案》	53.1	37.5
《楚汉传奇》	81.3	40.6

图4　《陆贞传奇》播出时间及媒体频道等信息的受关注程度图

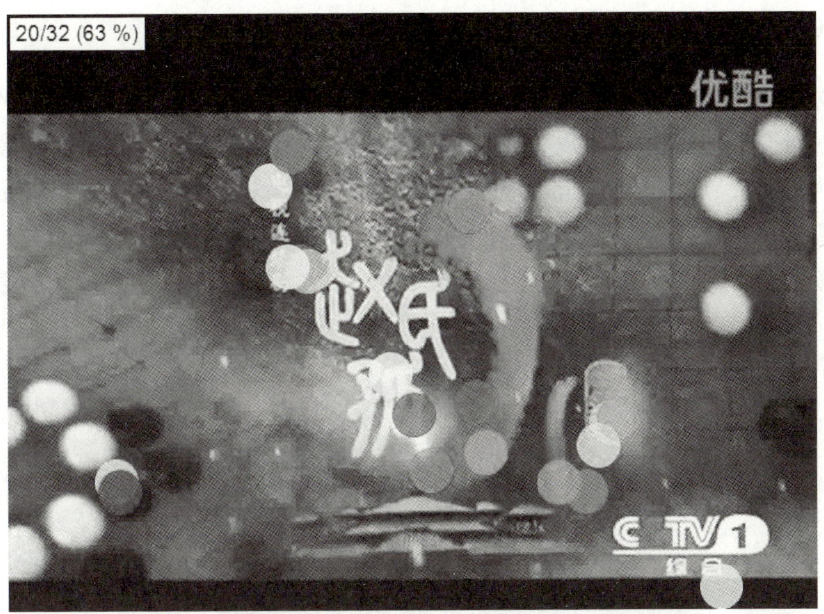

图5 《赵氏孤儿案》播出时间及媒体频道等信息的受关注图

图6 《楚汉传奇》播出时间及媒体频道等信息的受关注程度图

（五）不同的电视剧最吸引人的要素各有不同

对于“故事情节”“人物”“画面音效”“蕴含的意义”等四方面的吸引要素统计分析，除了《楚汉传奇》缺少某一方面的吸引要素（“蕴含的意义”占比为0%），其他两部剧都涵盖各方面的吸引要素。三部电视剧预告片最吸引人的要素分别是：《赵氏孤儿案》的“故事情节”（62.5%），《陆贞传奇》的“画面音效”（43.8%），《楚汉传奇》的“人物”（43.8%）。具体数据分布下图。

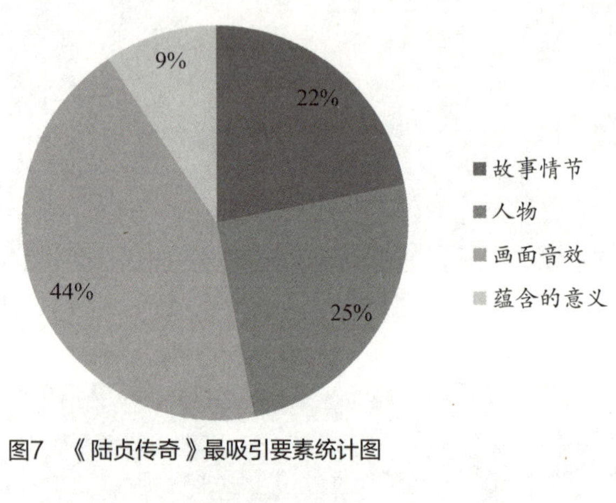

图7 《陆贞传奇》最吸引要素统计图

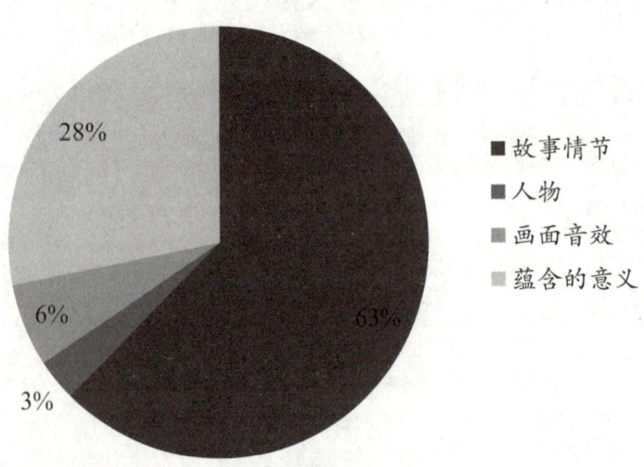

图8 《赵氏孤儿案》最吸引要素统计图

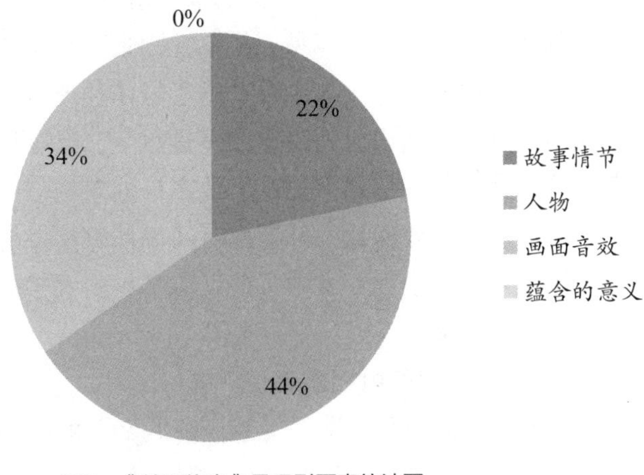

图9 《楚汉传奇》最吸引要素统计图

七、结果讨论与问题

（一）结果讨论

根据以上分析，本文得出以下一些结论。

1. 可以尝试通过小样本的实验数据来预估大样本的收视率数据

实验发现，小样本的眼动生理实验数据能够在一定程度上反应大样本的收视率排行数据。通过播前的小数据测试来对播后的大样本收视效果作一定的预测。首先，注视点个数指标数据与收视率变化顺序相一致，且两者具有显著相关性。其次，注视点个数结果在各电视剧之间具有显著差异，容易区分观众对不同电视剧的注意偏好。再次，首次注视前时间指标与收视率、注视点个数的显著相关性也印证了眼动实验方法预测收视率的有效性。综上，眼动实验方法能够有效地用于电视剧收视率排行预测研究。

2. 高投资与故事知名度不一定带来高收视率

从以上三部电视剧可以看出，《楚汉传奇》投资2.4亿，演员阵容强大，故事知名度高，但收视率却远不及投资仅几千万的，演员阵容一般，故事知名度低的《陆贞传奇》。但从实验数据可以清楚看到，被试确实对《陆贞传奇》的注意偏好要远高于《楚汉传奇》。因此，利用有效的实验手段对电视剧收视率进行事先预测，据此调整电视剧营销策略，可以在一定程度上避免投资风险。

3. 观众对电视剧容易记住更为具体的预告信息

在相同观看情景下，观众更容易记住电视剧是“在哪个台播出”，不容易记住电视剧“在什么时间播出”。这主要是由于媒体频道信息大多是台标与文字，具有具体性与图像性，而播出时间信息大多是数字，具有抽象性，人们潜意识中对图像文字等具体信息的记忆效果要好于数字等抽象的信息。因此，电视台为了较好地传播预告信息，需要注意弥补播出时间等抽象信息的传播效果，可以通过把抽象信息具体化来表现，如本文中《楚汉传奇》用大号醒目字体来显示播出时间，使得比另外两部的播出时间记忆效果要好。

4. 吸引要素更多元化的电视剧收视率较好

三部电视剧中，《陆贞传奇》与《赵氏孤儿案》的各种吸引要素都有一定的比例，能够在较大程度上满足不同观众的多种喜好口味，而《楚汉传奇》其中一项吸引要素为0%，这说明该剧的吸引要素不如前两部剧多元化，存在一定的吸引力短板。并且，《楚汉传奇》的收视率也远远落后前两部剧。因此，电视剧要取得较好的收视率不仅需要突出亮点，也需要兼顾其他要素，以带给观众更多元化的感受，避免出现短板。

（二）存在的问题与后续研究

由于本研究属于初探性研究，还存一些不足，需要进一步研究来完善：

第一，实验素材方面。由于本次实验属于电视剧收视率预测研究的探索性尝试，因此只为对少量同一类型题材电视剧进行了研究，下一步需要对不同类型题电视剧进行大样本的交叉研究，以得出更加普遍的规律。

第二，被试选择方面。由于本次研究是针对大学生群体的尝试性研究，没有进行更广泛的社会人群收视研究，虽然大学生群体的均质程度非常接近社会人口层次分布，但为了实验结果更具推广性，下一步需要针对不同社会群体进行实验研究。

注释：

1　张国涛.电视剧播前评价与播后评价差异研究.北京电影学院学报[J].2006（3）：1-8.

2　杰拉尔德·扎尔特曼.客户如何思考[M].李华飚，李旭晟，等译.北京：机械工业出版社，2004：7.

3 杰拉尔德·扎尔特曼. 客户如何思考[M]. 李华飚，李旭晟，等译. 北京：机械工业出版社，2004：8.

4 杰拉尔德·扎尔特曼. 客户如何思考[M]. 李华飚，李旭晟，等译. 北京：机械工业出版社，2004：28.

5 诸葛达维，郑宇. 影视剧科学评价新路径：认知神经科学方法[J]. 传媒评论，2015（05）：82–85.

6 杰拉尔德·扎尔特曼. 客户如何思考[M]. 李华飚，李旭晟，等译. 北京：机械工业出版社，2004：24.

7 史鹏路. 神经营销术：窥探观众潜意识拍出精彩电影[EB/OL]. http://discovery.163.com/09/0926/10/5K4LUQ8G000125LI.html，2009.

8 赵毅衡. 关于认知符号学的思考：人文还是科学？[J]. 符号与传媒，2015（02）：105–115.

9 [英]特伦斯·霍克斯. 结构主义和符号学[M]. 瞿铁鹏译，刘峰校. 上海：上海译文出版社，1997：132.

10 郭鸿. 认知符号与认知语言学[J]. 符号与传媒，2011（1）：52–65.

11 罗伯特·F. 波特，保罗·D. 博尔斯. 传播与认知科学：媒介心理生理学测量的理论与方法[M]. 支庭荣，等译. 北京：清华大学出版社，2012：79–82.

12 李思屈. 当代传播符号学发展的三种趋势[J]. 国际新闻界，2013（6）：24–31.

13 李婷. 眼动交互界面设计与实例开发[D]. 杭州：浙江大学. 2012：13.

参考文献：

郭鸿. 认知符号学与认知语言学[J]. 符号与传媒，2011（1）.

杰拉尔德·扎尔特曼. 客户如何思考[M]. 李华飚，李旭晟，等译. 北京：机械工业出版社，2004.

李思屈. 当代传播符号学发展的三种趋势[J]. 国际新闻界，2013（6）.

李婷. 眼动交互界面设计与实例开发[D]. 杭州：浙江大学，2012.

罗伯特·F. 波特，保罗·D. 博尔斯. 传播与认知科学：媒介心理生理学测量的理论与方法[M]. 支庭荣，等译. 北京：清华大学出版社，2012.

罗跃嘉. 认知神经科学教程[M]. 北京：北京大学出版社. 2006.

潘波. 试论电视剧文化评价体系[J]. 电视研究，2012（1）.

特伦斯·霍克斯. 结构主义和符号学[M]. 瞿铁鹏译，刘峰校. 上海：上海译文出版社，1997.

杨明. 电视剧审片中欣赏性指标的量化探索[J]. 电视研究，2012（9）.

张国涛. 电视剧播前评价与播后评价差异研究. 北京电影学院学报[J]. 2006（3）.

赵毅衡. 关于认知符号学的思考：人文还是科学？[J]. 符号与传媒，2015（2）.

朱国玮. 神经营销学：认知、购买决策与大脑[M]. 长沙：湖南大学出版社. 2012.

诸葛达维，郑宇. 影视剧科学评价新路径：认知神经科学方法[J]. 传媒评论，2015（5）.

微博环境中食品风险认知和风险传播行为之实验研究

赖泽栋　肖红新　曹佛宝[1]

摘　要：基于风险沟通理论，通过3*3的被试间实验设计，本研究研究了微博中的食品风险信息源与风险传播方式对消费者的食品风险认知和食品风险传播行为的影响差异。研究发现，微博中的风险信息源对消费者的风险认知和风险传播行为产生了显著的影响，且不同的微博风险信息源的影响有差异；其次，微博中的风险信息传播方式对消费者风险认知与风险传播行为的影响也产生了显著影响，但这种影响会受到微博信息源的调节。

关键词：微博　风险传播　风险认知　风险信息源　风险传播方式

一、前言

微博是当前使用广泛，富有影响力的社交媒体。由于微博信息传播快速、便捷、范围广等优势，在食品风险沟通领域，不仅企业会利用微博等平台进行及时发布产品安全信息，大众媒体和专家也逐渐利用微博平台来及时传播食品风险信息。如《人民日报》《中国青年报》等官方微博时常向广大粉丝发布食品安全

1　[作者简介]赖泽栋，福建农林大学文法学院讲师，博士，研究方向：危机传播与管理、营销传播；肖红新，福建农林大学文法学院副教授，文法学院党委书记，研究方向为公共管理；曹佛宝，福建农林大学管理学院博士生，研究方向为企业管理。

和健康信息。很多组织在发生危机时为了满足利益相关者信息需求，利用官方微博或微信发布权威信息，及时与利益相关者进行互动沟通。与此同时，社交媒体的互动性、草根性以及信息赋权等特点，普通消费者也有条件有能力利用微博媒体进行社会互动，正如新浪微博中的转发、评论功能使得消费者生产和传播危机信息极为便捷，接收到风险信息后便可立即转发和评论。因此，在实际的微博信息传播环境中，各种微博信源纷纷加入风险沟通中。另外，在微博环境中，风险沟通有多种传播方式，一种是微博用户的原创微博信息，这种信息传播方式是微博主根据已知的风险信息进行书写进而在自己的账户中进行传播，属于原创的信息传播方式；另一种是转发自己亲朋好友的风险信息。这种信息传播方式是微博主在自己的微博界面中看到粉丝的微博，对觉得有价值的食品风险信息进行转发；还有一种是转发来自组织或权威专家的微博风险信息，即微博主遭遇到组织或权威专家的微博信息时觉得微博信息有价值，并把这些风险信息进行转发，从而使得这些风险信息得到进一步的传播。曾繁旭、戴佳、王宇琦的研究表明（2015），在以社交媒体（social media）为代表的新媒体社会里，风险沟通发展已经发生了很大变化，传统的风险沟通管理策略的有效性遭遇到前所未有的挑战。然而，各种微博信源在传播风险信息时对消费者心理和行为的影响是否有差异？微博中的不同传播方式对消费者心理与行为是否也存在差异呢？根据目前的文献，并未见到相关研究。因此，本研究的目的是考察微博媒体环境中的各种信源和风险传播方式对消费者的影响。

在此，提出以下关键问题（详见图1）：

问题1

微博中不同食品风险信息源（专家微博账户、普通微博账户、大众媒体的微博账户）对消费者的风险认知和风险传播行为产生怎样的影响？

问题2

微博中食品风险信息的不同传播方式（原创微博的信息传播方式、转发普通微博账户信息的传播方式和转发第三方调查机构微博的信息传播方式）对消费者的风险认知和风险传播行为产生怎样的影响？

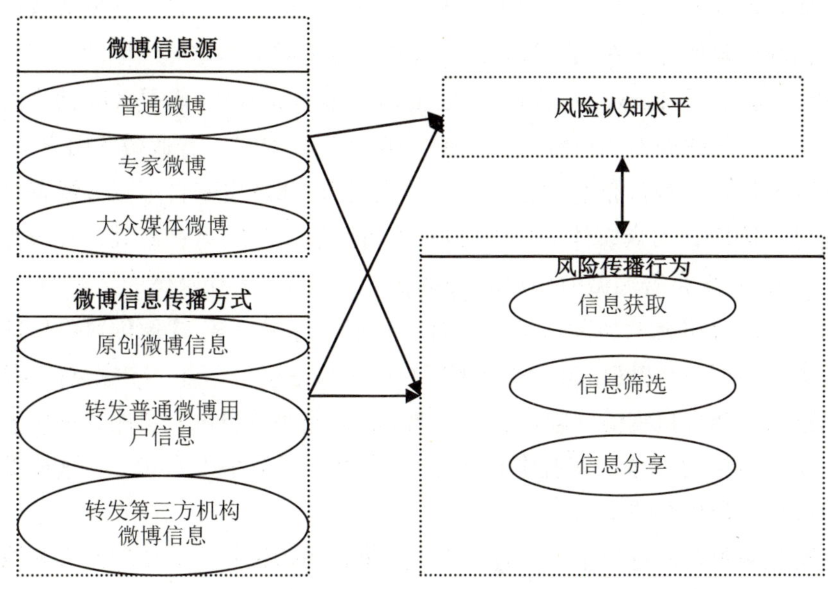

图1　微博中食品风险的不同信息源及传播方式

二、实验设计

根据研究问题，本文采取实验法进行研究。在实验之前进行深度访谈，作者需对食品安全风险认知、风险传播行为、社交媒体的使用等方面有基本了解，在此基础上，再用实验法来收集数据。具体研究设计如下：

（一）实验材料

本实验探讨的是微博环境中消费者的食品风险认知与风险传播行为，即找到微博环境对消费者的食品风险认知与传播行为产生重要影响的关键节点。通过实际考察国内的微博环境，参考了国外学者对Facebook、Twitter的研究（如Andreas Schwarz，2012），并结合深度访谈结果，作者认为微博环境中微博信息源与微博信息传播方式是关键节点。其中，食品沟通领域中的微博信息源大概可分为普通微博用户，传统大众媒体微博用户和专家微博用户；微博信息传播方式大致有原创微博、转发微博两种，但转发微博可细分为转发普通微博用户信息的传播方式和转发权威机构或知名人物的微博信息的传播方式。于此，本研究拟考察微博信息源（普通微博用户、大众媒体微博用户和专家微博用户）与微博信息传播方式（传播原创的风险信息、转发来自普通微博用户的风险信息、转发来自第三方调查机构的风险信息）对风险认知和风险传播行为的影响差异。因此，实验采取3*3的被试间设计（between-subjects design），这样形成9个食品风险情境的实验版本：第一，普通微博用户*传播原创的风险信息；第二，普通微博用户*转发来自普通微博用户的风险信息；第三，普通微博用户*转发来自第三方调查机构的风险信息；第四，大众媒体的微博用户*传播原创风险信息；第五，大众媒体的微博用户*转发来自普通微博用户的风险信息；第六，大众媒体的微博用户*转发来自第三方调查机构的风险信息；第七，专家微博用户*传播原创风险信息；第八，专家微博用户*转发来自普通微博用户的风险信息；第九，专家微博用户*转发来自第三方调查机构的风险信息。即把实验对象平均分配到各组，每个小组只参与一个实验情境。本次实验中共分为9个小组，每个小组为40人，这样参加实验的总人数达到40*9=360人。

在实验刺激材料选择上，作者选择了大米，虚拟出一个关于赣南大米铬超标的食品风险。理由为：第一，根据先前的深度访谈内容中得出的结论，被访对象较为关注的食品安全风险类型之一是大米的安全问题；第二，实验地点选择在江西赣州，2013年初发生了赣南大米被检测出镉超标的食品安全事件，生活在赣州地区人群较为关注大米的食品风险问题。

（二）参与实验人群

选择怎样的实验对象关系到研究结论的可靠性。为了控制实验质量，实验对象上在以下几个方面进行了控制：第一，实验对象选择了大三学生或即将毕业的大四学生，他们都有过实习或工作的经历，社会化程度相对高，对于食品安全也较关注。更重要的是，他们是社交媒体的主要使用者（CNNIC，2014）；第二，选择了生源为赣州的本地人群，他们关注赣南大米的铬超标问题，使得实验对象与刺激材料相对匹配；第三，实验对象是社交媒体的经常使用者。在招募过程中，作者都会询问实验对象的社交媒体的使用情况，排除那些没有社交媒体使用经验的人群；第四，本实验排除了先前的访谈对象；第五，作者在招募中会提醒参与对象，参与实验是自愿的，并不存在义务责任或伦理尴尬。

（三）变量测量

自变量：自变量之微博信息源分为普通微博用户、专家微博用户和传统媒体微博用户。本实验中的微博媒体选择了腾讯微博。在腾讯微博信息源的选择上，普通微博用户采取虚拟出一个名为“张晓兰”的普通微博用户名。传统媒体微博账户选择《南方都市报》在腾讯微博中开通的微博账户（因《南方都市报》是一家覆盖全国的大众媒体，具备较大的市场影响力，而且《南方都市报》的腾讯微博账户已经开通了多年，微博信息更新速度快，粉丝也有相当大的规模）。专家的腾讯微博账户选择中国农业大学食品与营养学副教授范志红的实名认证微博。范志红的新浪微博和腾讯微博在食品与营养界已经颇具影响力，微博粉丝达到四十万。自变量之风险信息传播方式的选择上，体现为原创风险信息、转发普通微博用户的风险信息、转发第三方调查机构的风险信息。其中转发普通微博用户的风险信息中的普通用户虚拟为“李丽芳”的微博。转发第三方机构微博用户的风险信息中的第三方机构虚拟为中国食品安全调查与研究中心。为了体现信息源和信息传播方式的真实性，在具体的实验设计中使用腾讯微博用户界面，把设计好的内容PS进腾讯微博界面中。

因变量：测量的因变量分为两个：风险认知的测量主要参考Sparks和Shepherd（1994）和Kim和Grunig（2011）的量表，从风险熟悉性、严重性、风险暴露程度来测量；从风险传播行为的测量主要参考Kim与Grunig（2011）、Kim与Hongmei Shen（2011）和赖泽栋（2014）的研究，并基于本研究需要，主要由风险信息获取、风险信息筛选和风险信息分享行为三个部分组成。

（四）实施过程

实验地点选择在江西某大学的多媒体教室，把实验室的灯光控制好，实验室的窗帘放下，使得实验空间相对安静，视线能够聚焦到多媒体屏幕上，实验对象能够清晰地看清楚多媒体呈现出来的文字与图片，避免无关变量的干扰。作者邀请了2名具有实验操作经验的同事作为实验实施的助手，负责联络实验对象，协调实验地点，准备实验前的所有材料。实验分为9组，每一个小组为40人，为了不耽误实验对象的时间，作者事先与参与对象沟通，通知他们大致实验时间，在实验室门口等候。正式实验中，首先由作者宣读实验的任务、实验要求、实验操作的基本程序，以及实验中出现的伦理问题。然后，两名实验助手分别发放已经设计好的实验问卷到实验对象手中，并提醒实验问卷是根据所看到的材料进行填写。接着作者打开已经准备好的实验情境材料，实验对象根据实验材料填答问卷，实验对象填写完之后交给实验助手，实验助手并同时发放已经准备好的小礼品给参与对象作为答谢。在一个实验情境完成之后，清理实验场所，并准备好下一组的实验材料。接着邀请下一组的实验对象，按照实验材料展示、刺激、填写的顺序进行，一共完成了9个小组的实验。在当天的下午四点半完成了全部的实验。

在实验完成后，作者和两位实验助手对实验问卷进行了检查，发现在实验情境之专家微博*原创微博信息的传播方式的版本中，只有39份实验问卷，缺少一份。其余的实验问卷填答符合研究要求。作者和两位实验助手对本次实验的得失进行了讨论，总结了如何控制实验的基本经验，为作者的下次实验研究奠定基础。

三、数据分析

（一）微博信息源与微博信息传播方式对食品风险认知影响的分析

1.微博信息源与微博信息传播方式对风险认知的影响差异

对因变量风险认知进行双因子方差分析，经过Levene方差齐性检验（见表1），*F*值为1.150（p=0.329），并未达到显著水平，表明两组样本方差具有齐性，没有违反方差分析的基本假设。数据显示（见表3），信息源与信息传播方式两个自变量对因变量风险认知的影响具有交互效应（F（1，350）=2.755，{p ＜0.05）}，见图1，表明九种风险传播情境对实验对象的风险认知的影响存在显著差异。这表明，在微博传播环境中，微博信息源和信息传播方式对风险认知的影响是显著的，而且不同的风险传播情境对风险认知的影响也是有差异的。

表1　微博信息源与信息传播方式对风险认知影响之误差方差等同性的Levene检验等式[a]

因变量：风险认知			
*F*检验值	分子自由度	分母自由度	显著性
1.150	8	350	0.329
检验零假设，即在所有组中因变量的误差方差均相等			
a 设计：截距 + 微博信息源 + 微博信息传播方式 + 微博信息源 * 微博信息传播方式			

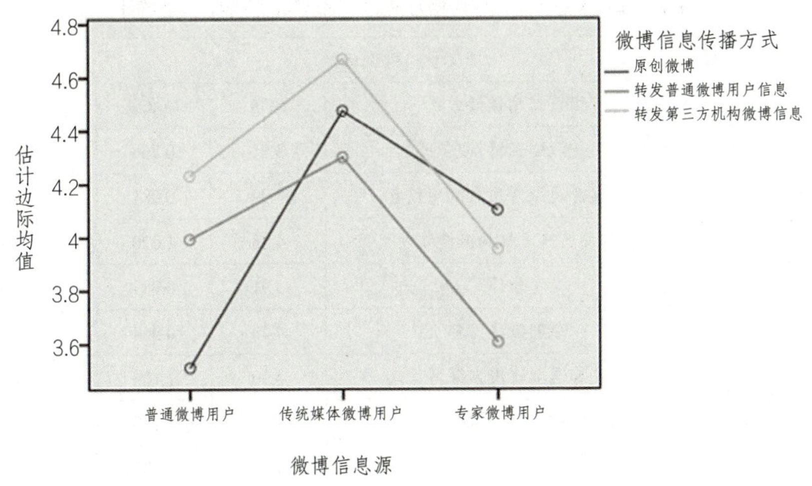

图1　微博信息源与信息传播方式对风险认知的影响之交互效应

因此，需要通过进一步的单纯主要效果方差来分析信息源和信息传播方式的具体影响差异。首先对微博账户的单纯主效应进行分析，数据发现（见表4），在原创微博的传播方式上，三种不同的微博账户对风险认知的影响存在显著的差异（F=10.254，$p<0.001$），由表2得知，传统媒体微博账户（$M_{传统媒体}$=4.48）和专家微博账户（$M_{专家}$=4.10）对风险认知的影响显著高于普通微博账户（$M_{普通用户}$=3.51），传统媒体微博账户与专家微博账户间则无显著差异（p=0.228 > 0.05）；在转发普通微博用户信息的传播方式上，三种不同的微博账户对风险认知的影响存在显著的差异（F=4.200，$p<0.05$），由表4-6得知，传统媒体微博账户（$M_{传统媒体}$=4.30）对风险认知的影响显著高于专家微博账户（$M_{专家}$=3.61），而传统媒体微博账户与普通微博账户（$M_{普通用户}$=3.99）间则无显著差异（p=0.445 > 0.05），普通微博账户与专家微博账户间也无显著差异（p=0.275 > 0.05）；在转发第三方调查结构微博的传播方式上，三种不同的微博账户对风险认知的影响存在显著的差异（F=4.588，$p<0.05$），由表2得知，传统媒体微博账户（$M_{传统媒体}$=4.67）对风险认知的影响显著高于专家微博账户（$M_{专家}$=3.96），而传统媒体微博账户与普通微博账户（$M_{普通用户}$=4.23）间则无显著差异（p=0.187 > 0.05），普通微博账户与专家微博账户间也无显著差异（p=0.513 > 0.05）。

表2　微博信息源与信息传播方式对风险认知的影响之描述统计

因变量：风险认知				
微博信息源	微博信息传播方式	均值	标准差	实验对象人数
普通微博用户	原创微博信息	3.51	0.768	40
	转发普通微博用户微博信息	3.99	0.981	40
	转发第三方机构微博信息	4.23	1.070	40
	合计	3.91	0.987	120
传统媒体微博用户	原创微博信息	4.48	0.964	40
	转发普通微博用户微博信息	4.30	1.169	40
	转发第三方机构微博信息	4.67	1.120	40
	合计	4.48	1.089	120
专家微博用户	原创微博信息	4.10	1.116	39
	转发普通微博用户微博信息	3.61	1.060	40
	转发第三方机构微博信息	3.96	0.989	40
	合计	3.89	1.068	119
总和	原创微博信息	4.03	1.031	119
	转发普通微博用户微博信息	3.97	1.101	120
	转发第三方机构微博信息	4.29	1.093	120
	总计	4.09	1.081	359

其次，对微博信息传播方式的单纯主效应进行分析，数据显示（见表4），普通微博用户采取三种不同传播方式对实验对象的风险认知影响显示出了比较显著的差异（F=5.964，$p<0.01$），由表2得知，普通微博用户转发第三方机构微博信息的传播方式（$M_{转发第三方}$=4.23）对风险认知的影响显著高于原创微博信息的传播方式（$M_{原创}$=3.51），而转发普通微博用户的微博的传播方式（$M_{转发普通用户}$=3.99）与原创微博的传播方式间并无显著差异（p=0.080＞0.05），转发第三方机构微博信息的传播方式与转发普通微博用户信息的传播方式间也没有显著差异（p=0.536＞0.05）；传统媒体微博用户在三种不同传播方式上并没有显著的差异（F=1.150，$p>0.05$），表明传统媒体微博账户无论采取三种不同的微博传播方式对实验对象的风险认知的影响并没有何种不同；专家微博账户采取三种不同的微博传播方式对实验对象的风险认知的影响也不存在显著的差异（F=2.313，$p>0.05$）。从以上数据分析看，微博环境中的风险传播方式对消费者的风险认知产

生了重要影响，且这种影响因不同的传播方式而有所差异。如果是普通微博用户传播风险，采取转发第三方机构微博信息的传播方式对消费者的影响力大于其他的两种传播方式，但如果是传统媒体微博账户和专家微博账户，无论采取三种传播方式的任何一种，对消费者的风险认知的影响都没有显著差异。由此可见，微博中的传播方式只在作为传播主体的普通微博用户中起着一定作用，在转发权威机构的微博信息时能够对消费者的风险认知产生更为显著的影响力。

表3　微博信息源与微博信息传播方式对风险认知影响差异的方差分析摘要表

因变量：风险认知					
变异来源		III 型平方和	自由度	均方	F值
微博信息源（A）	SS_a	26.980	2	13.490	12.66* * *
微博信息传播方式（B）	SS_b	6.830	2	3.415	3.205*
A * B	SS_{ab}	11.741	4	2.935	2.755*
误差项	$SS_{s/ab}$	372.963	350	1.066	
* =$p < 0.05$ * *= $p < 0.01$ * * * =$p < 0.001$					

表4　微博信息源与微博信息传播方式对风险认知影响的单纯主要效果检验结果的方差分析摘要表

变异来源	平方和	自由度	均方	F值
微博信息源SS_a				
在B1（原创微博方式）	18.839	2	9.419	10.254* * *
在B2（转发普通微博用户信息）	9.670	2	4.835	4.200*
在B3（转发第三方微博用户信息）	10.329	2	5.165	4.588*
微博信息传播方式SS_b				
在A_1（普通微博用户）	10.728	2	5.364	5.964* *
在A_2（大众媒体微博用户）	2.722	2	1.361	1.150
在A_3（专家微博用户）	5.157	2	2.578	2.313
*= $p < 0.05$ * * = $p < 0.01$ * * * =$p < 0.001$				

（二）微博信息源与微博信息传播方式对风险传播行为影响的分析

1. 微博信息源与微博信息传播方式对信息筛选行为影响差异分析

表5　微博信息源与信息传播方式对信息筛选的影响之误差方差等同性的Levene检验等式[a]

因变量：信息筛选			
*F*检验值	分子自由度	分母自由度	显著性
0.437	8	350	0.899
检验零假设，即在所有组中因变量的误差方差均相等			
a设计：截距 + 微博信息源 + 微博信息传播方式 + 微博信息源 * 微博信息传播方式			

对因变量信息筛选行为进行双因子方差分析，经过Levene方差齐性检验（见表5），*F*值为0.437（p=0.899），并未达到显著水平，表明各组间的方差符合齐性。数据显示（见表6），信息源与信息传播方式两个自变量对因变量信息筛选行为的影响没有交互效应（$F(1,350)=1.675$，$p>0.05$）。因此，需要通过进一步的主要效应方差来分析信息源和信息传播方式对信息筛选行为的主要效应，由于信息源因子的影响不显著（$F=2.026$，$p>0.05$）（见表6），不必对信息源因子进行主效应方差分析，而信息传播方式的影响作用比较显著（$F=3.383$，$p<0.05$），需要对其主要效应进行多重比较分析，经过Scheffe事后多重比较发现（见表7），原创微博信息的传播方式与转发普通微博用户信息的传播方式的平均数差异为0.27，已达到显著性水平，而原创微博的传播方式与转发第三方机构的传播方式的平均数差异为0.12，没有达到显著性水平，而转发普通微博用户信息的传播方式与转发第三方机构的传播方式的平均数差异为0.14，没有达到显著性水平。因此，只有转发普通微博用户信息的传播方式比原创微博的传播方式给实验对象带来更活跃的信息筛选行为。

表6　微博信息源与信息方式对信息筛选影响差异的方差分析摘要表

因变量：信息筛选					
变异来源		III 型平方和	自由度	均方	F值
微博信息源（A）	SS_a	2.541	2	1.270	2.026
微博信息传播方式（B）	SS_b	4.242	2	2.121	3.383*
A * B	SS_{ab}	4.199	4	1.050	1.675
误差项	$SS_{s/ab}$	219.417	350	0.627	
* =p < 0.05 * *= p < 0.01 * * * =p < 0.001					

表7　微博信息源与微博信息方式对信息筛选影响差异的多重比较

信息筛选 Scheffe						
（I）微博信息传播方式	（J）微博信息传播方式	均值差值（I-J）	标准误	显著性	95%置信区间	
					下限	上限
原创微博	转发普通微博用户信息	−0.27	0.102	0.035	−0.52	−0.01
	转发第三方机构信息	−0.12	0.102	0.476	−0.38	0.13
转发普通微博用户信息	原创微博	0.27	0.102	0.035	0.01	0.52
	转发第三方机构信息	0.14	0.102	0.384	−0.11	0.39
转发第三方机构信息	原创微博	0.12	0.102	0.476	−0.13	0.38
	转发普通微博用户信息	−0.14	0.102	0.384	−0.39	0.11

2. 微博信息源与微博信息传播方式对信息分享影响差异分析

对因变量信息分享行为进行双因子方差分析，经过Levene方差齐性检验（见表8），F值为0.907（p=0.510），并未达到显著水平，表明各组间的方差符合齐性。数据显示（见表9），信息源与信息传播方式两个自变量对因变量信息分享行为的影响具有交互效应（F（1，350）= 4.723，p < 0.01），见图2，表明九种风险传播情境对实验对象的信息分享行为的影响存在显著差异，微博信息源和信息传播方式对信息分享行为产生了影响，且不同的微博传播风险情境对信息分享行为的影响是不同的。

表8　微博信息源与信息传播方式对信息分享的影响之误差方差等同性的Levene检验等式[a]

因变量：信息分享			
F检验值	分子自由度	分母自由度	显著性
0.907	8	350	0.510
检验零假设，即在所有组中因变量的误差方差均相等			
a设计：截距 + 微博信息源 + 微博信息传播方式 + 微博信息源 * 微博信息传播方式			

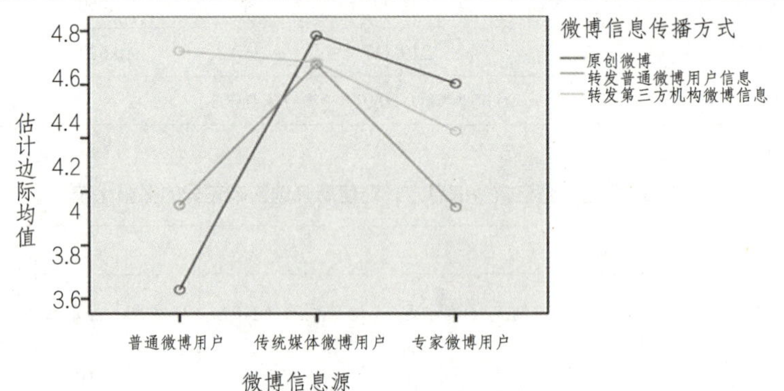

图2　微博信息源与信息传播方式对信息分享的影响之交互效应

表9　微博信息源与信息方式对信息分享影响差异的方差分析摘要表

因变量：信息分享					
变异来源		III 型平方和	自由度	均方	F值
微博信息源（A）	SS_a	14.271	2	7.135	8.633* * *
微博信息传播方式（B）	SS_b	5.294	2	2.647	3.202*
A * B	SS_{ab}	15.614	4	3.904	4.723* * *
误差项	$SS_{s/ab}$	289.293	350	0.827	
* $p < 0.05$ * * $p < 0.01$ * * * $p < 0.001$					

因此，需要通过进一步的单纯主要效果方差来分析信息源和信息传播方式对信息分享行为的具体影响差异。首先对微博账户的单纯主效应进行分析，数据发现（见表11），在原创微博的传播方式上，三种不同的微博账户对信息分享的影响存在非常显著的差异（F=10.798，$p < 0.001$），由表10得知，传统媒体微博用户（$M_{传统媒体}$=3.98）和专家微博用户（$M_{专家}$=3.80）对实验对象的信息分享行为的影响显著高于普通微博用户（$M_{普通用户}$=3.03），而传统媒体微博用户与专家微博

用户间则没有显著差异（$p=0.712>0.05$）；在转发普通微博用户信息的传播方式上，三种不同的微博账户对信息分享的影响存在比较显著的差异（$F=4.457$，$p<0.05$），由表10得知，传统媒体微博用户（$M_{传统媒体}=3.87$）对实验对象的信息分享行为的影响显著高于普通微博用户（$M_{普通用户}=3.35$）和专家微博用户（$M_{专家}=3.34$），而专家微博用户与普通微博用户间则没有显著差异（$p=0.999>0.05$）；在转发第三方调查机构微博的传播方式上，三种不同的微博账户对信息分享的影响并不存在显著的差异（$F=1.507$，$p>0.05$），表明传统媒体微博账户（$M_{传统媒体}=3.88$）、普通微博账户（$M_{普通用户}=3.92$）和专家微博账户（$M_{专家}=3.63$）之间对实验对象的信息分享行为的影响并没有显著的差异。以上分析表明，传统媒体微博账户无论采取何种传播方式对实验对象的信息分享行为都产生较大影响。这与Schultz，Utz，& Glocka等学者的研究（2011，2013）的研究结论一样，传统媒体传播风险信息所引发的危机二次传播更为活跃（本研究指的是风险二次传播）。专家微博如果采取原创微博的传播方式也能比普通微博账户带来更多的信息分享行为，但采取其他的传播方式却与普通微博用户所产生的信息分享行为没有显著差异。这点也表明，如果是一个专业性比较强但不是非常著名的专家进行风险传播时所产生的信息分享行为活跃度也不是太高。

其次，对微博信息传播方式的单纯主效应进行分析，数据显示（见表11），普通微博用户采取三种不同传播方式对实验对象的信息分享影响显示出了非常显著的差异（$F=11.912$，$p<0.001$），由表10得知，普通微博用户转发第三方机构微博信息的传播方式（$M_{转发第三方}=3.92$）对信息分享的影响显著高于原创微博信息的传播方式（$M_{原创}=3.03$）和转发普通微博用户的微博的传播方式（$M_{转发普通用户}=3.35$），而转发普通微博用户的微博的传播方式与原创微博的传播方式间并无显著差异（$p=0.236>0.05$）；传统媒体微博用户在三种不同传播方式上并没有显著的差异（$F=0.162$，$p>0.05$），表明传统媒体微博账户无论采取三种不同的微博传播方式对实验对象的信息分享的影响并没有何种不同；专家微博账户采取三种不同的微博传播方式对实验对象的信息分享的影响也不存在显著的差异（$F=2.397$，$p>0.05$）。以上表明，总体而言，多数情况下采取三种中的任何一种传播方式对信息分享行为的影响并没有显著差异，只有在普通微博采取转发第三方调查机构信息的传播方式比其他两种传播方式时能导致更多的信息分享行为。这点不难理解，由于权威调查机构的信息使得普通微博用户的信息关注度大大提高，实验对象倾向于更可能把转发的信息再一次进行传播。

表10 微博信息源与信息传播方式对信息分享的影响之描述统计

因变量：信息分享				
微博信息源	微博信息传播方式	均值	标准差	实验人数
普通微博用户	原创微博	3.03	0.889	40
	转发普通微博用户信息	3.35	0.766	40
	转发第三方机构信息	3.92	0.825	40
	合计	3.44	0.901	120
传统媒体微博用户	原创微博	3.98	0.915	40
	转发普通微博用户信息	3.87	1.003	40
	转发第三方机构信息	3.88	0.923	40
	合计	3.91	0.941	120
专家微博用户	原创微博	3.80	1.097	39
	转发普通微博用户信息	3.34	0.959	40
	转发第三方机构信息	3.62	0.756	40
	合计	3.59	0.957	119
总和	原创微博	3.61	1.048	119
	转发普通微博用户信息	3.52	0.942	120
	转发第三方机构信息	3.81	0.841	120
	总计	3.65	0.952	359

表11 微博信息源与信息方式对信息分享影响的单纯主要效果检验结果的方差分析摘要表

变异来源	平方和	自由度	均方	F值
微博信息源SS_a				
在B1（原创微博方式）	20.333	2	10.166	10.798***
在B2（转发普通微博用户信息）	7.469	2	3.734	4.457*
在B3（转发第三方微博用户信息）	2.113	2	1.056	1.507
微博信息传播方式SS_b				
在A_1（普通微博用户）	16.346	2	8.173	11.912***
在A_2（大众媒体微博用户）	0.291	2	0.145	0.162
在A_3（专家微博用户）	4.292	2	2.146	2.397
*= $p < 0.05$ ** = $p < 0.01$ *** = $p < 0.001$				

四、研究结果讨论与结论

（一）微博信息源与微博信息传播方式对风险认知的影响差异

从数据分析结果来看，在微博环境中，不同的风险传播主体对消费者的风险认知影响是有差异的。传统的大众媒体依然发挥着重要的影响力，无论采取原创微博的传播方式，还是采取转发普通微博账户信息的传播方式，抑或采取转发第三方机构信息的传播方式，都显示出了传统媒体微博账户的强大影响力。这点跟大众媒体长期以来累积起来的公信力和专业影响力有关，这种影响力也转移到微博环境中。专家微博对风险认知的影响也是一个重要变量，尤其是专家微博采取原创微博信息的传播方式时影响力甚大。有研究证实（Sherrie R. Whaley，2004），在风险沟通中，专家信源的影响力相当于甚至大于大众媒体的影响力，而本研究的结果却相反，这很可能有两个方面的因素：其一是在转发他人的微博信息时，组织的影响力大于个体，尤其是在微博环境中，专家微博是比较个人化的传播渠道，而传统媒体的微博账户依然是一个组织机构的传播渠道，消费者倾向于认为组织机构的影响力大于个体。其二是本研究中的专家是一个有一定影响力但不是非常著名的专家，与实验对象形成不了很大的交集，影响了实验对象的判断。微博环境中的风险传播方式对消费者的风险认知产生了重要影响，且这种影响因不同的传播方式而有所差异。如果是普通微博用户传播风险，采取转发第三方机构微博信息的传播方式对消费者的影响力大于其他的两种传播方式，但如果是传统媒体微博账户和专家微博账户，无论采取三种传播方式的任何一种，对消费者的风险认知的影响都没有显著差异。由此可见，微博中的传播方式只在作为传播主体的普通微博起着一定作用，在转发权威机构的微博信息时能够对消费者的风险认知产生更为显著的影响力。

（二）微博信息源与微博信息传播方式对信息获取行为的影响差异

从研究结果来看，微博信息源和微博传播方式对消费者的信息获取行为产生了影响，且不同的风险传播情境对信息获取行为的影响有所差异。就微博信息源而言，三种微博账户对消费者的信息获取行为的影响显著，但三种微博账户无论是采取何种微博传播方式，对消费者的信息获取行为的影响都没有显著差异。这可能与消费者的信息获取行为动机有关。消费者搜索风险信息主要是感知到风险，而不是来自信息源本身。就微博信息传播方式而言，普通微博用户采取转发第三方的传播方式比自己原创微博或转发普通微博用户的传播方式使得消费者的信息获取行为更活跃。消费者遇到亲朋好友的微博转发权威机构的风险信息时使得消费者对风险信息更为关注，激发了消费者对风险信息进一步搜索的欲望。

（三）微博信息源与微博信息传播方式对信息筛选行为的影响差异

微博信息源对信息筛选行为产生了影响，而信息传播方式也在一定程度上影响了消费者的信息筛选行为。对信息筛选行为有无产生影响力，主要看信息筛选行为是否活跃，一般而言，处在风险情境中的消费者信息筛选行为倾向于活跃，由于专家信源的权威和传统媒体的公信力，较之于普通人传播渠道，消费者倾向于对这些渠道发出的风险信息更不会质疑，核实这些信息的可能性更小，因此信息源对消费者的信息筛选行为产生了作用。但本节中结果显示虽然对信息筛选行为产生影响，但不同的信息源对信息筛选行为的影响没有差异。很可能是实验对象把普通微博信源也视为可信任的信源，与专家信源和传统媒体信源一样更高降低消费者的信息筛选行为。这是因为在微博互动中，普通微博很可能是与微博主关系密切的人群，诸如亲朋好友、同学等人群，微博主时常与这些熟悉人群进行微博互动，从而形成一定的信任感。就信息传播方式而言，转发普通微博用户的信息比原创微博信息的传播方式使得消费者的信息筛选行为更为活跃。转发普通微博用户信息的传播方式存在质疑，消费者对于小道消息或来源不明的信息倾向于核实和确认，而不是轻信，因此会采取更多的信息筛选行为。

（四）微博信息源与微博信息传播方式对信息分享行为的影响差异

微博信息源和信息传播方式对信息分享行为产生了影响，且不同的微博传播风险情境对信息分享行为的影响是不同的。就微博信息源而言，传统媒体微博账户无论采取何种传播方式对实验对象的信息分享行为都产生较大影响。这与Schultz，Utz，& Glocka等学者的研究（2011，2012）的研究结论一样，传统媒体传播风险信息所引发的危机二次传播更为活跃（本研究指的是风险二次传播）。专家微博如果采取原创微博的传播方式也能比普通微博账户带来更多的信息分享行为，但采取其他的传播方式却与普通微博用户所产生的信息分享行为没有显著差异。这点也表明，如果是一个专业性比较强但不是非常著名的专家进行风险传播时所产生的信息分享行为活跃度也不是太高。就微博信息传播方式而言，多数情况下采取三种中的任何一种传播方式对信息分享行为的影响并没有显著差异，只有在普通微博采取转发第三方调查机构信息的传播方式比其他两种传播方式时能导致更多的信息分享行为。这点不难理解，由于权威调查机构的信息使得普通微博用户的信息关注度大大提高，实验对象倾向于更可能把转发的信息再一次进行传播。

五、结语

本研究以赣南大米铬超标为食品风险类型，通过3*3的被试间的控制实验，探讨了微博环境中的风险信息源与信息传播方式对消费者的风险认知与风险传播行为影响，经过统计分析和研究结果讨论，得出如下结论：

首先，微博中的风险信息源对消费者产生了显著的影响，且不同的微博风险信息源对消费者的影响是有差异的。在对消费者的风险认知影响上，传统媒体微博账户的影响力与专家微博账户的影响力相当，但超过普通微博账户的影响力；在对消费者的信息获取行为的影响上，传统媒体微博账户、专家微博账户和普通微博账户这三种微博风险信息源对消费者的影响并不存在显著的差异；在对消费者的信息筛选行为影响上，传统媒体微博账户、专家微博账户和普通微博账户这三种风险信息源对消费者的影响并没有显著差异；在对消费者的信息分享行为影响上，传统媒体微博账户比专家微博账户和普通微博账户对消费者的影响力更大，使得消费者的风险信息分享行为更为活跃。

其次，微博中的风险信息传播方式对消费者的影响产生了显著的影响，但这种影响力会受到微博信息源的调节。在对消费者的风险认知的影响上，大多数情境下无论采取原创微博的传播方式还是通过转发普通微博用户信息的传播方式抑或是通过转发第三方调查机构的微博信息的传播方式都不存在显著差异，只有在普通微博用户转发第三方调查机构的传播方式时能够对消费者的风险认知产生更为显著的影响力。在对消费者的信息获取行为的影响上，多数情况下采取三种中的任何一种传播方式对信息获取行为的影响并没有显著差异，只有在普通微博用户采取转发第三方的传播方式比自己原创微博或转发普通微博用户的传播方式使得消费者的信息获取行为更活跃。在对消费者的信息筛选行为的影响上，多数情况下采取三种中的任何一种传播方式对信息筛选行为的影响并没有显著差异，只有转发普通微博用户的信息的传播方式比原创微博信息的传播方式使得消费者的信息筛选行为更为活跃。在对消费者的信息分享行为影响上，多数情况下采取三种中的任何一种传播方式对信息分享行为的影响并没有显著差异，只有在普通微博采取转发第三方调查机构信息的传播方式比其他两种传播方式时能导致更多的信息分享行为。因此，本研究发现，微博中的风险信息传播方式对危机传播效果确实有显著影响，但却受到微博风险信息源的调节，微博传播方式的不同大多数情况下对消费者的影响是没有显著差异的，只有在普通微博用户采取不同的信息传播方式时对消费者的影响有差异。

参考文献：

Andreas Schwarz. How publics use social media to respond to blame games in crisis communication: The Love Parade tragedy in Duisburg 2010[J]. Public Relations Review, 2012(38): 430-437.

Kim, J. N. & Grunig, J. E. Problem solving and communicative action: A situational theory of problem solving[J]. Journal of Communication, 2011(61): 120-149.

Kim, J.N, Hongmei Shen & Susan E. M.(2011). Information behaviors and problem chain recognition effect: Applying situational theory of problem solving in organ donation issues[J]. Health Communication, 26(2): 171-184.

Sherrie R. Whaley, Mark Tucker. The influence of perceived food risk and source trust on media system dependency[J]. Journal of Applied Communications, 2004(1): 9-27.

Sonja Utz, Friederike Schultz, Sandra Glockal. Crisis communication online: How medium, crisis type and emotions affected public reactions in the Fukushima Daiichi nuclear disaster[EB/OL]. Public Relations Review (2012), http://dx.doi.org/10.1016/j.pubrev. 2012-9-10.

Sonja Utz, Friederike Schultz, Sandra Glockal. Is the medium the message? Perceptions of and reactions to crisis communication via twitter, blogs and traditional media[J]. Public Relations Review, 2011(37): 20-27

Sparks, P., & Shepherd. R. Public perceptions of the potential hazards associated with food production and food consumption: an empirical study[J]. risk analysis, 1994(5): 8-799.

赖泽栋. 问题解决情境理论：公众情境理论的新进展[J]. 国际新闻界，2014（2）：164−176.

曾繁旭，戴佳，王宇琦. 技术风险VS感知风险：传播过程与风险社会放大[J]. 现代传播，2015（3）：40−46.

中国互联网络信息心. 第34次中国互联网络发展状况统计报告[R]. 2014（7）：1−48.

范式转向与传播组织系统

——对武装冲突中认知传播的思考

丁锦箫　段弘[1]

摘　要：当代世界部分地区武装冲突频发，这也是媒体传播的焦点所在。面对纷繁复杂的武装冲突信息情境，不论是传播的技术手段还是人的认知需求都出现了新的变化，即认知传播的显现。对此，本文从理论维度和实践维度集中探讨武装冲突中的认知传播，并试图提出新的传播组织行为。首先，界定武装冲突与认知传播理论，并运用认知传播理论分析武装冲突中的信息传播。其次，重点分析武装冲突的典型案例——缅甸武装冲突和2002年巴以冲突中各方传播策略，并对传播策略进行深度挖掘。最后，依据信息传播的技术条件和系统组织理论，将武装冲突中的认知传播构建为工程传播模块、工艺传播模块、分众传播模块和层级传播模块，以期有所创新。

关键词：武装冲突　认知传播　系统组织理论　传播组织系统

随着传媒技术的不断发展，武装冲突信息传播的流程和内容也悄然变化。每当武装冲突发生，通常是来自冲突现场的自媒体通过互联网发出第一声，扮演了信源的角色，各大媒体也同时快速跟进报道。受众接收到的相关信息不仅来自主流媒体，更借助社交媒体、移动终端与身处现场的传播者进行交流。这种实时、

1　[作者简介]丁锦箫：重庆电子工程职业学院，助教，四川大学文学与新闻学院传播学专业硕士研究生，研究方向主要为网络与新媒体传播。段弘：四川大学文学与新闻学院，副教授，博士研究生，研究方向主要为认知传播、出版。

双向地交流为受众带来了对冲突的接近感，营造了一种共同参与的现场感，形成了关于冲突事件的“集体回忆”。受众对于冲突信息的需求不仅仅满足于媒体报道中的直观信息和重复叙事，更关心冲突为什么会发生，会产生什么样的利与害，以及如何获取有效信息、如何运用信息的需求。这种现象的实质是传统新闻传播范式须加以转换，亦即新的认知信息传播范式将要替代传统的认识信息传播范式。据此，本文从认知传播维度来探讨武装冲突中的信息传播，并对武装冲突传播个案进行分析，最后运用系统组织理论来探讨如何在武装冲突中进行认知传播，期冀展开对认知传播的深入研究。

一、武装冲突中认知传播的理论维度

（一）武装冲突简述

人类社会的武装冲突总是此起彼伏，连绵不断。瑞典斯德哥尔摩国际和平研究所统计，21世纪以来，平均每年发生45场武装冲突。英国著名智库国际战略研究所发布的关于全球武装冲突的调查报告中指出，2014年全球发生武装冲突为42起，2013年为50起。瑞士日内瓦国际人道主义法及人权研究院发布的世界各地武装冲突局势分析报告指出，2012年，全球24个国家和地区共发生38起武装冲突。世界经济论坛组织（WEF）最新发表的《2015全球风险报告》指出，未来10年之内，国际武装冲突是最大的乱源之一。瑞士有学者统计过从公元前3000年到公元1980年约5000年的时间里，世界上共发生过14513次武装冲突，平均每年发生武装冲突将近3次。近年来，在武装冲突中死亡的人数直线上升，2012年为9.5万人，2013年为11.3万人，2014年达18万人。可见，武装冲突的危害不容低估。

（二）认知传播理论阐释

1. 武装冲突信息传播的变化

在网络尚未成为新闻主流传播渠道之时，受众对武装冲突的信息获取多来自报纸、广播、电视等传统媒体，新闻信息的来源、内容和传播机构都相对单一。通常是通过冲突双方的相关机构或是派驻记者现场采访，信息获得的成本相对较高，需要传媒具有一定的话语权和实力才能采访到一手消息。在国际新闻传播中，大型全球性新闻机构（如美联社、BBC等）凭借其话语优势在冲突传播中占据霸权地位。其他国家由于传播技术和传播实力的原因，在采集一手消息方面不占优势，采用转载大型全球性传媒内容的方式进行“二手”报道。其信息传播图式为：

单一信源（武装冲突双方相关机构/个人）→大型全球媒介组织→世界各国媒体机构→受众。

在此图式中，信源较为单一，信息传播经过了多个层级，受众不能直接接收到冲突现场一手信息，信息有可能会失真。传统新闻传播图式对武装冲突的报道通常都是提供直观的信息，叙事感性较多，理性分析较少，并且多家媒体重复叙事，内容多为人们已知的信息，这只是对武装冲突信息的粗加工。

21世纪以来，随着网络的广泛应用以及全球化进程的加深，武装冲突信息传播机制发生了明显变化。首先，新闻信源呈多样化趋势，身处武装冲突现场的个人能通过网络发布各种即时信息并接受采访，各个国家的传媒机构都可接近一手信源。其次，伴随信源多元化的是受众接受消息的多样化，受众不仅接收来自专业媒体机构的新闻报道，还可以和冲突的相关机构、冲突现场的个人进行信息互通。受众接触到来自不同传者的信息，不同的叙事类型，对受众的认知造成了新的冲击。因此，在武装冲突发生时，人们的信息需求从知道“发生了什么”到进一步知道“为什么会发生？是否会转化为战争？会给自己带来什么样的利与害？”，受众不仅要求对冲突信息的有效获得，更强调运用信息进行价值判断，实现从认识信息到认知信息的转变。由此可见，媒体要实现人们相关的信息需求，就必须实施新闻传播的范式转换，亦即用认知信息传播范式代替传统的认识信息传播范式。

2. 认知传播范式界定

认知传播就传播技术而言是以新一代数字网络技术为传播手段，在互联网、移动网络、物联网等新传播技术的快速发展上应运而生的。就传播机理而言，认知传播强调的是人们对武装冲突信息的获取、比对、运算，进而形成新的判断，亦即人脑对信息加工以形成新的知识。就传播情境而言，在武装冲突中各方都在使用各种媒介操控受众的感知、态度和信念，以达到影响受众认知的目的。近年来，世界的武装冲突多由“颜色革命”引起，社交媒体在联系抗议者、示威者和鼓励其进行游行示威中扮演了重要角色。

网络作为世界上最大的信息交互平台为信息的快速即时流动提供了技术上的可行性。同时，网络结合了大众传播和人际传播的特点，为个体提供了自我表达和自我实现的机会，使得个人拥有了一种空前的能力来影响其他人的思考和处事方式。就武装冲突双方而言，双方均希望通过网络来影响人的逻辑思维。从这个意义上来理解，信息产生了意识，意识控制了行为，此为信息控制行为，信息既是传播的内容，也是传播的目的，信息传播的本质就是一种控制机制。交互作为信息传播的过程，其本质是控制的过程。在认知传播中，网络是载体，信息是内容。信息传播使得毫无生机的能量扩散进入高级形态，发生有意义的交互和理解行为。高度组织化、秩序化、规则化的传播使得武装冲突能够得到控制，并按预定轨迹发展。信息传播除了信息流动外，更重要的是人类对信息的识别和理解。

深入推究，信息有信号形态、符号形态和知识形态三个层面。在信号形态层面，受众的初级反应是识别。受众基于对信号的识别，准确地组成有序的构造才成为可能，从而引发生命的冲突故事。在符号形态层面，受众通过识别符号的能指进而理解符号的所指，从而产生意义的解读，形成高级的信息形态。人们通过接收武装冲突的语音、图像、文字等符号来理解冲突信息，其中识字、识图、听音是接收符号能指的基础，在此基础上受众进一步理解信息符号的意义。在知识形态层面，受众在接收信息后通过搜索和匹配去识别知识的内涵，在已有的知识框架上丰富原有的知识或是产生新的知识。人们在大脑中进行的知识的配型、比对、关联和运算等一系列认知操作属于信息传播的高级加工，通过今天获取的知识与昨天存贮的知识的不断加工，进而生成新的知识文化。

生命活动离不开信息传播，有生命体就有信息传播，武装冲突危及人的生命，人们关注生命、关注信息传播，需要经过认知而获得知识，这既是自然的演化，又是思维的逻辑。信息传播的认知形态是符号加工和知识理解。就机理而言，认知是对认识的升华，也是确立认知传播范式的基础。可见，人类从信号传播进化到符号传播再演化为认知传播，造就了生命体由本能到智能的进化，并为人类认知世界和改造世界，不断创造出新的知识文化提供指导。

3. 认知传播对武装冲突信息传播适用性分析

当今社会人们对武装冲突的关注不仅满足于信号传送，而是需要对武装冲突的思考与理解，需要来自知识层面的信息传播。受众最基本的信息需求是对冲突信息的识别，更深层次的需求是对冲突信息的解读，以便做出有利于自身的决策，这也契合新闻传播的社会雷达功能。

人类在认知过程中使用符号感知武装冲突、理解武装冲突，并形成在武装冲突中的有关知识、思维和行为计划，符号和知识都是人们对武装冲突认知过程的组成部分。人的感知通过传播的符号来识别武装冲突中的信息，并用符号组织这些信息，支撑对武装冲突的理解、判断和决策等认知行为。一个完整的信息链应当包含信息的获取、加工和传播以及信息的接收、存贮、利用的全过程。可见，信息传播不可能脱离人的认知而独立存在。与此同时，人的认知也离不开知识，知识是符号在记忆中的整合与运算。知识作为信息的一种形态，是认知过程不可或缺的实体，这是我们研究认知传播应当明确的。

在互联网传播的时代，把认知仅仅视为存在于人的大脑之中有失偏颇，人的认知已经部分地转移到互联网上，并呈现出加速的趋势，如人的感知、记忆、行为控制等认知活动越来越依赖信息网络。根据麦克卢汉的媒介即讯息的观点，媒介技术本身才是拥有真正意义的讯息，媒介技术的变革会改变人类思维的方式[1]。网络改变了人类接收信息方式和理解信息的逻辑，人类开始进行网络认知。可见，生物认知活动和网络认知活动都离不开符号和知识，而符号和知识又是认知活动的基本条件，又是信息传播的两种存在形态，这种现实需要认知传播来求解传统新闻学和传统传播学解决不了的问题，尤其是在武装冲突的复杂系统中，更需要认知传播这种新范式来求解现实传播问题。

二、武装冲突个案分析

信息技术正在使全球力量结构发生变革，在此变革进程中，一个国家或是一个集团对信息资源配置的有效性决定了它能否通过武装冲突达到既定目的，或是在冲突中占据主动地位。在当今社会中，信息不仅仅是传播的内容，同时也成为一种商品或是作战武器，媒体传播也成为武装冲突环境中的关键要素，具有全球影响力的网络空间是武装冲突双方激烈争夺的领域。媒体传播的影响力不仅改变了国家间的力量平衡，而且可以使得某个利益集团向主权国家发起挑战，颠覆政府，将人们陷入武装冲突的困境，冷战后世界上发生的多起颜色革命导致的武装冲突皆是如此。分析具有代表性并可供借鉴的学科实体个案，是本文研究认知传播的逻辑必然。

本文重点分析了两个典型传播个案——缅甸武装冲突和2002年巴以冲突。两场武装冲突传播技术不尽相同，2002年巴以冲突时互联网尚未被广泛运用于新闻报道，反以武装力量的信源——来自简单的手机文本和图片为信源，通过对信息的深度加工来进行舆论掌控。而在2007年缅甸武装冲突中，社交媒体已然成了信息交互的主要渠道。但相同的是两场武装冲突的双方都通过使用媒介和信息来争夺舆论场，并以其中一方占据舆论主导权为最终结果。

（一）缅甸武装冲突

缅甸武装冲突肇始于2007年缅甸发生的“袈裟革命”，尽管缅甸军政府通过暴力手段镇压了“袈裟革命”，但缅甸军政府自此丧失了信息控制的主导权，此次事件的影响也一直未完全平息并引发了后续的缅北武装冲突。

在“袈裟革命”期间，缅甸军政府为了确保舆论场的控制权，在后期关闭了包括互联网和手机在内的公众可接到国际网络的一切渠道，但在此之前大量关于“袈裟革命”的文字、图片、音频、影像报道实际上早已通过网络向全世界各地播报，引发了全球受众对“袈裟革命”的舆论支持。当时全球受众接收的信息主要来自三方。一是通过诸如Twitter等社交媒体和YouTube等UGC平台接收来自身处冲突现场的自媒体传播的信息，这些自媒体既包括参与“袈裟革命”的抗议民众，也包含当时在缅甸旅游或公干等处于“围观”立场的个人。这类信息是第一时间来自冲突现场，以碎片化信息为主，通常文本较短，多伴随图片或视频呈现。但由于其强调传播即时速度，其间可能存在谣言和误差。这类信息属于信息加工的初级形态，受众以识别冲突信息为主。二是接收到隶属于缅甸反对党派的媒介组织和新闻报道者的信息传播。这类信息既有简短的消息，也有特写、特稿、调查报道等深加工的信息传输。由于其来自有组织的专业机构或人员，虽然其信息内容、类型较为完整全面，但不可避免地带有反对党派自身的立场和利益色彩，带有争夺叙事权的目的。三是主流媒体或是传统媒体的新闻报道。后两种信息属于信息传播的高级形态，演化出了符号和知识的意义。这些信息共同引发了国际受众对缅甸军政府的抵制情绪，形成了对缅甸政治格局的新定义和新知识。缅甸军政府由此丧失了对受众的影响力，受众的认知倾向于赞同反对党派传播内容和西方社会主流价值观，致使缅甸军政府在后续的政治策略中不得不让步。相较于发生在1988年的缅甸武装冲突不为国际社会所关注，此次缅甸武装冲突可谓引起了国际舆论的轩然大波，美方所扶持的缅甸反对党派成功地占据了舆论场域的优势地位。

在过去长达几十年的时间里，美国对缅甸采取的政策是不闻不问。但从2006年以来，美国针对中国的“亚太再平衡”战略方案中，关于东南亚布局的内容提到的第一个国家就是缅甸。因此，美国向缅甸输出大量传播技术和传播内容，以达到建立亲美政权并制造缅甸国内政局混乱的目的，以此来给中国施加压力。在“袈裟革命”后，美国政府操控传媒展开舆论与认知的“轰炸”，在政治上渲染民族之间的对立，经济上渲染两极分化的对立，宗教信仰上渲染不同教派的对立。

对此，美方在内部总结中指出，运用传播媒介操控民众对冲突或支持或反对，在武装冲突和利益布局分配中有重要的作用，要用新闻信息诱导受众贯穿所有武装冲突参与者的全域。网络社会的兴起意味着国家或集团之间的争夺不仅有传统的现实空间领域，更有网络虚拟空间之争。美方认为，在冲突活动中通过媒体去影响受众的认知，使信息变成强大的武器，从而改变国内和国际民意。概而言之，在武装冲突中通过对信息进行加工和传播，使己方占据信息和道义上的主动地位，引导武装冲突事态向己方有利的方向发展。

（二）2002年巴以冲突

再看另一个个案，2002年春，以色列制造一场了武装冲突，以方派出军队攻占巴勒斯坦占领区西岸的杰宁，意在消灭城内的200多名哈马斯反以武装力量。从军事行动上看，这是一场成功的战术攻击行动。哈马斯反以武装力量的设施被摧毁，人员或被击毙或被逮捕。但是以军在实施武装行动时限制媒体进入冲突地区，冲突中的信息主导权无形之中转移到反以武装力量一方。外部有关组织运用手机等工具与杰宁城内的居民进行交流，通过反以武装力量的传播策划对城内居民实施诱导式叙事，一些精心编辑的语音、故事和图像等有利于巴勒斯坦的新闻信息迅速地流向各国的主流媒体。瞬间，有关武装冲突的信息传遍全球各地，致使国际舆论大哗，最终这场武装冲突以巴勒斯坦的英勇抵抗和以色列残暴入侵成为叙事的主旋律。从传播维度来推演，以色列本可以在有限的时空环境中主导信息，让传媒来为它叙事，立于战略主动之地，但由于它限制媒体行为，将叙事之权拱手相让，致使自己置于战略上的被动。而哈马斯反以武装力量的传播策略则大获全胜，成功地影响了全球受众对此次武装冲突的认知，将战术上的失利转化为战略上的主动。

美国方面在分析这场武装冲突时指出，如果信息优势无法有效达成，无法进行有效的信息主导，丧失叙事之权，那么美国今后在武装冲突中将难以取胜。所以，美国一直积极调动传媒来塑造有利的武装冲突的信息环境，建立应对争夺信息传播话语权的机制，以占据全球新闻叙事中的有利地位。美国根据互联网传播对武装冲突叙事的新动向，明确提出“战略传播”的概念，其内涵为：注重整体设计与资源配置为基础，体系构建与科技创新为优势，基本目标与任务为指向[2]。“战略传播”强调将公共外交、公共事务、国际传播、信息和心理运作进行充分整合，通过认知操控来达到影响国内外受众的目的。英国也提出战略传播概念，即系统化地协调与运用各种传播手段，形成有序的传播机制，通过认知操控影响个体、群体和国家的态度和行为，从而达成英国的国家安全目标。不论美国还是英国提出的新的战略传播，究其实质都是认知传播范式的运用。

（三）逻辑归纳

自冷战结束之后，世界上发生的武装冲突多源于“颜色革命”，迄今为止发生过的主要有：1989年捷克斯洛伐克的“天鹅绒革命”，2003年格鲁吉亚的“玫瑰革命”，2004年乌克兰的“橙色革命”，2005年吉尔吉斯斯坦的“郁金香革命”，2005年黎巴嫩的“雪杉革命”，2007年缅甸的“袈裟革命”，2009年摩尔多瓦和伊朗先后发生的被称为“推特革命”的未遂颜色革命，2011年突尼斯的“茉莉花革命”及其所引发的“阿拉伯之春”。这其中，从北非到西亚的“阿拉伯之春”为祸最深，至今这些地区还处于战乱之中。纵观这些由“颜色革命”酿成的武装冲突，西方传媒在酝酿期宣传政治、宗教等意识形态上的对立，在暴力行动和武装冲突后实施重点传播，运用文字、图片和视频全媒体信息制造民众被打压的冲突信息，令全球高度关注，进而操控人们的认知。

新闻传播的一项重要功能是消除人们对信息的不确定性，受众对于冲突信息的不确定性既包含了武装冲突发生的时间地点，也包括为什么会发生冲突以及冲突会如何变化。认知传播是将信息传播视为一种文化和知识的传播，注重在传播过程中挖掘人的科学思维，以文化和知识来开发人的智慧，提高受众的媒介素养，进而实现传播的正能量，扩大新闻传播的影响力。

传播技术的进步使得武装冲突信息的获取、传播呈现明显地分散化的趋势，信息能直达传播链的最底层次（个体）。任何个体只要具备一个与网络连接的设备，就可以在武装冲突的信息传播生态链中占一席之地，其作用既可能是正面的有益的，也可能是负面的危害性的。在这个生态链中，国家、利益集团和个体同场竞技，交互影响着武装冲突的走向和结果。在web2.0时代，传播武装冲突的叙事能力呈现出新的特点，政府如何利用传媒进行有效的科学叙事，有效地影响受众认知，可以考虑采借系统组织理论，亦即有一个实施技术路线图。

三、武装冲突中认知传播技术路线图

（一）传播技术发展与认知需求

当今社会是一个“融媒体”抑或说“全媒体”的时代，报纸、广播、电视、音像、电影、出版、网络等多种媒介的功能趋于一体，传统媒体与网络新媒体的区别日渐式微。媒介机构以为受众提供满足视觉、听觉甚至是触觉的信息为目标，针对不同受众的不同需求来选择相应的信息呈现形式，在大众传播的基础上进行精准的细分信息服务，以便在扩大受众覆盖面的同时达到最佳传播效果。可以说当下的信息传播既是“广播”同时也是“窄播”。

在技术进步给信息传播带来变革的同时，也不可避免地带来一些弊端。首先，传播者往往过于强调信息即时传递而忽略了信息的真实性，各种谣言、虚假信息、重复信息鳞次栉比。同时，海量信息存储使得人们搜索信息的时间成本提高，受众需要花费大量时间来进行甄别、比对和判断。从这个维度来反思，受众满足认知需求的成本反而提高了，受众比以往更需要准确优质的内容服务。

就武装冲突信息传播而言，由于其涉及诸多学科领域的知识，普通人进行相关信息搜索、判断、分析时的准入门槛相对较高，这就要求传播的重心由认识向认知转变。武装冲突传播存在于一个多边的传播生态圈中，既有传统传播学意义上大众传播的现象，也有生于web2.0环境中的点对点、点对面的节点传播，网络空间则成为传播的主阵地。面向全球受众进行信息传播，挖掘武装冲突表象之下的文化和知识就成为认知传播“制高点”。

信息技术的进步使得传播从铺天盖地的新闻“轰炸”转变为信息“精确打击”，要求认知传播首先应是精准的信息传播。2004年乌克兰“橙色革命”引发的冲突中，普通居民的手机还无法传播影像数据，多以文字短信交流为主。而2014年乌克兰东部地区的武装冲突中，手机提供的冲突视频数据却呈海量之巨。对传播者来说，如何运用这些海量信息来达到认知传播的效果，才是考量的重心。

面对传播技术的变迁，传者及其组织体制应实施传播创新，亦即对传播准确预测、主动设计。在武装冲突现场，任何一个人都可以通过一个移动设备播报出最新的消息，但由于武装冲突的不确定性和混乱局面，低质量、重复性、错误的内容也层出不穷，受众认知则需要高质量的信息。对于传播者而言，要想实施有效的认知传播，还得有一个系统化的组织体制，并将各种资源有效地整合，形成相应的传播机理。武装冲突的信息传播实际上是一项系统工程，需要运用系统科学的理论。而要想在武装冲突的信息传播中达到影响受众认知的效果，传播者必须进行系统的运筹，而非局部加强或是改进某个单元。

（二）认知传播系统组织

依据系统组织理论，系统可以是一个国家、一个群体、一次武装冲突，甚至是一次传播活动，认知传播也可被视为一个系统。认知传播系统主要包括以下几个单元：传播者、传播内容、传播渠道、传播对象、传播效果及其之间的相互关系。在武装冲突中，传播者不仅指涉传媒组织和宣传机构，也包括各种自媒体和独立媒体人。冲突信息既可以通过传统渠道（纸媒、广播、电视），也可通过电脑、智能移动终端、可穿戴设备等多种新型渠道来传向受众。同时，在现今的传播系统中反馈回路的便捷性使得传播对象泛化。在武装冲突信息环境中，从广义传播对象来看，其既包含各种信息的消费者，同时也包括了传播者自身。传播者的传播行为是依据受众反馈不断进行修正的。在颜色革命中，原本与政府立场一致的主流媒体接收到消费者的反馈后反而倒向了与受众立场一致的传播动机，成了颜色革命中撬动原政府重要的杠杆。由此可见，武装冲突中的认知传播既是一个静态的理论性概念，又是一个动态的应用性的系统组织行为。因此，系统集成是科学研究武装冲突中认知传播的基本方法。

从系统组织理论维度来考察，信息网络存在联结、交互和耦合功能。联结是指系统中的单元相互影响的方式，在武装冲突的信息传播环境中，传播者、传播内容、传播对象等各个单元之间的信息传递紧密相连，每个单元的任何行为、变化都会直接影响与其相连接的单元。交互是指系统中的单元以及它们之间的相互作用，它是认知传播系统的基础。武装冲突信息传播系统中的交互关系多为复合交互，不仅传者能对受众施加影响，反过来受众的解码方式也会影响信息生产模式和传播渠道，因此武装冲突的传播效果往往难以完全与预期相符。耦合则是指在武装冲突信息传播系统构建时不仅关注单个单元的内部功能，更要将各个单元视为一个整体，综合考量到各个单元的作用及其相互关系。在现今激烈的武装斗争环境中，信息传播通过网络实施，它存在着联结、交互和耦合。为了实现认知传播的互耦，组织者可以考虑构建四个传播模块，即工艺传播模块、工程传播模块、分众传播模块和复杂传播模块。

1. 工程传播模块

工程传播模块是组织者需从宏观层面制定系统的传播规划，宣传机构通过和专业媒体机构、独立媒体人合作进行科学合理地叙事，以主导公众舆论场。

伊拉克战争中全球媒体争相报道的“拯救女兵林奇”就是工程传播模块的典型应用。美国国防部和美国公关公司根据一个尚未拍成电影的剧本，将因车祸就医的女兵林奇包装成了伊拉克战争中的“英雄”。这部“史诗般”的剧作“拯救女兵林奇”是美国军方经过系统筹划、精心指挥而炮制的，军方宣传机构同专业媒介组织联合起来，从整体方案和导向到具体的行动、指令、执行记录都进行了高度集中控制与指挥，从而达到了为美国对伊拉克军事行动高唱赞歌的目的。在舆论导向中操控受众的认知，使美军成为最大的获益方。

在构建认知传播的工程传播模块中，除了设计规划和任务指挥外，传者需要为一次传播行为提供多个可调整的解决方案，依据受众反馈回路随时调整传播策略，从而达到预定的传播效果。认知传播系统由于受制于武装冲突中主客观条件的约束，会出现传播碎片化的现象，以及由于各种传播者难以完全掌控的因素，受众对信息意义再生产是传者无法完全掌控的。对此，传播者利用系统中的相互作用，依照耦合的机理不断调整传播行为，达到认知传播的目的。从上述实例和理论分析中可以看出，构建工程模块传播需要精心策划的传播方案和有效的调控机制。

2. 工艺传播模块

工程传播模块是从宏观层面着眼以形成系统的传播战略，而工艺传播模块则是从微观层面入手以形成具体的传播战术。

在武装冲突中的具体传播策略中，更多地需要动态的方案和开放的控制，给予传播实施者足够的自由去解决他们遇到的问题，以获得认知传播的效果。在认知传播系统中，由线性交互组成的宽松耦合体系很少发生断裂，各组成单元的线性交互使得传播具有一定的可预见性。即使传播过程中出现断裂，它也可以通过预备的传播方案得到恢复。在此系统中，传播者若是扮演执行者的角色，很难实现高度控制传播过程的目标，也难以主导着信息传播。武装冲突中存在的多个利益方、多元机构和混乱状态（宽松耦合），可以为传播系统提供时空环境，允许合理反馈和灵活展开多元的传播解决方案，以达到有效传播的目的。

3. 分众传播模块

分众传播模块主要是从受众维度出发对武装冲突中的认知传播进行设计，强调在对受众进行调研的基础上，依据受众不同的立场、动机、倾向提供不同类型的信息和表现方式，以实现精准服务的效果。

在武装冲突中各方相互关系非常复杂，各方为了他们各自的目的，往往与外界的连接呈灰色状态，这种有意识地不透明、复杂性、宽松的连接使得受众对信息获取、认知的难度加大。构建分众传播模块，传播机构首先要对受众进行预判，依据受众的不同需求选择传播的渠道、内容。其次，传播者要通过多种手段即时地掌握受众的反馈，进行动态调整。由于在武装冲突现场往往有许多突发状况是传播者难以预料的，有必要依据反馈机制来不断对受众认知做出动态评估，以便对传播内容进行相应地调整。在武装冲突中认知传播必须基于不同受众的评估来构建，利用互耦机理以实现由点到面和多对多传播路径。

4. 层级传播模块

分众传播模块是针对受众的差异性提出的，层级传播模块则是针对传播者的差异性而言，既对传播方案进行集中控制，同时也有分散控制。纵览近年来的武装冲突信息传播，传播系统往往为媒介帝国所主导，并随媒介帝国的意志而转移。这意味着实施认知传播需要有严密的联结和详细的应对计划，并对现场的传播单元具有指导意义的控制，以对抗传媒霸权的干扰。与此同时，还应准备分散的传播途径，发挥自媒体、独立新闻人、甚至是武装冲突人员的作用，以防止受制于传媒霸权的压制。

第一个层级是集中控制，集中控制型传播更适用于专业媒体机构以及宣传机构。通常情况下，专业媒体机构在受众心目中拥有较强的公信力，代表了国家意志。通过专业媒体机构对宏观“舆论场”进行引导和造势，达到受众覆盖面量上的优势，对媒介帝国的信息传播进行强力干涉。在集中传播的机制中，更加注重的是传播行为计划的设计与实施。

第二个层级是分散控制，主要针对独立媒体人、武装冲突中的其他参与者。在web2.0时代，主流媒体、权威机构传播的信息意义常常被受众所消解掉，受众往往采取协商式解码甚至是对抗式解码的策略。在虚拟社区中，受众所身处的“圈子”对其有更强的影响力，对圈子中的意见领袖更加信任。在武装冲突信息环境中，专业媒体组织和宣传机构从宏观上进行信息传播和舆论引导后，再通过独立媒体人、自媒体等渠道将信息分散到各个节点，对受众的认知进行引导。通过这样的两级传播，实现“点到面—面到点”的耦合的系统传播机制，为受众提供关于武装冲突有价值的信息。

认知传播系统的四个模块应当是相互融合的。同时，信息传播互耦还与人或组织有意识的自主适应能力有关。面对不同冲突环境、不同文化背景、不同传播对象、不尽如人意的技术条件，适应性都是实施认知传播的关键因素。如何适时、适地与武装冲突现场协同，这就需要人或组织自学习、自适应，况且学习与适应本身就是认知。通过自学习、自适应，人或组织的媒介素养能够得到提高，对于如何正确认知武装冲突信息并确立科学的行为，即把外在的刺激力和内在的机制力相结合、把对外在客观事物的知晓和内在的领悟或知觉相结合，实现传播以正视听，受众以人脑运算，形成自觉的新闻文化和新闻知识。

世界上的武装冲突往往造成多种事态，或引发大规模战争，或成为利益重新分配的筹码，或造成严重的人道主义灾难。传播学对此不能只是传播信息符号，仅供人们识别，而应传播武装冲突的文化形态、知识形态，使人们更深入地理解武装冲突、理解信息的价值，如此才能实现信息传播的价值，这也是认知传播学使命所在。

参考文献：

丁宝文. 超越地平线的新战略[M]. 贵阳：贵州出版社，1996.

丁宝文. 信息心理战系统[M]. 北京：军事谊文出版社，2006.

高晓红. 媒体融合背景下传统媒体舆论引导面临的困境与出路[J]. 新华文摘，2016（1）：146-150.

李金铨. 国际传播的国际化——反思以后的新起点[J]. 开放学术，2015（1）：211-223.

林德森 · J. 伯格. 对未来战略传播问题的重要思考[J]. 赵宏宇、胡萍译，外军政治译丛，2015（3）：36-40.

林涵. 美军战略传播探析[J]. 外国军事学术，2015（10）：65-67.

林克勤. 认知传播学的宏观学术视野——视角、依据、对象和方法[G]. 媒介秩序与媒介文明研讨会暨新闻传播伦理与法制学术研讨会论文集. 2015.

马歇尔 · 麦克卢汉. 理解媒介：论人的延伸[M]. 何道宽，译. 南京：译林出版社，2011.

马修 · 沃林. 军事公共外交及其相关问题解析[J]. 巫琼译，外军政治译丛，2015（3）：1-4.

欧阳宏生，朱婧雯. 论认知传播学科的学理建构[J]. 现代传播，2015（2）：34-40.

欧阳宏生，朱婧雯. 效果研究的新范式：认知传播学——“后媒介”视阈下的学科构建[J]. 重庆邮电大学学报（社会科学版），2015（4）：118-125.

苏 · E. 凯斯. 社交媒体在军队作战中的作用——以叙利亚危机为例[J]. 王亮，赵勇译，外军政治译丛，2015（3）：31–35.

王寅. 基于建设性后现代哲学视野下的认知传播学初探——体认语义的建构与实践[J]. 现代传播，2015（7）：12–18.

王寅. 认知传播学的理论与实践[G]//中国认知传播学会. 认知传播学的研究范式与学理建构：中国认知传播学会第二届学术年会论文集. 南昌：江西高校出版社，2015.

威尔伯·施拉姆，威廉·波特. 传播学概论[M]. 何道宽，译. 北京：中国人民大学出版社，2010.

许国志. 系统科学与工程研究[M]. 上海：上海科技教育出版社，2000.

严功军. 公众社会认知与中国对俄传播策略思考[G]//中国认知传播学会认知传播学的研究范式与学理建构：中国认知传播学会第二届学术年会论文集[M]. 南昌：江西高校出版社，2015.

周鸿铎. "认知传播"研究的切入点分析[J]. 今传媒，2014（8）：4–6.

周鸿铎. 认知传播学研究（二）——认知传播学显现和发展背景分析[EB/OL]. [2015-4-17]. http://blog.sina.com.cn/s/blog_6e9caf1b0102vd9c.html.

周鸿铎. 认知传播学研究（三）——认知传播学视角下的新闻学[EB/OL]. [2015-4-18]. http://blog.sina.com.cn/s/blog_6e9caf1b0102vdbc.html.

周鸿铎. 认知传播学研究（四）——认知传播学及其视角下的传播学[EB/OL]. [2015-4-18]. http://blog.sina.com.cn/s/blog_6e9caf1b0102vdbd.html.

周鸿铎. 认知传播学研究（五）——认知传播学的五个"是什么？[EB/OL]. [2015-4-19]. http://blog.sina.com.cn/s/blog_6e9caf1b0102vdcq.html.

周鸿铎. 认知传播学研究对象探析[J]. 今传媒，2015（4）：4–7.

周鸿铎. 认知文化及其分类探析[J]. 南方电视学刊，2015（2）：56–60.

左军占，王警. 论信息时代舆论战的地位和作用[J]. 军事政治学研究，2014（4）：82–93.

Christopher Wilson, Alexandra Dunn. Digital Media in the Egyptian Revolution: Descriptive Analysis from the Tahrir Data Sets[J]. International Journal of Communication, 2011(5): 1248-1272.

Gilan Lotan, Erhardt Graeff, Mike Ananny, Devin Gaffney, Ian Pearce, Danah Boyd. The Revolutions Were Tweeted: Information Flows During the 2011 Tunisian and Egyptian Revolutions[J]. International Journal of Communication, 2011(5): 1375-1405.

James Pamment. Media Influence, Ontological Transformation, and Social Change: Conceptual Overlaps Between Development Communication and Public Diplomacy[J]. Communication Theory, 2015(2S): 188-207.

Melissa Brough, Zhang Li. Media Systems Dependency, Symbolic Power, and Human Rights Online Video: Learning from Burma's "Saffron Revolution" and WITNESS's Hub[J]. International Journal of Communication, 2013(7): 281-304.

Se Jung Parka, Yon Soo Limb. Information networks and social media use in public diplomacy: a comparative analysis of South Korea and Japan[J]. Asian Journal of Communication, 2014(1): 79-98.

Zeynep Tufekci, Christopher Wilson. Social Media and the Decision to Participate in Political Protest: Observations From Tahrir Square[J]. Journal of Communication, 2012(2): 363-379.

“90后”对国家形象的认知与传播

——以“帝吧出征”为例

陆佳卉　张馨元[1]

摘　要：作为社会发展中的新兴政治力量，“90后”逐渐成长并卷入社会政治生活中，对未来政治稳定与发展的影响力日益增大。国家形象是国家力量、国家意志和民族精神的象征。审视“90后”对国家形象的认知与传播具有重要的意义。网络媒体以其特有的快捷、互动、平等性、自我赋权等优势极大地改变了青年的信息接收方式和生活方式，并成为“90后”政治参与的重要途径和传播工具。在新媒体时代语境下“90后”对国家形象的认知和传播具有显著的独特性，本文在对国家形象研究进行理性评述的基础上，采用问卷调查和文本分析法，试图通过网络舆论场对周子瑜事件和“帝吧出征”展开的传播行动探析“90后”在新媒体空间对于国家形象构建的话语方式、传播特点和存在的问题等，进而找出传播行为和公众认知影响国家形象建构的更深层内涵，为研究认知在国家形象构建中所起到的作用提供更清晰、有力的依据。

关键词：认知传播　“90后”　国家形象　新媒体

1　[作者简介]陆佳卉，张馨元：中国青年政治学院新闻传播系。

一、国家形象认知与传播的理论脉流

（一）国家形象认知研究

近年来学界对于我国国家形象认知的研究主要集中在三个方面：国家形象的内涵体系认知、国家形象认知的心理机制研究以及建构国家形象认知模型研究。

国家形象的内涵体系认知。我们通常所理解的形象是人类对于特定的对象从感知层面出发，对于该客观事物的总体的评价和印象，是作为一种意识形态的存在，其归属于意识范畴。复旦大学国际公共关系研究中心主任孟建曾提出，国家形象不仅是国家文化软实力的重要标志，也是一个国家基于文化的创新力、生命力、传播力所形成的精神、思想和道德力量[1]。如果只是从字面来理解国家形象，就会造成一种错位理解。对此长沙理工大学刘小燕教授曾在其文章中进行过简单的概述，她认为国家形象是公众作为主体感受国家客体而形成的复合体，是存在于国际传播中社会公众对于国家的把握和认知，也就是国家的性状特征、行为表现和精神面貌等方面在公众心目中的抽象的反映以及公众对于本国及他国的总体评价和解读[2]。从其复杂性出发对于国家形象的分析不能只是从某一个学科领域出发，而是要包含国家形象所涉及的三个维度，自我认知、他人认知和错位认知，这同时跨越了政治学、传播学和社会学等多个学科的理论体系。西方国家对于国家形象的分析也多是借鉴多种交叉学科的理论架构，如米歇尔从组织行为学的角度指出，国家形象主要受到来自代表国家权力的政府的政策行为的影响等。综上可知，国家形象是一国通过主体和客体的共同作用而产生的包含国家软实力、国家外部性状等方面的一种抽象概念，是国家利益的重要组成部分。国家形象既是他国对我国总体评价和关系策略制定的重要依据，也是涉及我国未来发展形势的重大战略问题。

国家形象认知的心理机制研究。影响到国家形象的因素有三个方面：主观、客观和传播过程。一国可以通过改变自己的精神面貌和形象特征来达到改变国家形象的目的，这就是国家形象的“自塑”过程，是传播过程对于国家形象改变的基本框架模式[3]。而一国通过制定发展策略、经济政策等措施所影响到的国家硬实力的改变则是国家形象的客观影响因素。受众对于一国形象的认知，是国家形象最终所要达到的策略目标，而受众对于国家形象的认知是其心理机制构建认知模型的过程。依据布伦斯维克等建立的认知透镜模型可知国家的客观实际是远体刺激（distance stimulus），通过介质（mediator）也就是大众媒介的传播，会被受众所认知，但受众会依据主体心理认知基模而对信息进行选择性加工，也由此最终所形成的对于国家形象的认知是具有差异的。也有许多学者从其他角度来探讨国家形象的影响因素，王学东曾研究过国际制度对国家形象的影响：通过参与国际制度建构良好声誉，成为国家在位势竞争中获得主动的有效途径。也有西方学者通过权力冲突、媒体策略等角度分析国家形象的影响因素[4]。凯瑟林（Catherine A Luther）认为，国家身份在大众媒介传播的国家形象建构的过程中发挥最为突出的作用，其次政治经济结构对于国家形象的影响也很重要[5]。还有许多学者从社会学、经济学等多个角度对国家形象的影响因素进行了分析，这些都表明，国家形象的形成和塑造不是简单的单领域单学科问题，而是涉及多领域交叉学科的综合复杂化问题。

国家形象认知模型建构。我国目前处于“大国崛起”言论的包围下，在西方长期主导的世界关系网中，由于受众认知、文化差异等因素的影响，中国的国家形象在国际中的认知是模糊且不稳定的。从传播学视角出发，国际社会公众对一国相对稳定的总体评价或国家通过国际信息传播在国际社会、公众中形成的普遍的印象对国家形象的影响是最为直接的[6]。形象认知差异产生的原因是复杂而多层次的，它是跟随主体自身的特征及其与外界互动关系的变化而变化的。在国家形象的建构过程中，受众的认知基模是其评价一国好坏的基本依据，而认知模型形成于信息的传播，并非与真实的国家形象全部一致，所以往往传播策略都围绕重塑、改变或加强受众的认知模型而展开。国家形象构建中的国际传播，其传播的最终目标和流向都是国际上的受众群体，所以各国公众的认知在国家形象建构中是极为重要的因素。在传播的全过程中，受众所受到的影响有三个基本层面：认知、行为和态度，这三个层面之间可以理解为认知影响态度、态度影响行为，虽然态度和行为也会产生反作用，但其中最根本的影响还是来源于认知，这一结论不仅是来自于传播学的研究，还建立在生物学、心理学和社会学的基础上。

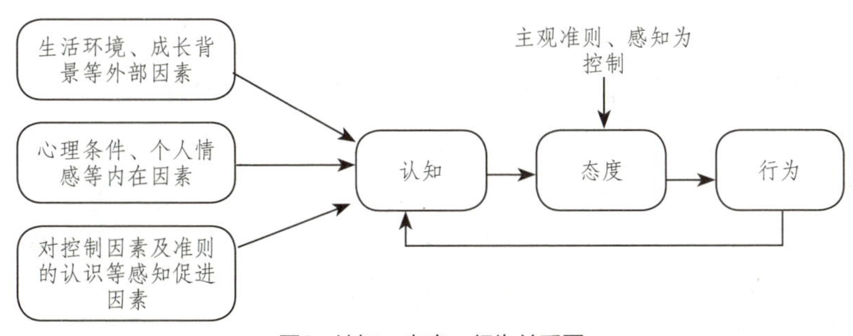

图1　认知、态度、行为关系图

（二）国家形象传播研究

新媒体环境下对于国家形象的研究策略也在不断发展，不同于传统媒体占主导地位的前媒体时代，互联网和移动终端的高速发展使得国与国之间的互动更为频繁，联系也更加紧密，虽然各国间都有安全网来保证网络信息安全，但还是有更多的民众通过互联网参与到国家形象建构和国家发展策略中，网络问政、舆情引导等都是新媒体时代下国家治理机制的新发展。国家形象的传播是以语言为导向的修辞模型，若把国家形象看作修辞对象，则任何处于国家形象建构体系中的个体都为修辞者，这一特征在网络传播环境中更为清晰地被展现。建构国家形象认知模型的过程，就是国家形象传播策略的实施过程，宏观层面上政府作为传播主体把握总的建构方向，也就是起到建立框架的作用；微观层面上社会各阶层以言语行为等为基础来完善国家形象传播的机制，也就是起到填补细节内容的作用。在新媒体环境下的国家形象传播更为直接和便捷，但也使得国家形象的建构过程更为复杂和难以控制，如何更好地塑造国家形象以及改变西方媒体思想潜移默化下的国际群众认知也显得尤为重要。目前各国互联网的使用群体主要以“90后”为主，“00后”的使用率也在逐年增加，同时“90后”成长于我国高速发展的阶段，其对于国家形象的认知不同于“90前”的群体，但目前国内对于“90后”的认知与国家形象间的研究却接近空白。作为“数字原住民”的“90后”对于传播体系的认知以及信息传达的方式都有着相对独特性，因此研究“90后”在国家形象建构方面的认知与传播有助于我国国家形象战略的制定与发展。

二、“90后”认知调查

新媒体时代，国家形象建构策略中的对外传播不再全部依靠传统媒体，新媒体平台由于其传播的广泛性和使用的便捷性等特征在对外传播中的作用越来越重要。新时代下的国家形象战略也向培养多元主体参与的方向发展，任何一个个体所发表的公开言论都可能影响到各国群众对我国形象的认知。本次笔者采用了调查问卷和文本分析结合的形式通过“帝吧出征”事件对互联网的主要使用群体——“90后”的认知情况进行分析。

（一）目标群体分析

“帝吧出征”事件是典型的新媒体事件，其主要利用的新媒体平台是新浪微博，根据CNNIC发布的第37次调查报告可知截至2015年12月，我国网民以10～39岁群体为主，占整体的75.1%：其中20～29岁年龄段的网民占比最高，达29.9%，“90后”是互联网的主要使用群体（图1）。

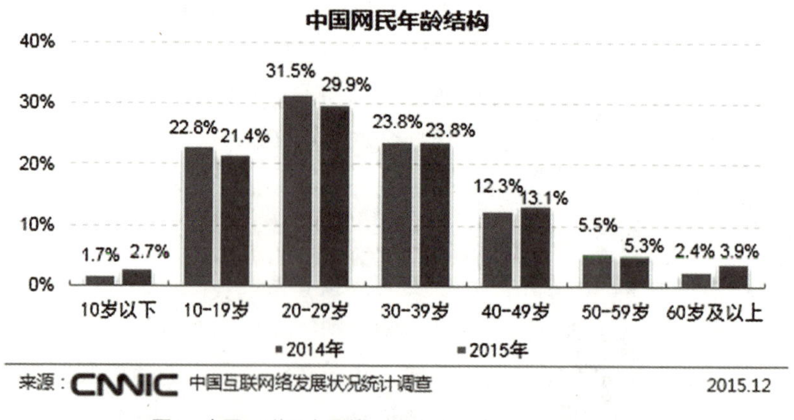

图1 中国互联网主要使用群体分析（来自CNNIC）

同时根据新浪微博数据中心发布的《2015年度微博用户发展报告》可知，新媒体平台的受众群体中“90后”的比例达到了50%以上，其中主要的用户群体集中在17～33岁。笔者通过微指数关于“帝吧”出征的话题用户群体画像分析发现，参与到此次事件中的群体，包括此次事件的“总指挥”GK-Loma在内多数是“90后”，这与互联网的主要使用群体和新浪微博的活跃用户群体基本吻合，而“帝吧出征”事件在新媒体对国家形象建构的作用中有着较强的代表性，因此通过此次事件研究“90后”的认知情况和行为特征对于新媒体平台未来的发展策略以及在国家形象建构中的使用有很大帮助。

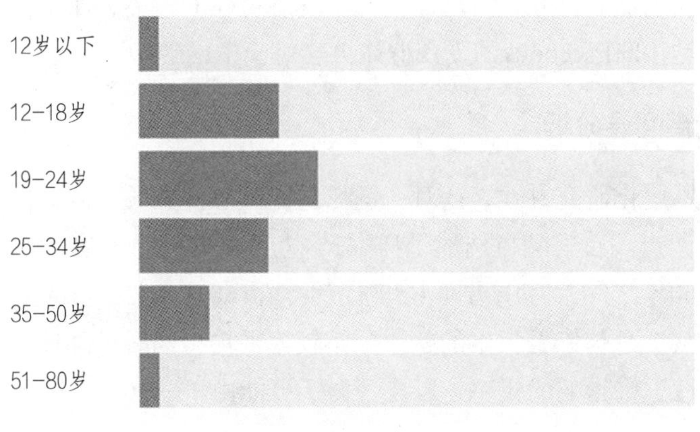

图2 “帝吧出征”参与群体分析（来自微指数）

（二）事件过程的文本分析

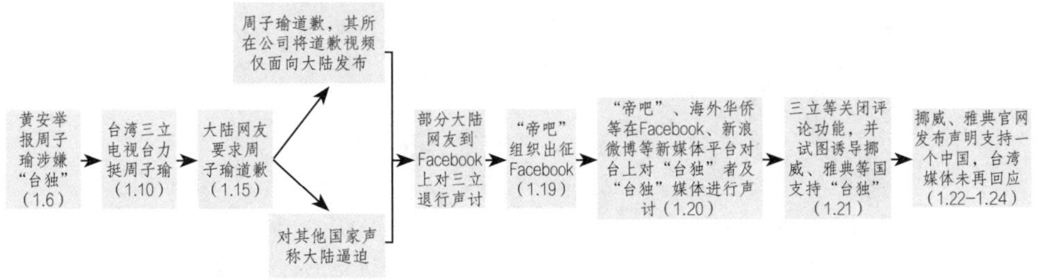

图3 “帝吧出征”事件过程图示

首先，笔者对“帝吧出征”事件的整体过程进行了简单的梳理（见图3），此次事件的源头在于黄安在新浪微博上对周子瑜进行举报，结束于涉及的其他国家在新浪微博声明支持一个中国，中间过程主要涉及的新媒体为Facebook和新浪微博，是较为典型的新媒体事件。其次，笔者对事件中“90后”群体的主要行为特征和议论内容进行了文本分析发现，在对三立电视、苹果日报等“台独”媒体的声讨中，除极少数群众采用了过激言语外，大多数事件参与者使用的语言都较为平和与理性，包括表情大战中的表情包也很少涉及恶性语言。对三立等“台独”媒体的留言和回复主要有三类：第一类是表情包，第二类是文学诗歌类，第三类是历史溯源类。最后，是对事件参与者的语言特点和心理进行分析发现，多数事件参与者抱有的是一种娱乐的心态，并不具有攻击性。而全部事件参与者的目标都很清晰，为打击“台独”分子，向台湾展现大陆实际风貌等。格伯纳的培养理论指出，人们认识世界是大众媒介所呈现的再建的世界，所以“帝吧出征”事件实际上也是在向Facebook的受众群体再建对于中国的印象。

（三）调查问卷分析

项目组采用量化研究方式，针对“帝吧出征”事件和关于国家形象建构的问题展开了问卷调查。首先随机选取了样本254人，所有被调查者的出生时间区间均为1990至2000年之间，其中男性占50%、女性占50%；文科生约为48.03%、理科生约为51.97%，总体来看样本的整体分布较为平均，同时也降低了结果过多受感性思维和理性思维影响的概率，以及平衡了可能由于“90后”男女思维之间存在的差异而造成的结果失衡。首先项目组对关于国家形象的了解程度和对国家动态的关注度进行了调查。

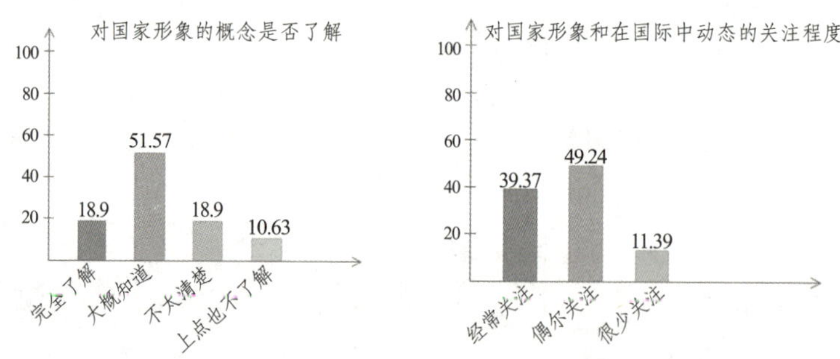

图4　关于国家形象认知部分的结果（“90后”对国家形象的认知调查）（%）

项目组通过问卷结果分析发现，多数“90后”对于国家形象的建构是有一定认知的，对于国家形象的概念超过70%的“90后”认为自己是了解的，并且39.37%的“90后”表示经常关注国家形象和国家在国际中的动态。由此分析，“90后”并非一般印象中的不关心国家大事，多数“90后”愿意关注并了解国家的发展形势，并对国家形象的建构策略表现出较大的兴趣。为进一步研究其心理和其他行为特征，我们对“90后”关于周子瑜事件和“帝吧出征”事件的关注度和态度进行了调查。

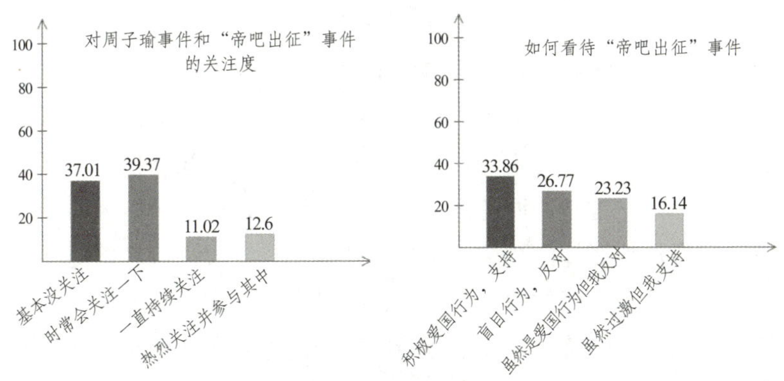

图5　关于"帝吧出征"事件部分的结果（"90后"对国家形象的认知调查）（%）

首先，据笔者调查发现，在参与调查的"90后"群体中有62.99%的人关注了周子瑜事件和"帝吧出征"事件。其次，在提及对此次事件的看法时，支持和反对的人数恰好各为50%，但认为这是一种爱国行为的人数比例为60.09%，高于认为这是一种盲目行为的人数比例。综上分析，多数"90后"关注了"帝吧出征"事件，并且超过半数的"90后"认为这是一种爱国行为，这在某种程度上证明多数"90后"对于此类有关国家形象的行为是表示认可的，结合之前的文本分析，笔者发现多数"90后"在传播过程中表现出的特性是具有共同特点的，这也在一定程度上支撑了本次对于"90后"认知在国家形象建构中的研究的主题。实际上，"90后"群体虽然表现出更为直接、激进的性格特征，但是在涉及国家形象的问题上还是可以较为冷静地对待，而这些行为主要来源于"90后"的认知。在对"90后"关于国家形象建构的认知有了大致了解后，项目组进一步对"90后"关于媒体的使用习惯和认知进行了调查。

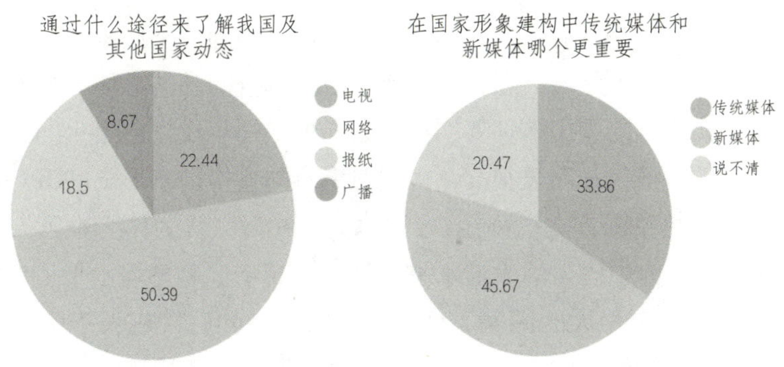

图6　关于媒介认知部分的结构（"90后"对国家形象的认知调查）（%）

笔者通过调查发现，50.39%的“90后”通过网络平台来关注国家的动态，由此分析可得“90后”群体的信息获取习惯更偏好新媒体，新媒体事件更容易获得“90后”群体的关注。但由图中可以看出“90后”对新媒体和传统媒体在国家形象建构中的重要程度的看法几乎持平，因此在国家形象建构的过程中，应考虑到不同群体的习惯偏好来推行不同的传播策略，利用新媒体平台传播的广泛性、迅速性等特点，结合传统媒体的权威性、深入性等特点共同进行对外传播，这样可以使对外传播达到一个更好的效果。此外还要注意新媒体环境下许多传播理论的变异发展，如反沉默的螺旋等，要抓住新媒体的优势来发展相应策略。简言之，传统媒体和新媒体应该融合互通而非以对抗的形式存在。最后项目组由个例扩展到全面，针对“90后”对于国家形象的或涉及国家形象问题的态度做了调查，如表1所示。

表1　关于国家形象的态度部分的结果（“90后”对国家形象的认知调查）

对待国家形象的态度	比例	涉及国家形象问题上的态度	比例
国家形象很重要，但是是政治层面的与我无关	32.28%	更愿意偏袒自己的国家	32.28%
国家形象很重要，我的一举一动都可能影响到它	42.91%	会保持客观、公正	42.52%
国家形象没那么重要，而且与我也无关	16.54%	更愿意批判自己的国家	15.35%
国家形象没那么重要但是我的一举一动都可能影响到它	8.27%	我也不清楚自己会怎么做	9.84%

笔者通过对这部分调查结果的分析发现，42.91%的“90后”认为自己的行为可能会造成国家形象的变动，同时在面对涉及国家形象的问题时42.52%的“90后”认为自己可以保持客观、公正的态度。这部分结果从表面来看似乎与前面分析的“90后”行为直接、激烈的特性不太一致，但从本质上来分析二者关系可以发现，多数“90后”是具有高度爱国情怀的，但是遇到关于国家的问题仍能保持客观的态度，二者并不矛盾。通过对本次项目组调查问卷的总体分析发现，虽然多数人认为“90后”的爱国情怀要明显弱于20世纪90年代之前出生的人，但实际上“90后”的爱国情怀却明显很高，也很愿意参与建构国家形象的事务中。根据《环球时报》的相关调查文章可知，93.3%的“90后”认为作为中国人很自豪，85%的“90后”认为中国人的生活水平正处于或高于世界平均水平，79%的“90后”认为中国是一个强大的国家。这些都是因为“90后”成长于中国崛起的年代，对于中国的认知同“80后”等不同。“80后”成长于中国正奋力追赶西方的时期，所以少部分“80后”对西方有着更多的向往。“90后”对待国家形象的态

度同时也体现了认知在传播中的重要性以及对于国家形象建构的作用。多数“90后”在涉及国家形象的问题上可以保持较为客观、冷静的态度，也对于中国现阶段的发展情况较为满意。通过对网络平台上不同新闻评论的内容分析发现，新媒体平台的舆论存在包容性和分裂性并存的现象。在未涉及国家利益、国家形象等国家层面的问题时，新闻的舆论多为分裂性，即两种甚至多种不同的观点共存且相互对立，但涉及国家层面的问题时，新闻的舆论呈现出包容的一致性，存在极少数不同的观点，多数舆论以维护国家利益、国家形象为主，这也是新媒体平台不同于传统媒体的关于国家形象建构的一个特别之处。

三、“帝吧出征”的国家形象建构模式

对Facebook（fb）和新浪微博中关于“帝吧出征”的言论进行文本分析，笔者发现，此次“90后”围绕国家形象保卫战运用了一定的话语修辞策略，并且“90后”所代表的“数字原住民”一代在“线上政治”活动中展现出了网络传播新特性。

（一）政治娱乐化的话语修辞策略

网络传播无疆界，随着电子技术的迅猛发展，公众的政治生活越来越打上了娱乐色彩的烙印。无论是面对国内的社会公平、环境保护等问题还是对外国家形象的建构与传播议题，可以明显感觉到“90后”处理类似事件的方式充满着调侃、消遣的味道，政治问题娱乐化倾向显著，话语表达讲究修辞策略，网络恶搞文化更像是一场场的全民狂欢。然而，不可否认的是，娱乐化的公共讨论，以委婉的方式体现出一种公众政治智慧，以柔化的方式提出了政治诉求[7]。福柯认为，话语背后具有某种文化模式和意识形态。此次表情包大战所采用图片与文本的话语修辞策略，潜移默化中代表着“90后”政治娱乐化的思维模式和意识形态。

第一，利用阅听者心理的话语修辞策略。修辞包含三个核心要素，即修辞者、阅听者和话语，其中阅听者是修辞策略构成的重要因素，是修辞策略最终的话语接受者。有效利用阅听者的心理活动进行劝说策略，是取得话语表达效果的最佳途径。在“帝吧出征”的众多表情包中，包含各种利用阅听者弱势心理的调侃性图片文本，如“你们淘宝的时候，还不得乖乖地选台湾省”“恕我直言，你们的人口还没有我表情包多”等。淘宝作为中国大陆境内的超级电商，世界影

响力极强。台湾民众在淘宝购物时，地址栏中也不得不勾选所在地区为“台湾省”，利用“台独”分子不得不在网店购物的心理，明确指出台湾是中国领土不可分割的一部分。还有利用夸张的修辞手法，拿台湾人口和大陆网友制作的表情包做对比，显示其人口数量的弱势。

第二，利用地域特色的话语修辞策略。在表情包大战中，不乏带有地理环境与自然风貌的语义文本，诸如带有“帝吧专属”LOGO的美食篇“请你吃”系列，狮子头、烤羊腿、热干面、口味虾，简单的几幅图片就可彰显泱泱大国的美食文化；美景篇“给湾湾看看”系列，杭州的西湖、哈尔滨的冰雕、敦煌的壁画，好山好水好风景的大陆景象被直观地呈现出来。此外，地域特色还包括各地方言词语的使用，虽然汉语方言只是通行于一定区域的话语产物，但在表情包大战中不失为展现大陆网友人文风趣、诙谐幽默的一种修辞手段。

第三，利用社会历史、文化等因素的话语修辞策略。此类话语文本包含着民族历史、文化典故、文学诗歌、政治思想等特点，最为大陆网友所擅长，他们借鉴了中国的千年文化和深厚的历史积淀，将之引用到这次行动之中。用连环画的形式说明从三国、隋朝、元朝直至清朝，台湾就是中国不可分割的一部分；用传统文化中药名称作诗，当归、槟榔、苦参等共开出26味中药治病“台独”；用余光中的现代诗歌《乡愁》、大陆儿歌《欢迎台湾小朋友》表达对游子台湾的思念之情和两岸一家亲的手足之情；用刷中英文版八荣八耻的方式，为“台独”分子送上一场爱国主义宣讲课。从两岸的“简体字与繁体字”之争，到台湾的历史知识和地位之辩，“90后”群体用更加娱乐化调侃式的表达方式客观评价两岸历史关系与分歧。

国家形象的建构、传播与维护离不开语言的力量。通过以上文本分析不难看出，尽管在新媒体平台中，网络传播形态与话语表达方式通常难登传统媒体的“大雅之堂”，并会出现一定程度的激烈冲突与对抗。但从其传播行为来看，他们对祖国形象认知与态度基本趋于客观、平和，对“帝吧出征”所做出的反应更为理性。在两岸网友对话中，从政治问题发散到文化交流，从诗词歌赋谈到人生哲学，此次“出征”无异于为台湾年轻人打开了一扇全面了解大陆文化的窗口，也在一定程度上改变着台湾对大陆的偏见。因此，基于国家统一、民族利益与团结的议题，政治娱乐化的话语表达方式，再加上理性的网络传播行为，不仅提高了“90后”网民的政治存在感，也在对外传播中为国家形象加分。

（二）“90后”“线上政治”行动的特点

曾几何时，“90后”群体被贴上了“垮掉的一代”的标签，他们被认为缺少理想与信仰、功利欲望心强烈、过分追求自我与个性等，追星、网瘾、叛逆等生发出来的社会问题与他们如影随形，“90后”一代中的很多青少年被认为处于一种精神匮乏的“悬空状态”。

然而近年来，随着互联网的普及和广泛应用，“90后”作为快速成长的一代政治参与性明显增强，他们关心国家大事，主动思考未来，渴望参与政治活动，实现政治诉求，他们希望通过网络传达自己的价值观和社会责任意识，关注并试图推动社会转型时期的中国发展与中国的国家形象建构。也正是因为中国的崛起，使得国家形象历来被西方世界有意或无意的扭曲，恶意“误读”现象依然存在，“中国威胁论”从未停歇。引爆网络舆论场的“帝吧出征”事件，使“90后”群体成为进行国家形象传播的新生力量，网络的传播特性也使其成为青少年最为热衷的参与政治传播、甚至是国家形象传播的重要渠道。在建构国家形象的道路上，“90后”青少年群体摆脱了过去被贴上的种种标签，首次被《人民日报》点名赞扬为“自信的一代”。

帝吧，被誉为“百度第一吧”，有“百度卢浮宫”之称，2000多万粉丝中“90后”青少年群体是其中坚力量。周子瑜事件引发的表情包大战成为“帝吧出征”事件的导火索，并瞬时引发包括官方媒体在内的多方关注。在这样一场网络较量中，“90后”作为参与的主体力量，在对国家形象的传播与建构中，发挥了积极作用。通过这样一场两岸青少年的情感与智力的博弈，我们可以看到，“90后”对国家形象保卫战中的网络传播新特点如下：

第一，网络参与主体数量庞大。网络的全球化普及，打破了时间和空间的限制，而网络身份的多样性和模糊性，使约翰·弥尔顿曾以报刊为主的时代提出的“观点的自由市场”在网络时代更加成为可能。项目组所做调查显示，“90后”群体关注“帝吧出征”事件占比62.99%，打破了“90后”不关注国家政治事件的迷思。据网络信息显示，2016年1月20日一早开始，组织者就在新浪微博发起#帝吧fb出征#话题，在微博和百度贴吧广为动员，并组建了6路大军，有人负责发图，有人负责文字回击，有人负责举报、点赞，有人负责将此次行动的前因后果翻译成多国文字防外国网民误解[8]。20日晚七点，三立新闻、苹果日报的脸书粉丝页持续着文明科普与表情包大战；蔡英文脸书留言不到三个小时跟帖就达到2.6万条[9]。1月20日的网络数据显示，新浪微博“帝吧fb出征”话题阅读量达4.3

亿，实时搜索量一度达71万。可见，以帝吧为阵地，辐射全网络社交媒体的动员方式，吸引了大量包括海外留学生在内的“90后”群体参与帝吧远征大军。由此可见，但凡涉及国家形象、民族利益等爱国行为的网络群体事件，短时间内便可做到一呼百应，并会产生一定的社会影响。

第二，网络参与主体理性化表达。布尔迪厄认为，场域总是一种永恒的斗争场所，存在其中的是一种力的较量。网络世界为个人意见的表达提供了场域平台，话语作为一种权力的产物显示着强大的塑造国家形象的力量。与2010年走红网络的“69圣战”的简单粗暴相比，此次“帝吧出征”显得更加文明有序，话语表达更加讲求客观理性，处处彰显着这是一支讲究“军纪”的文明之师。他们的出征目的明确：只打“台独”分子，不伤台胞感情。组织者称，“帝吧出征”是经过自发组织的文化交流活动，目的是为了拉近两岸网友在思想及认知上的距离，并本着有理有据有节、求实求是求和谐的文明活动方式对“台独”分子进行祖国大好河山的文明科普。此帖一出，得到了预备出征fb的“90后”网友的积极响应，他们用大量的表情包，彰显祖国美食、美景的图片和感人诗歌，刷屏了三立新闻、苹果日报等带有“台独”性质的官方网站。“90后”青少年群体以爱国之名集结，以文明科普、文化交流为主，用客观理性的思维方式评判是非，用温和中性的话语修辞方式传递祖国文化价值观，理性表达成为新媒体事件文明进步的表现。

第三，网络参与主体积极性、主动性提高。网络潜移默化地影响青少年的政治心理，他们对政治的认知发生改变，即不再局限于政府、政党，而是囊括了社会公正、环境保护等多方面的政治内容，他们关心与自身利益相关的国家大政方针，对有关国家利益和民族利益的国家大事的关注程度提高[10]。因此，在关乎国家统一和民族团结的“台独”问题上，以“90后”为主的海内外网民积极投身国家形象的维护与传播当中，从美食美景图片，到爱国诗歌故事；从计划、组织到指挥、协调全部由网民自发完成。也因为近年来中国所取得的瞩目成就，使得海内外青少年的民族荣誉感大幅提升，参与国家形象建设的积极性、主动性明显提高。虚拟空间中，青少年政治参与、渴望进行深度沟通的愿望更加强烈。

第四，“90后”日益成为国家形象建构的重要力量。“帝吧出征”事件并非国家形象网络传播的个案，早在2012年由“90后”国内军迷网友“逆光飞行”创作的爱国主义科普漫画《那年那兔那些事儿》，因为诙谐的画风和引人入胜的呆萌动物形象协以媒介，用漫画的形式诠释了近代世界历史和中国历史的一系列重要事件，几年来逐渐吸引了众多爱国网友。“每只兔子心中都有一个大国梦”

的泪目台词激励亿万网友，潜移默化中所进行的爱国主义教育，不断刷新着“90后”的爱国热情和民族荣誉感。未来，还会有更多这样的作品，借助数字原住民之手传递中国声音，传播国家对外形象。

四、结语

虽然依靠新媒体平台进行国家形象传播不失为“90后”青少年群体政治参与的有效途径与手段，但面对网络信息碎片化等特征，“数字原住民”一代处理并发布有效信息的能力尚显不足，网络素养依然存在诸多问题。并且，尽管“帝吧出征”在互联网络掀起“轩然大波”，其影响波及境外网站社交媒体，但此次事件外媒的反应却很是平淡，只有少数媒体对此进行了报道。与“壮怀激烈”的表情包大战相比，国家形象建构也仍然存在影响力度不够、爱国行为易受歪曲等问题。《经济学人》与在线新闻网站Quarts同时对此次事件进行报道，但Quarts的结论多少带有“讽刺意味”，他们认为“台独”二字在中国大陆只能以“TD”的形式出现，而中国大陆网民想要发出反“台独”的声音，只能冲到台湾的网络战场去[11]。“90后”的爱国行动被外媒扣上了负面效果的帽子。

与“70后”“80后”相比，“90后”成长于我国欣欣向荣、不断发展的年代，作为网络时代的新生力量，他们对国家认同已经有了清晰的轮廓，并拥有着极大的政治参与热情和一定的自我组织能力，他们更加倡导理性思考，并擅长用娱乐化的方式进行政治议题的个性表达。未来，“90后”群体在新媒体平台的发展中，将成为建构与传播国家形象的重要力量。

注释：

1 董军.“国家形象建构与跨文化传播战略研究”开题会综述[J].现代传播，2012（1）.

2 刘小燕.关于传媒塑造国家形象的思考[J].国际新闻界，2002（2）.

3 薛可，余明阳.国家形象塑造中的媒体角色——以汶川地震报道为文本[J].国际新闻界，2008（11）.

4 王学东.外交战略中的声誉因素研究[M].天津：天津人民出版社，2007.

5 Catherine A Luther. Press images, national identity, and foreign policy: A case study

of U. S. -Japan relation from 1955-1995 [M]. NewYork: Rout ledge, 2001.

6 杨伟芬. 渗透与互动——广播电视与国际关系[M]. 北京：北京广播学院出版社，2000：25.

7 李丽娜，梁立峰. 浅谈政治娱乐化及其对中国的影响[J]. 新视野，2010，6：62.

8 帝吧出征创造了微博历史——24小时阅读量超过7亿！[EB/OL]. 天涯论坛，[2016-1-22].

9 “帝吧”网友教育台独分子：你们的墙在心里[EB/OL]. 凤凰资讯，[2016-1-21].

10 闫欢，崔辰毓. 论网络环境下青少年的政治参与[J]. 中国广播电视学刊，2009，7：42.

11 徐书婷. 帝吧“出征”fb脸书外媒怎么看？[EB/OL]. 观察者网，[2016-1-21].

参考文献：

Catherine A Luther. Press images, national identity, and foreign policy: a case study of U. S.-Japan relation from 1955-1995[M]. NewYork: Rout ledge, 2001.

丁圆圆. 互联网与中国国家形象塑造——博客、播客“嵌入式”传播的可行性分析[J]. 新闻爱好者，2009，11（22）.

董军. “国家形象建构与跨文化传播战略研究”开题会综述[J]. 现代传播，2012（1）.

葛明驷，何志武. 国家形象的自我认知：现实与想象的冲突——基于对国家形象片网民评论的分析[J]. 武汉理工大学学报（社会科学版），2015，3（2）.

李军. 话语修辞理论与实践[M]. 上海：上海外语教育出版社，2008（1）.

李丽娜，梁立峰. 浅谈政治娱乐化及其对中国的影响[J]. 新视野，2010（6）：62.

刘涛. 环境传播——话语、修辞与政治[M]. 北京：北京大学出版社，2011（12）.

刘小燕. 关于传媒塑造国家形象的思考[J]. 国际新闻界，2002（2）.

王学东. 外交战略中的声誉因素研究[M]. 天津：天津人民出版社，2007.

薛可，余明阳. 国家形象塑造中的媒体角色—以汶川地震报道为文本[J]. 国际新闻界，2008（11）.

闫欢，崔辰毓. 论网络环境下青少年的政治参与[J]. 中国广播电视学刊，2009（7）：42.

杨伟芬. 渗透与互动——广播电视与国际关系[M]. 北京：北京广播学院出版社，2000：25.

吴汝纶与日本人诗学交流考论[1]

高平[2]

摘　要： 1902年，桐城派后期大师吴汝纶赴日考察教育期间，与日本各阶层的汉诗人广为交游，留下众多唱和诗作。在《答客论诗》的笔谈中，吴氏贬斥日本流行的性灵派诗风，主张学习黄庭坚诗歌以矫正其轻俗之弊。吴氏与日本汉诗人的交流对双方都产生了积极影响，一方面激发了对方的竞争意识，另一方面深化了自己作品的意境。他将对明治维新、中日关系的看法以及对清朝统治者的愤懑融入诗歌，或直抒胸臆、义正词严，或托物言志、含蓄隐晦，使其诗歌感情沉郁深厚，艺术风貌绚丽多姿，开辟了中国近代诗歌的新境界。

关键词： 吴汝纶　日本汉诗　性灵诗风　唱和诗　笔谈

一、引言

近代西方列强以坚船利炮打开古老东亚的大门之后，中日两国被强行纳入世界市场之中，成为欧美诸国渔猎侵占的对象。与中国因袭沉重历史包袱而艰难转型不同的是，日本通过明治维新迅速崛起，全方位向西方学习，并以甲午战争、日俄战争战胜中俄两国，成为东亚世界的霸主。由此动态研究日本的强国之路成

1　本文为中国博士后科学基金第56批面上资助项目“近代中日诗学交流研究”（2014M561742）、浙江省哲学社会科学规划重点项目“近代中日诗学交流研究”（14JDDY02Z）的阶段性成果。

2　[作者简介]高平：浙江大学博士后。

为中国有识之士的时代任务，而赴日考察也成为探究其成功之道的重要途径。在政治、军事、教育、文化等各个领域的考察中，教育考察令人醒目。1902年，京师大学堂总教习唯一人选、桐城派后期大师吴汝纶，以63岁高龄亲赴日本考察新式教育，成为中日教育界的一个重要事件，在两国引起了很大反响。吴氏作为一代文宗，学界领袖，在日本所到之处皆受到热烈欢迎，在与日本学界的文化互动中留下了众多诗作，掀起黄遵宪之后中日近代诗学交流史上又一个高潮。吴氏不懂日文，而不少日本汉诗人也不能以汉语与吴氏对话。二者之间除了通过翻译交流，还以东亚共同语汉语的笔谈形式进行沟通。1899年吴氏赠送日本汉诗人武田笃初诗云："客口倭言胸汉文。"[1]笔谈克服了两国人士口语不通而难以交流的障碍，正如1878年源桂阁赠首届赴日使团成员沈文荧诗所云："不假辩官三寸舌，只挥名士一支毫。"[2]本文试以吴氏与日本汉诗人的唱和诗、《答客论诗》笔谈记录、近代报刊等为基本文献，对日方诗人作一考索，分析双方对性灵派诗风看法的异同，并揭示交流活动对汉语诗歌创作的影响。

二、吴汝纶与日本汉诗人唱和考述

吴汝纶（1840—1903），字挚甫、至父，安徽枞阳人，晚清著名文学家、教育家。先后入曾国藩、李鸿章幕府，历任内阁中书、深州知州、冀州知州等职，在任保定莲池书院山长期间，创办东、西文学堂，对教育制度、内容、方法实行变革，成为北方教育改革的中心。吴氏此时与日本学者已有交往，如中岛裁之1897年投入吴氏门下研习汉学，并辅导其子弟学习日语和英语，1901年更在吴氏帮助下创办面向中国学生的新式学校北京东文社。[3]吴氏后来到日本教育考察，中岛裁之为之前后奔走，贡献甚多。1902年京师大学堂恢复，掌学大臣张百熙多次力邀吴氏任总教习，以至以全国生徒名义朝服跪请，但吴氏皆坚辞不就。无奈之下，张氏直接奏请朝廷，朝廷准奏，着赏吴氏加五品卿衔，充任京师大学堂总教习。吴氏只好暂不言辞，待学堂章程议定后，"视章程中总教习职事如何，内度材力能堪与否，再议辞受"[4]。吴氏对京师大学堂总教习一职，虽未改变初衷，受职上任，亦未违抗朝命，断然拒绝，而是视总教习所管事宜定其去留。作为日程上的缓冲，吴氏提出离京赴日考察现代教育的请求，张百熙应允。一则吴氏认为京师大学堂总教习"必得中西兼通之儒"[5]为之，实地考察得风气之先的日本教育自然必不可少；二则吴氏儿子吴闿生留学日本，身体羸弱，吴氏可借此机会省亲。于是1902年农历五月至九月，吴氏东游考察日本的教育改革。吴氏自己虽不以京师大学堂总教习身份自居，但从接待层次看，日本朝野是以总教习待遇视之的。如7月26日东京同文会的长冈护美赠诗吴氏称《赠吴大学总教习》，[6] 9月7日，吴氏拜访明治初年担任文部省大辅的田中不二麿，笔谈记录者织田谦藏称吴氏为“清国京师大学堂总教习”。

考察吴氏与日本汉诗人唱和诗可以得知其子吴闿生编辑吴氏诗集情况。2002年黄山书社出版的《吴汝纶全集》主要在1928年吴闿生家刻本基础上编纂而成，第1册收录吴氏与日本相关的诗歌有84题110首，其中当有遗漏。如据《东游丛录》5月27日日记，吴氏在东京女子师范学校考察时，教授南摩纲纪赠自寿诗索和。南摩纲纪为诗坛元老，年长于吴氏，吴氏应有和作而诗集未存。吴氏的《近作一绝，今用奉赠江木夫人即希吟定》为赠送法学家江木冷灰夫人之作，诗集亦失载。另外，将吴氏诗集与日记中的“游览”部分对读，可知诗集中很多诗名来自日记，如作于5月27日的《赴交询会，社长大鸟圭介今为枢密顾问官。社员请留话及诗于留音机，仓促成廿字》，6月13日的《赴大仓之招。大仓者，东京富人也。蔡公使毓将军均在席。席间长冈护美为二诗分赠余及毓公。毓即席和答，余归途乃成》，诗题与日记文字完全一致，当为即席赠答本无标题，吴闿生根据日记内容拟定。吴氏与日人唱和诗大部分是应对方邀请而作，但也有例外，如其游本愿寺所作10首，次日即主动赠予方丈光莹，对方无和；5月18日晚参加大阪欢迎会，应主人之邀即席赋诗，随即又向在座者索和。藤泽元造当场依韵相和，被吴氏赞为美才。

吴氏对日本素有研究，其日记中不乏对日本历史及当代政治、学术、诗歌的探讨。如1901年6月3日评论东京大学文科助教兼学习院教授市村瓒次郎所示诗《居庸关》“诗才甚可观”[7]，1902年1月5日考证日僧荣西《兴禅护国论》中的言论出自何种佛经，即是显例。[8] 其与日本学人的交流颇为频繁。吴氏弟子贺涛《吴先生行状》说吴氏道德文章声播中外：“日本人尤信慕，学者或航海西来，执弟子礼受业，其居中国者，无不造门请见，赠珍物，通殷勤，而乞诗文，以夸示其国。及先生东渡，倾一国人，无贵贱男女，皆以得一见为幸……”[9] 吴闿生《先府君哀状》亦言吴氏：“在东京日夕应客以百十数，皆一一亲与笔谈，日尽数百纸……”[10] 对此吴氏日记中也有生动记载。如初到马关时，《门司新报》《福冈日日新报》《大阪朝日新闻》的记者到船，各索一诗而去。吴氏云：“吾途间所为拙诗，皆已遍传各报，丑亦不容自匿矣。”[11] 无论是授业解惑、切磋研讨，还是考察探访，吴氏与日本友人的交往皆穿插了不少诗文酬赠活动。通过梳理，我们发现吴氏酬赠对象涉及多个领域，其中不少享有盛誉。

教育学者是吴氏交往的最重要对象，其中既有普通教习、教育名家，也有教育部门官员。如吴氏赴日时的日语翻译金子弥平曾入曾根俊虎创办的支那语学校、庆应义塾支那语科执教，后至保定访问吴氏，赠诗二首并索和。武田笃初是西京本愿寺教学参议部总裁，历任文学寮长、布教局长等职，1899年至保定访问吴氏并赠以日本武士刀。吴氏访日时至西本愿寺，武田抱病相见，吴氏赠诗一首。[12]其他还有西京大学校长木下广次、西本愿寺大学林教授梅原融、新潟县视学官汤原元一等人。

实业家中如川崎造船所社长、侯爵大藏卿松方正义之子松方幸次郎。吴氏在神户时曾考察其船厂并赠五律一首，刻画出"化工通制作，余兴寄山林"[13]的新一代创业者形象。龟井忠一是出版业巨头三省堂书店的创办人，邀请吴氏游玩向岛时令其二子悬腕作书，又作剑舞，给吴氏留下深刻印象。吴氏赠诗赞二子"文能书记武剑舞"[14]。田边为三郎是大东轮船股份公司董事长，在东京时曾想拜见吴氏，但听说吴氏客多，就未前往打扰。吴氏回国时二人同船，其赠吴氏诗有警句"浴砚鲸波涌，登楼岳雪开"，为吴氏激赏并依韵相和。

艺术家中如著名歌人下田歌子。歌子早年曾习汉诗、俳句，尤其擅长和歌，曾创办夭桃女塾、华族女学校，又赴欧美考察教育，深得天皇夫妇赏识，有"近代紫式部"之称，著有《家政学》《咏歌之琴》等。吴氏归国时歌子作短歌相送，吴氏请所聘桐城中学堂教习早川新次翻译，得知意为欲留客而客不能留，别泪沾衣，愿将此泪化雨，遍润禹域芳草。吴氏甚为感动，归途中赋诗寄谢。再如书法家新冈旭宇应伊藤稻子之邀为吴氏作字："每字长六尺，凡作五大字，一笔书，亦一奇也。"所书字为"江山气象新"[15]，并作七绝书扇相赠。吴氏嗣后有和诗。新冈旭宇有《笔法初传》《点画三十八法》《墨场锦囊》等著作行于世。

政治家如长冈护美，子爵，华族，明治皇后之兄，曾参与王政复古大业，1880至1881年任驻清公使，后又任元老院议官、贵族院议员等。大仓财阀的创始人大仓喜八郎邀请吴氏及驻日公使宴饮时亦请长冈护美陪同，长冈护美即席赠诗，吴氏归途中和诗乃成。长冈护美汉诗才能迥出侪类，所著《云海诗钞》佳作甚多，如《老将》一绝云："暮年屡逐虏兵逃，青海长云瀚海涛。一夕低头怜战马，不知风雪满弓刀。"[16]颇有唐人边塞诗的雄壮之气。再如关义臣早年参与倒幕运动，维新不久即被剥夺士籍下狱，平反后从事法律工作。关氏曾将与清人唱和诗辑为《海东唱酬集》，著有《秋声窗诗抄别集》。吴氏赠诗云"节士悲歌唱尊攘，中兴佐命纪咸同"，颇有惺惺相惜之意。又如男爵大鸟圭介是资深西洋军事学者，曾任驻清公使、朝鲜公使，对中日甲午战争的爆发起到了重要作用。6

月27日吴氏应交询会之邀，讲话与吟诗皆存于留声机，交询会社长即为时任枢密顾问官的大鸟圭介。

记者如川崎三郎。川崎三郎1880年入大藏省工作，历任东京曙新闻社、大阪大东日报社记者，后为《中央新闻》《信浓每日新闻》主笔。1894年6月朝鲜爆发农民起义，川崎三郎作为随军记者与山县有朋的第一军进入朝鲜，又组织大东亚协会。1901与头山满等人创办黑龙会。有研究甲午战争著作多部，特别是因敬仰曾国藩而创作《东邦之伟人》，高度评价曾氏功绩，认为可与华盛顿、俾斯麦、加富尔相媲美。[17] 吴汝纶是曾氏得意弟子，二人之契合不难想见。1897年川崎三郎赠予吴氏甲午战争中殉职的丁汝昌遗墨，嘱托吴氏赠言，又欲至保定拜访而适逢本国急电令其赴欧洲，所以吴氏赠诗由中岛裁之转交。又如寄诗索和又赠武士刀的结成琢。甲午战后结成琢入台湾总督府，负责编纂《台南县志》。1901年随长冈护美赴清，向大儒俞樾请教诗学。吴氏访日时结成琢任《日本新闻》记者。大正时期结成琢创立茗溪吟社、月池吟社及创办杂志《诗林》，辑有《和汉名诗钞》《明治二百五十家绝句》，蔚为大观。

吴氏酬赠者以学者最多，其中有多位汉诗人，如地理学家小川金三郎、山上万次郎，医学博士吴秀三，农学家木村知治，法学博士岩崎孙藏、江木冷灰，伦理学家菅了法，汉学家三岛中洲、信夫粲、斋藤木等。至于小野湖山、福原周峰、永阪石埭、森槐南、本田种竹、土屋凤洲、永井禾原、土居香国、高桥白山、北条鸥所、结成蓄堂、岩溪裳川、高岛九峰等人，更是汉学修养深厚、驰名诗坛之人。可以说，吴氏所交往者皆为一时之选。小野湖山、福原周峰、永阪石埭幕末即有诗名，维新后扢扬风雅，稳居元老之席；森槐南、本田种竹、北条鸥所、永井禾原等人作为诗坛的中心人物，都先后至中国考察，与禹域诗人广泛交往，写下中日近代诗学交流史上的绚丽篇章。

吴氏访日期间，除了和单个日本学者的交往，还参加了研经会、交询会、同文会、檀栾会等民间机构，接触到众多关心东亚时势者，当中颇有政见近似、爱好汉诗之人。其中的檀栾会是专业性的诗歌社团。[18] 吴氏参加了该诗社的第七、八次雅集，时间为中秋、重阳。参加者除诗社创办者江木冷灰、刊物《檀栾集》的编辑岩溪裳川以及小野湖山外，还有森槐南、永坂石埭、永井禾原、土居香国、高岛九峰、本田种竹、关泽霞庵、上梦香、手岛知德等九位名家。两次盛会将吴氏在日期间的诗学活动推向了高潮。

三、中日诗学交流视野中的性灵诗风

吴汝纶尺牍卷四收《答客论诗》一通，内容为吴氏与日本学者讨论学诗对象的问题。该书无时间标志，然吴闿生编辑时将其置于《研经会招待席上答辞》《经济协会招待席上答辞》之间。据《研经会招饮于星冈，次韵答池田精一绝句》笺注，吴氏参加研经会是在8月5日，又据《东游丛录》卷四《经济答问》一文，吴氏参加经济学协会例会为8月19日，故吴氏与日人论诗时间应在此之间。遗憾的是，因资料匮乏暂未考出与吴氏论诗者的生平情况。

吴氏《答客论诗》笔谈全文如下：

> 吾国近来文家推张廉卿，其诗亦高。所选本朝三家，五言律则施愚山，七律则姚姬传，七古则郑子尹。问者曰："小子常读船山诗集，所藏独此与杜诗耳。"答曰："杜公，则学诗者不可忘之鼻祖。船山之诗，入于轻俗，吾国论诗学者，皆以袁子才、赵瓯北、蒋心余、张船山为戒。君若得施、姚、郑三家诗读之，知与此四人者，相悬不止三十里矣。诗学戒轻薄，杜牧之不取白香山，为此也。"问者曰："唐代诗集，传来吾国者惟白香山最早，故当时诗家争学之。"答曰："香山自是一大家，能自开境界，前无此体，不可厚非。但其诗不易学，学则得其病痛。苏公独能学而胜之，所以为大才。苏亦谓元轻白俗，其所以能胜白者，以其不轻不俗也。欲矫轻俗之弊，宜从山谷入手。"[19]

对话围绕性灵诗风展开，起因是日本学者将性灵派后期诗人张问陶（船山）与杜甫一起奉为学诗对象。吴氏认为尊奉船山不妥，而推荐友人张裕钊的《国朝三家诗钞》作为诗学津梁。张氏诗钞自序称施闰章诗风近王孟；姚鼐提倡熔铸唐宋，个人成就最高者为七律；郑珍七古"跻攀东坡，纵横恣肆，不主故常"[20]：清代诗家中，唯此三家能卓然自立，不愧古人。吴、张二人同列曾国藩之门，学术观点、诗学见解颇多相似，均受曾氏影响。曾氏诗学承接桐城派，其《圣哲画像记》称赞姚鼐："持论闳通，国藩之粗解文章，由姚先生启之也。"[21]又推崇姚氏七律为清代第一。张裕钊诗钞选姚氏七律，吴汝纶建议日人学习姚诗，可谓渊源有自。姚氏主张"熔铸唐宋"[22]，盛赞黄庭坚诗歌道："山谷刻意少陵，虽不能到，然其兀傲磊落之气，足与古今作俗诗者澡濯胸胃，导启性灵。"[23]曾国藩对黄诗亦三熏三沐，如1842年12月2日日记云："读《山谷集》。溺心于诗，外重极矣。”[24]故吴氏尊奉黄庭坚为诗学初祖。1901年吴汝纶在京时，日人小川金三郎请吴氏为黄庭坚真迹题诗。吴氏诗云：“论诗低首拜涪翁，挂树秋蛇体又同。文采已随勋业尽，忽逢初祖泪横空。”题下注曰：“曾太傅文正公谓学诗宜从山谷入，其作字亦复学黄。今神州陆沉，九京不作，日本小川金三郎属题此卷，开阖沉吟掷笔三叹。‘枯蛇挂树’，坡公戏评黄书语也。”[25]缅怀恩师，瓣香山谷，诚为一往情深。1902年中秋，吴氏父子参加江木冷灰在湖心亭主办的檀栾诗会。吴氏作七律和江木冷灰、森槐南与岩溪裳川三人诗，森槐南评点次韵岩溪裳川诗道：“三律此首最妙，桐城诗学如此。”[26]可见吴氏诗歌具有典型的桐城诗学风格。黄庭坚是江西诗派的开创者，以姚鼐为首的桐城派诗人尊奉黄诗，而曾国藩的湘乡派又承桐城而来，桐城派的吴汝纶启发了同光体的中坚人物范当世等人，故诗学谱系可梳理为：江西诗派—桐城派—湘乡派—同光体，其诗学旨趣的主线是崇尚宋诗。

与此一脉相对的是性灵诗派。姚鼐对性灵派主将袁枚的诗歌评价很低，称之为“诗家之恶派”[27]。赵翼、蒋士铨、张问陶皆与袁枚交好，亦入性灵诗派，故而遭到笃好姚诗的吴汝纶贬斥。吴氏认为船山之诗轻俗，性灵派诸家皆可归入此类，哪怕大诗人白居易也难免。日人反问唐代诗集以白集传入东瀛最早，学者最多，难道白集不可取？吴氏肯定白诗自开境界，但不易学，原因或许在于白诗老妪能解的通俗风格把握不好容易陷入浅俗。吴氏以为对于白诗有两种方案，一是苏轼的学而胜之，二是黄庭坚的矫而变之。苏轼天才横溢，难以接踵，故欲矫正浅俗之弊应从学习黄诗入手。这也应是受到曾国藩的影响。曾氏告诉吴氏学诗学字皆应从山谷入手，其《题彭旭诗集后即送其南归二首》（其二）云：“大雅沦正音，筝琶实繁响。杜韩去千年，摇落吾安放？涪叟差可人，风骚通肸蠁。造意追无垠，琢辞辨倔强。伸文揉作缩，直气摧为枉。自仆宗涪公，时流颇忻向。”[28]山谷继承了杜韩的诗学精神，讲究造意琢辞，以揉伸作缩、化直为曲之法凸显倔强兀傲的风格，曾氏的倡导在诗坛引起了宗奉山谷的潮流。在吴氏看来，学习黄诗是可以疗治浅俗之弊的。

然而我们从日本江户至明治时期的诗学脉络来看，吴氏对其诗坛走向或许并不清楚。按照日本学者松下忠的研究，江户汉诗坛呈现唐诗、宋诗、性灵诗三种风格鼎立的局面，而“所谓性灵派就是唐诗之外也提倡宋诗，以白乐天、苏东坡为理想”[29]，亦即折中于唐宋诗之间而以白、苏诗之旨趣为诗学圭臬。可以说，性灵诗派在日本汉诗坛的影响是超过中国的。即以清代性灵派诗人而论，袁枚的《随园诗话》最早刻本是乾隆五十五年（1790）本，而据日本《商舶载来书目》须字号宽政三年（1791）即记有该书输入，前后相隔仅一年，以至朝鲜人李尚迪惊讶道："何其邮传之速而先睹之快也！"[30]东传之后，该诗话迅速传播开来，打破了此前唐宋诗风并峙的格局，且赢得广泛的声誉。河世宁《随园诗钞凡例》云："《随园诗话》行于此邦几二十年，诗家宝重，不啻拱璧。"[31]菊池桐孙《随园诗钞序》也称赞袁枚："诗才跌宕，奄有今古，则胜于新城远矣"[32]。虽也间有批评袁枚等人性灵派诗风浅俗轻薄的，但整体而言，此派学习者人数最多，其中不乏众位大家。如被俞樾誉为"东国诗人之冠"的广濑旭庄评论袁枚诗歌道："春花明艳放奇香，无实也能辉四方。山浅岸卑人易到，流传早已动扶桑。"[33]前联是说袁诗如春花般自由生发，明艳馥郁，虽无秋实一样的实际内容，但也能够流播四裔。后联则指袁诗风格浅显易学，引起日本汉诗界纷纷仿效。广濑旭庄甚至直接引用袁氏言论道："袁子才说：'文章者，立言也，故其辞宜立于纸上。然今人之文，皆卧于纸上。'快语也！"[34]可见日本诗人对袁枚的评价比中国高，受其影响也更为广泛持久。南社诗人、革命家田桐在《扶桑诗话》中对此现象曾做过语言学的阐释："袁子才之诗，诗人所弗道，惟日人盛称之，盖日人学诗第一难关在音韵不通。日人之读诗也，亦如其读文，实字居先，半实半虚字次之，全虚字又次之。作诗亦莫不然，既无所谓平仄，复不能口诵，而玩味之艰涩之病自不可免。矫此病者，必求轻灵圆滑之作，此其所以崇拜袁枚也。"[35]比较而言，吴汝纶对日本诗人学习袁枚等人的性灵诗风似乎缺少同情的理解。

我们再看吴氏对张问陶诗歌的评价。张氏早年学习袁枚，甚至将其诗集命名为《推袁集》，其诗风诗论也有相近者。但整体而言，张氏诗歌不可囿于性灵派一家而论，吴氏将其与杜诗截然对立也不妥。张氏所受影响最大的诗人正是杜甫，其《宝鸡题壁》《盐亭》等反应嘉庆时期民生凋敝景象的诗歌踵武杜甫的"诗史"精神，而不少闺情诗则发扬了《月夜》抒发伉俪之情的精神。张氏诗中的"理学传应无我辈，香奁诗好继风人"（《斑竹塘车中》）、"房帷何必讳钟情"（《春日忆内》），可谓其言情诗之宣言。我们读了"一笑车厢稳如屋，闭门终日坐相看"（《车中赠内》）这样的句子，感觉到的只有夫妇间的温情与契合。张氏诗歌中以此类诗最为醒目，影响也最大，故而被归入性灵派、香奁体诗人的行列。性灵诗风在日本的流行乃其民族性格使然。日本文化本就不讳言性，看江户时期町人文化的代表浮世绘与井原西鹤的"好色"系列小说便可知晓。即使在明治时期实行文明开化之后，日本人依然一定程度上保持着民族特色的性观念。[36]汉诗文整体上虽以端庄严肃为文体要求，但橘逾淮而为枳，日本以之描绘世俗生活的诗歌大量出现。明治时期著名诗人森春涛长期创作香奁体诗歌，以被目为“诗魔”而自豪；其子森槐南十七岁时即以性灵派后期大家陈文述的“修西湖三女士墓事”为题材，创作了戏曲《补春天传奇》。日本近代汉诗坛流行性灵派诗风，是其民族性格、市民文化发展的表现。吴氏批评其浅俗，提倡黄庭坚槎枒倔强的诗风，未免方凿圆枘，难以奏效。

然而吴氏贬低性灵诗风还有着更深沉的文化原因。鸦片战争以来，中国屡屡挫败于欧美列强。仁人志士痛定思痛，认识到引进西学的重要性。1898年吴氏与冀州士绅书信中说：“救之之法，必以士大夫讲求西学为第一要义。使我国人人有学，出而应世，足以振危势而伐敌谋，决不似今日之束手瞪目，坐为奴虏……”[37]但作为深受中国传统文化影响的士大夫，吴氏在西学蒸蒸日上的形势下，更为忧虑的是传统文化的没落。其与日人斋藤木书曰：“西学未兴，吾学先亡，奈之何哉！奈之何哉！”[38]为高桥作卫诗集题词云：“可怜旧学纵横笔，争奈傍行吞并权。”[39]担心西学东渐侵蚀民族文化的根基。其与岛田蕃根书曰：“吾国西学畅行，即旧学亦有岌岌可危之势。……（日本）二三君子，维持道统，存十一于千百。往者贵国欧化主义几遍全国，今则有识之士，皆知德育之不可缓，旧学之不可忘。”[40]维护传统文化的核心是维持道统，此道统在文学上的表现，文为姚鼐的《古文辞类纂》，诗为曾国藩的《十八家诗钞》。他认为：“姚选古文，即西学堂中，亦不能弃去不习。不习，则中学绝矣。”[41]在吴氏学术体系中，张裕钊的《国朝三家诗钞》是上继姚、曾道统的当代诗歌选本。在民族危机深重的大环境下，抒发家国情怀、张扬民族精神成为时代的主题，“兀傲磊落之气，足与古今作俗诗者藻濯胸胃，导启性灵”、可“矫轻俗之弊”的黄庭坚诗歌，无论是内容还是艺术，都是学习的典范，而以轻俗风格著称的性灵诗风则是不可效仿的对象。

无独有偶，日本近代亦有否定袁枚的性灵诗风者。织田完之反映中日甲午战争的《东洋诗史》之《诗魔》篇云：“不省少陵忠厚意，雕云镂月尽浮夸。”野口胜一评曰：“袁子才、李笠翁之徒作轻浮诗以误后世，本朝亦有仿此徒沾沾自喜者，须以金篦刮其目。”[42]明治维新时期，日本国家主义思想高涨，宣扬与西方列强竞争、称雄东亚的论调大行于世，杜甫忠君爱国的“诗史”之作成为日本汉诗人膜拜的偶像，而主要抒发一己之情的性灵诗风已不合时宜，甚至沦为讨伐讥讽的对象。[43]吴氏贬斥性灵诗风轻薄是为了维护道统不坠，织田完之称之为诗魔是为了维护国体，塑造忠君爱国的人心，二者皆是从国家、文化的层面进行思考。

四、诗学互动对双方创作的影响

中国素有外交场合赋诗言志的传统，使臣必须具备深厚的文化修养和敏捷的反应能力方可完成政治任务。《论语·子路》即曰："诵《诗三百》，授之以政，不达；使于四方，不能专对。虽多，亦奚以为？"从《左传》《国语》等先秦史籍记载来看，诵《诗三百》存在着忠实原诗与断章取义这两种情况。随着后代兼有诗人身份的使臣群体出现，外交场合即兴创作的情况越来越多，从而出现赋诗言志向作诗言志转移的倾向，"诗言志"的个性化与文学色彩不断加强。尤其是在国际关系复杂、国力差距较大的情况下，外交人员能够不辱使命，在顺利完成任务的同时彰显个人的独特风采，无疑是个艰巨的任务。从此角度来看，吴汝纶的在日诗学活动颇为成功。吴氏赴日前已阅读大量的有关日本明治维新的著作，东渡后更与各界人士广为交往，近距离观察为其提供了鲜活的异国体验和丰富的诗学素材。其向张百熙建议多派人考察教育时说："百闻不如一见，得贤智之士一来考览，胜阅报纸、译书者百倍。"[44]诚乃深得三昧的甘苦之言。吴氏与日本汉诗人的交往对双方诗歌创作都产生了较大影响。

就日方汉诗人来说，吴氏与之交往激发了他们的竞争意识。虽然与江户后期、明治前期相比，此时日本汉文学已呈衰颓之势，但依然有众多活跃的诗人，且相互间不乏竞争。7月10日，森槐南邀请吴氏赴宴，参加者皆为诗人，吴氏在众人纷纷即席赋诗的情况下，作一绝慨叹道："坐中词赋翩联客，争似芙蓉第一峰。"[45]生动描绘出诸多诗家跃跃欲试、互不相让的热烈场面。最能体现竞争气氛的，是吴氏与森槐南、本田种竹的诗歌唱和。6月15日，吴氏迁居于故文部大臣森有礼宅，与森槐南住所邻近。森槐南作《十九日吴挚甫京卿僦宅永田街，与余家邻并。偶读〈古欢堂集〉有〈移居诗〉，和者甚盛，因次其韵赋成一篇寄似索和》一诗相赠，表达"喜追王翰卜邻愿，催诗岂待街鼓挝"[46]的欢欣之情。吴氏即席次韵，将之比作宗尚杜、韩诗风的吴莱，赞颂槐南"句势矫若笼衙衙。恍对鄗宗渊颖作，矜奇斗险从倾斜"。6月23日，森槐南携吴氏父子及友人本田种竹、永井禾原拜访永阪周二，永阪周二先次韵二章赠吴氏，槐南亦次韵一首。吴氏本拟和答，但兴尽醉酒，不能即席酬赠，翌日方回诗。此轮唱和以本田种竹作诗最多。1899年至1900年，本田种竹漫游中国时曾至莲池书院拜访吴氏，吴氏赠诗二首。吴氏访日，本田种竹见之，立即次韵回赠十首。与森槐南一行见永阪周二时，本田种竹又连作九首次韵诗赠吴氏。森槐南读到第七首时，作和诗曰："坐对新诗觉形秽，君自出水芙蓉花。"[47]在本田种竹再作二诗的情况下，森槐南不得不又和一首，题曰《再和种竹见答，不觉前后亦已五用此韵，无补废神，几于玩物丧志。任君有十迭二十迭，仆请从此搁笔》，并说："鹤长凫短各相似，我请缩项学麏麚。"[48]面对本田种竹的逼人气势，森槐南挂起了免战牌。

吴氏参加檀栾会第七次社集时，本田种竹并不在场，事后补作诗，题曰《赠冷灰博士兼似槐南诗家十迭唱和韵：闻博士拟以阴历八月望夜招集吴挚甫及同社诸人，张宴赏月。予偶将试北游，惜不得陪清欢，赋此言怀》[49]，至此本田种竹已经"十迭唱和韵"。故森槐南评点本田种竹此次和诗道："此韵余实为挚甫京卿移寓而发，一变为玉池订交之资，再变为种竹逞技之材。才人能事，不可蠡测如此。"[50]日本诗家中，吴氏与森槐南交谊最深，吴闿生在《移居永田町一丁目十九番地森有礼宅。森槐南赠用田纶霞古欢堂移居诗韵，依韵和答》注中称其为日本诗家第一，这应是吴氏父子的共识。8月2日，森槐南出示本田种竹和诗韵，吴氏读之次韵道："心涸有若先竭井，才钝欲拟后栖鸦。眼中二妙勿相逼，驽骀随骥劳鞭挝。"[51]这固然是自谦之词，但也含有陪斗辛劳之意。又称："老槐胸富五车书，罢官直以诗为家。田生才多喜斗险，穷苴罄杙遮麏麚。二子诗坛两坚敌，应兵报复如彭衙。"[52]嗣后本田种竹看到吴氏称森槐南为老槐，而自己则是田生，很不高兴。[53]吴氏乃改"田生"为"竹君"，说"竹君"可与"老槐"相配。有意思的是吴氏诗稿本对此即席之作并未改动。三人皆为宋诗派诗人。如以森槐南而言，他早年诗歌轻艳流易，中年后由唐入宋，长篇古体不断增加，吴汝纶称其诗风近于元末吴莱，而森槐南赠予吴氏的移居诗所和对象乃清初的田雯。《四库全书总目》称田氏"负其纵横排奡之气……诗文皆组织繁富，锻炼刻苦，不肯规规作常语"[54]，三人和诗皆沿袭田氏诗风，可谓同声相应，皆属于黄庭坚的硬宋诗一路[55]：结构上大开大合，句式上奇崛槎枒，通篇采用七言八韵形式，其中的"麚""衙""挝""娲"又皆为险字，读来颇有矫若游龙的壮美之感。

就吴氏来说，复杂丰富的异国政治、文化体验深刻影响了他的诗歌艺术风貌。由于交流对象、场合以及话题的不同，吴氏诗歌要表达的情感与观点往往也是不同：有些可以直抒胸臆，有些则以含蓄象征的方式委婉表达，皆能形随情转，言由心生。具体表现如下：

首先，在表达中日友好关系时，吴氏往往直接抒情，与日方的热情接待相呼应。作为文坛领袖、教育革新者，吴氏考察教育得到了日本朝野的热烈欢迎和密切配合，这在中日两国的报纸上均有跟踪报道。如天津《大公报》1902年7月13日"译件"栏目即引日本报纸报道了吴汝纶一行抵达长崎、神户的详细情况，而6月25日的"译件"栏则引本月十六日东京《朝日新闻》言论，道出日方盛情接待吴氏的原因：日本人认为吴氏没有清国士大夫普遍存在的排外习气而喜与赴清日人交流，义和团运动前已办东文学社，之后又有复兴学社，可见吴氏对日本好感出自天性。该报最后说："今先生为查教育制度来我邦，盖其结果有关彼我两国者可知也。……当此时即负清国士大夫之重望如先生者，夙怀变法自强之志，应与我邦更亲善也。先生远来我邦，是说明我邦教育之现状，又说明我教育界遇清国留学生厚待意也，能使清国偏见者流一扫其迷梦谬想之最好机会也。吾辈切望我邦缙绅士大夫待先生以十分敬意与满腔之赤诚。"[56]这既有国家利益的考虑，又有对吴氏对日一贯态度的欣赏，体现了日本接待吴氏的真实意图。而吴氏在日初期秉持中日提携的观点，主张联日抗俄[57]，东亚合作，双方主张一致，故而诗歌洋溢着轻松和谐的气氛，甚至不乏诙谐色彩，体现出中日民间交往的友好一面。如吴氏在京都欢迎会上所作诗云："西京山色好，人意好于山。归国船应重，人山并载还。"[58]其给西京大学校长木下广次诗云："木铎先生乐育才，肯移桃李海西栽。不须缩地长房术，卷起西京大学回。"[59]诗风豪放幽默。1902年8月19日吴氏赴永井禾原宴席，座中分韵作诗道："连宵痛饮复狂歌，又倒君家金叵罗。只恐醉中无检束，蹴翻东海奈君何！"[60]这样一副其乐融融，甚至有点放浪形骸的形象，与国人脑中严肃刻板的桐城派古文家印象相距甚远。

其次，吴氏在表达其对明治维新的看法时，多采用象征暗示的手法，当是两国国策国力差距较大、不便明言之故。如其《游本愿寺十咏》第9首《西国花》云："雅俗何须问，生新目未窥。故蹊犹自诩，异种已潜移。"[61]西本愿寺从西洋引进花卉种植于园中，盛夏时节绚烂似锦，这正如近代日本不拘格套，一切拿来，无论是国家政策，还是民众心理，都种下了自强不息的基因。而反观中国，康梁变法只维持百日，顽固不化的统治者至今仍在夜郎自大。中日对比，吴氏如何不为之唏嘘？他虽向往西学，欣赏日本的维新运动，但又深知不实地考察很难得其精髓。吴氏赴日途中经过朝鲜釜山，当夜风狂浪大，次日作诗道："恤然骇浪掀天地，却是沈冥睡梦时。"[62]吴闿生注曰："此痛中国经此大创而不寤也。"[63]将关系中日命运的战争纳入睡梦诗中，一改古典同类诗歌慵懒虚浮、不关痛痒的格调，自嘲中有悲怆，创造了别样的艺术境界。7月22日，书法家新冈旭宇赠诗索和，吴氏和诗道："世法争鸣本代兴，春花秋月不相应。先生近日成何事？永夜清吟看玉绳。"[64]吴闿生注曰："喻日本开化之迹。"[65]日本书法源自中国，但其书家不拘成法，勇于创新，与中国古今书家争鸣，这正是日本不断进取的象征。诗中塑造的夤夜看星的深沉形象，与其说是意想中的新冈氏，不如说是诗人自己。

近代中日有争有合，吴氏亦主张两国提携共进，但实际情况是争多合少，日本不断侵犯中国主权和利益。对此，吴氏有时直陈观点，义正词严，有时又借题发挥，托物言志。吴氏诗集中现存最早的与日人唱和诗是1897年吴氏赠川崎三郎之作，该诗云："从来唇齿要相亲，谋国宁争一战勋。"[66]倾力主张中日合作，尽量避免战争再次爆发。1902年5月18日，在大阪的欢迎会上，吴氏作诗道："两海同文经法在，秦齐莫漫问雌雄。"[67]中日为同文之国，共处东亚，唇亡齿寒，希望不要相互猜忌斗争，以令西洋诸国坐收渔利。秦齐两国分处东西，在此借代中日两国。6月22日，吴氏应长冈护美之邀参观植物园，所作和诗曰："一彼一此疆场事，三沐三熏言语长。"[68]吴闿生注曰："公往日本，适当国兵连衄之后，以'一彼一此'为言，不馁其气，前诗'齐秦莫漫问雌雄'亦此意。"[69]近代以来，中国在与日本的博弈中屡屡战败，但吴氏认为胜败乃兵家常事，多次战败不等于最终战败，因此郑重告诫天皇近臣长冈护美，中国不可一辱再辱。这些都是他直抒胸臆而又语重心长的诗作。

更多情况下，吴氏是以含蓄委婉的方式表明观点。其《次韵和本田种竹》（其二）云："高林风易人，初犊气无前。江海期容纳，蚊虻慎仆缘。"[70]据吴闿生注，"高林风易人""江海期容纳"指中国，"初犊气无前""蚊虻慎仆缘"指日本，应属于对仗中的扇面对。盖谓中国贫弱，成为列强欺凌的对象，但中国有志之士具有海纳百川、学习他国的精神，故必有振兴的一天；日本虽然经过维新运动，国势蒸蒸日上，但切莫趁机侵略中国。7月24日，日户氏邀请吴汝纶夜游，观看水上焰火。森槐南赠诗，吴氏和诗云："火树银花信壮观，靓妆炫服绕朱栏。只疑远海黄金阙，欲夺中天白玉盘。"表现出难得的闲情逸致，但下文意趣却陡然转向："但有神光燃渚易，纵多高焰爇云难。休言下策攻非计，曲突凭君灶上看。"[71]吴闿生注曰："五六句谓欧西文明以裨益中国则可，若欲相侵陵，殊非易也。末谓欲弥衅端，须绸缪于事先。"[72]由绚烂浪漫的夜景书写一下变为中西文明的现实议论。在吴氏看来，日本以欧美为师，成功推行文明开化国策，是中国效法的对象，但若以现代化积累起来的国力凌驾于中国之上，中国断然不会屈服。至于7月6日赠送结成琢诗所言的"螺蛳那便能吞象，寄语知音莫浪传"[73]，则是希望通过日本汉诗人传达自己的严正立场。这首诗不同于上述诸诗之含蓄，而几乎是金刚怒目了。

吴氏唱和诗往往涉及其对中国政治的看法，尤其是其与当政者的紧张关系。这些内容若明说则落入言筌，授人以柄，故而表达较为隐晦。吴氏在中国创办新式教堂之时，即已为颟顸愚昧的上层统治者所不喜，其被张百熙举荐为京师大学堂总教习时，更是遭到了军机大臣荣禄等人的反对。吴氏赴日一行中的京师大学堂提调官、浙江补用道荣勋，即是荣禄的侄婿，监视掣肘之意不言自明。吴氏在日期间发生的吴敬恒（即后来的国民党元老吴稚晖）、孙揆均被日本政府驱逐出境之事，令其认识到驻日公使蔡钧出卖国家利益、日本政府趁机侵占中国教育主权的本质。吴氏致杨士骧书云："近因留学生与蔡使违言，竟将吴、孙两孝廉驱逐回国，侵夺吾国权，侮辱吾志士，皆令见者不能复堪。某不胜愤怨，屡欲拂衣还国。"[74]因为吴氏同情吴敬恒、孙揆均争取合法权益的斗争，反对蔡钧请日方介入并驱逐留学生，蔡钧恼羞成怒，散布吴氏与朝廷作梗的言论。荣勋亦在旁煽风点火，其原因正如《大公报》8月2日"时事要闻"所云："探闻荣相之婿某君此次东游，颇遭日人白眼相加，且与吴挚甫京卿亦形水火云。"由此造成的结果是京城的官僚责备吴氏不应袖手旁观，怀疑其与康梁为同党[75]，以至出现要派人谋杀吴氏、以王闿运代替吴氏出任京师大学堂总教习的传闻[76]。对于吴敬恒事件，日本政府一方面听从清廷要求，将吴、孙二人驱逐出境，另一方面又派文部大臣菊池大麓向吴氏解释，以权在内务省而推卸文部省的责任，日本报纸则宣扬过在蔡钧。此事对吴氏影响甚大："其后凡日本之教育家、政治家有往访者，京卿皆峻词厉色，不少假借云。京卿亦自东装，候船即归，数日来不拜一客，不赴一宴。此役以后，京卿崇拜日本念头减去十之九。"[77]而日本民间人士对吴氏仍然心存敬意，甚至谋划专为吴氏创办学堂而请其担任教习。[78]因为受到本国统治者的猜忌打压，吴汝纶在京之时即已身陷明哲保身和就任总教习职务的两难境地。东渡后，吴氏受到了日本政府的高规格接待和民间人士的广泛敬仰，两相对照，心境之变不言而喻，以至产生异国知己之感。日本重要出版社三省堂的冈正一赠诗吴氏，吴氏欣赏其杰出的汉诗才能，赋诗答谢道："君看富士能招客，争奈云罗郁不开。"[79]吴闿生注："公在日本极被优礼，而中朝达官多忌嫉之，此诗微露其意。"[80]其《谢松方幸次郎》亦云："娱游多创获，出处两惊心。"[81]吴闿生注："公时方徘徊于出处之间，因叹彼邦贤哲，无论出处皆有益于国计，而今则不能，故'两惊心'也。"[82]这两句可谓吴氏在日时心理的自然流露。在《游本愿寺十咏》中，吴氏将自己喻为不得自由的孔雀、鹤和偶尔跃出水面的鲤鱼，一方面表明自己"本性自山野，安能供娱嫔"，品性高洁，另一方面又称"未是贪香饵，深潜时一跃"，为出国考察声辩。

中秋之夜，吴氏应邀参加檀栾会的诗酒活动。面对真挚热情的日本汉诗人森槐南、高岛张、岩溪晋等人，吴氏感慨万千，信手挥毫作诗数首。其《次高岛张韵》云："高天政自完全月，爝火何烦点缀楼。……清诗妙曲纵横奏，那得当筵惹许愁。”[83]以高天朗月自许，而将毁誉之言比作微不足道的火星。吴闿生注曰：“公在日本极受欢迎，而中朝佞幸时有谤言，日人多为不平，故诗每及之。”[84]《次岩溪晋韵》尾联云：“卢仝但解蛙宜磔，岂识浮云抉去难。”吴闿生注曰：“不必大奸慝，即此昏庸蒙蔽，已无如之何，慨朝政之非人也。”[85]6月23日，森槐南携永阪石埭拜访吴氏并赠诗，吴氏和诗说：“狙击凶强车欲中，唾骂奸恶鼓能挝。”[86]吴闿生注曰：“欲兴中国，必先除奸邪，此来诗之旨，欲从问其详也。”[87]森槐南理解吴氏的苦衷而慰勉之，其复兴中国的策略也颇有价值。9月15日，吴氏和福原周峰诗道：“底事人间有离别，祇令海外记因缘。扶桑日暖应无恙，震旦花开定几年？”[88]虽然东渡数月与日本友人结契颇深，但考察所得能否付诸实践则很难说，只怕留下的只是区区唱和的文字因缘罢了。一己之荣辱进退本不足惜，令人郁闷的是中国的政治革新不知何时方能真正推行。可以说，对中国政治的忧愤始终萦绕着吴氏在日时期的创作活动，而此心境又多数难于启齿，只能委婉表达。吴氏此类诗感情沉郁，笔致顿挫，读之有酸涩回甘之美。

五、结语

中日两国交往源远流长，除了初唐、元初、明末的中日间三次大规模战争以及近代以来的日本侵华战争，两国大部分时期都是比较友好的。近代以来，日本积极学习西方文明，多方面反超中国，又对中国的现代化产生重要影响，这主要通过国人纷纷东渡考察学习而实现。作为其中的优秀代表，吴汝纶在日本考察教育之时，虽也受到两国复杂外交关系的影响，一度产生不快之感，但整体上还是比较愉快的。因为心意相契，吴氏考察之余与日本友人诗酒虎龙，酬唱不绝，让我们看到吴氏在国内所作诗所没有的豪放不羁形象，感到中日民间交往的深入和美好。这充分说明即使是在中日关系紧张对立的形势下，民间人士还是可以有所作为的，通过真诚的沟通努力化解国家间的矛盾冲突。这对当下处理中日关系不无借鉴。

吴氏被称为桐城派的大师，很大程度上是由于其卓越的古文创作业绩，但我们通过吴氏与日本人唱和诗的解读，发现其诗歌才能也是非常突出的。因为中日之间复杂的外交关系，吴氏与中国上层统治者的矛盾，吴氏不少诗歌都是用象征的手法含蓄表明自己的观点与感受。元好问《论诗绝句三十首》曾慨叹“诗家总爱西昆好，独恨无人作郑笺”[89]，我们根据吴闿生笺注、吴氏东游日记、日本友人诗集、中日报刊等文献，可以比较准确地解读吴氏诗歌。而森槐南对吴氏诗歌属于“桐城诗学”的论断，吴氏与日人论诗的笔谈，也揭示了吴诗的艺术旨趣。吴氏与日本汉诗人的交流既激发了对方的竞争意识，又深化了本人创作的意境。他把日本诗友间的深厚情谊，对明治维新、中日关系的看法以及对清朝统治者的愤懑一并纳入唱和诗中，使其诗歌呈现出丰富多彩的艺术风貌，开辟了中国近代诗歌新境界。吴氏此类诗是桐城诗学的光荣，其与日本汉诗人的酬赠活动是黄遵宪之后中日诗学交流的又一个高峰。吴氏酬赠的日本人多达六十余人，覆盖了多个社会阶层，其中不少是久负盛名的汉诗人，他们的唱和诗是日本明治后期汉文学实力的一次集中展示，而森槐南、本田种竹等人杰出的汉诗才华亦不容小觑。1924年，吴闿生将森槐南、永阪石埭赠予吴氏之诗及江户后期大诗人赖山阳的乐府诗二首收入《晚清四十家诗钞》一并出版，扩大了日本诗歌在中国的影响，令人领略到日本汉诗人的文采。本田种竹在吴氏回国后，一夜梦见吴氏与之把臂言欢，并赠七律一首，醒来后茫然若失，唯记最后一句，怅惘之下据此残句补足全诗，寄给桐城吴氏。森槐南听到吴氏病逝消息后，悲痛不已，作诗悼念，在次年檀栾会重阳雅集上又作诗缅怀。日本汉诗人与吴氏的深厚情谊令人感动。

吴氏与日本汉诗人的交流还具有文化史意义。吴氏是晚清少有的精通中西学问者，对中国传统文化有批判更有热爱。其在日游西本愿寺时作诗，称儒佛二教为敝屣，皆已无用[90]，欣赏日本及时效法西洋，走上强国之路。若将此类论及中日文化的诗歌与吴氏日记对读，我们或能考察其真实想法。又如8月30日文部省秘书官田所美治索诗，吴氏答曰：“东海文明有本初，当时渐被盛何如？谁知岸谷多迁变，更向扶桑问秘书。”[91] 这首诗歌可谓近代汉籍回流的佳例。在中日近代文学交流史上，吴汝纶与日本人的交游还可从多个视角进行研究。

注释：

1　吴汝纶. 吴汝纶全集（第一册）[M]. 安徽：黄山书社，2002：440.

2　刘雨珍. 清代首届驻日公使馆员笔谈资料汇编[M]. 天津：天津人民出版社，2010：14.

3　佐藤三郎. 近代日中交涉史研究[M]. 徐静波、李建云，译. 上海：上海人民出版社，2013：230、232.

4　吴汝纶. 吴汝纶全集（第四册）[M]. 安徽：黄山书社，2002：759.

5 吴汝纶. 吴汝纶全集（第四册）[M]. 安徽：黄山书社，2002：758.

6 《大公报》，1902年8月13日。

7 吴汝纶. 吴汝纶全集（第四册）[M]. 安徽：黄山书社，2002：295.

8 吴汝纶. 吴汝纶全集（第四册）[M]. 安徽：黄山书社，2002：356-358.

9 吴汝纶. 吴汝纶全集（第四册）[M]. 安徽：黄山书社，2002：1142-1143.

10 吴汝纶. 吴汝纶全集（第四册）[M]. 安徽：黄山书社，2002：1155.

11 吴汝纶. 吴汝纶全集（第四册）[M]. 安徽：黄山书社，2002：755.

12 此诗吴闿生编辑吴氏诗集时失载，见《吴汝纶全集》第4册第779页。

13 吴汝纶. 吴汝纶全集（第四册）[M]. 安徽：黄山书社，2002：447.

14 吴汝纶. 吴汝纶全集（第四册）[M]. 安徽：黄山书社，2002：451.

15 吴汝纶. 吴汝纶全集（第四册）[M]. 安徽：黄山书社，2002：784.

16 长冈护美. 云海诗钞（卷下）[M]. 东京：秀英社，1899：46.

17 该著另以《曾国藩传:日本人眼中的曾国藩》之名2012年由香港中和出版社出版。

18 对于檀栾会的相关情况，请参看拙文《吴闿生〈晚清四十家诗钞〉所收日本汉诗考》中的考索，见《古典文献研究》第17辑，凤凰出版社2015年版。

19 吴汝纶. 吴汝纶全集（第三册）[M]. 安徽：黄山书社，2002：450.

20 张裕钊. 张裕钊诗文集[M]. 上海：上海古籍出版社，2007：628.

21 曾国藩. 曾国藩全集（诗文卷）[M]. 湖南：岳麓书社，1986：250.

22 姚鼐. 姚惜抱尺牍[M]. 上海：上海新文化书社，1935：33.

23 姚鼐，编选. 今体诗钞[M]. 上海：上海古籍出版社，1986：序.

24 曾国藩. 曾国藩全集（日记卷）[M]. 湖南：岳麓书社，1986：136.

25 吴汝纶. 吴汝纶全集（第一册）[M]. 安徽：黄山书社，2002：443.

26 岩溪晋. 檀栾集（壬寅年之册）[M]. 待我归轩，1912：25.

27 姚鼐. 姚惜抱尺牍[M]. 上海：上海新文化书社，1935：33

28 曾国藩. 曾国藩诗文集[M]. 上海：上海古籍出版社，2005：80.

29 松下忠. 江户时代的诗风诗论[M]. 北京：学苑出版社，2008：598.

30 李尚迪. 恩诵堂集[M]. 续集文卷2//韩国文集丛刊（312册）. 景仁文化社，1990：242.

31 长泽规矩也，编. 和刻本汉诗集成补篇四（第20辑）[M]. 东京：汲古书院，1987：192.

32 长泽规矩也，编. 和刻本汉诗集成补篇四（第10辑）[M]. 东京：汲古书院，

1987：192.

33 广濑谦. 梅墩诗钞初编[M]. 卷2//富士川英郎，松下忠，佐野正巳. 日本汉诗，第11卷. 东京：汲古书院，1987：403.

34 菊池桐孙. 九桂草堂随笔[M]. 卷9//松下忠. 江户时代的诗风诗论：621.

35 对于田桐所论，具体分析请参看拙著《南社诗学研究》，郑州：河南文艺出版社2015年版，第139至141页。

36 明治时期欧洲人批评日本人的性观念，日本人反驳道："日本人崇尚神道，一生欢愉在神赋予的自由天堂。男子可以自由买妓嫖娼，女子能运用自己的魅力从娼营妓，她们的职业得到社会的尊重。日本人的性观念是独立道德规范下的文明开化。"见宗泽亚《明治维新的国度》，北京联合出版公司2014年版，第495页。

37 吴汝纶. 吴汝纶全集（第三册）[M]. 安徽：黄山书社，2002：229.

38 吴汝纶. 吴汝纶全集（第三册）[M]. 安徽：黄山书社，2002：407.

39 吴汝纶. 吴汝纶全集（第一册）[M]. 安徽：黄山书社，2002：464.

40 吴汝纶. 吴汝纶全集（第三册）[M]. 安徽：黄山书社，2002：426-427.

41 吴汝纶. 吴汝纶全集（第三册）[M]. 安徽：黄山书社，2002：235.

42 织田完之. 东洋诗史[M]. 日本：近藤活版所，1896：17.

43 对此问题的分析请参看拙文《日本近代"诗史"观论析》，《外国文学评论》2015年第1期，又见中国人民大学复印报刊资料《外国文学研究》2015年第6期。

44 吴汝纶. 吴汝纶全集（第三册）[M]. 安徽：黄山书社，2002：403.

45 吴汝纶. 吴汝纶全集（第一册）[M]. 安徽：黄山书社，2002：458.

46 森槐南. 槐南集[M]. 卷21. 森健郎，1912：14页上.

47 森槐南. 槐南集[M]. 卷21. 森健郎，1912：19页下.

48 森槐南. 槐南集[M]. 卷21. 森健郎，1912：20页上.

49 本田种竹. 怀古田舍诗存[M]. 东京：日清印刷株式会社，1912：附录《怀古田舍诗历》17.

50 岩溪晋《檀栾集》，第33页。玉池为永坂石埭之号，其看到森槐南赠吴氏诗后曾携梁川星岩诗集拜访吴氏，以作订交之礼。

51 吴汝纶. 吴汝纶全集（第一册）[M]. 安徽：黄山书社，2002：460.

52 吴汝纶. 吴汝纶全集（第一册）[M]. 安徽：黄山书社，2002：460.

53 本田种竹（1862—1907）长森槐南（1863—1911）1岁。

54 田雯. 古欢堂集[M]. 四库全书，1324册. 上海：上海古籍出版社，1987：1.

55 有关宋诗软硬之分，请参看蒋寅《海内论诗有正宗，姬传身在最高峰——姚鼐诗学品格与渊源刍论》，《文艺理论研究》2015年第5期第154页。

56 《大公报》1902年7月13日“译件”栏。

57 吴氏《日本金子弥平见示近作二诗索和，次韵赋此即送其归国》云：“我有隆中对，归烦问仲谋。”吴闿生笺注曰：“甲午战后，文忠公愤败衄之辱，欲联俄拒日，公谓非计，不如与日本结好，作书论之甚详。此诗隆中策指此。”见《吴汝纶全集》，第1册第492页。

58 吴汝纶. 吴汝纶全集（第一册）[M]. 安徽：黄山书社，2002：448.

59 吴汝纶. 吴汝纶全集（第一册）[M]. 安徽：黄山书社，2002：457.

60 吴汝纶. 吴汝纶全集（第一册）[M]. 安徽：黄山书社，2002：447.

61 吴汝纶. 吴汝纶全集（第一册）[M]. 安徽：黄山书社，2002：448.

62 吴汝纶. 吴汝纶全集（第一册）[M]. 安徽：黄山书社，2002：446.

63 吴汝纶. 吴汝纶全集（第一册）[M]. 安徽：黄山书社，2002：493.

64 吴汝纶. 吴汝纶全集（第一册）[M]. 安徽：黄山书社，2002：459.

65 吴汝纶. 吴汝纶全集（第一册）[M]. 安徽：黄山书社，2002：497.

66 吴汝纶. 吴汝纶全集（第一册）[M]. 安徽：黄山书社，2002：438.

67 吴汝纶. 吴汝纶全集（第一册）[M]. 安徽：黄山书社，2002：447.

68 吴汝纶. 吴汝纶全集（第一册）[M]. 安徽：黄山书社，2002：455.

69 吴汝纶. 吴汝纶全集（第一册）[M]. 安徽：黄山书社，2002：495.

70 吴汝纶. 吴汝纶全集（第一册）[M]. 安徽：黄山书社，2002：462.

71 吴汝纶. 吴汝纶全集（第一册）[M]. 安徽：黄山书社，2002：460.

72 吴汝纶. 吴汝纶全集（第一册）[M]. 安徽：黄山书社，2002：497.

73 吴汝纶. 吴汝纶全集（第一册）[M]. 安徽：黄山书社，2002：457.

74 吴汝纶. 吴汝纶全集（第一册）[M]. 安徽：黄山书社，2002：496-497.

75 《大公报》1902年9月22日“时事要闻”栏。

76 《大公报》1902年9月23日“时事要闻”栏：“日本某报馆北京访事人已有专电告知该报馆，详论某邸某相欲杀吴汝纶氏之故，日本志士大为震动。”吴汝纶回国后作诗《六迭前韵答伦叔》，吴闿生注曰：“轩未返而中都啧有烦言，奕劻、荣禄等辈至欲致不测之祸。”可知某邸某相指荣禄诸人。《新民丛报》1902年11月14日“中国近事”之“拟改教习”条：“大学堂总教习吴挚甫京卿有辞退之说，于是荐举湖南湘潭王王闿运者纷纷。闻王氏之学，原属中国卓卓者，惟于西学则未知何如。”

77 《新民丛报》1902年8月18日“国闻短评”之“尺素六千纸”栏。从日记与诗集来看，吴氏对吴敬恒事件极为愤慨，但出于理性，他并未一概拒绝日人的求见请求，依然主动至政府部门考察，向副岛种臣、大隈重信、伊藤博文等要人请教教育问题，其与日本人的诗歌酬赠亦未停止。

78 《大公报》1902年10月5日“时事要闻”栏中报道日本东京专函云：“日本志士因中国政府不能用吴挚甫京卿，且从而媒孽之，欲留京卿在日本。特设一学堂，聘京卿为总教授，提倡汉学。因日本自明治维新以来，事事步武泰西，汉学将有歇绝之叹，故汉学家心甚忧之。幸得大师，为通国人心所倾仰，故忽发此借材异地之想也。”

79 吴汝纶. 吴汝纶全集（第一册）[M]. 安徽：黄山书社，2002：451.

80 吴汝纶. 吴汝纶全集（第一册）[M]. 安徽：黄山书社，2002：494-495.

81 吴汝纶. 吴汝纶全集（第一册）[M]. 安徽：黄山书社，2002：447.

82 吴汝纶. 吴汝纶全集（第一册）[M]. 安徽：黄山书社，2002：493.

83 吴汝纶. 吴汝纶全集（第一册）[M]. 安徽：黄山书社，2002：463.

84 吴汝纶. 吴汝纶全集（第一册）[M]. 安徽：黄山书社，2002：498.

85 吴汝纶. 吴汝纶全集（第一册）[M]. 安徽：黄山书社，2002：498.

86 吴汝纶. 吴汝纶全集（第一册）[M]. 安徽：黄山书社，2002：455.

87 吴汝纶. 吴汝纶全集（第一册）[M]. 安徽：黄山书社，2002：496.

88 吴汝纶. 吴汝纶全集（第一册）[M]. 安徽：黄山书社，2002：470.

89 元好问. 元好问论诗三十首小笺[M]. 北京：人民文学出版社，1978：67.

90 吴汝纶. 吴汝纶全集（第一册）[M]. 安徽：黄山书社，2002：449，494.

91 吴汝纶. 吴汝纶全集（第一册）[M]. 安徽：黄山书社，2002：447.

白居易诗文在华文化圈广泛传播的语用修辞研究

张厚远[1]

摘　要：白居易的诗文体现了一个唐代儒者的形象，浸润着佛家、道家思想的精华，显示了极大的包容性和文化自觉性。在中华文化圈的跨文化传播活动中，白居易的影子几乎随处可见，并对他国文化的发展和演变产生了重要的影响，这是一个很值得关注的跨文化传播现象。

关键词：白居易诗文　跨文化传播　动力因素

白居易诗文的传播，经历了一个从国内到国外、从古代到当代的连续不断的过程，这完全是接受者主动选择的结果，他的广泛影响力，恰在于他的诗文的魅力。

一、白诗在唐朝社交媒体上的广泛传播

社交媒体是指人们彼此之间用来分享各种信息、经验和观点的工具和平台，在人类历史上由来已久，原始社会主要存在于社区之间的口口相传和一些简单的记录工具。到了唐朝，则比较发达了，存在于各行各业的交流、叙事当中，上至知识精英，下至黎庶行旅，都有各自的公共空间，形成了不同阶层话语场，传递

1　[作者简介]张厚远，工作单位：浙江越秀外国语学院网络传播学院，副教授，绍兴网络舆情研究中心主任，研究方向：网络舆情，跨文化传播。

他们各自的情感和信息，每个场域都有各自的意见领袖，引领着舆论的导向，主宰着舆论的内容，规制着舆论的范式。唯独白居易是个例外，在不同地方、不同阶层的公共空间里，都是个热门话题，雅俗共赏。

在《与元九书》中，白居易自述道："日者，闻亲友间说：礼、吏部举选人，多以仆诗试赋判，传为准的。其余诗句，亦往往在人口中。仆恧然自愧，不之信也。及再来长安，又闻有军使高霞寓者，欲聘倡妓，妓大夸曰：'我诵得白学士《长恨歌》，岂同他哉？'由是增价。又足下书云：到通州日，见江馆柱间有题仆诗者。何人哉？又昨过汉南日，适遇主人集众乐，娱他宾。诸妓见仆来，指而相顾曰：此是《秦中吟》《长恨歌》主耳。自长安抵江西三四千里，凡乡校、佛寺、逆旅、行舟之中，往往有题仆诗者；士庶、僧徒、孀妇、处女之口，每有咏仆诗者。此诚雕篆之戏，不足为多。然今时俗所重，正在此耳。"[1]可见，白诗在当时的传播确是非常广泛的，就传播的受众而言，上至知识精英，下至"士庶、僧徒、孀妇、处女""倡妓"。就传播的途径而言，有官方的刻意而为，"礼、吏部举选人，多以仆诗试赋判"；也有民间的自发行为，"诸妓见仆来，指而相顾曰：此是《秦中吟》《长恨歌》主耳"。就传播的范围和普及的程度而言，可谓是前无古人，"自长安抵江西三四千里，凡乡校、佛寺、逆旅、行舟之中，往往有题仆诗者；……"可以说，凡是有人群的地方，都有白居易的诗歌。

白居易的自述绝不是自夸之词，他的好朋友元稹的叙述可以佐证当时白诗盛传的盛况："二十年间，禁省、观寺、邮候墙壁之上无不书，王公、妾妇、牛童、马走之口无不道。至于缮写模勒，衒卖于市井，或持之以交酒茗者，处处皆是。……自篇章以来，未有如是流传之广者。"[2]

二、白居易的佳作在海外华文圈的传播历久不衰

据史料记载，白诗刚写出来不久就能远播国外，声誉很高，在社交媒体的活跃度不亚于中国。日本、新罗（今朝鲜）、日南（今越南）、契丹等国，都有大量的传写。契丹国王还亲自将白诗译成契丹文字，诏番臣诵读，日本嵯峨天皇就曾经抄写过许多白居易的诗，藏之秘府，暗自吟诵。

白居易的诗文在日本平安时代之前就传入了，日本《江谈抄》记载了嵯峨天皇（809—823年在位）年间，《白氏文集》就已经被天皇私藏："《白氏文集》一本诗，渡来在御所，尤被秘藏，人无敢见。"[3]

在日本，研习白居易的诗文成了一种职业和荣耀，甚至形成了一个独特的文化现象，这是其他古代中国作家难以望其项背的。“事实上，从嵯峨天皇开始，宫廷就设置了《白氏文集》的侍读官。学习白居易诗文与学习中国儒学经典一起，被定为天皇必备的修身课程。在宫廷进讲《白氏文集》的侍读官是世代相袭的。大江一族，便屡世垄断着《白氏文集》的侍读职务，自大江千古始，至大江匡衡止，祖孙五代，在宫廷相继向天皇进讲《白氏文集》近一百年，世代相袭，连绵不绝。白居易文学成为专门知识，对它的研究，形成了家学。在皇室的提倡下，白居易文学成为宫廷大臣必备的文化修养，吟诵白诗是当时宫廷中显示高雅的一种形式。”[4]

传世名著《源氏物语》被誉为“日本的《红楼梦》”，其作者紫式部就深受书香家风的影响，对白居易的诗文有很深的造诣。“在《源氏物语》里，紫式部直接引用白居易的诗句、形象或典故，以此塑造自己的艺术形象。书中涉及的白居易的诗篇有四十七篇，引用次数达百余次，而且运用自如、用法神妙，毫无生硬之感。”[5]

中古世代的日本，研习白居易诗文、学写白诗已经蔚然成风了，甚至还出现了像“白乐天社”“尚齿会”等的专门组织。作为一种外国文化，白居易的诗文曾引起了以天皇为首的整个日本官僚知识阶层人士的心灵上的震动，出现了蔚为大观的“白体诗”，还推动了日本汉诗诗风的变革。这股历久不衰的“白诗热”，在日本文学的各个领域，都留下了很深的印痕。

三、白居易诗文“通民情，达君恩”的主旨形成了一个共通的语义空间

语义空间是传播效果研究的一个重要概念。一般来说，信息是意义和符号的统一体，内在的意义只有通过一定的符号形式才能表达出来。因此，每一种符号体系都是传达意义的语言，它们所表达的意义构成了特定的语义空间。传播既是在社会空间中进行的，也是在语义空间中进行的，传播得以实现的一个前提条件，就是传受双方必须拥有共通的语义空间，即对符号含义的共同理解或拥有共同的文化背景，否则传播过程本身便不能成立，或传而不通，或招来误解。

社会信息的传播伴随着人的精神活动，包括：态度、感情、价值观和意识形态。它是将一个人或少数人所独有的信息转化为两个人或更多人所共享的过程，具有交流、交换和扩散的性质。它是一定社会关系的体现，传受双方表述的内容

和采用的态度、情感、措辞等，必须能够反映共通的价值观，既反映各自的社会角色和地位，又能共享一个共通的语义空间。

在《新乐府序》中，他提出了文章“为君，为民，为物，为事而作，不为文而作”的主张，矫正了以往“因文而文”狭隘保守的文学思想，使文学的功能由审美发展到传递信息，构建共通的语义空间，丰富了文学的功能，增强了文学的张力，开阔了文学发展的空间。针对当时的社会现实，他特别强调“为民”，认为诗歌应该反映人民疾苦：“惟歌生民病”“但伤民病痛”，“通民情，达君恩”，这是白居易诗文的核心价值观。在他之前，还没有人能够如此明确地提出这一主张。社会大背景是现实环境，诗词歌赋等文艺作品也是一种信息环境，是特定历史的一种“镜像”。白居易既具有传统儒生“兼济天下”的人文情怀，又有“补察时政，泄导人情”的现实目的。不论是为官做宰，还是写诗作文，“救济人病，裨补时缺”“上下交合，内外胥悦”，是他一贯的追求。

四、白诗的丰富文采和简约叙事风格充满着审美张力

“言之无文，行而不远”（《左传·襄公二十五年》），文学作品首先以文取胜，有了“文”才有艺术感染力，“文”是诗歌的核心生命力之一。白居易的诗文“辞约而意丰”，融审美性和易接受性为一体，既满足了读者的审美，又降低了接受者译码的难度，自然而然地扩展了白诗传播的公共空间的范围，从而获得了更广阔的共通的语义空间。

他的诗歌语言精粹、通俗易懂、明白晓畅，而且有很强的韵律感，是经过了千锤百炼的语言，有很大的艺术魅力。诗坛曾流传老妪亦解白诗的佳话，明代诗论家胡震亨《唐音通鉴》中曾有宋朝诗人张文潜看到过白居易诗手稿的记载，说“真迹点窜，多与初作不侔”，可知白居易作诗、改诗之呕心沥血。白诗的通俗艺术是一种“深入浅出”的艺术，达到了“以浅达深”的艺术境界，能“原生态”地反映事物的本来面目，接近纯净的事实，减少读者的“误读”和“错读”。

五、“美刺”风格客观上承担了“监测环境”的功能

白居易秉承了传统正直文人强烈的责任意识，他以诗文为武器，始终不渝地坚持“美刺”作风，洞察时事变化，批评弊政，传播其儒家治国理想。他自己

曾说过："'穷则独善其身，达则兼济天下'，仆虽不肖，常师此语"（《与元九书》）。他对六朝以来那种脱离现实脱离政治的"嘲风雪，弄花草"的诗学主张做了彻底的否定。在《秦中吟序》中，他说："贞元、元和之际，予在长安，闻见之间，有足悲者，因直歌其事。"在《与元九书》中，他说："自登朝来，年齿渐长，阅事渐多，每与人言，多询时务。"这里的"直歌其事"和"多询时务"所表现的就是他对当时的社会环境的密切关注。所以，当他"擢在翰林，身是谏官"时，就"手请谏纸"，除"启奏之外"，凡"有可以救济人病，裨补时阙，而难于指言者，辄咏歌之"。目的是"上以广宸聪，副忧勤；次以酬恩奖，塞言责；下以复吾平生之志"。结果导致"志未就而悔已生，言未闻而谤已成！"虽然如此，他还是始终不懈地坚持帮助统治者"善其身""善其政"的"美政"理想。

六、以情动人和以诚感人

白居易的诗文重情尚义，为诗歌注入了"情"和"义"的传播元素，使他的诗文的传播张力得到了很大的提高。《与元九书》第三段，他论及了情、言、声、义的重要性极其关联性。在诗人看来，"情"和"义"是内容，"言"和"声"是形式。三皇五帝是我国古代传说中的圣贤明君，德昭日月，他们以"言"和"声"行其"情"和"义"，于是天下大治。这是白居易心目中理想的君主形象。诗人所重的情是"人情"，包括君臣之情，朋友之情，同僚之情，官民之情，亲人之情，自然之情；等等。他认为只要"情一""情交""情见"，只要"经之以六义""纬之以五音"，天下就可以做到"直道而行，垂拱而理"了。

白居易的丰富的感情在他的许多诗歌中都有体现，如：

兄弟情深，"故园望断欲如何？楚水吴山万里余。今日因君访兄弟，数行乡泪一封书。"（《江南送北客因凭寄徐州兄弟书》）

恋人相思，"泪眼凌寒冻不流，每经高处即回头。遥知别后西楼上，应凭栏干独自愁。"（《寄湘灵》）

夫妻同心，"生为同室亲，死为同穴尘。……庶保贫与素，偕老同欣欣。"（《赠内》）

说到思乡，"汴水流，泗水流，流到瓜洲古渡头。吴山点点愁。思

悠悠，恨悠悠，恨到归时方始休。”（《长相思二首》）

朋友之情，“花时同醉破春愁，醉折花枝作酒筹。忽忆故人天际去，计程今日到梁州。”（《同李十一醉忆元九》）

思念亡友，“秋风满衫泪，泉下故人多”（《微之、敦诗、晦叔相次长逝，岿然自伤，因成二绝》）。

白居易生活在一个传播媒介并不发达的时代，然而他的作品在当时却广为传播，至今在海内外还历久弥新。他提出了文章“为君，为民，为物，为事而作，不为文而作也”的主张，矫正了以往“为文而文”狭隘保守的文学观念，拓宽了文学传播的张力，使得中华文化又一次以他的诗文为载体，在中华文化圈里得以广泛传播，并对他国文化的发展和演变产生了重要的作用。

注释：

1　白居易. 白居易集[M]. 北京：中华书局，1985：963.（附：本文中未注明出处的白居易的诗文均选自此书，不再逐一注释。）

2　元稹. 元稹集[M]. 冀勤，点校. 北京：中华书局，1982：555.

3　《江谈抄》文学第四，为藤原实谦笔录大江匡房谈话的说话集，书成于1104—1107年之间。

4　严绍璗. 白居易文学在日本中古韵文史上的地位和意义[J]. 北京大学学报，1984（2）：87.

5　许虎一.《源氏物语》与白居易诗歌[J]. 延边大学学报，1983（2）：52.

新闻作为诉说过去、反映当下并昭示未来的媒介记忆[1]

邵鹏[2]

摘　要：作为媒介记忆的文本，新闻是一种着眼于当下的报道，它一方面扮演着社会忠实记录者的角色，一方面扮演着人们当下记忆建构者的角色。但与此同时，新闻本身也是置于人类记忆进程中的文本，是对人类记忆一种叠加性的叙事，它天然地担负着传承与强化过往记忆的任务和使命。

关键词：媒介记忆　新闻记忆　历史记忆　碎片化　选择性　媒体责任

新闻媒体负责告诉人们须知而未知的新近事件，暗示我们某些事件是重要的，某些事件是无足轻重的，这些由新闻媒体带给我们的记忆随着传媒业的发展已经逐渐成了我们记忆中的重要组成部分。新闻媒体作为新闻信息的生产者与传播者，在记录和保存社会记忆的同时，也在编织着人类记忆中的当下与过去。

如果说新闻传播由来已久，那么新闻媒介的出现则晚得多。追溯人类媒介的发展历程，新闻媒介最先出现在宋代。在英宗治平三年（公元1066年）北宋开封，“小报”已经有“意、雕、卖之人”的分工，即小报已经有专门负责撰写、

1　[项目基金]浙江省哲学社会科学研究基地规划课题：《媒介作为人类记忆的研究——以媒介记忆理论为视角》（14JDCB01YB）。

2　[作者简介]邵鹏，博士，清华大学新闻与传播学院博士后，浙江工业大学人文学院广播电视学系副教授，研究方向为传播学、媒介记忆理论和媒介融合理论。

雕刻和出售的人。到了绍熙四年（公元1193年），南宋临安已经有了“日书一纸”的“日报型”小报了。可以说，“南宋临安的新闻传播活动是中国古代社会最辉煌的，不仅时间上早于西欧，而且其规模也大大地超过西欧”[1]。直到16世纪，威尼斯才出现了专门采集信息的机构和贩卖手抄小报的报人，17世纪出现定期印刷的报刊，18世纪欧洲国家陆续创办日报，这才进入了西方近代新闻事业的初创期。而真正拥有客观、公正地位，并以新闻报道为主的现代报业的产生则是在19世纪中叶。当报业飞速发展时，19世纪90年代人类发明了电影，20世纪20年代发明了广播，1925年世界上第一台电视机在英国问世，1983年在美国诞生了互联网（Internet），现在我们已经开始使用移动智能终端接收和阅读新闻了。新闻报道将我们更深地卷入了当下的社会，我们在试图记住社会正在发生的变化，并尝试着去应对。

作为媒介记忆的文本，新闻是一种着眼于当下的报道，它一方面扮演了社会忠实记录者的角色，另一方面扮演着人们当下记忆建构者的角色。但与此同时，新闻本身也是置于人类记忆进程中的文本，是对人类记忆一种叠加性的叙事，它天然地担负着传承与强化过往记忆的任务和使命。

一、新闻是碎片化的社会记录

“新闻包含了一幅国家与社会的图景。新闻从业者的工作成果，在一个长时间段内，可以被视为一幅有关国家的素描。”[2]当然，新闻对于国家与社会的记录并不同于历史或文化的记忆，新闻对于社会的记录更多是以广大公众的需求或以公众利益为基础进行的信息的取舍与加工。公众需求和利益的复杂和多样决定了新闻对于社会的记录往往不是系统性与整体性的，而是零散的碎片，新闻视野下的社会犹如万花筒、多棱镜折射下的缤纷图景。

（一）宽泛的价值选择与广泛的报道涵盖

“新闻不是反映现实的一面镜子。它是对世界的一种再现，而所有的再现都是选择性的。这意味着必须有一些人来从事选择的工作；特定的人决定将什么呈现为新闻，以及如何把它呈现出来。”[3]新闻的生产过程是新闻从业者对于社会信息的筛选过程，新闻价值则是这一过程的评判标准，并被视为新闻之所以存在的客观理由。20世纪20年代西方学者对新闻价值就有了较为完整的论述，而我们所熟知的就是新闻价值的五要素，包括新鲜性、重要性、接近性、显著性和趣味性，并认为新闻所包含的价值要素越丰富，级数越高，新闻价值就越大。事实上，新闻行业对于新闻价值的标准也并不统一，甚至有观点认为“重要”和“有趣”就可以是构成理想新闻故事的标准。也就是说新闻选择与新闻价值的评价标准是一个相对宽泛和笼统的概念，可以有更为丰富的社会信息被纳入其中。

事实上，在实践中新闻价值的衡量更多的是新闻从业者经验性的探寻。不同新闻媒体的新闻从业者都会根据自身的媒体特点与受众需求来衡量新闻的取舍。而从宏观层面来看新闻的选择是相对的，首先，新闻的囊括面广，政治、经济、军事、文化、科技、娱乐、体育、卫生……可以说社会公众生活的各个领域，新闻报道都可以“涉足”。其次，新闻媒体类型众多，印刷媒体中拥有数以万计的报纸杂志，且在内容区域上往往都有各自不同的定位和划分；电子媒体中各类电视台广播台，也同样根据自身需要完成新闻内容的制作播出；更不用说网络媒体和移动互联时代的新闻App更大程度上扩大了新闻的采集与传播范围。最后，新闻的信息符号也更为全面，从文字和图片构成的印刷媒体新闻到声画结合、语言与非语言符号综合运用的广播电视新闻，新闻所记录的信息量得到了巨大的提升，且对受众的冲击力与影响力也是今非昔比。

新闻媒介的生存环境对于新闻的价值选择与新闻广泛覆盖之间也存在一定联系。随着媒介市场化程度不断完善，新闻媒介间的竞争也在日趋加剧。竞争意味着新闻媒体要提供更具实效性的新闻报道；要拥有“人无我有、人有我精”的独家报道、深度报道；以及更独特的报道角度与更敏锐的社会洞察力等。新闻媒体将彼此间的差异视为竞争与生存的根本，其结果就是更为广泛的新闻选择和更为全面的新闻覆盖。

（二）断裂的新闻记录与零星的社会呈现

从整体上来看，新闻报道拥有广阔的涵盖面和极大的呈现数量。但是从单个的新闻报道的角度来说，新闻是一种断裂和零散的呈现。“经过当今记者笔下许多新闻报道的折射，日常生活的真实世界被分解成含义不定、随波逐流的碎片了。在这一折射过程中，发端于同一政治动因或经济动因的诸多事件，常被视为彼此独立互不相属。长期的趋向和历史的格局很少能够成为新闻的要素，因为它们难以像简单的新闻报道那样轻易说清。一个个孤立事件纷纷攘攘地充斥于截稿时刻。公众看到的不再是维系于历史、经济和政治的清晰潮流之中的那个相互关联的世界，展现在它们面前的是一个被看上去武断而神秘的力量驱入混沌之中的世界。”[4]

新闻的断裂与零散是新闻媒体的共同特性所决定的。在新闻生产的过程中，新闻媒介不可避免地遭遇媒介空间的限制，新闻媒介也不可避免地面临截稿时间的压力。印刷媒体不可能拥有无限量的版面容量，电子媒体节目的频道资源与时间资源也是极其有限的，即便是网络媒体，同一时间被人们所注视的范围也仅限于屏幕之内。这也就意味着，新闻的超量供应是一种常态，而新闻的价值选择也是不可避免的。新闻信息之间相互竞争，而随着截稿时间的临近，新闻从业者必须遵照已经锚定的标准对新闻进行筛选，其中新闻价值所包含的新鲜性、重要性、接近性、显著性和趣味性因素被放大，而新闻的完整性、系统性则被牺牲。新闻从业者不可能等待事件完全结束再展开报道，也不可能将所有事件在后期的报道中叙述完整，更不可能过早地认识到所报道事件在国家、社会、历史中包含的特殊价值。因此，“新闻所报道的新鲜事，令人震惊的好事坏事，都像是刚从天上掉下来似的，无缘由可寻，就这么发生了。信息的聚合犹如一盘散沙，人们根本不用记住前面说了什么，后话该怎么续，无须逻辑，也没有连贯，一切都是轻飘飘如飞扬的柳絮”[5]。

新闻就如同社会宏大光影中的一缕，它可能都是最精彩、最灿烂的，但是在人类记忆的广阔空间中新闻所承载的记忆价值并没有在最初被标定，新闻从业者的初衷也并非要让每一则新闻成为人类记忆中的重要一刻，或是让众多新闻组成国家社会的宏大图景。赫伯特·甘斯所说“新闻中瞥见的一幅国家和社会的图景”往往也并不是当下受众所能够感悟的，新闻中记忆传承的价值离不开后期研究者对过往新闻的整理与挖掘。

（三）过往新闻拼接后的记忆图景

在媒介中，当下的新闻报道没有记忆的负担，它们追求的是最鲜活、最夺目的社会呈现。新闻报道就如同一种快餐式的消费品，新闻媒介24小时不停烹饪新闻这种信息“快餐”，甚至这种快餐还有“时效性”作为保质期。毋庸讳言，新闻本质上是信息的消费品，是媒介组织市场经营的产物，受众需求和市场价值是其根本诉求，新闻作为记忆文本的价值往往是当下对于过往进一步探寻和完善的过程。人们不满足于历史话语中的单薄与苍白，希望能够在过往新闻中找寻到那些可以与历史契合的更为细致与生动的记忆文本。恰如国内学者朱月白在评论《封面中国——美国〈时代〉周刊讲述的中国故事》一书时所说：“历史是对过去的认识，我们要有能够增强我们共同记忆的大历史，但大历史并不是没有感情的空洞的东西，它必须与个人的体验结合起来，才可能变成自己的东西，不触及个人的体验，就无法激发思考与探索而变成机械的记忆，历史也就是去了它应有的作用。”[6] 当下人对过往新闻的追溯恰恰弥补了历史时刻中那些缺失的个体经验与情感。

近年来将新闻作为记忆文本展开梳理的书籍不断涌现。譬如，2007年当代中国出版社出版了郑曦原编译的《帝国的回忆——〈纽约时报〉晚清观察记》，作者对《纽约时报》19世纪中叶到20世纪初（1857—1911年）408篇晚清报道进行了整理和筛选，采用了其中的133篇原始电文编撰成书。2014年重庆出版社出版方激编译的《帝国的回忆——〈泰晤士报〉晚清改革观察记》也是如此，该书作者将视野聚焦在20世纪初的十年间（1901—1911年）《泰晤士报》有关“大清新政”的数十篇新闻稿，“虽然这些新闻稿宏观地概括了有关清末‘新政’的诸多细节，但将它们放在一起时，却并不会成为一本体例完整的书；每一篇各自相对独立的稿件，也无法完整、清晰地交代所报道事件的背景和来龙去脉”[7]。因此，作者在不影响原作的情况下，通过脚注加入了说明性的文字来弥补新闻本身整体性的缺失。《人民日报》记者李辉所著的两部《封面中国》将美国《时代》周刊杂志（1923—1952年）关于中国的封面人物作为轴线，采取以翻译并摘录《时代》报道原文，与当事人回忆录、相关史书的描述相映照的方式，来解读历史人物的命运和历史事件的演变过程。作者显然想通过自己的巧手“修修补补”将新闻鲜活的细节与历史系统完整地结合起来，激活并延续了新闻文本中的记忆。

二、新闻是选择性的记忆传承

新闻在普遍具有一种记忆文本价值的同时，也是一种对过往记忆重新激活与重新建构的途径。过往记忆借助新闻报道重新进入大众的视野，使人们回顾历史，并重新建立对历史的认识，而过往的记忆通过媒介的新闻报道得到强化和建构。

何扬鸣在研究《东南日报》对南京大屠杀的新闻报道时指出：“历史记忆的新闻传媒表达，是对多少不一的历史片断进行选择和编排，构成过往的叙事与图像，进而影响人们的历史认知与记忆。也就是说，人们把新闻传媒当作平台和渠道，通过发表新闻报道、新闻评论和文艺副刊，对关系国家、民族的意义重大的历史事件做多种建构，共同形成一种历史认识、历史观念，并经由新闻媒体的传播强化该国家、该民族对自身根基历史的记忆，最终影响人们对历史的认识。”[8]扬琴在史态类新闻的研究中也指出：“新闻以其更广泛的历史深度，反思历史，阐释历史，把历史引进了人们的现实生活和日常生活之中，为受众提供某些记忆、思考的影像，提供一种历史的观照，一面人类现实的生存之镜，使我们从中可以理解人类自身的生存状态。”[9]这些观点都在很大程度上肯定了新闻报道对于人类记忆传承的重要价值，尤其指出了新闻报道中对过往记忆的再次呈现对人们记忆的影响与建构作用。与此同时，过往记忆在新闻中的延续与传承也是一种选择性的，这种选择并不仅限于特定的新闻报道种类，而存在于新闻所建构的社会认知与共识当中。

（一）新闻报道中叙事背景的选择

“新闻媒体对于社会的主要作用在于，它日复一日地成为文化领域的行动者，即扮演着意义、符号与讯息的生产者或信使的角色。”[10]新闻每天都在讲述着在世界各地、各个领域中发生的不同故事，不同的新闻之间似乎并不存在着彼此的联系，但时间因素却是所有新闻的共同属性。无所谓新闻报道是否存在一定的时间跨度，或仅仅是一个时间点的呈现，在叙事的语境下，时间是一个连续性的情景，这个情景可以被“展望”，也可以被“闪回”。这就是说新闻报道需要选择一个连续的时间作为叙事背景，我们透过作为背景的时间和附着在时间上的意义去审视新闻发生的“这一刻”，并使“这一刻”与我们的未来和过去发生联系。

人们一直需要一种知道“我是谁”以及“我身在何处”的感觉，新闻报道事实上也在讲述“人和世界的故事：告诉人们他们是谁，从哪儿来，未来是什么，人们所尊重的社会关系又是什么”[11]。在这种情况下，叙述背景的选择就变得尤为重要，它需要在时间上可以将当下这一刻的新闻标定在一个连续的时间线上，又需要让这个连续的时间线符合人们对于自身过往记忆的定位。新闻叙事背景的选择是持续的“皮下注射”，一种记忆观念与认同在新闻媒介日复一日的信息浸润中逐渐形成。并且媒介所形成的叙事背景不是唯一的，而媒介选择哪一段叙事背景可以被使用，意味着这段记忆的延续与强化的同时，也意味着这段记忆与当下建立了联系，并一定程度上影响着当下。

譬如，在经济新闻的报道中我们经常性的被“闪回”到“改革开放”这个特殊的时间点。媒介之所以选择“改革开放”作为叙事背景往往意味着经济领域中的发展变化与取得的诸多成就。而如果媒介选择将叙事背景“闪回”到“2008年金融海啸”，则往往联系到我们今天经济所面临的各种困难，这显然对应了我们自身的经验记忆。同样在国际政治的新闻报道中“9·11事件”常常被选择成为叙事背景，用以解释我们今天社会中很多战争与动荡的根源。可见，新闻媒介对于叙事背景的选择可以给予受众一个拥有发端、发展、结局的完整故事，而叙事背景又强化和延续了我们对于过往记忆的共识。但是，这种选择是追溯式的，我们面对当下的新闻事件，要寻找一个符合受众预期和共识的叙事背景，于是错综复杂、千变万化的新闻事件被一再归因于少数获得共识的记忆重合点，并将其赋予了极其特殊的记忆与历史价值。

（二）新闻报道中记忆参照的选择

新闻作为一种叙事，不应简单地将其视为关于新闻事件的报道或是对于客观事件的描述。新闻从业者对新闻报道的编码应被视为“有意味的个体记忆、认识和顿悟编织在语言和思维的织体中”[12]的过程，在这个过程中叙事者试图与可能的叙事对象建立对话并形成共识，也就是说新闻从业者撰写编织新闻的过程是一个与想象受众之间的对话过程，进而通过新闻的交流形成叙事者与叙事对象之间情感的共同体，并达成对社会事件的共识。因此，新闻从业者们在撰写编织新闻报道时会更多地考虑如何将那些发生在世界各地、不同领域中的陌生事件，变得能够让更多的受众理解明白、甚至感同身受。这其中选择过往记忆作为当下事件的参照就成为最佳途径，只有当这些陌生事件与读者自身的记忆经验产生联系时，事件才能变得不再陌生，并成为他们所熟知的世界中的一个组成部分。

首先，新闻报道中记忆参照往往是从类型与概念开始的。新闻从业者首先对新闻事件本身进行归纳和判断，将其定义为某种特定的事件类型或概念。这些类型与概念是在受众记忆库中已经存在的资料。新闻从业者将新的事件与受众头脑中已有的类型与概念联系起来，便于受众理解和接受新的事实。“心理学家将思维模式定义为某一概念或某一类别的一系列特征，思维模式由我们记忆中预先存贮的大量信息组成。”[13] 当该类型与概念被激活后，我们的思维模式会带来一组基本特征。在新闻事件当中的类型与概念，让受众产生对新闻事件最基本的理解和认知，并且通过记忆参照的调用让新闻从业者与受众之间迅速达成对事件的共识，并进一步强化和丰富受众记忆中已有的类型与概念。

其次，新闻报道中往往以受众所熟知的事件作为参照，这些事件也是受众记忆库中已经存在的资料，受众不仅了解相关事件的来龙去脉，而且对相关事件已经形成社会共识。当新闻从业者激活这些熟知事件记忆作为参照的时候，受众自然而然地被带入到原有记忆的语境当中，认为新发生的事实不过是类似事件的再次重演，或者是大致相似的同类型事件。因此，新闻从业者通过记忆参照的激活，让受众对新近发生的陌生事件产生了与过往记忆的联系，消除人们对突发事件与陌生世界的恐惧。同时，记忆中完整的熟悉事件使受众可以对新近陌生事件的发生、发展与结果产生一定的预期，以及对未来可能造成的影响也形成判断，甚至通过对过往记忆共识的继承形成对新近陌生事件的价值判断。也就说，新闻从业者通过对记忆参照的调用与想象与受众形成有效的沟通交流，进而迅速对新闻事件形成某种共识。而在此过程中使新旧记忆之间产生有机联系，无疑使得记忆在新闻中被不断的传承和延续。

（三）新闻报道对历史纪念的选择

人类的“各种纪念性活动，唤醒了已经淡化了记忆的人们，也震撼了对这段历史很抽象的新生代”[14]。“纪念的本义是指用事物或行为对人或事表示怀念，而纪念性新闻就是指以纪念某一特殊日子为新闻由头，对历史事件或重要任务进行追溯式、史料式报道的新闻。”[15]在历史纪念的新闻报道中新闻媒体“以复述者的视野建构历史记忆，填补了事件发生与相关仪式间的空白”[16]。在这期间新闻为人们保存了更多的历史记忆，也让历史记忆在新闻文本和当下社会中获得传承与延续。

在人类的漫长历史中可供纪念的素材不在少数，而且不同国家、民族都会有其不同的历史性时刻值得铭记并代代相传。因此，纪念的本身就是一种对于过往记忆选择后的传承与延续。而纪念性新闻不仅是有选择性的激活过往记忆，更是一种对如何激活记忆的精心策划。历史纪念性的新闻题材很大程度上并不存在突发性，每年在固定的重要时点纪念新闻就可以展开报道，且纪念新闻以一年或固定时间段为间隔，新闻媒体拥有充足的时间进行新闻报道的准备与规划。这也就是说新闻中对历史记忆的激活是目的性明确的选择与策划。历史纪念仪式本身就是一种非个体的社会组织活动，对于政治、经济、宗教、社会组织团体具有重要的凝聚与存在意义，而政治、经济、文化等权力的运行都对于纪念活动产生调控作用，影响和改变着社会中每个人的意识和观念。

历史纪念仪式本身可以被视为一种象征性集体文本来解读，而新闻与历史纪念仪式不尽相同。历史纪念仪式需要特定的时间与空间的操演，在长期的重复的过程中，价值和意义被赋予了精心设计固化的动作语言形式和次序，操演者通过纪念仪式地不断重复来传播社会记忆。新闻对历史纪念同样不能脱离历史事实而单独存在，需要在时间上与历史相吻合。在空间上，新闻则未必一定是纪念仪式的补充和解说。新闻可以选择激活那些缺乏仪式的历史纪念，也不必有任何的固定操演。新闻媒介对记忆的激活可以仅仅是为了符合或满足当下社会环境的需要，也可以是一种历史传统，但每一次新闻对于历史纪念的呈现都是当下的和创新的，即便是相同的历史故事，新闻从业者也会重新编制符码，从时代的需求出发，从当代人的视角书写和解读过往的记忆。在这其中，记忆是一种被运用的手段，而媒介则是记忆施展威力的平台。新闻媒介通过历史纪念的报道对过往的记忆展开回顾与反思，强化受众记忆中已有的共识，并且通过新闻对记忆的复述赋予其新的价值和意义。

三、新闻作为记忆文本的反思

新闻是媒体对于社会信息系统化的采集与存储，事实上也不存在媒体以外的其他社会组织机构能如此专注于对民众生活与社会运行的记录与传播。我们别无选择地回溯新闻媒介的记忆，发现新闻的记忆不仅分门别类，而且充满了各种社会的细节，它们或许零散琐碎，但在宏观的视野下，新闻确实呈现了一个尽可能具体的社会图景。并且这幅图景以客观真实为标准书写绘制，人们很难去质疑新闻记忆的客观性与准确性，甚至很少去质疑当下或过往新闻记忆中是否有夸张或不实之词。新闻报道无论在叙事的要素、逻辑或是语言上都是以客观呈现社会现实为基准进行限定的。在新闻报道要素上坚持5W标准即何时（when）、何地（where）、何事（what）、何因（why）、何人（who），保证了新闻事件的完整性；在新闻报道原则上要求真实、客观、中立和平衡，限制了新闻从业者主观性能量的任意释放；在新闻语言上要求准确、简洁、鲜明、生动，则可以减少新闻表述上的偏差。特别是在媒体融合的时代，新闻记忆同新闻生产一样，除了要遵循真实、客观、准确的原则，还必须严格遵循全面、平衡原则。“全面性和平衡性原则既是对融合新闻生产主体的要求，即价值公正、立场中立、不偏不倚、不掺杂个人的主观因素、不故意歪曲事实；也是对被报道客体而言的，即新闻报道要注意关注事件的方方面面、正反双方、大事小情，防止以一种真实掩盖另一种真实，以某个真实的侧面遮蔽整个真实的事件。”[17] 即便如此单一，新闻报道中还是有可能出现个体的偏向，甚至新闻报道本身就是新闻从业者语言与思维的编码，但是同一事件不同媒体、不同新闻从业者刻意保持的差异与多元也必然有助于在一定程度上纠正和弥补记忆的偏差和缺失。

但是否这样我们就可以真的不假思索地将新闻记忆视为当下或过往社会的现

实图景呢？尤其当我们将新闻记忆视为一种历史记忆的档案严肃对待时，对新闻记忆的反思显然是必要的。

（一）作为商业消费品的新闻

很少有受众将新闻视为一种消费品，甚至新闻媒体也对自己所制造的产品的商业属性讳莫如深。新闻媒体往往将自己描绘成中立的旁观者或是公众利益的代言人，但事实上新闻作为新闻媒介的产品就是一种立足于当下的消费品，“一个总在损耗的消费品，它必须每天更新”[18]。“如同面包或香肠，是某种人造的东西。”[19]客观真实可以是新闻产品的特殊属性，甚至可以被视为新闻的生命，但其本质上与电影、连续剧、甚至广告这些媒介产品没有什么区别，受众的需求与满足是新闻实现商业价值的基本逻辑，也是新闻媒介新闻生产过程的根本驱动力。

受众对于新闻的需求与满足可能是多样化的，但也绝对是具有排他性的。一方面，受众对现实生活中紧张和冲突的焦虑；对社会中新问题的不解；对提升自身知识水平的迫切；甚至社会群体间的社交都可能造成独特的信息需求。另一方面，受众对自己所熟悉的生活常态；对按部就班的社会运作；甚至对缓慢的渐进式的社会发展都不感兴趣。因此，新闻媒体在受众的需求的驱动下，也必然热衷于追逐那些偶然的突发事件、离奇事件，或者说那些可以“夺人眼球”引发信息消费的社会信息成为新闻报道中的主流。而以这些信息为主要内容编制下的社会图景，显然很难从宏观层面被视为某种客观真实的社会呈现。

（二）作为意识形态的新闻

马克思在《政治经济学批判》一书中提出著名的观点：“人们在自己生活的社会生产中发生一定的、必然的、不以他们意志为转移的关系，即同他们的物质生产的一定发展阶段相适应的生产关系。这些关系的总和构成社会的经济结构，即有法律的和政治的上层建筑竖立起上，并有一定意识形态与之相适应的现实基础。物质生活的生产方式制约着整个社会生活、政治生活和精神生活的过程。不是人们的意识决定人们的存在，相反，是人们的社会存在决定人们的意识。”[20]社会中所有媒介都属于社会上层建筑意识形态的范畴，新闻媒体也不例外，而新闻报道则是社会意识形态的一种形式。新闻媒体作为人类精神生活的重要组成部分，要为经济基础服务，而新闻报道则是新闻媒体服务和作用于人类精神生活与物质生活的途径和手段。当然新闻媒体并不同于国家机器、政治、法律，新闻媒体不是物质力量，不具有强制性，新闻报道也不是强迫报道，但“新闻媒介的记忆，也即最主要的使命是报道和传播新闻，并且在报道和传播新闻中确立自己的方针”[21]。新闻组织与新闻从业者不可避免地将自身的观点与意识包藏在新闻报道之中，潜移默化地施加影响。“媒体凭借对以往或现实世界的象征性表征赋予群体（或个体）意义，形成对历史或现实的感知与记忆，从而取得共识。”[22]因此，不同时期、不同地域、不同国家影响下的新闻媒介产生的必然是不同内容与形式的新闻报道，呈现出的也必然是截然不同视野下的社会图景。

显然，新闻作为媒介记忆的一种类型创造了人类记忆存贮的独特空间，繁荣的新闻行业极大地强化和提升人类记忆记录与传承的深度与广度，并且新闻行业对于客观与真实的不懈追求，也在很大程度上保证了新闻作为记忆文本的完整性与可靠性。但同样不可否认的是，新闻本身并不担负着记忆或历史的责任与义务，即便新闻从业者可以将历史使命视为一种更为严苛与神圣的职业追求，但新闻从业者也不可能突破新闻行业与社会现实对新闻本身的局限性。事实上，所有新闻的记忆都是一种当下的、现实视野下的记忆，它们或许也有回顾与展望，但那也是现实原点下的拓宽与辐射。

注释：

1 何扬鸣. 试论南宋临安的新闻事业[J]. 新闻与传播研究，2009（3）.

2 赫伯特·甘斯. 什么在决定新闻[M]. 石琳，李红涛，译. 北京：北京大学出版社，2011：5.

3 迈克尔·舒德森. 新闻社会学[M]. 徐桂权，译. 北京：华夏出版社，2010：40.

4 W. 兰斯·贝内特. 新闻：政治的幻象（第五版）[M]. 杨晓红，等，译. 北京：当代中国出版社，2005. 转引自杨琴. 新闻叙事与文化记忆[M]. 北京：华夏出版社，2008：10.

5 杨琴. 新闻叙事与文化记忆[M]. 北京：华夏出版社，2008：10.

6 朱月白. 一本不一样的历史书[J]. 社会科学论坛，2007，11（1）：110.

7 泰晤士报. 帝国的回忆——《泰晤士报》晚清改革观察记[M]. 方激，译. 重庆：重庆出版社，2014：4.

8 何扬鸣. 东南日报：南京大屠杀报道研究[M]. 浙江：浙江大学出版社，2014：186.

9　杨琴. 新闻叙事与文化记忆[M]. 北京：华夏出版社，2008：12.
10　迈克尔·舒德森. 新闻社会学[M]. 徐桂权，译. 北京：华夏出版社，2010：29.
11　劳伦斯·格罗斯伯格，等. 媒介建构：流行文化中的大众媒介[M]. 祁林，译. 南京：南京大学出版社，2014：181.
12　帕特里夏·法拉，卡拉琳·帕特森. 记忆[M]. 户晓辉，译. 北京：华夏出版社，2011：42.
13　奇普·希思，丹·希思. 粘住[M]. 雷静，译. 北京：中信出版社，2010：33.
14　杨琴. 新闻叙事与文化记忆：史态类新闻研究[M]. 北京：华夏出版社，2008：61.
15　杨琴. 新闻叙事与文化记忆：史态类新闻研究[M]. 北京：华夏出版社，2008：60.
16　何扬鸣. 东南日报：南京大屠杀报道研究[M]. 杭州：浙江大学出版社，2014：189.
17　邵鹏. 媒介融合语境下的新闻生产[M]. 杭州：浙江工商大学出版社，2013：29-30.
18　Gaye Tuchman. Making News: A Study in the Construction of Reality[M]. New York: Free Press, 1978: 179.
19　迈克尔·舒德森. 新闻社会学[M]. 徐桂权，译. 北京：华夏出版社，2010：6.
20　马克思，恩格斯. 马克思恩格斯选集. 第2卷[M]. 北京：人民出版社，1995：82.
21　何扬鸣. 东南日报：南京大屠杀报道研究[M]. 杭州：浙江大学出版社，2014：4.
22　刘燕. 媒介认同论：传播科技与社会影响互动研究[M]. 北京：中国传媒大学出版社，2010：195.

如何“走出去”：关于华莱坞电影海外传播现象的思考[1]

孔祥雯[2]

摘　要：电影艺术可以被纳入作为广义的文化范畴内，同时也是狭义上的符号和象征。中国电影在扩大国际影响力的同时也带动了电影周边文化产业的商业化、多元化与国际化，使得华语电影不仅仅作为电影本身，也与越来越多的“中国元素”一道走出国门。同电影本身的内容相同，其“走出去”的路径和形式也是一种文化的呈现。本文从媒介经营与媒介符号的角度考察近些年来伴随中国电影商业化与国际化共生的相关现象。近年来的华语电影在海外环境的影响下，其营销方式依赖于商业化运作，一方面不断在经济利益的考量与电影文本表达之间寻找最合理的支点，另一方面也要“以大局观个体”“以时代观时刻”，突破西方成熟电影产业在全球范围内施加的广泛影响，努力发出“华莱坞”电影自己的声音，表达具有本土文化特色的基本立场。

中国电影近年来发展迅猛、势头强劲，2015年全国电影总票房达到440.69亿，比2014年增长48.7%[1]，不仅本土电影在院线遍地生花，同时也融入技术团队

1　[研究项目]本文系2015年度国家社科基金艺术学重大招标项目“‘中国梦’影视创作与传播策略研究”（15ZD01），浙江省社科重点研究基地传播与文化产业研究中心、省重点创新团队国际影视产业发展研究中心“华莱坞电影理论研究：以国际传播为视维”（ZJ14Z02）的阶段性成果。

2　[作者简介]孔祥雯，浙江大学传媒与国际文化学院博士研究生。

交叉与合作、版权引进、热门IP（知识产权）共同开发与演员跨国参演等新兴元素。近年来，从题材选择的多元化到电影演员的个人国际影响力增加，凸显出华语电影不断推陈出新、中国本土电影产业蓬勃发展的整体态势，同时以电影文化传播为缩影的国际文化间交流与传播越来越多。在华莱坞电影与中国电影明星不断进行"走出去"的探索和尝试过程中，中国味道与中国风格给世界电影艺术注入了生机与活力。当代中国电影市场的欣欣向荣是体制框架、艺术创作、商业运作与媒介传播等方面反复磨合与沉淀的结果，这体现了华莱坞的繁盛并不是商业市场泡沫，而是以一种更为沉稳与理性的姿态平衡发展的表现。

随着文化全球化浪潮的到来，多文化并存与共同繁荣的景象是当下社会发展的大趋势。各国在尊重各自文化的基础上寻求交流合作，有力地促进了电影产业中跨国文化交流的意识的不断加深。2012年签署的《中美双方就解决WTO电影相关问题的谅解备忘录》已在2017年到期，这意味着外国影片进口的配额限制将随之开放甚至取消。2015年9月，中国电影集团与美国电影协会签署了《分账影片进口发行合作协议》，意在加深电影产业方面的国际间合作[2]。华莱坞电影在重视和捍卫本土电影市场的权威地位的同时，也面临着以好莱坞电影为代表的国外电影的冲击和异域文化输入。在异域文化的强力碰撞之下，华语电影既应该以一种包容的姿态将其有益于市场繁荣的一面纳入合理的竞争机制中来，同时也要着重提升自身的文化危机意识，努力在好莱坞电影愈发猛烈的攻势之下坚守文化阵地，运用多种经营策略寻找突破口，拒绝盲目跟从与顺应，在国际电影大环境下展现自身独特的文化魅力。

虽然目前中国在外国电影引入和政策保障方面已达成诸多共识，必须承认的是，电影引入与文化接纳只是一种良好的向内的单向吸收的路径，并非已经形成动态的文化交流机制，并使电影进出口达到平衡状态。这意味着中国电影有信心有胸怀接纳多种文化在中国本土的彼此刺激和共同作用，但目前来看，我们尚未找到一条切实可行的打开中国本土电影市场对外大门的路径。电影文化只有"流通"起来，才能在历史和市场的检验中不断受到新鲜刺激，才能常拍常新，长盛不衰。国际电影市场不稳定因素很多，受众口味繁杂，华莱坞电影该如何"走出去"、如何在国际舞台上站稳脚跟等难题都需要一一破解。中国电影在海外电影市场上的份额自2010年开始连年下滑，2012年甚至仅仅占据不足1%的份额，而出口的华语电影题材的传统"王牌"——功夫片的受欢迎程度也有所下降。自1998年凭借《尖峰时刻》成为北美热门明星的成龙在2013年推出功夫喜剧《十二生肖》，上映半月后，根据发行方的统计数据，其北美票房仅为9万美元。中国

"熟脸"、功夫和打星路数似乎很难再撑起中国电影在国外市场的局面，而其他题材的作品又无法立刻担当起华语电影的重任，成为功夫片的合格接班人。在"走出去"的国际环境阻碍重重、又无优越政策和条件支持的情况下，华莱坞电影该如何"走出去"并且如何真正将影响力扩展到文化内涵的层面，这是学界和业界应当思考的问题。华莱坞电影从来不应该是一枝独秀或是某一特定题材挑大梁的固定局面，而应该是在不断发展中的不同文化题材共同生辉的繁荣景象。

一、个人品位与文化共享

近些年来，有若干中国电影"走出去"的特殊现象逐渐走入公众视线，并引发了一定的国内关注，如国际电影节和电影首映式的"走红毯"环节。世界影坛每年都会举办规模规格不一的电影节和颁奖典礼，最为华人熟知的当属欧洲三大国际电影节（威尼斯国际电影节、柏林国际电影节以及戛纳国际电影节）与奥斯卡金像奖。除了参选影片的评比之外，各大电影盛事都无一例外地设有"走红毯"环节，并安排媒体参加。"走红毯"既是电影主创者和嘉宾们进入会场前"真实"的必经环节，同时也是一个被建构的过程："走红毯"原本只是由停车场通向会场的一段路程，并无特殊内涵，但它却逐渐成为电影主创们在活动开场前在外界面前亮相以及与媒体交流的关键部分，这一段由红地毯铺就的星光之路也不再是一段场地间的简短过渡这么简单。电影主创们身着华服站上红毯，在被各个媒体围挤的拍照区域徘徊或以某一姿势站定接受媒体集中拍摄。整个红毯长度只有区区二三十米，但加入了拍照环节之后往往需要花上一段时间才能走完。随着这一过程的进行，电影明星们的红毯装扮也迅速被媒体进行盘点和比较。这类新闻当中既有同一明星历年的红毯形象回顾，也有该年诸多明星之间水平化的"竞争"。

有报道称"走红毯"环节展现的是一种民族着装文化，转而从本土元素、设计和审美的角度评析近年来电影演员在国际活动上的着装[3]。作为娱乐版新闻这本无可厚非。但用一种更为综合的视角去看待红毯时尚与各大电影节主体活动（电影文化交流与欣赏）二者之间的关系，我们可以发现，红毯着装与电影文化本身之间是割裂的，也是有所冲突的。时尚在红毯上被狭义地理解为演员的妆容与着装，这种整体造型则既可以体现个人品位与创意，也是电影明星在受采访机会有限的情况下直接表达和展现自己的方式。出于对个人魅力的展现和吸引媒体关注的意愿，演员及其团队总是不遗余力地打造完美形象。同时，电影明星往往也是大众明星，演员们往往选择与各类品牌服装合作，集个人营销与时尚产业营销融合于一身，因而往往在大众面前呈现出的是最完美的形象。因此，演员们的造型则成为各大时尚产业争相抢夺的广告地盘，明星的衣饰品牌也可能会跟随他们一起登上新闻，从而引发新一轮的时尚潮流。

电影演员的明星光环除了为自身加持、提高知名度与话题度之外，也对电影作品的关注度有所影响。“走红毯”环节已然与电影文化紧紧联系在一起，很容易在短时间内成为电影产业的焦点话题。媒体曾戏称“红毯”为除了电影作品竞赛之外“明星们的另一个战场”，这种说法可谓形象生动。首先，“走红毯”环节确实存在着隐性的竞争，出彩者可以引来媒体的更多关注，可以为个人公众形象加分。其次，演员身后的服饰赞助者们也将红毯视作广告平台，努力在得到明星青睐的同时进行品牌推广。

剖析整个红毯时尚呈现的过程来看，演员们作为凝聚着各自民族文化背景的个体，其是在表达和呈现文化的独特性，力求在众多“星光”交相辉映之时尽可能多地抓住媒体和大众的眼球。明星在镜头前向大众呈现出某一特定风格的面貌时，会尽可能地放大文化细节与个性差异。这既是隐性商业竞争的体现，也是个人胜负心的表达。此时，虽然电影明星们力求从文化的层面挖掘新意，并将其附加于时尚着装之上，但是“走红毯”的重点归根结底依旧是借助文化元素，将曝光度聚焦在电影与个人形象营销的层面。

相较于这种个体的独特性和表达差异，文化则是充满气势的、震撼人心的、引起共鸣的，它强调的是某一群体间“共享的意义”，而非个体闪光点，其传播内核是借助某一符号传达能为群体中大部分人所理解的共同意义的行为。这种意义的展现加注于对话的过程，是传播和接收、表达和理解并存的双向交流。除了通过直接言说来表达的意义，任何行为与声音等都拥有符号功能，都可以对应某种意义。这一过程既可以是自然发生、约定俗成的，也可以是刻意建构和塑造的。这自然可以让我们联想到被建构的意义是有所服务的，为了达到一种目的或效果而赋予事物以特殊含义。服饰作为人的外在形象的组成部分，也通过它的色彩、线条、图案等元素有所表达，并且这种表达呈现出直观、具象、冲击力强等特点。在颁奖礼的红毯环节，中国电影明星的着装既遵循基本礼仪规范和场合的要求，同时也力求能够在异域土地上带来东方文化的新鲜元素，以给人带来耳目一新之感。这时，中国的民族文化在本土“共享”的意义走出国门之后，并不能继续作为能够被充分理解和接受的形象出现在国外民众和媒体面前。于是，原本作为“文化”的中国本土元素到了国际环境中，自然而然地转变为明星鲜明的个性展现。基于文化元素的服饰展现使得电影明星本身无法立即对其意义进行一定的解释，因此就视觉冲击和直观印象来说也极易使国外媒体形成一定的误读和曲解。

二、“走红毯”与偶像消费

近些年来中国电影演员的身影频频出现在国外电影节的红毯上，引起国内媒体的广泛关注。但值得注意的是，其中不少演员以“特殊”的身份而非因电影作品获奖或参展出现在红毯上。例如2013年范冰冰亮相奥斯卡红毯，并不是因某部电影作品而参加，据称是受到了高层的“直接邀请”。2012年李冰冰作为某品牌代言人亮相戛纳电影节红毯，其此行主要目的是为成龙的《十二生肖》做宣传，但其本人并未参演这部电影。中国电影明星登上国际红毯的新闻确实让人振奋，“走红毯”意味着可以跳出电影中演员的设定形象，展现自己最为光彩的一面。他们也不负众望，常以高超的时尚品位引起外媒的关注和点评。在红毯上展现自我风采时，很多演员选择了诸如“龙袍”“仕女”发型与“红配绿”等中国元素以增加造型亮点，国内媒体也颇为自豪地使用“中国符号”等字眼评价中国明星走国际红毯的行为。一方面，衣着时尚的突破与创新确实可以代表明星自身的品位和格调，围绕着电影的宣传和推广策略完全无可厚非，电影明星以精神焕发的面貌和国际化的时尚品位示人也是中国电影全方位与世界影坛接轨的重要表现。另一方面，演员自身也体现了电影与时尚的融合，甚至时尚元素引起的国际关注大于其电影本身的影响力，这也可以看作是电影文化的宣传偏离和过度娱乐化。恐怕这种现象还是体现了国内媒体本身对于本国电影文化的底气不足，需要承担一定引导文化价值判断的责任。作为电影明星，应该优先树立起带着优秀作品“走红毯”的主观意愿，而不是带着个人话题和社会关系去“蹭红毯”或“闹红毯”。综合来看，在国际舞台制造话题的主力军还是中国媒体，外媒除了对演员造型的评论多数也较为中肯和客观。这似乎意味着中国电影的海外宣传本身还是为了相关中文报道能够带着话题热度回归国内创造效益，是为了在中国受众群体中产生一定的吸引力和号召力。“走红毯”的过度发热容易引发时尚争论与围绕明星个人生活的热议等电影周边文化现象，使得以优质电影创作为核心的基本发展方向变得模糊。

再如目前走入国际电影市场的中国“粉丝效应”，也是值得我们深思的问题。现代文化产业突出体现了文化商品的“生产—消费”的环节与“创作—运作”并行的趋势。粉丝文化是工业化社会中大众文化的一种强化，具有相当发达的群体凝聚力与行动力。粉丝群体往往带有对某种理想和价值的狂热追求，具体凝聚在明星身上便转化成具象的“偶像—粉丝”的关系模式。粉丝也是读者，往往主动地、热烈地、狂热地参与娱乐文本的解读之中。这种心态和情绪很容易被转化并纳入文化产业营销中去，变成直接的商业驱动力。因为对偶像的追求不会单一停留在精神和心理层面，同样会借由广告宣传、产品代言等模式体现在带动粉丝物质消费的层面。粉丝群体的消费能力和消费潜力一直是电影产业力求挖掘和开发的营销要素。近些年来中国内地电影市场引入的以好莱坞商业大片为代表的外国“大片”中经常出现中国演员的身影。但他们并非以电影主要角色出现在剧情中，而是以“打酱油”的方式在片中露脸。如中国明星韩庚在2014年上映的《变形金刚4》中以路人形象出现5秒；范冰冰在2014年《X战警·逆转未来》中只有一句台词；2012年的《敢死队2》中余男的戏份较多，但在影片情节中并不属于不可替代的关键角色，也并未展现出应有的个人风格。

相关监管政策针对这种现象也给予一定的关注和规范。在2004年7月6日颁布的《中外合作摄制电影片管理规定》中，“合拍片”的定义十分宽泛：联合摄制（中外双方共同投资、共同摄制）、协作摄制（外方出资，中方有偿提供设备器材、场地、劳务）、委托摄制（外方仅以委托中方的形式在中国境内代为摄制）都包含在内，此外，“外方主要演员比例不得超过主要演员总数的三分之二”。之后十年内，随着电影市场的迅速发展，政策的解释也在不断补充新的内容。2012年8月，国家新闻出版广电总局副局长张丕民在光明日报社举行的“电影频道电影研讨会”上谈到中美合拍片问题时指出，并非带有中国元素和有中国演员参加就可以称之为“合拍”。如此做法不仅使大量电影投资资金流走，还挤占了国产片的市场空间。目前来看，中国电影演员“走出去”行为依旧是受市场牵引的表象。这种现象不是华莱坞电影走出去或者中国元素走出去，而是因为中国电影市场受到外国资本重视，所以才根据“演员—知名度—偶像—粉丝—消费”的路径将中国元素转变成营销亮点，引发中国受众建立一定的情感联系与文化认同，最终还是要在中国本土市场上获得实在利益。

三、结语

政策的规范和确立自然是引导行业有序发展的重要保证，但从文化意义上来看，电影艺术的意识觉醒才意味着一种具备本民族特色的电影文化真正有资格屹立于世界电影之林。在文化产业内部划分的边界模糊、市场与艺术两头并重的当代电影现状之下，电影本身叙述和表达早已被浓重的商业气息所环绕。而目前最应该引起重视的，是“以大局观个体”“以时代观时刻”。

具体来说，“以大局观个体”指的是大局意识和整体观是华莱坞电影发展应占据的高度和立足点。个体的亮点固然重要，但当人们把更多目光和关注聚焦到个人身上时往往会发现，对于什么是“美”、什么是“时尚”更多体现的是见仁见智的主观价值判断，因此这当中很容易体现受众群体中的个体差异，难以达成某一价值和立场的认同，此时以个人的微薄之力较难在国际舞台大放异彩，如若强要出彩则容易产生矫枉过正的结果。而以真正有说服力的电影文化率先走出国门，其话题度和关注度显然要超出某演员的时尚个性展现，此时再底气十足地登上红毯，不可谓不自信。电影明星的个人形象与衣着时尚自然也会得到外媒的关注。

“以时代观时刻”指华莱坞电影的发展要以时代为背景、以时代为观念，着意反映当下大环境中的时代诉求，把历史和时间的沉淀作为电影创作的文化基础，挖掘眼下深刻的社会问题，捕捉凝聚在不同题材中的时代之光。中国电影明星也应以开放眼光看待电影事业，不应仅仅局限在眼前名利与手中天地。电影明星带着各种品牌期望势单力薄地走上红毯，虽然可能因为个人形象光彩照人而收益颇丰，但实际上却会令个人陷入孤立无援的境地。因此，我们迫切需要对电影创作怀有更为深刻的理解以及一定的前瞻性，不能任由电影文化平面化、跟风化。

“以大局观个体、以时代观时刻”意味着要从横向与纵向两个维度打开视角。同时，如若力求在国际影坛真正占有一席之地，发挥华语电影整体的优势和气势，也必须充分展现整个电影创作集体的智慧，更需要在这个行业中树立起共同的价值标杆。只有在电影题材上不断推陈出新，揭开贴在华语电影身上的“功夫”标签，把握本民族文化的核心价值，寻找文化间普适、共同的交叉点，发展中国传统文化博大精深的内涵，才能形成本民族真正的艺术创作自信和底气。

注释：

1 数据引自2015年12月31日新华网北京，记者史竞男，http://news.xinhuanet.com/newmedia/2015-12/31/c_1117643351.htm

2 新闻信息引自Mtime时光网，http://news.mtime.com/2015/09/27/1547309.html

3 南都娱乐，中国明星电影节着装文化考，http://1.smweekly.com/index.php?m=content&c=index&a=show&catid=38&id=634

参考文献：

巴尔特. 符号帝国[M]. 北京：商务印书馆，1994.

陈晓云. 作为文化的影像[M]. 北京：中央广播电视出版社，1999.

菲斯克. 解读大众文化[M]. 南京：南京大学出版社，2001.

南都. 中国明星电影节红毯着装文化考[EB/OL].http://1.smweekly.com/index.php?m=content&c=index&a=show&catid=38&id=634.

人民网，爱美网. 中国明星组团"蹭"红毯 黄圣依成反面教材 [EB/OL].http://lady.people.com.cn/n/2015/0228/c1014-26610274.html.

邵培仁. 华莱坞电影理论[M]. 杭州：浙江大学出版社，2014.

邵培仁. 华莱坞电影研究的新视界——《华莱坞电影研究丛书》总序[J]. 山东理工大学学报：社会科学版，2015，31（1）：73-76.

邵培仁. 中国梦:作为世界电影的华莱坞[J]. 东南传播，2015（7）.

搜狐，新京报.《钢铁侠3》删中国拍摄部分 范冰冰仅现中国版 [EB/OL].http://yule.sohu.com/20130426/n374094433.shtml.

网易. 出演好莱坞大片很牛？中国明星往往"打酱油"[EB/OL]. http://ent.163.com/12/1114/01/8G82F5QT00032DGD.html.

转型与重构：互联网+对华莱坞电影工业的影响[1]

刘秀梅　邵慧[2]

摘　要： 在时代的感召下，“互联网+”模式进入大众视野，而华莱坞电影一直在实践着与各种新技术的结合，特别是与互联网不断融合，重视IP资源和数据资源的挖掘，在投融资、发行、放映等电影产业链的各个环节中，不断涌现出新的商业模式，使电影的传播渠道和内容形成有益的互补，呈现良好的商业前景。互联网公司与传统电影公司的联合发力，重构了以往的电影产业版图，不断拓展电影产业链，但“互联网+”对华莱坞电影产业链的革新、颠覆背后仍有不少值得警惕之处。

关键词： 互联网+　IP经济　版权经济　商业模式

纵观世界电影一百多年的发展历程，电影在技术变迁中不断重塑艺术，从默片到有声电影、黑白到彩色电影、胶片到数字电影、普通银幕到宽银幕再到IMAX巨幕、2D到3D（乃至4D等）。电影不仅是一种视觉艺术、听觉艺术的声画综合艺术，而且拥有超乎寻常的技术兼容性，兼容与吸收所有能增强其表现形

1　本文曾刊于《新闻爱好者》2016年第6期，此处部分内容稍有修改，特此说明。

2　[作者简介]刘秀梅（1960—），女，黑龙江哈尔滨人，华东师范大学传播学院教授、博士生导师，主要从事影视传播与数字内容创意研究；邵慧（1987—），女，江苏淮安人，宁波大学人文与传媒学院讲师、华东师范大学传播学院博士，主要研究新媒体传播、华莱坞电影产业。

式与表现力的技术成果，形成其独特的电影艺术。20世纪30年代，电视的出现动摇了电影在娱乐业的霸权地位；50年后互联网崛起，免费分享的用户习惯蚕食了电影的版权收益，新的内容类型、观看方式、制作发行模式带来了新的行业危机。然而，微电影、大数据分析、众筹、弹幕、IP题材开发……这些热词的出现预示着电影如同生物物种般进化，借力互联网蓬勃发展。2015年《政府工作报告》中出现的“互联网+”，为互联网思维下的华莱坞电影产业的发展提供了一个全新的思路和动力。“‘互联网+’，对应的英文为‘Internet plus’，即不是加法（加号），而是‘化’（plus）。”[1]“互联网+”的“+”代表了互联网技术更紧密地与电影业相融合，刺激着新的电影产品形态、组织形式和商业模式的快速涌现，“互联网+”给传统电影产业带来冲击的同时，在技术交融之际，为传统电影产业升级换代带来了机遇。

一、理论转型：互联网思维进路

借力互联网发展电影的提法，从历史经验到理论探索都并不新鲜。当互联网发展到一定阶段后，人们开始思考互联网对电影发展策略的影响：朱倩和李亦中（2006）从电影网络营销、网络数据库、网络影评、网络电影的制作与传播等方面考察了互联网与电影结合的可行性。[2]田新玲（2012）指出在移动互联网传播的时代，电影营销需要遵循SoLoMo理念，利用各种智能终端进行新媒体营销传播。[3]张会军等（2014）影院经营管理研究视角，思考如何把握互联网时代和传播媒介的特征而更新观念转换思维等问题，将重心放在改变电影制作质量和影院经营策略的研究之上。[4]周正兵（2014）在互联网金融与电影业耦合性分析的基础上，梳理互联网金融支持电影业融资的几种模式及其价值链，并尝试对其发展趋势做出预测。[5]而蒲剑（2014）对贺岁档影片的网络评价进行量化分析，得出网络评价与电影票房不存在正相关系，大数据与当代电影创作还未建立真正的联系等观点。[6]尹鸿等（2015）指出互联网的草根、碎片、网状黏合的特点给互联网用户、互联网IP和互联网营销带来了深刻的影响，中国电影的创作似乎正在开启互联网时代新的纪元。[7]王广振（2015）认为电影产业与互联网产业应不断融合，最大程度开发电影价值，以激发价值链的价值最大化，进一步推动电影产业链升级。[8]胡黎红（2015）以当下广为流传的关键词众筹、大数据逻辑等为切入口，对相关现象和问题予以质询、反思。[9]另外，相关学术期刊陆续开设专栏邀请业界和学界人士碰撞对话，探讨电影行业发展问题。

近年来所谓的“互联网思维”已在我国风行一时，产生了极为广泛的社会影响，为“互联网+”的快速传播进行了预热。[10] 2015年全国两会上，“互联网+”首次出现在《政府工作报告》中：“互联网+”代表一种新的经济形态，即充分发挥互联网在生产要素配置中的优化和集成作用，将互联网的创新成果深度融合于经济社会各领域之中，提升实体经济的创新力和生产力，形成更广泛的以互联网为基础设施和实现工具的经济发展新形态。2015年7月，国务院再发文《国务院关于积极推进“互联网+”行动的指导意见》（国发〔2015〕40号）（以下简称“40号文”）。40号文中对“互联网+”的定义可视为官方对《政府工作报告》中第一版本的强调和补充。比较而言，第二版定义去掉了“充分发挥互联网在生产要素配置中的优化和集成作用”，增加了“推动技术进步、效率提升和组织变革”，进一步明确了“互联网+”的现实价值和作用；“实现工具”改为“创新要素”，将互联网的地位提升到驱动价值创造的核心地位；“经济发展新形态”变为“经济社会发展新形态”，表明互联网不仅极大地影响了经济发展，更要为社会发展带来深远影响。“互联网+”电影不应该是简单的叠加和华丽的包装，也不应该是对传统行业的颠覆，而应是以互联网思维和技术提升为动力，促进整个电影产业链的升级与重构，引领电影发展水平向更高层次迈进。

二、跨界突围：合力重构电影版图

互联网企业纷纷与传统影视公司联姻，注资成为大股东，试图借助互联网产业的良好生态，改变行业工业化程度较低、盈利模式较单一的现状，重构影视产业格局。早在2011年5月，腾讯以4.5亿人民币战略投资中国影视业的龙头公司华谊兄弟，拿下华谊兄弟4.6%的股权。2014年号称是中国电影产业的互联网元年。10月8日，浙江华策影视非公开发行募资20亿元，引入北京鼎鹿中原科技有限公司等5家投资股东，其中北京鼎鹿中原科技有限公司和北京瓦力文化传播有限公司实际分别为百度和小米的壳公司。2015年3月4日，阿里巴巴集团的子公司杭州阿里创业投资斥资24亿人民币，认购深圳创业板上市的中国最大的民营传媒娱乐集团光线传媒9900万股，约占光线8.8%的股份，成为其第二大股东。6月11日，百度、厚朴基金和天安财险共投4.5亿港元入股中国领先的电影院运营商星美控股，其中百度斥资1.5亿港元，获得星美控股1.59%的股权。8月17日，华谊完成非公开发行，募资近36亿元，其中阿里创投出资15.33亿元认购62 005 519股，约占华谊4.47%的股份，成为其第四大股东；腾讯出资12.79亿元认购51 758 997

股。而阿里巴巴董事局主席马云持股3.59%，成为第五大股东，马云与阿里创投的整体持股比例与第二大股东腾讯持股相当。华谊的王中军和王中磊则分别从23.27%、6.76%调整为20.82%、6.05%，分别是第一、第三大股东。2015年11月6日，优酷土豆与阿里巴巴双方就收购土豆股份签署并购协议。

在互联网公司布局各自的电影版图、打造互联网和电影业双赢生态时，传统电影公司也在积极寻求突围之道。华谊兄弟直接与互联网两大巨头腾讯、阿里巴巴合作，将互联网公司的"生态体系"复制到影视行业。华谊兄弟和腾讯的合作主要集中在优质IP的分享，将两家的资源优劣互补，互惠共赢；而和阿里巴巴的合作则主要侧重渠道的共享，如娱乐宝、淘宝电影、优酷土豆发挥其在发行、营销、在线放映等环节的优势。2013年华谊兄弟并购广州银汉科技，开启了"去电影化"之路，形成了电影业务、艺人经纪、电视剧业务和游戏产业协同作战的格局。2014年6月，华谊兄弟收购卖座网，提升了电影发行渠道、影院业务发展等方面的竞争力。2016年2月，华谊兄弟以19亿认购英雄互娱20%股份，持续在互联网领域发力布局。传统影视公司借力互联网，手握渠道与资金的互联网企业，和重视内容的影视产业形成了有益补充，不仅仅只是简单的加法，更是以互联网思想与技术对整个华莱坞电影产业链的升级与革新。

三、打通产业链：改变单一盈利模式

拥有内容优势的互联网公司，涉足电影产业时则是将传统电影产业链的上下游打通，进行整合延长：以知识产权（Intellectual Property，缩写IP）为内核，结合各个领域的资源优势持续开发挖掘IP资源的商业价值。据艺恩咨询出品的《中国互联网影视产业报告》显示，2012—2015年中国电影版权交易额不断攀升，从7.64亿一路增长到27.7亿。[11] 在互联网助翼下，中国电影有望突破单纯的票房依赖型初级发展模式，形成以版权经济为核心的大电影产业。[12]

表1 BAT电影版图

机构	制作	发行	营销	放映	衍生品
百度	百度金融、百度搜索、百度文学、百度游戏、华策爱奇艺	糯米团购	爱奇艺	爱奇艺PPS	百度金融、百发有戏
阿里巴巴	阿里影业、娱乐宝、华谊兄弟	美团、猫眼电影、华谊兄弟	娱乐宝、优酷土豆、新浪微博	华数传媒、阿里云电视、天猫魔盒	淘宝网
腾讯	腾讯文学、腾讯游戏、华谊兄弟	微信电影票、QQ电影票、大众点评网、华谊兄弟	星影联盟、微信、腾讯视频	腾讯视频	星影联盟、京东

百度从上游的IP资源入手，整合现有的文学和游戏资源，百度金融旗下产品百发有戏筹集资金，百度搜索提供数据决策支持和票房预测；糯米团购与百度地图致力于电影本地生活服务，在移动端拥有入口流量优势；爱奇艺同步上映预告片、花絮、周边特辑等，同时探索会员付费模式；百度金融和百发有戏后续进一步完善衍生服务，如获得明星专属感谢视频、参与庆功宴和首映，以及制片人特权等。阿里巴巴依靠电商优势，打造移动端售票平台美团猫眼电影和淘宝电影票，粤科软件掌握了国内主流院线售票系统的拍片信息、定价体系和会员数据等，作为决策支持和票房预测；娱乐宝深度卷入粉丝，增加其在融资、制作、营销环节的关注度与参与度；利用新浪微博社交媒体营销进行口碑传播；优酷土豆、天猫魔盒在线播出，拓宽收入渠道，淘宝网销售电影周边。腾讯打通旗下游戏、文学、动漫等现有品牌资源，加强与华谊兄弟、主流出版社在优质IP方面的合作；微信电影票、QQ电影票、大众点评网合力打造电影本地化服务；与华谊合作成立明星粉丝交流平台“星影联盟”，配合QQ空间、微信朋友圈整合营销渠道；利用京东、“星影联盟”在线销售电影周边。

四、升维变革：产业组织方式新结构

乐视模式是基于视频产业、内容产业和智能终端的“平台+内容+终端+应用”完整生态系统。乐视拥有强大的版权优势，拥有海量正版影视、赛事直播等优质内容资源，通过灵活的合作方式与影视出品方、网络视频网站建立了良好的合作关系。线上通过乐视网PC和移动端、智能电视乐视盒子进行营销和播放；影院观影综合服务平台乐影客将线上用户“导流”到线下购买，提供电影票超前预售、免费参加明星见面、超前点映、发售周边等。

表2　传统电影公司的互联网尝试

机构	制作	发行	营销	放映	衍生品
华谊兄弟	腾讯文学、腾讯游戏娱乐宝	卖座网、淘宝电影	淘宝网、星影联盟、娱乐宝	华数传媒、阿里云电视、天猫魔盒	星影联盟、娱乐宝
乐视	乐视影业、乐视制造	乐影客	罗盘精准营销系统	乐视网、乐视盒子	乐影客
光线影业	铁血科技、蓝弧文化、热锋网络、彩条屋影业			尝试付费视频网站	
华策影业	百度搜索、爱奇艺、百度金融	爱奇艺	爱奇艺	爱奇艺	爱奇艺
万达影业	会员数据	万达电影网、微信电影票	时光网		时光网

光线影业在2014年收购了动画公司蓝弧文化和游戏公司热锋网络，动漫、游戏和电影跨领域合作，互相借力发展；2015年成立彩条屋影业，从IP源头到创作制作再到周边衍生，在动画电影、真人奇幻电影和游戏领域进行跨界合作；2016年与铁血科技共同成立子公司，将现有的网络文学IP进行影视改编。2014年与奇虎360成立视频网站“先看”，试图拓展电影在线付费业务释放内容资源的更多价值，后因360撤资而告终。

华策影业依托百度在互联网领域的优势，前期借助百度搜索和爱奇艺用户数据辅助剧本的策划与创作，百度金融为电影项目筹集资金；一方面华策为爱奇艺提供优质的内容产品，另一方面爱奇艺为华策提供网络售票、预告片播放、在线播放和衍生品销售的互联网平台。

万达影业的优势在院线，互联网化也集中在这个领域。2015年2月和9月万达院线分别入股微信朋友圈和时光网，试水结合移动互联网将电影衍生品、电影推广与线下影院连接的模式。再加上自家的电影购票网，万达的在线购票交易量不断增加，不断沉淀的在线用户消费数据，通过连接影院完善用户体验。同年4月，与腾讯、百度合作打造O2O电商平台非凡网，集餐饮、百货、金融于一体。

近期，在游戏领域风头正旺的VR（Virtual Reality，即虚拟现实）在影视和综艺领域也被快速应用。各大影视公司瞄准VR风口，推进VR在自家业务中的应用与产业化。2015年，华谊兄弟子公司华谊兄弟互动娱乐收购圣威特部分股权，布局VR主题公园。2016年3月，华策宣布1470万入股VR公司兰亭数字，持有7%股权将共同合作VR综艺节目《谁是大歌神》。3月，光线影业入股为影视剧提供

VR技术方案的七维视觉科技，并宣布后续推出一款VR摄影机和两款VR终端。

五、让数据说话：渠道价值最大化

正如上文所说，互联网公司和影视公司合力重塑电影版图的背后，是跨界产业的深度融合中的优势互补，是行业发展机遇中的风险分担。电影不再是一个单向的创作过程，而是加入了更多注重粉丝互动的经营性行为，加强数据分析对各个环节的支撑。在线售票APP（网站）如格瓦拉、猫眼、淘宝电影等，通过第三方在线售票、参与电影预售，颠覆传统的发行模式和放映机制，逐渐对院线排片产生了一定影响，并在电影发行环节中扮演着越来越重要的角色。

（一）注重挖掘数据的潜在价值

“在世界电影史上，电影工业生产曾有过三种制度，即明星制度、导演制度和制片人制度……在当代电影生产和销售中，这三种制度已形成了以一种科学的方式组织在一起的‘三角’制度。”[13] 诚然，三种制度成功的背后是丰富的实践经验和成熟的资本逻辑，都曾为电影业带来辉煌的业绩。微软纽约研究院的经济学家大卫·罗斯柴尔德（David Rothschild）于2013年和2014年分别成功预测24个奥斯卡奖项中的19个和21个。在大数据时代已经到来的今天，数据资源和数据思维已经成为重要的生产要素。使用自动化算法代替或辅助人类预测，基于大数据的深入分析可以大幅度降低决策风险，提高决策水平。[14] 搜索引擎记录了用户的个人偏好，在线视频网站记录了用户的观看习惯，在线售票系统中沉淀了用户的购买习惯，通过对这些用户行为背后的数据分析，能科学地辅助决策电影的创作、选角、制作拍摄、发行、排片和衍生品销售的各个环节。最典型的案例便是前文提及的Netflix和《纸牌屋》。通过Netflix沉淀的海量用户数据、播放记录和搜索请求，算法预测了如何选择金牌导演、实力演员和时下流行的题材剧本；Netflix根据在线播放数据得出用户偏向于将一周一集的美剧攒起来一次性看完，在推出《纸牌屋》时一次性将13集播出。“决策依赖数据的公司的运营情况比不重视数据的公司出色很多——这些公司的生产率比不使用数据进行决策的公司高6%。”[15] 致力成为影视娱乐平台连接器的艺恩咨询通过数据洞察和智能决策驱动行业变革，相关产品包括enbase娱乐决策智库、enresearch行业研究咨询和CBO中国票房；整合多屏终端消费行为数据，为市场洞察、项目孵化投资、营销发行、影院经营提供策略支持和辅助运营。2015年，艾漫数据免费开放其iFilm电影决策系统。该系统通过对影片的互联网热度追踪、投放物料的监测，以及影片口碑和观影期待的深度挖掘，实现营销效果的全程评估，并可有效辅助营销决策。

（二）第三方在线售票的崛起

目前华莱坞电影的飞速发展及其市场环境对在线售票大为有利。一方面，BAT等大公司对在线票务的资本注入，对在线票务平台合纵连横，已走出了初期的抢占市场的乱局；另一方面，移动支付技术的飞速发展，消费者的观影习惯正在养成，作为观影主力的年轻人拥有良好的在线支付习惯。据艺恩咨询出品的《2016年中国电影在线票务市场研究报告》显示，2015年国产电影票房前10名的影片中，在线票务平台参与发行的影片占9部。[16] 唯一例外的《狼图腾》也在格瓦拉进行了预售，并在数家团购网站进行了营销。另据报告显示，2015年在线购票平台介入发行的影片中，微影、百度糯米、格瓦拉发行数量位居前三，分别为18部、13部和11部。

在不断打通的电影游产业链中，在线票务已经成为粘合上下游制片方和院线的重要一环，拥有强大的话语权。在拍摄制作前，可通过众筹、预售或团购等方式提前卷入受众的参与，摸底市场，起到了推广营销的作用；预测受众构成，为院线的排片提供了更精准的依据。在营销环节，利用在线购票平台累计的用户优势和线上社交优势，打通线上线下，为电影口碑的持续发酵提供可能。各家在线票务引入电影导演、演员和专业影评人的进驻，辅以普通用户不断完善评分、影评等内容建设，为观众购票提供决策依据，提升了用户的使用体验和提高了用户黏性。在衍生品环节，各家在线票务纷纷推出衍生品电子商城，精准地对完成观影行为的观众推送衍生品销售信息，改变影院过度依赖电影票房收入的单一盈利模式。未来在线票务还会基于售票业务继续向周边业务扩展，在版权运营的模式下获取更多利润和市场份额。

六、结语：几种警惕

“资金的流动是影视生态维持活动的首要条件。资本的购并为生态保持活力，加速了生态圈循环的过程。”[17] 正如前文所说，互联网公司和影视公司通过大规模的全资收购或合并入股等资本运作的方式，将话语权进一步聚合在资本雄厚者手中，这不禁让人回忆起20世纪30年代好莱坞八大制片厂时代。大数据电影票房预测的趋势是否会导致选题和电影类型的同一化，热门IP、有粉丝号召力的明星和导演的恶性争夺？制片、发行和放映等各个环节的垄断减少了竞争，但有益的竞争无疑是保持电影行业良好生态的关键因素。“互联网+电影”的车轮滚滚向前，一些现象背后的东西不得不让人警惕。

（一）技术与艺术的天然矛盾

美学、技术与商业之间的关系，是电影行业无法规避的内在矛盾。电影拥有超乎寻常的技术兼容性，能够兼容与吸收所有能增强其表现形式与表现力的技术成果。纵观世界电影发展史上，电影技术对电影艺术发展与升华所起到的重要作用，新技术为影像生产提供了无限的可能。正如40号文（详见上文第一部分）中对“互联网+”的定义，此处的“互联网”并不是主语，而是作为创新生产要素和电影组合，促使人和人、人和物、人和信息之间产生新的连接、新的组织形式和新的价值。科学与艺术、技术与想象等一系列内容的相互联系和碰撞，其用意一定不是旨在双方的重叠、并列和集中，而是二者在联系和碰撞中，产生新的意境，新的效果，新的概念，新的形态。[18]因此，切忌孤立地看待、解读“互联网+”，更不能陷入“互联网+”工具论的狭隘视野。用户行为数据并不是万能的，哪怕你将人类对电影的所有认知都通过数据存储下来，制作人员仍然需要通过创造力去发掘更好的表达方式。[19]对于大数据，业界人士的认识也很清醒。王长田认为：在电影里面直觉、智慧、判断力是电影的精神，而不是硬邦邦的数据。我找了很多新导演来拍他们的第一部影片，没有一个数据告诉我说哪一个人拍他的处女作有可能是成功的。[20]因此，仍需在尊重创作者的前提下，注重多元价值观的呈现，努力维护电影内容和题材的良好生态。

（二）IP热的背后

IP热潮可以上溯到好莱坞20世纪70年代中期，那个时期出现的高概念电影，其中的元素包括要与大众熟悉的文本有互文关系，即由当前流行的小说、漫画改编电影。互联网对电影业的渗透加剧了IP大热，IP抢购热潮的背后是电影行业借助其他领域培养的成熟受众，让渡小部分资金降低和消解电影项目的投资风险。一个优质的IP不仅仅包含这个法律术语背后的对文本的所有权，更包括了可转化为视觉语言的可能性、黏合度高的粉丝基础、具有普遍价值的故事性、吸引投资人的风险收益率、把握市场的营销卖点和有潜在变现能力的衍生品特征。对少数成熟IP的争抢不仅可能因为匆忙投拍毁掉一部具有潜能的电影故事，而且势必因竞价或投机性转手而大幅提高影片的制作成本；为了降低成本，便可能加剧其他乱象：诸如严重“超标”的植入性广告——这是又一种反电影市场逻辑的资本运作。[21] 盲目囤积的IP资源，并不能成为拯救电影市场的制胜法宝。

（三）产业链中的权力寻租

随着我国电影市场高速发展，电影成为被资本热钱追逐的对象，被诟病的票房丑闻正是资本运作链中的一环：票房注水，炒热市场和口碑，抢占票房拍片档期，发行方、投资方和院线三方得益。在竞争激烈的电影市场，新片上映的生命周期平均在一周左右。票面价格高于购买价、A票看B电影、内部预购票房、片方或广告商包场等买票房和刷票房的方式，制造不断飙升的虚假票房，这些都是行业里默认的公开秘密。这不仅破坏了电影行业的生态，更影响了电影行业的整体信誉和形象。2015年10月，隶属于国家新闻出版广电总局的国家电影事业发展专项资金管理委员会办公室（简称“专资办”）实时票房数据平台（微信公号：gjdyzjb）上线，每晚9点半公布当天国内票房前十电影和前十院线的实时数据、影院柜台售票数据、网络售票数据及所占比例等。另外还定期发布全国电影票房周报、月报和年报。官方公开的数据平台的背后是对票房数据的透明和公正的要求，为抑制虚假票房、利用数据炒作的现象做出积极努力。2016年3月，全国电影市场专项治理办公室下达处理意见，查实《叶问3》虚假场次7600余场、涉及票房3200万元，总票房中含有部分自购票房，发行方认可的金额为5600万元，这部分票房将从原统计数据中扣除；发行方大银幕公司暂停发行业务一个月，全国73家涉事影院被通报批评。[22]

票房人为干预的背后，是制度化、规范化的长效监管机制的缺失。2001年国务院通过的《电影管理条例》，针对电影市场中的传统违规行为做出了共68条规定，对比发展日新月异的电影市场略显保守和陈旧。2014年，国家新闻出版广电总局发布了《关于加强电影市场管理规范电影票务系统使用的通知》[23]中，专门针对票房透漏瞒报问题制定了管理规范，如：“影院不得对安装的影院票务系统软件及相关数据进行改动，若发生任何信息改动行为，则视为严重违规经营行为。严禁出票价格与观众支付金额不符的违规行为。严禁出现电影票上打印片名与观众实际观看的影片不符的行为。严禁出售、使用无明确影片片名的电影票。”并且明确规定：“篡改票务数据，上报票务数据严重弄虚作假，造成偷漏瞒报票房和偷税漏税的，由《电影放映经营许可证》的核发机构做出暂停或吊销该证。”我国现有的法律法规尚未对干预电影票房的市场新行为做出明确地界定，这导致相关部门在规范电影市场秩序时缺乏应有的法律支持。我们期待，面对发展势头迅猛的电影市场，相关部门应尽快出台相配套的法律法规进行完善与规制。

注释：

1 阿里研究院. 互联网+：从IT到DT[M]. 北京：机械工业出版社，2015：2.

2 朱倩，李亦中. 希望之春：当电影遭遇互联网[J]. 现代传播（中国传媒大学学报），2006（4）：126−129.

3 田新玲. 基于移动互联网终端的电影营销策略[J]. 当代电影，2012（12）：114−117.

4 张会军，陆阳，朱涛. 互联网时代影院经营管理探索[J]. 北京电影学院学报，2014（6）：11−18.

5 周正兵. 互联网金融支持电影业融资的模式与趋势研究[J]. 电影艺术，2014（5）：16−21.

6 蒲剑. 基于互联网的贺岁电影分析[J]. 当代电影，2014（4）：9−13.

7 尹鸿，梁君健. “网生代元年”的多元电影文化[J]. 当代电影，2015（3）：4−12.

8 王广振，王新娟. 互联网电影企业：产业融合与电影产业链优化[J]. 东岳论丛，2015，36（2）：55−61.

9 胡黎红. 热概念的冷反思：从关键词看互联网对电影制片的影响[J]. 当代电影，2015（1）：81−84.

10 黄阳华，林智，李萌. “互联网+”对我国制造业转型升级的影响[J]. 中国党政干部论坛，2015（7）：73−75.

11 艺恩咨询. 中国互联网影视产业报告. [EB/OL].[2016-03-29]. http://www.entgroup.cn/report/f/2818144.shtml.

12 饶曙光，鲜佳. “互联网+”与中国电影格局的提升[J]. 当代电影，2015（7）：6−10.

13 邵培仁，等. 华莱坞电影理论：多学科的立体研究视维[M]. 杭州：浙江大学出版社，2014：134−136.

14 赵国栋，等. 大数据时代的历史机遇[M]. 北京：清华大学出版社，2013：56.

15 维克托·迈尔-舍恩伯格，肯尼斯·库克耶. 大数据时代：生活、工作与思维的大变革[M]. 盛杨燕，周涛译. 杭州：浙江人民出版社，2013：185.

16 艺恩咨询. 中国互联网影视产业报告. [EB/OL].[2016-03-31]. http://www.entgroup.cn/report/f/1118148.shtml.

17 邵培仁，等. 媒介生态学：媒介作为绿色生态的研究[M]. 北京：中国传媒大学出版社，2008：278.

18 丁海宴. 电视艺术的生态观念[J]. 现代传播，2004（4）：64-67.

19 李迅，王义之. 大数据对电影创意和内容管理的意义[J]. 当代电影，2014（8）：4-8.

20 肖扬. 互联网+电影：马云们乐了于冬们哭了？[N]. 北京青年报，2015-6-12（A10）.

21 戴锦华. IP热：一场反电影市场逻辑的资本运作[N]. 北京青年报，2016-3-1（B02）.

22 郝杰梅. 全国电影市场专项治理办公室：对影片《叶问3》部分票房存在不实问题形成处理意见[N]. 中国电影报，2016-3-18.

23 国家新闻出版广电总局. 关于加强电影市场管理规范电影票务系统使用的通知[EB/OL]. [2016-03-26]. http://www.sarft.gov.cn/art/2014/1/24/art_106_4283.html.

华莱坞电影产业的国际化路径研究[1]

邵静[2]

摘　要：本文以华莱坞电影产业的国际化为主要研究对象，从诸多案例中梳理归纳出六条华莱坞电影产业的国际化路径，之后，借鉴企业国际化阶段理论，即“乌普萨拉理论”或“乌普萨拉模型”，利用曲线图展示了六条国际化路径之间的内在逻辑及发展层次，并据此总结了华莱坞电影产业国际化进程中的策略要点。

关键词：华莱坞电影产业　国际化　乌普萨拉理论　策略要点

《2017中国电影产业研究报告》指出，中国电影产业直接市场规模已近600亿元，观影人次达16.2亿，成为文化产业的龙头之一。2018年第一季度，中国电影创造200亿元的票房，超过北美同期的28.9亿美元（约合人民币183亿元），创下了全球单一国家季度票房最高纪录，首次成为世界第一。而2017年全球票房的主要构成是：北美市场28%，国际市场72%。中国市场在国际市场上占了几乎是30%的比例。北美、中国和中国之外市场三足鼎立的格局正在形成，这个趋势会越来越明显。[1]

2017年，国产电影海外票房和销售收入42.53亿元，同比增长11.19%。但在这一串光鲜数字的背后却隐藏着“华莱坞电影产业国际化”的难题，虽然外国观众对中国电影的需求很强烈，但正如著名导演徐峥所说：“中国电影票房突破

1　本文曾发表于学术期刊《当代电影》2017年第2期。原名为：《华莱坞电影产业的国际化之路》，正文案例有部分更新。

2　[作者简介]邵静，浙江大学宁波理工学院副教授，浙江大学传媒与国际文化学院博士后。

550亿元，我非常振奋。但兴奋之余，我们千万不要忽略那些喜欢看中国电影的外国观众，中国电影是否可以更多地去争取到外国观众，是一个值得中国电影人思考的问题。"

北京大学文化产业研究院副院长陈少峰也曾表示："国内影视企业的盈利能力只有好莱坞的五十分之一，国际市场没有完全打开。"北京第二外国语学院北京经贸与会展学院副院长王海文也表示："对于国产电影而言，国内的票房过好也有不利的一面，国内的票房满足了投资商的预期回报，将会削弱电影国际化的动力，毕竟国际化就意味着面临风险。"

面对如此艰难的国际化进程，华莱坞电影产业究竟路在何方？从国务院总理李克强在会见美国商务部部长普利兹克时饱含信心的言论中我们就可以找到答案："如果有中国企业害怕和美国企业合作、不敢竞争，这种企业是懦夫！"在华莱坞电影产业的国际化征程中，我们不断看到"勇者"涌现，他们大胆、自信，在华莱坞电影的国际化道路上披荆斩棘一路前行。本文将对近年来华莱坞电影产业的国际化路径进行梳理，并对其进行深入分析与评论。

一、华莱坞电影产业的国际化路径梳理

华莱坞电影产业的国际化进程中涉及诸多主体，如政府、传统电影公司、互联网企业、学校、社会团体、受众等，这些主体之间相互独立又相互联系，共同推进华莱坞电影及整个电影产业的国际化，其中涉及的细节无数，过程也十分复杂。通过对相应细节的梳理和概括，我们可以将华莱坞电影产业的国际化路径总结为以下几种。

国际化路径之一：自我推广，举步维艰

面对华莱坞电影的"国际化"需求，很多电影企业和电影投资者问的第一个问题可能是：如何将我们自己制作的电影卖出去？这就涉及华莱坞影片的海外票房和销售推广问题，而在这条国际化路径上，华莱坞电影产业走得并不顺利。

2014年北京国际电影节论坛上，博纳影业集团有限公司总裁于冬曾就华莱坞电影的海外推广问题发表了自己的看法。他将其分为了三个阶段，即低价倾销、参与投资和参与竞争。这里提及的"低价倾销"阶段，即是最初的自我推广阶段。此时，中国的电影企业将电影捆绑销售给海外电视台、视频网站以及过去的视频分销商，中国企业获利甚微，举例来说，10部电影仅获利2万美元，或全年

仅有10万美元入账。可见，这种简单地、理想化的华莱坞电影的国际化路径并未给电影企业带来“实惠”，我们看到的，更多的是束缚。于冬坦言：“在海外推广中，价格谈判的余地很小，如果你不依靠低价倾销，国际买家就会引进韩国或日本电影。要知道全世界每年制作约5000部电影，中国大约只占其中的10%，美国占了10%，印度占20%以上。当然，这里没有把每年日本制作的约100部色情电影算在内。”[2]。

经历了坎坷的“低价倾销”阶段之后，如今的中国电影企业更懂得主动出击，以积极开放的心态面对来自世界各地的买家，他们不仅积极响应政府层面的宣传与推广，还积极参加各类展览和交易活动。比如，在2015年的AMF（美国电影市场）展会中，中国展商使出浑身解数向参加AFM的海外买家推广华莱坞电影。参展的不少中国电影公司在展会上不仅准备了展览区的精致海报，还为买家准备了丰富的电影材料：从分类海报到推广手册再到预告片光碟一应俱全。而参展的电影类型也从商业动作片到获奖文艺片、再到小成本爱情喜剧，种类十分齐全。但据中国展区的工作人员总结：“卖得最快的是动作片，很多人对中国电影的印象还是停留在功夫片，而且会觉得功夫片的海报比较吸引人。亚洲买家总体占多数，比如临近的泰国等。除此之外，土耳其、巴西的买家比较多。”[3]从这两句短短的总结中，我们注意到，华莱坞电影的推广与销售环节除了票房、价格方面的束缚，还有一些不利因素也值得引起重视，比如电影推广区域结构的不合理，目前，我国电影海外销售地区较为集中，美国、欧洲和日本是中国电影的主要海外市场，其销售收入占全部海外销售收入的70%左右。[4]又如，国产海外电影类型的单一化，使得很多国外买家在“华莱坞电影”与“功夫电影”之间画等号，这一现状给全面推进华莱坞电影的国际化带来了不小阻碍。

国际化路径之二：制度护航，公关为先

对于电影产业来说，最为有效的国际化路径莫过于在电影制作、宣传、放映等相关制度上做到开放与国际化，在制度上为电影产业的国际化保驾护航。目前，较为引人注目的制度层面的国际化策略包括了电影合拍协议及其相关的政策优待。根据中国电影合作制片公司提供的数据，2017年，合拍公司获电影局批准立项合拍片84部，协拍片两部；共审查通过合拍片60部。这一年当中，中国内地与21个国家和地区进行合作制片。中国与协议签署国携手制作的影片若获得“中外合作摄制电影片”的认可，在中国国内可被列为“国产电影”，相关影片不会受到进口片配额制的限制。此外，还有税收、资金资助等方面的优惠。[5]

除了制度方面的努力，中国政府还鼓励华莱坞电影以国家公关的方式走向海外，在一些华人聚居的国家举办官方或有官方色彩的电影展映。比如，在2015年中英文化交流年期间，英国电影协会（BFI）主办了“2015中国春节话语电影展映活动”，其展映内容包括了中国故事片、纪录片以及与中国电影有关的讲座和研讨会。其中，纪录片《时光之旅：中国》影片在一天内即吸引四百多名当地观众前来观看。[6]

此外，中国政府也鼓励华莱坞电影走出去参加一些高规格的国际电影节。可以说，中国大陆电影走向世界，获得国际声誉和地位，是从参加国际电影节开始的。20世纪80年代之前，中国大陆电影几乎与西方隔绝，但90年代以后，情况有所改观，我国第五代、第六代导演在国际A类电影节上不断创造佳绩，从《红高粱》以后，柏林电影节几乎每届都有中国电影获奖。[7]仅2014年，我国就有345部次国产影片（含合拍片）参加了29个国家及港澳台地区的99个国际电影节，其中，70部次影片在22个电影节上获得117个奖项。[8]而2017年以来，第二届金砖国家电影节、第四届丝绸之路国际电影节、第23届地中海国家电影节、匈牙利中国电影展等的相继举办，也为推动中外人文交流积累了重要经验。

然而，在这些可喜的华莱坞电影国际化的进程之中，我们还应看到其中存在的问题。虽然我国目前对电影合拍制度方面做到了一定程度上的开发与国际化，但多年来我国针对电影内容和产业的相关政策都是以“限制”和“保护”为主，这严重影响到了电影产业的全球化和国际化。此外，无论是中国电影以公关、展映的方式走出国门，还是以电影节获奖的方式为国际社会所知晓，其实都未形成真正的国际影响力，中国电影以这两种方式“走出去”很多时候只是媒体上的“走出去”，并没有真正地走进西方观众[9]，也并未做到电影产业全面的“国际化”。

国际化路径之三：资本主导，开放主动

随着华莱坞电影企业，尤其是民营企业在市场利好的前提下积累了丰富的资金之后，各类热钱纷纷进入电影产业，华莱坞电影产业“不差钱”的时代已然到来。对于中国的传统电影公司来说，从选片筹资再到制作，多以立足本土为主，但为了与国际接轨，开拓华莱坞电影的国际化市场、学习国外电影的先进技术和运作模式，各大传统电影公司也不甘于闭门造车，纷纷以资本为先导，以开放主动的姿态，展开了与海外市场，尤其是好莱坞市场的形形色色的合作，合作的类型包括了投资、发行，甚至包括开发、制作在内的全产业链的参与。

2016年8月万达集团35亿美元并购了美国的传奇影业；2016年12月万达旗下美国AMC并购了美国卡麦克院线，以及欧洲第一大院线Odeon & UCI院线，于是美国AMC成为美国最大院线，也成为全球最大单一院线。2015年11月，博纳影业以2.35亿美元投资美国TSG娱乐金融，后者是二十世纪福斯长期的融资合作伙伴。此外，华策影视2015年也频频展开了国际化的连续动作，与福斯国际、极光影业和《蝙蝠侠》系列制片人迈克尔・奥斯兰有多部影片的合作计划。

2015年，华谊兄弟与美国STX娱乐公司签署合作协议，约定合拍不少于18部电影，开创了全球分账及共享著作权之先河。其中，双方在2016年合资拍摄了小成本影片《坏妈妈》，其一跃成为暑期档院线黑马，取得1.8亿美元（约人民币12亿元）的不俗票房。2017年3月，华谊兄弟副董事长、CEO王中磊在博鳌亚洲论坛上表示："国际化要根植于企业自身的资源禀赋，像我们不太会采用买买买的方式，而是聚焦在和创意人才和内容制作公司的合作上，以此在海外复制一个或多个华谊兄弟，终极目标是出品全球性超级系列电影。"[10]

但华谊兄弟所实践的这种国际合作方式在目前的情况下并不适用于所有的中国传统电影企业的国际化进程，不少传统电影公司与国外的合作模式多以项目为主，以资金方面的投资为主导，最终得到的仅仅是金钱的受益，与电影本身的内容制作、技术升级等关系不大，项目结束则各回各家；而不少大肆宣传的合拍片也多是为享受合拍片政策的投机之举，最多也只能是交换演员以及制作团队之间的合作，无法上升到完全的战略层面合作。[11] 如今，我国已经有不少传统电影企业认识到，仅仅有资本支撑还远远不够，我们还需要"积极主动"地参与国际电影生产的全产业链之中，同时，积极争取自身在投资过程中的平等权益。在获得资金回报的前提下，提升中国电影技术、内容等的国际化，实现真正意义上的华莱坞电影国际化的目标。

国际化路径之四：跨界实践，平台为王

2014年上海国际电影节上，博纳影业总裁于冬曾一度抛出了："未来的电影公司、电影业，都将为BAT打工"的言论，引起了学界和业界的广泛讨论。在过去的几年中，以BAT（百度、阿里巴巴、腾讯）为首的互联网公司大举进军华莱坞电影产业，取得的成就令人刮目相看：2014年7月百度旗下爱奇艺华策影业成立，8月阿里影业挂牌、优酷旗下合一影业启动，9月，腾讯互动娱乐推出实体业务平台"腾讯电影+"，并宣布了野心巨大的腾讯大电影计划……

在国际化的进程中，各大互联网电影公司的业绩也不容小觑：2016年10月，

阿里影业与史蒂夫·斯皮尔伯格创立的Amblin Partners公司达成战略合作。根据双方协议，阿里影业将收购Amblin Partners的少数股权，成为后者的战略股东之一，负责Amblin Partners在中国地区的电影营销、发行及衍生品合作，取得中国区票房分成。此外，阿里影业将派驻一位代表加入Amblin Partners的董事会。[12]腾讯影业则通过3种方式寻找国际化的空间：第一，11个明星IP的改编计划，需要在全球范围内寻找合作伙伴；第二，寻找国外伙伴对IP进行合作开发；第三，参投《魔兽世界》《阿凡达》等国际知名IP。[13]乐视影业则以2亿美元的战略基金在洛杉矶成立子公司，开辟好莱坞市场，表示建立了北洛硅线，并在美国电影交易会AFM期间公布了“6+13”的重磅全球化项目，确定研发+合拍的这种面向全球化市场的项目运营。[14]

从以上案例我们可以看出，互联网电影公司“走出去”的步伐似乎比传统电影公司来得迅猛和有力，在华莱坞电影产业的国际化过程中实现了完美的跨界实践。互联网电影公司的平台优势为其带来了丰富的资金、用户和内容等资源，很多国外电影公司选择与我国的互联网电影公司合作也是基于其拥有成熟的网络平台及相关产品，可以说是典型的“平台为王”，与传统电影公司的国际化进程相比，借助网络平台，我方的交易筹码相对加大，交易过程自然更加平等，所享受到的权益也相对增加。互联网电影公司的平台优势，已成为国外合作伙伴最为看重的重要资源，无论是腾讯还是阿里，抑或百度，以及优酷土豆，如果能借助互联网平台在对外合作中寻求更好的站位，或许能成为中国电影行业的“一记绝杀”。[15]

国际化路径之五：科技进门，全面渗透

先进的电影技术的运用是华莱坞电影走出国门的必要条件。目前，六成以上国产大片、中外合拍片和高端商业广告，都是在国外处理后期制作。电影《寻龙诀》的制片人陶昆就有一段尴尬的经历：“前几年拍《画皮2》，好莱坞的团队做特效化妆时，根本不让中方工作人员进入。拍《风声》时花大价钱请来航拍团队，好吃好喝伺候着也不让我们观看操作。”实际上，很多核心技术上还是掌握在好莱坞手中。[16]这一现状显然不符合华莱坞电影国际化的大目标。

然而，各种努力仍在继续。比如，符合国际最高声音制作标准的立鼎影视后期制作中心针对“电影技术”这一切入点，努力推进华莱坞电影产业的国际化。立鼎投资近亿元，建筑面积6000平方米，公司拥有国内至今为止唯一达到杜比白金级认证（Dolby Premier）标准的终混棚，它的成立昭示着代表国际最高水准的

影视后期生产链已经在上海形成。同时，这也标志着中国将可以与好莱坞一流技术人才直接对接，开创了华莱坞电影后期制作的新格局。

同时，立鼎还组建了完全国际化的精英团队以实现电影后期制作方面全方位的“国际化”，比如，聘请好莱坞资深制片人及后期制作总监John Amicarella作为副总裁坐镇好莱坞发展海外业务，公司运营副总裁理查德·伯纳特则是好莱坞超过60年历史的独立音棚Todd-AO的副总裁，等等。正如立鼎运营副总裁理查德·伯纳特表示：“中国买得起世界上最好的设备，但做不出最好的作品，这关键是人。如今，我们集聚了世界优秀专家，自然可拿出最好的顶级录音作品，但是我们不能完全依靠国外人才，关键还是要培养国内自己的人才梯队，建立人才培养的机制和模式，搭建好后期人才的培育与交流平台。”[17]可见，在立鼎影视后期制作中心在“国际化”上所做的努力，不仅可以挽回外流高端业务，也是培养高级人才的平台，符合华莱坞电影产业国际化路径中“全面渗透”的策略。

国际化路径之六：教育为先，人才为本

在梳理了自我推广、政策支持、资金为本、平台为王、科技渗透等国际化路径之后，我们最终还需要认识到：华莱坞电影产业的国际化，归根结底，还是需要依靠华莱坞电影人才的国际化；而华莱坞电影人才的国际化，离不开的则是国际化的教育、中外合作式的人才培养。为此，我们可以将华莱坞电影产业的又一条现实路径概括为：以国际化的教育为先导，以培养国际化的人才为根本，以人才的国际化带动全产业链的国际化。

华莱坞电影人才的国际化培养首先体现在中外合作培训、办学等方面。近年来，多家国外影视教育机构已与中国合作设立分支机构或开展相关培训，如上海电影艺术学院与纽约电影学院共同成立“纽约电影学院上海教育中心”，美国查普曼大学在中国开设电影夏令营，北京光景映画电影有限公司与美国南加州大学电影学院共同发起“电影专业人才升级计划”，上海大学与加拿大温哥华电影学院联合成立上海温哥华电影学院等。国际联合培养教育机制不仅可以开展多元化人才培养探索，在教学组织、课程体系、管理模式等方面达到国际电影先进水平；还可进一步开拓中国电影的国际化创作道路，扩大国产影片的海外发行网络，助力中华文化走向世界。

华莱坞电影人才的国际化培养还体现在中外合作、合拍电影的过程之中。以美国梦工厂动画公司与由华人文化产业投资基金牵头中方公司在上海合资组建的“东方梦工厂”为例，中美双方的重要合作方式为人才培养。“东方梦工厂”

首席创意官及影视制作负责人乔·阿奎勒曾对中外合作培养人才的重要性做如下论述："我们要对员工进行大量的培训。中国制片的流程与西方有很多不一样，我们需要培训员工如何能够在不同的流程环境下进行合作。而且在梦工厂的文化中，是每一个参与制作的电影人都需要对最终的产品做出贡献。因此，每个人都需要了解这部电影的共同目标是什么，也要了解其他人的想法是什么，再想一想自己能提供什么样的创意。"[18]总之，在很多中外合作、合拍片之中，都需要在中国本土拥有一批既懂制作又能够提供创意的员工，这也是华莱坞电影产业国际化进程中的基础一环，有助于华莱坞电影产业国际化层次的提升。

二、华莱坞电影产业的国际化路径评析

上文中我们以所涉及的主体为分类标准梳理出了六条华莱坞电影产业的国际化路径，在本章节中，笔者试图厘清这些国际化路径中的内在逻辑和层次，从学理的层面分析目前华莱坞电影产业国际化进程中遇到的问题，以期为华莱坞电影产业带来一些启发。

（一）理论基础与借鉴方式

20世纪70年代中期，瑞典乌普萨拉大学的几位学者在对北欧企业国际化研究过程中建立了一个新的理论——企业国际化阶段理论，该理论也被称为"乌普萨拉理论"或"乌普萨拉模型"（Uppsala Model，简称U-M）。该理论的核心论点是：企业国际化是一个发展过程且这一发展过程表现为企业对外国市场逐渐提高投入（incremental commitment）的连续形式。[19]在这一模型中，研究者区分了企业海外经营的四个不同发展阶段，即不规则的出口活动、通过代理商出口、建立海外销售子公司、建立海外生产和制造分支。[20]它们分别表示一个企业的海外市场卷入程度或由浅入深的国际化程度。

通过对"乌普萨拉模型"的了解和分析，笔者认为，虽然该模型解释的主体为企业，但对于由众多电影企业所组成的华莱坞电影产业来说，其国际化进程中也存在着一种如该模型中所呈现的"连续""渐进"的过程，即华莱坞电影产业国际化也是一个发展过程，且这一发展过程表现为我国电影产业对国际化进程逐渐提高投入的连续形式。同时，这种"投入"不仅仅体现在资金的投入，还体现在相关政策、制度、人力、精力等的投入上。总之，华莱坞电影产业的国际化经验知识可以通过上文中所归纳的六条国际化路径由浅入深、阶段分明地展现出

来，如图1所示。当然，这并不是说这六条路径之间是截然分开的，图1只是运用一种具象化的方式理顺各路径之间的连续和递进的关系，这有助于我们厘清其中的内在逻辑。

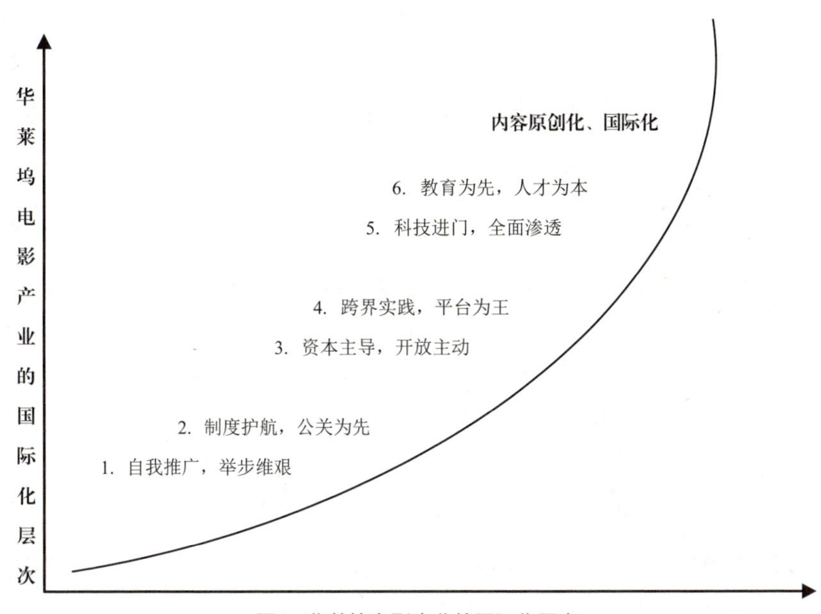

图1 华莱坞电影产业的国际化层次

（二）华莱坞电影产业国际化路径中的内在逻辑梳理

如上文所述，在“乌普萨拉模型”中，研究者区分了企业海外经营的四个不同发展阶段，即不规则的出口活动、通过代理商出口、建立海外销售子公司、建立海外生产和制造分支。它们分别表示一个企业的海外市场卷入程度或由浅入深的国际化程度。[21] 如果将这一模型灵活地运用至中国电影的国际化进程中，我们也可以找到相似的规律，而将六条国际化路径纳入不同的发展阶段之中，则可进一步科学梳理华莱坞电影产业的国际化进程。

在华莱坞电影产业国际化的六条路径中，路径一和路径二属于华莱坞电影产业国际化的第一个阶段，即“不规则出口活动”阶段，此时，中国电影通过自我推广或者自愿参加国际电影节而实现自己的国际化理想，试图以这种方式使中国电影得到世界的认同。

而第三、四条国际化路径中则包含着中国电影的“间接出口”，各大传统电影公司以及网络电影公司借助合作片、合拍片等诸多“间接的”“双赢的”方式向国际社会传播中国电影和中国文化。同时，在第三和第四条国际化路径中，还有一种更高级别的国际化方式，即建立海外独资子公司，深入参与甚至是主导华莱坞电影产业的国际化进程，这与“乌普萨拉模型”的第三阶段“建立海外销售子公司”有异曲同工之处。比如，2014年9月，华谊兄弟出资1.3亿美元在美国特拉华州设立全资子公司华谊（美国）[Huayi Brothers Inc.（US）]，据公开资料，该子公司主要从事电影、电视剧、电视节目的投资、制作、发行，营销宣传，海外公司股权的投资并购及海外项目投资等。[22] 此类海外独资子公司的成立，代表着华莱坞电影产业的国际化层次具有了再一次的提升，国际化进程不断向前推进。

根据“乌普萨拉模型”所显示，企业国际化的最高阶段为“建立海外生产和制造分支”，对于目前的华莱坞电影产业来说，这一最高层面的国际化目标尚未实践，其原因是我们目前还没有突破电影内容的瓶颈，为此，我们在图1中，将最高阶段的电影产业的国际化命名为“内容原创化、国际化”，我们为实现此目标已经不断做出了努力：比如，在上文的第五、第六条国际化路径中所涉及的科技、教育、人才等因素都是实现最高层次的中国电影国际化的基础；而如前所述，不少国内电影公司在海外独资子公司的成立很有可能在不久的将来演变为“华莱坞电影的海外生产分支”，它们将会打破单一的运作方式，不仅仅一味以资金为主导，以投资为目的，而是立足本土，以中国原创电影内容为基础，依靠逐步积累的海外市场的运营经验，全方位承担原创华莱坞电影在海外的投资、制作、发行，营销宣传等，真正做到最高层次的华莱坞电影产业的国际化。

（三）推进华莱坞电影产业国际化的策略要点

如图1所示，目前，华莱坞电影产业在国际化进程中可选择的路径很多，但我们也能够看到其中出现的一些问题，比如：华莱坞电影产业国际化路径的种类虽多，但主次并不分明；华莱坞电影产业国际化路径推进的速度虽快，但主体间的联系并不紧密；华莱坞电影产业国际化路径推进的范围虽广，但目前效果并未深入人心；华莱坞电影产业国际化路径推进的前景光明，但全面落实还需假以时日；等等。总体说来，华莱坞电影产业在其国际化的过程中，我们要么是过多地强调产业主体自身的国际化，而忽视华莱坞电影产业的中心——华莱坞电影内容的国际化；要么就是脱离电影产业，仅仅从电影内容探讨其未来的国际化道路。而最终，我们需要的是一种全面的、系统的、战略的眼光。

在华莱坞电影产业国际化进程的最初阶段，我们过多地强调了政府和制度方面的作用，强调依靠官方的力量推广自身，不断地从电影题材上迎合国际观众的品位，十分看重电影的公关作用，一味以是否拿到国际大奖来评判中国电影。此时的华莱坞电影，只能以单一的武侠题材获得猎奇心理的西方观众的短暂青睐，总体上缺乏从整体电影产业国际化的角度思考华莱坞电影的国际化未来。

如今，华莱坞电影的国际化似乎又走上了另一个极端。政策制度成了电影产业走出去的最好支撑，华莱坞电影产业的辉煌让电影生产者们忽略了国外受众，很多时候仅仅从资本的角度看待电影产业，忽视了其长远的发展，缺乏长远的目标。华莱坞电影的国际化，很多时候仅仅是华莱坞电影产业的国际化，电影内容方面的桎梏却难以突破，鲜有敢于冒险者忽略资本而追求内容，内容国际化成了资本国际化的附属物，而不是必须要实现的目标。

对于电影技术的看重催生了华莱坞电影产业对国际化教育、人才等的关注，人才固然是华莱坞电影自身国际化道路上的基石，但在一味强调设备、技术、技能的同时，千万别忽略了对电影人才国际化视野、文化心理、语言转换等的培训与教育，他们不仅承担着电影产业国际化的重任，更是华莱坞电影内容国际化的唯一依靠。

三、结语

华莱坞电影产业的国际化，不仅仅是电影投资资金上的国际化，也不仅仅是脱离了产业的一味迎合式的内容上的国际化，正如文中路径梳理中所呈现的，它涉及的主体多样、关系复杂，内部结构层次分明。我们需要由低到高、稳中有进、整体系统地推进华莱坞电影产业的国际化，同时，做到目标明确且运作高效。

注释：

1　李君娜.〈2017年中国电影产业研究报告〉发布，中国电影走向黄金创作的发展期[N]. 上观新闻，2018-6-20，https://www.jfdaily.com/news/detail?id=93632.

2　周黎明. 中国电影的国际化战略[N]. 中国日报网，2014-05-07，http://language.chinadaily.com.cn/news/2014-05/07/content_17490152.htm.

3　柯基塔，柏杨. 美国电影市场观察：中国面孔无处不在 巨人觉醒不是说着玩[N].

凤凰娱乐，2015-11-26，http://ent.ifeng.com/a/20151126/42533424_1.shtml.

4 侯光明. “一带一路”下的中国电影国际化策略思考[J]. 北京教育（高教），2015（8）.

5 肖杨. 我国已同13国签署电影合拍协议[N]. 北京青年报，2015-11-4.

6 黄培昭，李应齐. 迎中国春节，英国电影协会举办中国电影展映活动[N]. 人民网，2015-2-9.

7 尹鸿. 全球化背景下中国电影院的国际化策略[J]. 文艺理论与批评，2005（5）：9-17.

8 侯光明. “一带一路”下的中国电影国际化策略思考[J]. 北京教育（高教），2015（8）.

9 华谊兄弟研究院. 中国电影企业国际化报告（2015）：从影片“走出去”到企业“走出去”[N]. 时光网，2015-12-29.

10 华谊兄弟. 海外市场齐发力，华谊兄弟精彩连连[N]. 搜狐网，2017-7-20。http://www.sohu.com/a/158665927_555689.

11 铁哥. 互联网公司为何选择国际化？[N]. 网易科技频道，2015-07-06。http://tech.163.com/15/0706/11/ATR9I0AH000948V8.html.

12 科技说说. 阿里影业国际化破冰《一条狗的使命》告诉你答案[N]. 搜狐网，2017-03-08。http://www.sohu.com/a/128207980_235941.

13 娱乐资本论. 在中韩不同的IP语境中，腾讯如何与韩企合作？[N]. 钛媒体，2015-10-05。http://www.tmtpost.com/1443196.html.

14 王新喜. 乐视万达影业为何要纷纷进军美国好莱坞？[N]. 网易科技频道，2016-01-22。http://tech.163.com/16/0122/11/BDU9B5TN000948V8.html.

15 娱乐资本论. 在中韩不同的IP语境中，腾讯如何与韩企合作？[N]. 钛媒体，2015-10-05。http://www.tmtpost.com/1443196.html.

16 三声娱乐. 大咖、好莱坞和网大，野生的中国电影后期制作团队如何进入全球化[N]. 虎嗅网，2016-11-3。https://www.huxiu.com/article/169465/.

17 李君娜，吴春伟. 上海立鼎打造高端声音制作为核心的电影后期制作服务平台[N]. 解放日报，2015-6-17。http://www.jfdaily.com/minsheng/new/201506/t20150617_1603092.html.

18 杨莲洁. 动画电影中外合作的N种方式[N]. 北京晨报，2013-10-14。http://news.163.com/13/1014/02/9B445CNS00014AED.html.

19 王宏新，毛中根. 企业国际化阶段的理论发展评述[J]. 上海经济研究，2007

（2）.

20 Johanson, J. and J. -E. Vahlne, 1977. The Internationalization Process of the Firms—A Model of Knowledge Development and Increasing Market Commitment, Journal of International Business Studies, Vol. 8, No. 2, 23-32.

21 王宏新，毛中根. 企业国际化阶段的理论发展评述[J]. 上海经济研究，2007（2）.

22 钟雪晴. 影视公司国际化之路的4种模式[N]. 网易科技频道，2015-10-10。http://tech.163.com/15/1010/15/B5ITONKM00094P40.html.

文化·审美·产业：华莱坞电影跨国竞争的三维生态适应[1]

袁靖华[2]

摘　要：我国已是全球第二大影视娱乐消费市场，被冠以“华莱坞”之名，但本土原创影视产品在国际竞争中仍处边缘地位，在国际传播中出现贸易逆差。研究从竞争位置、产品定位与叙事缺失三个层面结合数据分析与产品解读，剖析了华莱坞电影跨国竞争陷入困境的根本症结：缺乏清晰明确的电影类型与产品形式定位，电影主题表达与类型人物塑造没能传递给全球观众一个面目清晰的、关于中国与中国人的英雄梦想叙事，未能提供有效呼应青年观众心理成长需要的东方英雄形象。研究构建了基于文化、审美、产业三维度的“生态适应性”分析模型，从文化包容、中式审美、市场规范三层面，深入探讨了华莱坞电影在跨国跨文化竞争中摆脱困境、实现跨国生态适应的基本途径。

关键词：生态适应　跨国传播　华莱坞　中国梦　美国梦

近年我国电影业发展迅猛，2010年开启“百亿时代”，2015年票房破四百

1　本文系2015年度国家社科基金艺术学重大招标项目“‘中国梦’影视创作与传播策略研究”（15ZD01），浙江省社科重点研究基地传播与文化产业研究中心、省重点创新团队国际影视产业发展研究中心“华莱坞电影理论研究：以国际传播为视维”（ZJ14Z02）的阶段性成果；受浙江省“之江青年社科学者”行动计划、2013年度浙江省中青年学科带头人学术攀登项目（pd2013295）资助。

2　[作者简介]袁靖华，浙江传媒学院电视艺术学院教授，硕士生导师，浙江传媒学院戏剧影视研究院常务副院长，博士。

亿，成为仅次于北美的全球第二大票房市场、第三大生产地，被冠以“华莱坞”之名。然而在国际市场上，华莱坞电影的整体竞争力与传播影响力的提升仍较有限，不仅近年国际电影节获奖数量开始减少，且海外收益自2010年开始显著下跌，与国内如火如荼的市场相比，华莱坞电影的海外传播迄今未有大的起色。为什么尝试了十多年的“走出去”，华莱坞电影在国外市场的开拓仍十分有限？华莱坞电影实现跨国竞争力的关键是什么？“Going out by staying at home”[1]行得通吗？本文从“生态适应性”视角，建构华莱坞电影跨国“生态适应性”的三维分析模型，分析华莱坞电影国际传播竞争的主要困境，探讨了华莱坞电影实现跨国生态适应的基本路径。

一、研究视角：跨国电影工业与生态适应性

（一）生态适应性

“生态适应性”（Ecological adaptation）是生物随环境生态因子变化而改变自身形态、结构和生理生化特性，以适应环境的过程。生态学研究发现有两种生态适应性变化：一是趋同适应。不同种类的生物长期生活在相同环境条件下会形成相同生活类型，它们的外形特征和生理特性具有相似性。二是趋异适应。同种生物长期生活在不同条件下，它们为适应所在环境，会在外形、习性和生理特性方面表现出明显差别。[2]受生态学影响，跨文化研究的“生态学”转向提出“生态翻译学”，认为译者在翻译过程中，要立足语言维、文化维和交际维等来适应翻译的具体生态环境，进行适应性选择，以便让译本适应目标语社会及读者的思想体系。[3]文化人类学研究“文化适应性”（cultural adaptability）与“文化兼容性”（cultural compatibility）。雷德菲尔德（Redfield）和赫斯科维茨（Herskovits）（1936）定义的“文化适应”（acculturation）指不同文化群体进行持续不断的直接接触时，一方或双方的原文化类型会产生如同化（assimilation）、分离（separation）、融合（integration）及边缘化（marginalization）等变化，而弱势文化往往会被同化或边缘化。[4]爱德华·霍尔（Edward Hall）在《无声的语言》（*The Silent Language*，1959）一书中提出：“跨文化交流”的文化适应问题是跨文化传播过程中个体对异质文化的行为反映。不同文化的人交往互动中的文化差异主要涉及：时间、高-低语境、空间关系。[5]约翰·贝利（John W. Berry，2006）进而提出“文化适应

（acculturation）”的理论框架，保持传统文化和身份的倾向性、与其他民族文化群体交流的倾向性，基于该双维倾向性来考量全球化时代文化适应的过程及其结果。文化生态适应研究从适应的过程、结果、影响适应的基本维度等提供了重要启示。电影作为文化有机体和工业有机体的结合，在跨国跨文化过程中如何把握文化生态与产业生态的“生态适应性”规律，亟待开展具体深入的研究。

（二）跨国电影工业

电影的国际交换本质上是文化与工业的跨国流通。电影跨国传播研究的核心议题是电影文化产业的国际竞争力。跨国是现代电影工业发展的必备要件，将民族电影工业纳入全球竞争的考察范畴，产业化、市场化、品牌化被视为中国电影海外发展的主要希望。[6]鲁晓鹏（Lu Sheldon Hsiao-peng，1997）提出：“只有在恰当的跨国语境中才能正确理解中国的民族电影……并且在影像制作发展过程中把她称作跨国的。”[7]张英进（2009）主张用“跨地性”（translocality，跨地域的维度）来构建一个全球话语下的中国电影研究范式：全球化时代的人们在不同地方移动的生活经验和情感，出现了“对多处空间的共时性认同”，电影的生产与消费不仅是跨地域的，而且是多地（多地性，Polylocality）共存、空间共享的。[8]邵培仁提出，中国电影产业需超越语言束缚与地域局限，以统合“华人、华语、华史、华事、华地”五要素的“华莱坞电影”整合力量、集中资源，“探寻华莱坞同世界接轨的共通价值、理念和独有模型、特色”[9]。

无论是从“跨国”“跨地实践”考察中国电影，还是更具包容性的“华莱坞电影”理念，都反映出自20世纪90年代以来愈演愈烈的电影工业全球化进程，裹挟着资本、人员、技术、资源、取材、拍摄、制作、发行、售卖、放映等电影工业要素全面卷入跨国交换与国际竞争。全球化背景下的电影国际竞争是“一个更大的联结各种差异性的竞技场”，不同国家、地区的电影在合作与竞争等各种关系中相互影响。[10]“跨国”是当代电影业的主要特征，不同民族/国家/地区电影的竞争，越来越成为跨国语境下的国际竞争。

华莱坞电影的生产、销售与消费是在跨国的全球化语境中的生存。“我们已经很难脱离‘世界’来单纯地探讨‘中国’，很难在讨论本土文化时能够不涉及全球化的命题。”[11]广泛流行的跨国合作制片与全球发行模式，构成了全球化时代的“全球电影”/“跨国电影”[12]，随着“跨国族的制作、放映与接收……事实上，所有影片已进入了与其他媒体和文化，以及由不同国籍和种族的观众组成的广泛而具有象征意义的关系之内”[13]。“跨国”是全球化时代华莱坞电影生存的基因，从工业生产到文化观念，从思维立场到叙事策略，从价值表达到符号美学，都离不开“跨国”。从全球视野、国际眼界、跨国意识思考中国电影产业，正是华莱坞电影进入国际市场应有的跨国想象。

从跨国产业竞争角度，商业化的电影市场竞争代表了电影产业的综合实力竞争，产品市场占有份额是衡量和检验中国电影产业国际竞争力的硬指标。北美市场是全球最大票房市场，也是西方电影文化中心，对电影经济与文化的全球辐射力最强，是衡量电影全球影响力的重要指标。[14]分析华莱坞电影自进入百亿时代以来的发展态势，比较中国和北美市场上华莱坞与好莱坞电影的差距，可更深入看清彼此的整体实力差距，对如何在好莱坞强势下寻求跨国生存之机的华莱坞电影不啻是一剂强效清醒剂。研究围绕上述问题，通过产业数据分析、产品类型分析、产品内容解读，在竞争位置、产品定位与叙事缺失三层面剖析中国电影产业跨国竞争的困境，以期探析华莱坞电影适应跨国生态的可行路径。

二、边缘化：华莱坞电影在跨国竞争中的生态位

（一）国际竞争的弱势边缘地位

以最近五年数据为分析基础，可帮助看清当前中国影视产业在全球竞争中的地位。近五年进口电影在国内继续大卖，国产电影在国内票房也整体向好，进步很快。但国产电影海外销售收入自2010年起显著下滑，出口收益徘徊在20亿人民币以下。与进口影片的中国票房比，中国电影的进出口贸易逆差近三年平均值接近10：1（见图1）。

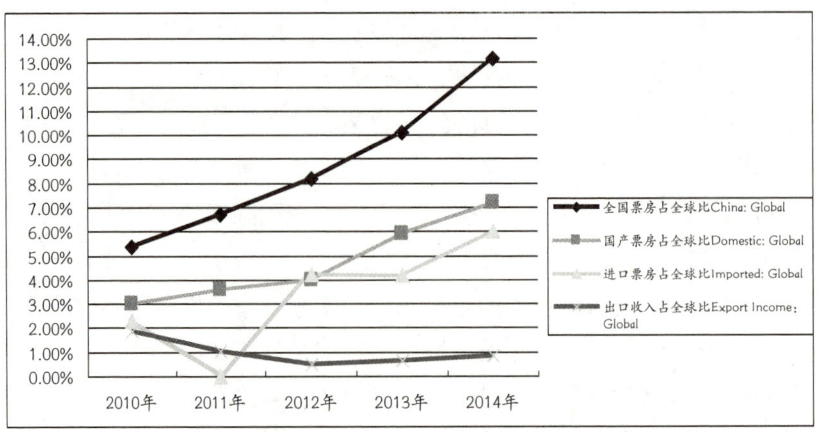

图1　2010—2014年全国票房、国产票房、进口票房、国产出口额占全球票房比值变化

从票房收益看，中国电影市场在全球总票房收益中占比已达10%以上，其中5%以上归于进口电影的中国票房。中国本土作为全球电影第二消费市场地位攀升很快，这对本土电影是重大的发展契机，同时这个巨额消费市场一定会吸引来更多更强的国际竞争对手，本土电影生存竞争压力将增大。国产电影出口收入与全球市场总票房营收比尚不到1：100，国产电影在全球市场竞争中整体处于边缘地位。数据比照说明：中国成为全球第二大影视娱乐消费市场，在国际影视娱乐业的分量越来越重；国际影视尤其是好莱坞产品在我国倾销，中国成为其获取巨额利润的重要来源地；在国际贸易和对外传播中，本土影视产品地处边缘，占比非常低，与国家体量严重不对称。好莱坞电影在中国市场大卖，而本土电影在竞争中并不占优势；影视国际传播的严重逆差，跨国竞争的弱势边缘地位，均说明我国作为后发电影工业国的基础薄弱。

（二）产品类型缺乏跨国竞争力

从产品形式特征看，商业类型片是跨国电影工业交换的主体，渗透了跨国基因。研究以电影类型为分析对象，比较分析北美、中国两地市场的高票房电影，看这些跨国贸易电影的类型、主题与人物等，了解当前全球市场对跨国贸易电影的消费接纳情况。综合《中国电影产业报告》及Box Office Mojo提供的北美票房数据，分别选取近五年中国及北美票房市场每年TOP10的中国影片，比较其类型占比情况（对官方数据中任一包含多个类型的影片分别按每个类型计数），如图2所示：

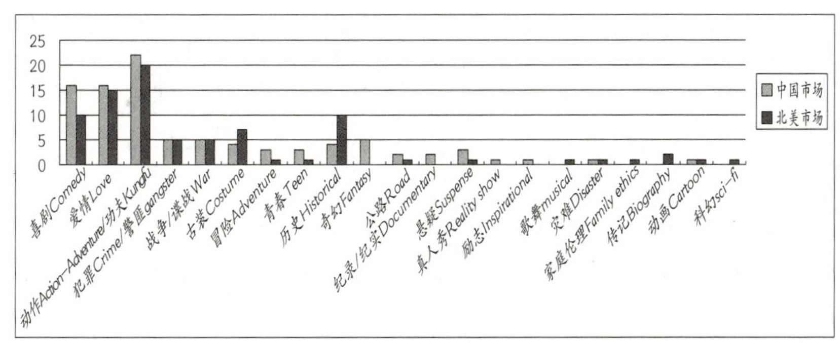

图2 2010—2014年中国、北美市场票房TOP10的中国电影类型

北美与中国本土市场对中国电影的类型偏好具有较高同质性，主要集中在动作/功夫片、爱情片、喜剧片、历史/古装片及犯罪/警匪片等。动作/功夫片占比最高。连续三年调研数据显示："功夫片、动作片是外国观众最感兴趣的中国电影类型"[15]。同时，近年走出去的中国电影类型多样，仅票房前十名的电影就涉及二十余种类型，说明华莱坞电影在尝试多种类型片商业突破的可能性；但显然华莱坞电影给国际市场观众的类型识别度不够清晰。除传统动作/功夫片，类型创新度低，迄今仍未建立相对完善成熟的类型品牌。由于类型归属分散，类型辨识度较低，在国际市场华莱坞电影未能形成明确清晰的由类型系列建构的品牌标识。

选取近5年中国市场每年票房TOP10的进口电影，比较其类型占比，如图3所示：

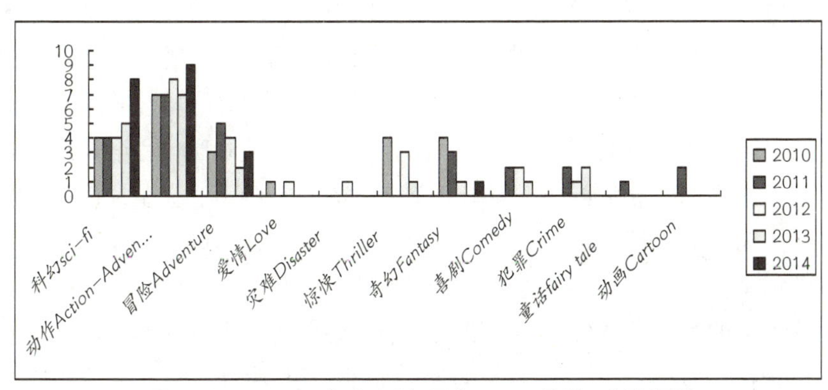

图3 2010—2014年中国市场票房TOP10的进口电影类型

最受中国观众喜爱的进口电影是美国好莱坞科幻片、动作片及冒险片。这50部进口电影聚焦9种类型，类型归属明确而集中，说明好莱坞在中国市场倾销的

商业片具较高类型辨识度，给观众留下深刻而清晰的品牌印象。再看全球市场观众的类型偏好，如表1：

表1　2012—2014年全球市场票房TOP10（前十名）的30部电影

2012年全球票房TOP10电影	2013年全球票房TOP10电影	2014年全球票房TOP10电影
复仇者联盟	钢铁侠3	变形金刚4
蝙蝠侠：黑暗骑士	神偷奶爸2	银河护卫队
007：大破天幕杀机	速度与激情6	沉睡魔咒
冰川时代4	怪兽大学	X战警：逆转未来
暮光之城4	饥饿游戏2	霍比特人：五军之战
超凡蜘蛛侠	超人：钢铁之躯	美国队长2
马达加斯加3	地心引力	超凡蜘蛛侠2
饥饿游戏	雷神2	猩球崛起2
霍比特人1	疯狂原始人	饥饿游戏3
黑衣人3	僵尸世界大战	星际穿越

表1中2012—2014年全球市场票房TOP10的30部电影都来自美国，主要有三方面的特点。（1）主打产品形式：系列电影；（2）主要产品类型：经典商业类型片，科幻为主，兼动作、奇幻、冒险、惊悚；（3）全球市场主导力量：美国出品的好莱坞电影占绝对优势。

三组电影对照分析了2012至2014年内全球市场、中国市场对好莱坞电影的类型偏好，北美市场、中国市场对中国产电影的类型偏好，发现三个特点。第一，全球市场中，无论是在北美还是中国，观众对类型的偏好具较显著同质性，说明当前作为电影消费主体的青年观众群对商业电影消费的同质化程度较高。第二，由三大市场类型偏好比较可知，美国好莱坞出产的经典商业类型片最受欢迎，其跨国产品倾销的显著特点是，以系列片的主打产品形式形成了“品牌电影”，这也是好莱坞全球战略成功的关键。[16]以动作科幻片的主要类型元素占据了全球市场和中国市场的主导性竞争优势。第三，华莱坞在北美和中国本土市场的主打产品主要是动作/功夫片、爱情片、喜剧片及犯罪/警匪片等。与好莱坞相比，现代爱情喜剧与古装功夫动作片中国味较浓，但华莱坞在跨国贸易中的主打产品形式不明确，类型定位不清晰，且缺失了关键的国际通用元素——全球流行的科幻片。

概言之，在当前全球青年观影群愈趋同质化的影视娱乐市场，在好莱坞占绝对优势的国际竞争环境下，华莱坞电影在跨国传播中的整体面貌不清晰，主体特色缺聚焦，产品基本身份特征尤其产品形式与类型定位等都不够明确，说明中国当前的电影产品在跨国竞争中存在较严重的生态适应问题。根据文化和产业的生态适应原则，华莱坞在国内市场上与好莱坞是趋同适应竞争，但事实上好莱坞主打产品如科幻片等却是华莱坞最缺失的。

（三）跨国叙事竞争缺乏吸引力

电影是创意产业的特殊文化产品，类型只是外部形态，故事叙述才是内核。叙事竞争是关系电影在不同文化和产业市场成败的关键。好莱坞科幻动作冒险电影的全球流行，引领这一领域娱乐产品的主流风向标。从主题与人物形象角度对好莱坞占绝对竞争优势的类型电影进一步做内容分析，发现好莱坞在全球最受欢迎的商业片无一例外地进一步强化了它一贯的英雄叙事，并发展演变为超级英雄叙述。

从受众收视心理看，这种叙事模式对青年观影群具有强大吸引力。“一部电影受欢迎，通常是因为它把观众引入了叙事窠臼中”，好莱坞电影“遵循固定的模式”，“重复讲述着建构了观众集体想象的同一套”“英雄神话”[17]。英雄叙事就本质而言是典型的“梦想叙事”，令观众跳脱凡俗庸常的世俗生活，在白日造梦中得到虚拟满足。“好莱坞电影之所以能雄踞世界电影市场宝座，恰因为他们能不断地制造一个又一个‘白日梦幻’。”[18]英雄尤其是超级英雄总是给观众不同于日常的超级体验，有特殊的情绪按摩、心理麻醉效果。前述全球每年TOP10的电影主题无一例外都是美国出品的超级英雄在拯救世界、拯救人类、拯救地球、拯救文明，乃至拯救未来、拯救宇宙。《超人》《钢铁侠》《变形金刚》《X战警》《银河护卫队》《超凡蜘蛛侠》《猩球崛起》《星际穿越》……无不如此。塑造超级英雄的电影叙事发挥着魅人的梦幻机制，通过各种不同故事外壳，不断变换各类英雄形象，又万变不离其宗、淋漓尽致地呈现了银幕神话——即好莱坞电影隐含地传递给观众的“美国人的英雄梦想”。美国电影史学家（Robert W. Rieber & Robert J. Kelly，2014）指出：好莱坞经常借助各类英雄人物来形象地传递“美国梦”，通过类型化的英雄人物塑造，可总体把握电影所传递的“美国梦”，创造者、警察、战士是典型而集中地体现“美国梦”的三种主要类型人物。前述超人、钢铁侠、变形金刚、X战警、银河护卫队、蜘蛛侠等形象皆是典型。通过这三类原型人物，美国人关于个人奋斗的创造力、维护社会良序的道德感、捍卫美好世界的正义感等“美国梦”的社会价值理想得到了充分阐释。电影的这种梦幻机制潜藏在影片叙事结构中，“观众是这一梦想的合作者，将他们自己的幻想和记忆放置于电影中”[19]。好莱坞经典商业类型片充分发挥电影的梦幻机制，拯救世界的美式英雄梦想总能令银幕前的年轻观众凝神沉迷。

从主角人物、主题类型分析2012—2014年在北美与中国市场均票房TOP10的中国电影（共9部）。如下表2所示：

表2　2012—2014年北美与中国市场均票房TOP10的9部中国电影

电影片名	主要人物类型	故事主题类型
一九四二	普通人（非英雄）	灾难史诗
十二生肖	寻宝者（英雄）	动作冒险
狄仁杰之神都龙王	侦探（英雄）	悬疑武侠
私人定制	小人物（非英雄）	轻嘲喜剧
人再囧途之泰囧	小人物（非英雄）	公路喜剧
心花路放	小人物（非英雄）	公路喜剧
分手大师	小人物（非英雄）	爱情喜剧
小时代2	少男少女（非英雄）	青春成长
匆匆那年	少男少女（非英雄）	青春爱情

这9部最受北美和中国市场关注的中国电影，多数主题集中在喜剧、爱情、青春等领域，少量涉及历史、灾难、冒险、武侠等。人物类型以非英雄的小人物、普通人为主，古装武侠人物、英雄人物较少。在主题叙事与类型人物塑造中，参与跨国贸易的华莱坞电影并未传递给全球观众一个面目清晰的、关于中国与中国人的英雄梦想的叙事。除少数功夫武侠电影，我们既没充分提供清晰明确的电影类型与产品形式，也未有效提供给青年观众一种能呼应其心理成长需要的东方英雄形象，或曰“中式英雄梦想”。从文化适应角度，华莱坞电影尚难有效激发全球青年观众的心理共鸣点。电影的本质是“梦想”，遵循的基本法则是“梦的法则”[20]，缺少造梦能力的电影是无法满足观众白日做梦的最基本需求的。在国际竞争中，无论是主题吸引力、人物感染力还是类型片生产力，从根本上说是用电影制造白日梦幻的能力，在这些方面，华莱坞对“中国梦”与好莱坞对“美国梦”的整体叙事实力差距较大。

在跨国电影叙事竞争中，华莱坞面临来自好莱坞的两个挑战：一是人们关于电影艺术的欣赏口味已被好莱坞长期喂养形成惯性偏好，“以好莱坞电影为代表的西方话语不仅制订了电影的叙事规则，也制定了电影的评判规则”[21]，好莱坞的叙事法则已成世界通用的标准电影语言；二是好莱坞长期宣扬的“美国梦”思想也随着其全球倾销的影视流行世界，尤其它所营造的超级英雄梦对青年人很有吸引力。面对好莱坞在“美国梦”价值观输出与影视产业竞争中的双重霸权优势，作为后发工业的华莱坞，在全球竞争中能被广泛接受的“中国梦”的电影造梦表达远未达到观众的基本观影需求。“文化产业……是最温和的争取全球话语权和身份认同的手段。”[22] 如何进行中国人的英雄梦想叙事，是华莱坞实现跨国文化生态适应的关键问题。鉴于我们仍处“他者化”的边缘地位，“被消费”并“被倾销”，文化与产业竞争的双重困境正说明华莱坞亟待实现文化身份上的主体特性与产业自主性。

三、讨论与结论：华莱坞电影跨国生态适应的三维分析模型

全球流行电视节目模式的跨国传播研究发现，在当地市场取得成功的跨国节目模式往往遵循两个基本法则：首先要具有文化生态适应性，即文化合理性，符合目标市场所在地文化价值体系的基本逻辑。其次要具有产业生态适应性，即具体操作层面的可行性，遵循当地产业运作规范，符合所在地产业运营规律。[23] 这对电影跨国竞争也有启发性。电影是具审美艺术内涵的跨国文化产品，当进入他国/他文化领域，需在三个维度上实现文化和产业环境的生态适应。

（一）文化生态的适应：文化包容——寻找共同文化心理诉求的中外契合点

在全球跨国电影工业推动下，华莱坞电影的跨国竞争不可避免地成为全球文化产业竞合的一部分，这就需要部分消弭因地理与意识形态造成的本土文化区隔，构建更大的文化包容力与产业合作力。跨国电影属于全球公共文化消费品。跨国的文化生态适应力主要指对全球公共大众文化消费的了解与适应，以推进全球时代观众的心理认同，提供能与全球观众共享的文化元素。要从对方的文化逻辑出发，找到华莱坞电影与海外受众之间的“文化/价值融通点”与“故事/题材共鸣点”，通过“共同价值”引导观众通过电影建立“关于中国的跨国想象”。关键要抓住不同文化间的摩擦与再融合的“交集”，挖掘共同的文化心理诉求即

“Universal Need”，获得不同文化的结合点、契合点。

“‘契合点’是电影跨文化传播能否成功的关键。”[24] 电影的内在叙事逻辑要能呼应对方的文化价值合理性，只有合观众的情理才能被观众理解。李安的电影是巧妙处理东西方文化冲突并实现包容式再融合的典范。《卧虎藏龙》展现西方人眼中如舞蹈艺术般迷人的东方武术；《色戒》从人的原始欲望入手揭示特定战争年代下人物内心深处的极度恐惧，将一个中国特定政治历史语境的“除汉奸”题材处理成西方人能理解的故事。他最早获国际大奖的《喜宴》围绕同性恋题材处理东西方伦理观冲突，以东方的“己所不欲勿施于人”式的中庸包容实现文化融合。这种典型的双重认同（dual identity）或双重编码策略，找到了东西文化的兼容性，成功缝合不同文化群体。

大卫·鲍德威尔（David Bordwell，2005）认为：人们“对一部好电影的定义在很大程度上是相似的，这些都是在不同文化背景下一些相同的东西”，在跨国语境中生存的电影要连接起不同文化间的共通性，“在文化差异性和文化共性之间取得一种平衡”[25]。《西游记之大圣归来》在戛纳电影节创下中国动画电影海外销售最高纪录，“已经卖出了60多个国家和地区的版权”（制片人冯奕语），好莱坞著名制片人安德鲁·梅森（Andrew Mason，2015）说：“这是一部世界级电影！很中国！电影形象非常生动，猴子的设计也非常能被大众接受，普及效率会很高，这是部全球化的合家欢动画电影，适合各类人群观看，形象也很国际化！”[26] 影片对传统神话英雄齐天大圣孙悟空进行现代改编。大圣还是斩妖除魔的大圣，但又是一个实现自我救赎的大圣。主题曲《从前的我》是整部影片的注脚：“一路向西，不能回头的不是道路而是梦想；执着奋战，坚定拯救的不只他人还有内心。”大圣这个中式英雄既与传统文化中的“内省”“修身”精神相沟通——“天行健，君子以自强不息；地势坤，君子以厚德载物”，又与现代人的成长心路相通，在成为英雄前，首先要拯救自我、找回初心。大圣成了一个很柔软、更人性、情感更丰满的英雄，让人耳目一新，能较好地被世界认同。“电影市场竞争的关键是价值观的被接受度”[27]，找出不同文化反映人类共通性的普遍需求和共同价值的结合点，是华莱坞电影具备跨国的文化生态适应性的重要途径。

（二）审美特色的差异化适应：中式审美——深入发掘最中国的美

走上国际舞台不仅是扩展民族文化生存空间，更是确立民族文化立场、文化自信与主体性价值的过程，意即华莱坞电影以什么姿态、什么身份、什么价值立场呈现在“跨国”语境中。当前华莱坞电影“最大的问题是缺乏‘主体性’，缺乏一种独立的中国精神”，体现出一种方向性的困境。[28]缺乏主体性的跨国电影易陷入后殖民话语陷阱，陷入文化“空心化”。作为具文化艺术内涵的产品，电影适应跨国语境的“主体性”包涵了可被理解的审美个性，既令人信服（文化合理性），又出人意料（审美差异性），从而具有适合跨文化的可读解性与亲和力。华莱坞电影跨国竞争要确立中式审美特色，运用差异化竞争战略，挖掘华莱坞电影的特殊审美价值。

好莱坞一直以英雄叙事为主旋律，因为“正义是国际通行语言，正义感全世界观众都一样具备”[29]。英雄是正义的形象化身，是连接全球观众的叙事交集点。但好莱坞电影中人物性格特征所展示的核心文化精神就是“征服”，好莱坞的“英雄旋律”是“对抗”，“又或者，最经典的——要单挑”[17]。故事总是在“危机—英雄—征服—拯救”的单线冲突性思维演绎下，将对立冲突推向极致，并导出唯一的征服式解决方案，“蜘蛛侠”“钢铁侠”“擎天柱”“汽车人战士”“X战警”“美国队长”“复仇者联盟”“变形金刚”等莫不如此。

华莱坞电影在国际竞争中尚且身份模糊、面目不清，被视为质量不高、缺少好故事、缺乏感染力，难以获得广泛认同。因此，确立叙事上的审美差异是亟待突破的方向。相比“西方人是征服自然，东方人是与自然融洽”[30]，这种文化精神差异反映在电影中，观众喜爱的功夫大侠，如李小龙、叶问、霍元甲、黄飞鸿、陈真等，其性格中更多的是隐忍、宽容、谅解、克制与内敛，贯穿着中华“侠义”“兼爱”精神。在审美特色上，“中国的本土电影……可以形成与好莱坞电影不同的更现实、更人性、更关怀、更丰富的世界性多元电影思潮”[31]。呼应这种价值诉求，可用“和而不同”塑造中式英雄梦想，满足观众白日造梦的基本需求，展示中国文化精神。创新中式英雄是对美式英雄的包容与超越。与好莱坞超级英雄主体性格特征所张扬的“征服”不同，中式英雄呈现“和解”“包容”，体现孔孟儒家“仁恕”之道。追求以仁爱宽容消减冲突，“宽明而仁恕”（《汉书·叙传上》）以化解危机，“己欲立而立人，己欲达而达人”“己所不欲，勿施于人”。这种至为宽厚包容的中国文明，反映“休战和平”的人类社会共同理想。“以和为贵”“和而不同”“意味着多元、共存，即多样性意义上的平等共处”，是中国文化千年传承的精髓。[32]在世界电影生产与美学标准已然被好莱坞划定的前提下，融入全球市场，以“和而不同”的文化包容性将包容了美式梦想的英雄叙事与中式英雄融通，既可呼应全球观众需求，又能用丰富的中国文化给观众新鲜的审美享受。当前世界深陷纷争，反恐战争越反越恐，华莱坞的中式英雄梦想正可用中国文化仁爱和平的艺术魅力打动观众。

作为外语电影，特别在欧美市场，中式梦想叙事的“艺术品质”是华莱坞跨国竞争的关键。提高电影艺术水准，展示那些“非常中国的魅力”就是审美差异化的海外竞争策略。《卧虎藏龙》是北美市场上最成功的华语功夫片，其遵循国际市场尤其北美市场的华语片审美惯例，以展示中国武术与武侠的艺术魅力为主要卖点，塑造了一组具国际影响力的中式英雄形象。李安在《卧虎藏龙》剧本序言中自述“这部电影就是一个关于中国的梦”（The film is a kind of dream of China），包孕了中庸兼容的中国文化精神。这启发我们，“抓住了‘中国梦’就抓住了中国文化的核心，就抓住了中国文化对外传播的核心，也就抓住了中国电影的精神内核……解决了中国电影发展的方向性问题。”[15]

影视产业的全球竞争本质上是不同民族文化精神的价值竞争。在国际竞争中确立自身独有价值，根源于民族优秀价值的自我实现与自我认同。塑造中式英雄，传递中国人的英雄梦想，是对中华民族性格的一个定位，通过电影向世界表达“中国是什么、为什么、中国人梦想的理想社会是什么”等问题，也是电影要传递的“中国梦”。在叙事上确立电影的中式英雄梦，实现审美差异化，表达中国文化精神一以贯之地对解决世界冲突的情义担当，能为全人类共同的和平梦想提供新的、更具包容力的精神价值模式，此路径有助明确华莱坞的审美主体性价值。

（三）产业生态适应性——遵循目标市场的电影产业规律与国际市场规范

华莱坞电影产业的成功，是与好莱坞实现平等对话的物质基础、前提条件。跨国竞争的产业生态与国内市场相异，根据生态演化的基本规律，异质生态环境下的生存适合采取趋异适应的竞争策略。电影“跨国”的“跨”包含了：第一层阶跨越政治/领土/空间意义上的国界、地界，进入异国异地电影市场，如华莱坞电影在亚洲华文化圈不同国家的放映；第二层阶跨越文化、种族的疆界，进入异族异文化电影市场，如以西方文化为主导的北美、欧洲及非洲等。在海外尤其北美市场，外来电影被视为小语种外语片、艺术电影，以作为好莱坞商业电影的补充。华莱坞电影去海外尤其北美市场，要拼的是“艺术品质”高低，这与各大国际电影节评奖遵循的内在逻辑一致。这种一致性成就了过去一些电影作品通过参评国际电影节奖进入北美市场。华莱坞电影遵循国际电影市场运作规律，一直以“艺术电影”外语片姿态出现，卖点主要是中国电影艺术的特殊审美价值。以此差异化竞争策略，曾一度以展示中华武术魅力的功夫片成功进入北美市场。但由于类型单一、创新乏力、跟风严重，这一类型难以为继。

国内市场的运作逻辑与海外市场有较大差异，不仅传播环境不同，电影产业化、市场化成熟度也不同。在国内市场，华莱坞电影长期受好莱坞进口大片的影响与挤压，在趋同竞争的驱动下，跟好莱坞争夺同质观众群，大力发展商业类型片，这是趋同适应生态竞争演化的必然结果。由于产业化水平低，市场成熟度低，创作浮躁现象突出。如被斥为“烂片之王”的《小时代》系列票房破20亿，有艺术追求与文化思考的《黄金时代》国内票房止步5000万，画面唯美、获戛纳电影节最佳导演奖的《刺客聂隐娘》国内票房止步6000万。说明国内市场的热卖点往往聚集在商业炒作，主要竞争策略锁定大众娱乐文化。随着商业片越来越成为市场主导力量，有艺术特色追求的电影生产空间被挤压，艺术电影作为小众艺术在国内无不惨淡经营，生存空间越来越逼仄，就更缺乏后续资源支持其走向国外市场了。华莱坞电影的审美差异化、强调艺术特色的趋异竞争策略得不到国内市场支持，审美异质性越被稀释，跨国跨文化竞争就越困难。而占市场主流的国内高票房片由于与好莱坞的同质化，也没能形成独有的核心竞争力在海外客场与好莱坞竞争。

因此，华莱坞电影的跨国竞争需根据内外市场产业生态环境的不同，市场卖点的不同，受众诉求的内外有别，遵循生态适应的基本原则，采取不同的竞争策略。跨国语境下，华莱坞电影作为外国产品，应适应当地产业生态环境与产业规则作适应性的经营调整，如发行、营销、推广、版权、渠道等具体运营应遵循当地市场运作模式，按当地市场规范和诉求开发满足当地观众收视期待的电影产品。如在北美市场需重视外语片运作规律，根据它对华莱坞电影的外语片艺术电影定位，提升艺术水准，以“审美差异点”作为在好莱坞独霸地区的差异化竞争策略，挖掘和展示“很中国的美”为市场卖点吸引观众。培育跨国竞争必需的产业生态适应性，是华莱坞电影提升产业化水平的基本途径。尤其进入产业化、市场化成熟度较高的欧美市场，电影的制作、营销、宣传、发行、推广、版权、分账模式、渠道路径等全流程，应摸清欧美市场通用的电影工业操作模式与市场运作规范，提高适应跨国需要的国际化程度，在题材选择、演员明星、制作团队、技术特效、资本合作、价值表达、发行渠道、宣传推广等方面，都需建立“走向世界的市场机制和新的战略……实现华莱坞电影的‘国际化转型’”[33]。这对带动国内电影产业化与市场化的成熟度也是有益的。

注释：

1 Brian Yecies. Chinese Transnational Cinema and the Collaborative tilt towards South Korea [R]. 浙江大学传媒与国际文化学院《传播大讲堂》第100期特辑“全球化时代的媒介生产”研讨会，2015年10月13日.

2 郑师章，等. 普通生态学——原理、方法和应用[M]. 上海：复旦大学出版社，1994.

3 胡庚申. 生态翻译学：产生的背景与发展的基础[J]. 外语研究，2010（4）.

4 D. J. Sam, J. W. Berry. The Cambridge Handbook of Acculturation Psychology[M]. Cambridge: Cambridge University Press, 2006.

5 Edward W. Orientalism: Western Conception of the Orient[M]. New York: Vintage Books, 1978.

6 黄会林，等. 2011年度“中国电影文化的国际传播研究”调研分析报告（上）[J]. 现代传播，2012（1）.

7 Lu Sheldon Hsiao-peng, ed.. Transnational Chinese Cinemas: Identity, Nationhood[C]. Gender. Honolulu: University of Hawaij Press, 1997.

8 张英进. 全球化中国电影与多地性[J]. 苏涛，译. 电影艺术，2009（1）.

9 邵培仁，等. 华莱坞电影理论：多学科的立体研究视维[M]. 杭州：浙江大学出版社，2014.

10 Chris Berry, Mary Farquhar. China on Screen: Cinema and Nation[M]. New York: Columbia University Press, 2006.

11 陈晓云. 当代中国电影中的跨国空间与全球想象[J]. 兰州大学学报（社会科学版），2008（6）.

12 Lu Sheldon Hsiao-peng. Chinese-language Film: Historiography, Poetics, Politics [C]. Honolulu: University of Hawaii Press, 2004.

13 邱静美（Esther C. M. Yau）. 存在主义透镜未完成的任务：《孔雀》同世界电影的内在对话与跨国族对话[J]. 吉晓倩，译. 世界电影，2005（6）.

14 陈林侠. 华语电影的国际竞争力及其作为核心的文化逻辑[J]. 文艺研究，2013（4）.

15 黄会林等. 2013年度中国电影文化的国际传播研究调研报告（下）[J]. 现代传播，2014（2）.

16 骆思典（Stanley Rosen）. 全球化时代的华语电影：参照美国看中国电影的国际

市场前景[J]. 当代电影，2006（1）.

17 伊库·阿达托. 完美图像：Photo Op时代的生活[M]. 张博，王敦，译. 北京：北京大学出版社，2015.

18 贾磊磊. 以电影的方式构筑中国梦想[J]. 艺术百家，2009（1）.

19 Robert W. Rieber, Robert J. Kelly. Film, Television and the Psychology of the Social Dream[M]. New York: Springer, 20141.

20 弗洛伊德. 精神分析引论[M]. 北京：商务印书馆，1986.

21 饶曙光. “华莱坞”不是梦[N]. 中国艺术报，2015-2-6.

22 邹广文. 我国文化竞争力的特征分析及实现途径[J]. 宁夏党校学报，2008（5）.

23 袁靖华. 电视节目模式创意[M]. 北京：中国广播电视出版社，2010.

24 邵培仁，潘祥辉. 论全球化语境下中国电影的跨文化传播策略[J]. 浙江大学学报（人文社科版），2006（1）.

25 陈犀禾. 当代电影理论新走向[M]. 北京：文化艺术出版社，2005.

26 赵贵胜. 全球化语境下中国动画电影竞争力提升策略[J]. 中国电影市场，2015（9）.

27 贾磊磊. 中国电影的文化价值观[N]. 人民日报，2013-11-1.

28 胡谱忠，语. 陈犀禾，聂伟. 华语电影文化、美学与工业的跨地域理论思考：“华语电影的文化、美学与工业”国际学术研讨会述评[J]. 电影艺术，2008（5）.

29 唐季礼，语. 李亦中. 中国电影的国际传播路程与路径[J]. 现代传播，2011（3）.

30 李大钊. 东西文明根本之异点[J]. 言治，1918（3）.

31 尹鸿. 全球化、好莱坞与民族电影[J]. 文艺研究，2000（6）.

32 邵培仁，姚锦云. 和而不同　交而遂通：中华优秀传统文化的当代价值[J]. 新疆师范大学学报（汉文哲社科版），2015（6）.

33 丁亚平，等. 论2012年中国电影的国际传播与海外市场竞争策略[J]. 上海大学学报（社科版），2013（4）.

从媒介尺度的视角看中国电影的文化主体性建构

郭小春[1]

摘　要：电影是国家形象名片，是传播一国的差异性文化的一种有效手段。好莱坞电影无意呈现中华文化。中国电影传达的中华文化价值含糊不彰。从传播的本土性和全球性尺度出发彰显中国电影的文化主体性依然是中国电影全球传播中的重要问题。由此，中国电影才可能在跨文化传播中逐步摆脱“他者”身份，与世界电影形成平等的对话。

关键词：文化价值　中国电影　文化主体性　媒介尺度

一、文化主体性与媒介尺度

20世纪伊始“电影的出现恰好与帝国发展令人眼花缭乱的高潮期相契合”。[1] 21世纪以来，中国经济在全球化浪潮中起飞，中国电影在全球电影市场萎靡的态势下逆势上扬，中国变成世界第二大电影市场。中国电影承继了其百年来的跨国、跨文化特征。中国的电影人走出国门积极开拓世界市场，世界电影人亦走进中国同中国同行展开合作。从《风筝》《末代皇帝》，到《狼图腾》《金陵十三钗》和《天将雄师》，莫不如此。影像、资本、人员和技术的跨国/境流动已然成了中国电影生产的日渐显著的特征。

跨文化性成了中国电影的外在特征，但是作为大众媒介，电影能在跨地域、跨文化的语境中与观众形成对话，是电影艺术蕴含的精神和情感力量使然。电影

1　作者简介：郭小春，浙江大学传播研究所博士研究生。

说到底，就是综合各种技术为观众营造的幻象，其意义或重要性依赖于它所象征的情感："虽然艺术常常表征现实，但是，它的主要作用是情感的符号化。"[2] 通过情感符号化电影确立了民族的文化主体性。

随着资本、人员、技术的流动，以及地球村的形成，社会的空间在延伸，时间在压缩。自21世纪以来，中国电影又越发呈现出鲜明的跨国性特征，中国电影也呈现出越来越多的全球化色彩与审美品位。电影不再是西方帝国主义秩序，中国人、中国电影也早已参与其中。

诚然，西方对张艺谋的早期电影的接受某种程度上包含有对东方的猎奇因素在内。[3] 但是，中国电影从来就是本着以呈现中国"本土性"景观、编码中国人的集体经验为目标的媒介身份出现的。媒介尺度就成了考量中国电影主体性的一个重要视角。

媒介尺度是以本土性与全球性为两个极端的连续统（continuum），过分本土性导致域外认知不足，全球性则抹平了文化间的差异，从而导致文化霸权。只有兼顾本土性与全球性的适度尺度才是传播的上策。无论是合拍影片，还是本土影片，中国电影以和而不同的原则为追求，积极开拓，倡导不同文化的平等对话。

二、全球化语境下中国电影文化主体性的消隐

电影呈现主观的跨文化性与客观的本土性。前者指中国电影的情感叙述和价值观的表达，后者是本土的人文故事、媒介地理景观。电影是以本土景观传达跨文化的、能为不同民族普遍接受的价值观。在全球化的语境中审视，中国电影的这些特征方显示出其主体性意义来。尽管中国电影出现了一些票房过亿元的影片，但是整体上看，中国电影在世界电影市场上影响力与其庞大的规模是不相匹配的，中国电影里中华文化的符号在消隐。

（一）好莱坞电影压制中国文化

总体而言，中国在西方电影中被描绘成两种面目：一是不被西方认可的"他者"形象，二是中国文化被呈现为无名、沉默的空间。前者以贝纳多·贝托鲁奇（Bernardo Bertolucci）的《末代皇帝》为代表。影片以猎奇的心理构建的东方宫廷落后、怪异、愚昧与野蛮，充满神秘感的清宫生活，体现出西方对东方由来已久的刻板思维。与贝托鲁奇"这位来自西方世界的导演曾声称要以非意识形态

的方式在银幕上再现这个伟大的故事”，[4]宣称自己不是东方主义者，但却难免落于东方主义的窠臼一样，欧洲电影中的中国形象身上有着解不开的东方主义镣铐，他们按照自己的喜好构筑了神秘的东方，并把自己定位为拯救者，像骑士那样营救落难的公主，认为西方是东方割舍不掉的恩主。

无论是好莱坞、法国或者欧洲电影，或者中国电影，“每种电影都有各自的独特之处、各自的制片方式、各自的审查规则、各自的文化、各自的历史、各自的特例……如果将电影表演视为一个整体来定性，那当然是站不住脚的”[5]。

2003年《电影制片、发行、放映经营资格准入暂行规定》出台，中国的电影领域产业化、市场化越来越强化。华纳兄弟公司前高管格林说过：“鉴于中国市场对好莱坞的重要性，没人想制作冒犯中国的电影。一些人可能会把这视为自我审查。”[6]但在西方电影，尤其是好莱坞电影中，如戴锦华教授所言，中国仍然只是一个残缺无名的空间。2009年美国科幻灾难片《2012》上映，中国影迷为之称好叫绝，各类中国媒体频频以“中国拯救世界”为题加以报道。然而，中国拯救世界不过是中国人一厢情愿的想象，中国在这里只不过是“信息时代的世界工厂”，[7]而非任何主导的角色。排山倒海扑面而来的灾难让观众毛骨悚然不能自已之际，多国政府启动机密应急机制，但是在各国领导人临危不惧、镇定指挥决策的场景中没有中国领导参与，哪怕连一个有关中国的符号都没有闪现；中国为修筑大坝把大批的当地居民迁散到异地他乡，而实际上却是秘密建造世界末日来临时供各国权贵逃难的巨型方舟，此时的中国被刻画成一个没有信誉、自私的空间；可是最后在中国的土地上，由中国工人建造的“诺亚方舟”上，维持秩序的却是日本国民自卫队，主导拯救人类方案的是俄国总统和美国工程师，此时中国俨然是完全缺席的空间；灾难中残存的人们用互爱和对生命的尊重共渡难关，除了灾难带来的恐惧，观众同时还能体会到氤氲其中的脉脉温情。贪婪而冷酷的俄罗斯富豪尤里危急中将儿子推入生命方舟，牺牲了自己，这样的场面给人深刻印象，让我们觉得人性的善良；相较之下，在尤里一行逃难至中国的喜马拉雅地区，中国的军人却只搭救了尤里父子，而置尤里的司机杰克森一家于危难而不顾的场景中，中国只是被刻画为一个冷酷野蛮、唯利是图的形象。在2014年好莱坞大片《地心引力》中中国的天宫一号、神舟飞船拯救了美国航天员，可是太空飞船中中国的符号是弥勒佛像、乒乓球拍，还有飞船操控台的汉字、广东话。好莱坞大片植入中国元素不过是点缀故事；资本运作才是其深层原因，因此这些元素极少负载中国文化意味。中国在西方的影片中依然没有得到公正呈现，或者说中国只是一个无名的、残缺不全的空间。

2011年获奥斯卡最佳外语片提名的墨西哥电影《美错》讲的是移民的故事，讲述了底层生活中碌碌众生的无奈，用现实主义的手法表达人性，呈现人生的悲情。乌克鲍尔是个底层社会的老大，在他的庇护下，不同国家的移民生活在贫民窟里；其中中国来的非法移民最多，在建筑工地上打工，在血汗工厂里仿制名牌皮包；而中国人制作的赝品名牌由来自非洲的非法移民在街头兜售。一批中国非法移民在乌克鲍尔的兄弟提多安排下在建筑工地打工，像蝼蚁一般悄无声息地殒命于劣质取暖器，这些暴死他乡的中国人没有姓名，没有身份，他们的尸体被抛入大海。全片仅有的一个同性恋片段也安排在中国人之间。整体看，中国人只是在铺垫情节，造假是中国留给世界的印象，中国同胞被轻如鸿毛地批量打发到地府。诚如戴锦华所言，中国的文化主体在影片中是一个单薄且屈辱的主体。影片一定程度上反映了中国人在全球化视野中的地位。

虽然意大利学者葛兰西（Antonio Gramsci）认为："霸权不是通过剪除对立面，而是通过将对立方的利益接纳到自身来维系的。为了说服那些心甘情愿接受其领导的人，统治阶级的政治取向必须有所修正，这就使得意识形态中任何简单的对立，都被这一过程消解了。"[8] 好莱坞电影通过政治无意识在电影娱乐中把意识形态构建得合乎情理、合乎观众的胃口，使其感觉到自己的利益也在其中。但是，电影的揭示功能也让我们习以为常的事物陌生化，从而彻底暴露它们。地理学家认为传播是征服空间的经济学工具，是价值中立的渠道，却忽略了传播技术使用的社会情境。事实上，电影都包含着一种无意识层面的政治幻想，观众常常意识不到它的存在，因此电影是一种温柔的政治暴力，反映了政治、经济方面的潜在复杂社会关系。[9]

好莱坞电影乃至世界电影中中国的主体失落不足为怪。一方面，好莱坞素来以狭隘闻名，更加看重的是明星的号召力和票房吸引力[10]；另一方面，在美国国内电影市场危机四伏之际，好莱坞电影看重的只是中国庞大的电影市场和充满机遇的"新西部"，有没有改变它一贯的自大狭隘心态，而与中华文化平等对话，尚需商榷。

（二）中国电影的好莱坞化——中国文化的失落

跨国市场自身的逻辑促使中国电影大片表现出极为重要的民族特色，并且"通过各种代表中国文化的标志性特征来强调其民族性"[11]，从而在被好莱坞强势占有的跨国市场中寻找自己的明确位置。因此，中华武术就成了华语大片的极大卖点，功夫片成了中国电影得到世界认可的主要类型。但是，中国电影在21

世纪以来出现的文化“失语症”[12]问题至今尚未很好解决。自2002年《英雄》之后，中国电影进入大片时代，技术主义、功利主义、政治意识形态等不同因素叠加的作用力甚至遮蔽了我们的视野，使得电影叙事动力发生了变化，造成电影艺术效果的丧失。

21世纪初年一些电影对于当前的社会问题进行了讨论，展现了时间维度和对人性的思考。《小武》（1997）、《站台》（2000）、《任逍遥》（2002）、《世界》（2004）和《三峡好人》（2006）等影片把个人的生命史和当代社会史勾连在一起，表达了导演对现实的持续思考，接续了中国电影的民生传统。影片的民间气质、浓浓的乡愁和对生命哀伤而温暖的感觉，呈现了一种关于中国20世纪80年代以来的政治、社会变化的视觉记忆，构建出一个不同于好莱坞大片的异质空间。

但是，中国电影好莱坞化、与传统价值观撕裂、忽略中华文化精华的另一面却更值得警惕。随着电影市场的放开和电影产业化的深入，商业价值成了电影人理直气壮的追求。但问题是，21世纪以来的武侠片、商业片，总体而言一味追求数字技术的豪华炫目，有意无意中失却了对美好向上的中华价值观的传播、对社会的观照和对社会问题的反思。剧情片似乎也在沿着这条路子一路狂奔，忘记了“传播就是生产正能量”。[13]《无极》《满城尽带黄金甲》《夜宴》《小时代》《分手大师》《心花路放》就是此类电影的样本。看完这些电影，观众很难对于作为“一个不只是想象的文本对象，而且是一种集体动因的偶然的历史—社会建构”[14]的中国增加真正了解，因为这样的影片设计的空间场面过于突兀、过于华美、过于另类，而镜头表面的华丽与热闹后面是空虚，是传统价值观的虚无、文化意义的匮乏，难以让观众增加对世界的认识或者建构起与社会、自然、人生和历史的精神联系，产生不了共鸣。这样的视听景观有意无意地与好莱坞电影合谋，遮蔽了中国文化的主体性，把中国电影变成了“看不见的人”，完全有悖于社会生态的文化多样性。

21世纪以来很长时期内中国引进好莱坞高概念电影理念，这些大投资、大明星阵容、大场面、高技术、强营销和大市场商业电影叙事缺乏内核，讲故事火候不足。在资本逻辑的绑架下，中国电影大片如同一场场盛宴，盛极一时之后迅速归于沉寂。《英雄》营造的箭雨、兵阵、大漠美景、古琴弹奏、木简等极具中华文化气韵的媒介景观给观众印象深刻，但是影片的主题却割断了与历史的联系，《英雄》反映出“帝国主义逻辑：天下=消灭异己=世界和平=异质空间”，[15]电影中的英雄却是“遗忘来处且义无反顾的、盲从的他者”，影片的叙事缺陷深受观众和评论家的质疑。《十面埋伏》和《无极》大量采用数字技术，视觉上极尽奢华和魔幻，然而内在的叙事动力不足，殊为可惜。把西方式命运悲剧挪移到东方故事之后，《无极》为观众设定了爱情、命运和自由三个主题，上映后收获了业内外相当多的负面评价。维基百科“无极（电影）”词条引用香港专栏作家陶杰颇具代表性的看法：“大陆的《英雄》《无极》一类‘盛世巨片’，空有阵容、色彩、资金，但故事空洞，情节犯驳，对白可笑，只是……向奥斯卡抛媚眼的一厢情愿的自恋和单恋。”《夜宴》把哈姆莱特的复仇故事置换为中国古代宫廷争斗，有论者认为比较生硬地模仿国际电影工业机制、简单地拼贴视觉元素，模糊了美与丑、善与恶、正与邪、公与私等价值关系，导致影片流于形式大于内容的境地，忽略了中国观众的感受，电影的口碑、传播效果双双差强人意。

中国电影的文化主体性危机还反映在异质文化共通的价值的模糊。一方面，在全球文化秩序中中国电影延续着“东方主义”：较早的《菊豆》《大红灯笼高高挂》，近年来的《金陵十三钗》所表现的迎合西方观众的自我东方化策略；《神话》《功夫之王》《十二生肖》《富春山居图》则“承袭了好莱坞电影和西方文化中的奇观化东方及其霸权建构的传统”。[16] 另一方面，中外合拍的华语影片集合了异质文化，自我和他者的对立在主创者在政治、经济、文化方面的认知差异会在所涉影片中体现出来：《面纱》《玉战士》《功夫之王》《木乃伊3》《雪花秘扇》多数改编自其他国家的文艺作品，故事凌乱，在文化上不伦不类，中国文化依然被作为“他者”在书写，甚至仍然把中国文化过时的糟粕做奇观式消费。还有一类电影是自上而下式、说教意味浓厚的半纪实影片，由于过度突出政治意识形态与主流象征价值，强调了影片的宣传作用，却淡化了电影的商品、艺术属性，也就是忽略了电影的公共性、观赏性和对话性。

“深入了解一种文化的最有效途径是了解这种文化用于会话的工具”。[17] 近两年来出现了《捉妖记》等几部不错的电影，但是从媒介尺度的视角深刻认识中国电影的地位与主体性危机，审视、挖掘中国电影的文化内核，提升中国电影的文化地位，仍然需要长期的摸索和实践。电影保护期结束，国产电影的真正面对危机才真正开始。

三、传播全球化与中国电影文化主体性建设

影像生产不仅与我们的主流价值逻辑、情感、象征、梦想、感觉联系在一

起，还和全球化的发展联系在一起。[18]处理好影片的内在文化矛盾不仅是确立文化主体性的问题，而且有利于中华文化跨国传播，向与世界文化平等交流与对话的中国梦迈进。中国电影不仅要呈现中国景观、中国故事，更要传达中华文明的优秀传统和自由、文明、民主、平等、同情、爱国、忠诚等人类共通的价值观。电影的过分本土性就是媒介的保守性，会导致其他文化的观众认知不足乃至误解；完全是全球性，则抹平文化异质性，进而产生文化霸权。只有兼顾本土性与全球性的适度、动态的媒介尺度才是电影跨文化传播的上策。

“传播的全球化将普遍主义与社群主义之间现有的争论从民族国家提升到了全球的层面上”[19]，“预想着平等和对他人文化的尊重，预想着没有等级，承认互相做出的贡献，以及互相借鉴，达成身份的意念”[20]。这种主张多元文化共存的“文化共处”理念，反映了和而不同的适度媒介尺度观。中国电影要在跨文化传播中得以充分展现风采，尚需中国电影人的努力与自觉的文化主体意识。

电影“是人类为了精神交流而创造的媒介”[21]。电影的文化民族性体现为本土元素和民族形象，对于本土和外国观众都应该是易于理解、令人愉悦的，所以在跨国市场上可以吸引更多的观众。电影作为消弭文化差异、填充价值鸿沟的文化主体在某种程度上具有文化包容性，中华文化同其他文化之间存在共同的价值观，因此，各民族国家和各种文明的相互了解和共同发展才成为可能。在这个意义上，电影也是塑造中国的手段。过度强调本土化、文化主体性必然遭到别人的拒绝、反对，甚至产生民族主义疑虑；相反，既坚持电影的文化主体性，又适当关注和适应全球化和国际化的趋势和需求，用国际共通的语言，融合好莱坞与中国文化的语言，才可能消除和打破西方文化对中国文化的防范和敌意，争取更大的电影市场，并把处于弱势地位的中华文化从被动的现状解放出来，在本土性和全球性并存的文化多元立场上平等地文化交流。

注释：

1 Ella Shohat, Robert Stan. Unthinking Euro-Centrism: Multiculturalism and the Media[M]. London: Routledge, 1995.

2 L. D. 萨克. 社会思想中的空间观：一种地理学的视角[M]. 黄春芳，译. 北京：北京师范大学出版社，2010.

3 参见王一川《张艺谋神话的终结》，地址：河南人民出版社1998年版.

4 廖世奇.《末代皇帝》：一个意识形态的隐喻[J]. 当代电影，1988（5）：39–41.

5 雷吉斯·迪布瓦. 好莱坞：电影与意识形态[M]. 李丹丹，李昕晖，译. 北京：商务印书馆，2014.

6 参见网易网2015年4月17日新闻《美媒：中国瞄准好莱坞价值链顶端寻求更大回报》，http://news.163.com/15/0407/10/AMJFJNHR00014AEE.html.

7 邱林川. 信息时代的世界工厂：新工人阶级的网络社会[M]. 桂林：广西师范大学出版社，2013.

8 罗钢，刘象愚. 文化研究读本[M]. 北京：中国社会科学出版社，2000.

9 徐葆耕. 电影讲稿[M]. 北京：北京大学出版社，2006.

10 骆思典. 全球化时代的华语电影：参照美国看中国电影的国际市场前景[M]. 刘宇清，译. 陈犀禾，彭吉象. 历史与当代视野下的中国电影[M]. 桂林：广西师范大学出版社，2010.

11 裴开瑞. 跨国华语电影中的民族性：反抗与主体性[J]. 尤杰，译. 世界电影，2006（1）：4–18.

12 戴元光，邱宝林. 全球化语境下中国电影文化传播策略检讨[J]. 现代传播，2004（2）：49–53.

13 邵培仁. 传媒的魅力[M]. 北京：首都经济贸易大学出版社，2014.

14 Chris Berry. “If China Can Say No, Can China Make Movies? Or, Do Movies Make China? Rethinking National Cinema and National Agency”[J]. *Boundary 2*, 1998, Vol. 25, No. 3.

15 韩琛. 重估新世纪中国电影的文化主体性[J]. 浙江传媒学院学报，2012（3）：61–66.

16 张建珍，吴海清. 中国电影的全球化想象与自由流动身份建构[J]. 电影艺术，2015（1）：5–12.

17 尼尔·波兹曼. 娱乐至死[M]. 章艳，译. 桂林：广西师范大学出版社，2011.

18 丁亚平. 中国当代电影史[M]. 北京：中国电影出版社，2011.

19 多米尼克·吴尔敦. 另类世界化：基于传播学的思考[M]. 尹明明，贾燕京，译. 北京：中国传媒大学出版社，2013：87.

20 多米尼克·吴尔敦. 另类世界化：基于传播学的思考[M]. 尹明明，贾燕京，译. 北京：中国传媒大学出版社，2013：87.

21 蓝凡. 电影论：对电影学的总体思考[M]. 上海：学林出版社，2013：54.

重访灰色地带：策略实践与文化政治

——从《双城故事：中国早期电影的文化政治》看华莱坞电影书写[1]

洪长晖[2]

摘　要：上海从孤岛到完全沦陷，再到重回国民党统治，在抗战中的这八年间，整个上海电影界呈现出错综复杂的面貌。这一时期的电影作品在传统电影史书写中被置于二元框架下的归属，因而处于一种消声失语的状态。傅葆石先生的研究著作《双城故事》有助于我们重新读解这段历史。在那个复杂的场域里，电影人及其作品呈现出怎样的策略实践，又反映了怎样的文化政治，值得重新书写。

关键词：灰色地带　策略实践　文化政治　《双城故事》

20世纪早期的中国电影，不仅伴随着坎坷的现代性进程，而且由于相伴相随中国的民族抗争历史，格外具有突出的民族主义样态。这种多变姿态和多元格局在抗日战争期间就显得更为明显，又反过来增加了读解和品味这段历史的难度。长期的回望实践中，二元对立的框架被简单化地定型为认知图式，英雄与汉奸、“自由中国”与沦陷区、抗争与附逆，一系列的标签，既构建了整个电影世界的政治分野，也推演成对不同区域生产的电影作品的质量判断。而显然地，这样的

1　[项目来源]本研究为国家社科基金（艺术学）重大项目“中国梦影视的创作与传播策略研究”成果之一；同时受浙江传媒学院新闻传播研究院重点项目“民族现代性的历史影像呈现与国家认同研究”资助。

2　[作者简介]洪长晖，传播学博士，浙江传媒学院文化创意学院副教授，浙江大学传播研究所博士后，研究方向为华莱坞电影与民族现代性。

认知一方面显示了当时的社会语境下权力的分配，一方面则意味着大量的模糊地带被忽视，存没于其间的人和事则成为被侮辱与被损害，且无力发声的牺牲者。

傅葆石博士的《双城故事：中国早期电影的文化政治》（刘辉译，北京大学出版社2008年版）就试图再现流动于上海和香港两座城市的“灰色地带”，描摹出中国电影在当时特定的国家政治环境中腾挪闪躲、左支右绌的姿态。

一、如何理解沦陷区电影？

中国电影事业的起步与发展都和西方尤其是好莱坞电影紧密相连，而作为十里洋场的上海则是这种联系和纽带的见证及体现，即使是1937年抗战全面爆发、1938年上海沦陷之后，这种联系也没有中断。于是乎，当我们审视沦陷区电影时，也就没有理由忽视这层关系所带来的深层影响，甚至因为沦陷区的独特地位，以及因之而来的复杂纠葛，这层关系就更为微妙、多元和动态，考察它则更见阐释者的想象力与洞察力。

傅葆石博士所瞄准的就是沦陷区电影在动态的历史进程中所呈现出的复杂面貌。著名史学家陈寅恪先生曾经提出“同情之理解”，以求从诠释者的自我心性休养为基础，对诠释对象（文本）视之为人的生命表达方式，从而达致内在共通[1]。傅葆石的研究在这里就可以印证陈寅恪先生的警语。

《双城故事》中特别剖解了沦陷区电影的诸般样式。需要补充说明的是，本文提到的“沦陷区电影”并不是一个严谨的时空概念，它既包括孤岛时期（1937—1941）的租界区域，也包括上海完全沦陷的时期（1941—1945）（对这些时空区隔，傅作是进行了严格区分的）。而之所以不做这样严格区分，是因为在笔者看来，这些时空区域里的电影作品与实践都具有相当一致的策略性，处于这些时空中的电影人（和其他普通知识分子）均普遍地在心灵上被动割裂了与“自由中国”联系，并且由此而来产生极大的愧疚、纠结乃至幻灭。尽管在程度和方式上不同个体会存在各种区别及变体，不过并没有给研究者的观照造成根本性障碍。

那这种策略究竟如何？傅葆石用了一段略显拗口的话，精准地涵括了其内在精神：无关政治的娱乐通过有意地非政治化具备了重要的政治意义（apolitical entertainment that was deliberately depoliticized became significantly political）。对这句话的理解可以从两个层面上来看，首先，作为一种现代大众媒介，电影本身就是“充满这戏剧化的感性和思想的浓汤”，从其诞生之初就更多的是扮演着娱乐大众的角色，这样的功能定位在战前中国尤甚。李欧梵先生在《上海摩登》一书里就已经指出，早在上海沦陷前，电影院已经成为充满现代性的公共场所，而电影文化——无论是看电影，还是翻阅影院装潢杂志和影迷刊物——已经是现代生活的点点滴滴了[2]。另一方面，而且也是更重要的一层，刻意地将电影作为娱乐，并限定于此，既是沦陷区电影的生存策略，也是一种“非暴力不合作”的姿态。傅葆石在书中讲得非常透彻，“沦陷电影并不完全是相对于自由中国的国民党官方电影的汉奸文化工具，相反，它建立了一种新的公共空间，让沦陷区的民众在这个空间内参与构建一种娱乐文化话语，逃避日本帝国主义操纵和建立的‘大东亚’侵略文化”[3]。

众所周知，在沦陷后的上海，由于日伪合作提出所谓的“国策电影”运作方式，强行要求电影人进入中华电影股份公司（简称“华影”），否则就面临生存危机。因而以非此即彼的“忠奸”二元模式（即杀身成仁的“英雄”与为虎作伥的“汉奸”）来看待沦陷区电影人及其实践，显然是不合适的。在傅葆石看来，“沦陷电影提倡中国的民族传统和民众的欲望和想法，而沦陷区的统治者则视这种形态的电影为庸俗不堪和毫无价值：也就是说，这仅仅是娱乐！换句话说，沦陷电影一方面和日本人妥协，一方面又抵抗了他们的文化统治”[4]。

总而言之，每一个处于沦陷区的人都是鲜活的个体，他们各自以自己的血肉之躯去承受战争带来的苦难或冲击。这种回应的途径纷繁多样、五花八门，而其指向又殊途同归，意图在逼仄的现实空间里寻求生存乃至生活，所差者或为尊严、或为物质，虽说求仁得仁，但总体上则组成一个规模可观的“灰色地带”。

二、沦陷区电影对谁重要?

十里洋场的上海无疑是民国时期最具现代性的中国都市，这种“现代性”识别甚至在内地和东南亚都具有超高的影响力：“外地人一有机会到上海，就会迫不及待地去看好莱坞电影或到南京路购物，寻找融入大都市的感觉。”[5]而在20世纪20至40年代的中国电影版图中，上海电影一方面形成与“以北京为中心的非商业化的政治教化电影或称京派电影”相对应的“海派电影”，这“海派电影”既指一种“与特定文化形态密切相关的电影流派，同时也指中国电影发展的一个阶段”[6]，它是以现代大众商业文化为基本特征的。另一方面，它还在商业驱动力作用之下，向外扩展，从而在香港乃至东南亚一带产生了巨大的影响——当然，这种作用是一种双向的过程，在时事格局变动之下，香港电影以后来居上的态势最终取代了上海成为亚洲电影的又一中心。这也正是傅葆石在其论著中所着力勾勒出的演变图景。

尤为值得注意的是，上海电影在整个抗战时期的位置不仅没有由于战争而削弱，反而成为各方角力和争夺的舞台。换言之，上海电影的重要性越发突出，这也就很好理解为何日方开始时试图建立像“满映”那样以生产殖民电影为目的的“宣传机器”，后来虽然放弃这一企图，但仍然整合中国电影生产机构成立中华电影公司（1939年于南京成立）、中国联合制片厂股份公司（1942年上海川喜多长政主事，张善琨等参与其中），在后期更是直接以控制胶片等资源的方式尝试掌控和导引上海电影的方向。而一旦这一目标未能完全实现，则会大加指责，认为“中联”电影既没有教导沦陷的人们“新东亚秩序”，也没有教育人们去认识“大东亚战争”的本质[7]。

日方的这些不满与指责恰恰提供了从另一视角审视沦陷区电影的可能。可以看出，日方控制电影生产的意图非常明显，就是要为其殖民政策服务，强化的是电影的政治宣导功能，因而绝不满于“让人们沉浸在娱乐传统”中；而对于沦陷区的电影人来说，电影是他们的日常生活——这也是他们为什么没能丢开电影（这是他们的生计所系）前往“自由中国”的最重要原因，由此，如何在这样的日常生活实践中，既能够巧妙地传递出他们的无奈与不甘，以求化解或冲淡他们不能“坚决抵抗”的道德焦虑，又不至于挑战殖民者的底线导致生存可能的湮灭，就成了电影人的策略应对。

法国社会学家德赛图就非常明确地指出，日常生活就是“透过以无数可能的方式利用外来的资源来发明自身”，他将日常生活看成一个在全面监控之下的宰制与抵抗的斗争场域，职是之故，人们的日常生活并没有在技术专家政治的规训网络之中趋于同质化，人们亦非毫无抵抗能力[8]。无独有偶，詹姆斯·斯科特也在对东南亚农民的“怠工”研究中提出“弱者的武器”“隐藏的文本”（Hidden Transcripts）这样的概念，尽管斯科特分析的对象是农民在面对生产压力时所做的各种隐性抵抗，但是显然地，它也同样适用于对沦陷区上海各色人等的生存策略和文化政治的分析。也只有充分考虑这些日常的潜行于生活中的抵抗，才能够避免萨义德所批评的那种“抽离历史时空的文本世界”，回到沦陷区电影的“灰色地带”，因为正如斯科特所说，在侵略强权下的空间中，“不公开的异议”是能够被安全地表达出来的[9]。

正因为借助电影的“表达”，上海电影人不仅使生产电影或从事与电影有关的工作变成个人维持生计之道，而且还成为他们承担和减少（看似矛盾，其实恰是合二为一）身处殖民统治的焦虑与愧疚的一种自我宣称。亦即是说，与作为殖民者的日方将电影看作殖民宣导的工具不同，上海电影人不仅将电影视为物质意义上，更是文化政治意义上的，而如其宣称，之所以选择了娱乐化的表达，其实只是特定殖民情境下的策略实践，一种煞费苦心的策略实践。

娱乐不仅仅是娱乐。但是处在"自由中国"的国统区人则不会这么认为，毫无疑问，国统区也非常看重电影，尤其是看重电影的战斗动员价值。不过，也正由于战争的缘故，国民党失去了对上海这一"东方好莱坞"的控制，而后方薄弱的产业基础、贫乏的物质条件、短缺的资金供给，都直接制约了高品质的抗战电影的生产可能，于是乎，寄望于"孤岛"时期的上海电影自是应有之义，而面对滔滔的娱乐电影又自然是"恨铁不成钢"——对于战争动员，电影太重要。

三、个案重审：《木兰从军》"遭焚"事件

如前文所示，沦陷区电影成为一个多方力量角力的场域。而1939年由新华公司（张善琨所有）拍摄的《木兰从军》上映前后的遭遇则恰恰是一个极佳的分析案例。

张善琨成立的新华公司可以说是淞沪抗战结束后，上海电影迅速恢复的一个标志。在个人影响力、与日方暧昧关系等多重因素作用下，新华公司很快成为上海电影界最大的电影公司。数据显示，1939年新华公司共生产了24部电影，超过当年全上海电影总产量的一半，而其中影响最大的当属由陈云裳主演的《木兰从军》（卜万苍导演，欧阳予倩编剧）。

《木兰从军》是一个典型的借用中国传统故事编排的电影，在当时的特定语境下，木兰替父从军的传奇就成为一个充满隐喻的象征，影射着空前的民族危机，木兰本身也演化为一个洋溢着爱国激情的英雄符号。正如当时剧作家阿英的评论所言："在民族危亡之际，所有的人都必须团结起来，奋战救国，这是男人和妇女都应该做的。"[10]这样一个绝佳的电影选题，再加上张善琨高超的运作技巧，将木兰的扮演者陈云裳塑造成一个既有现代观念又有传统美德的女性形象。这样的形象一方面迎合了上海市民的欣赏需求，一方面又淡化了陈云裳外来者（陈云裳来自香港）的反差，使陈云裳成为当时炙手可热的巨星。而电影也同时取得史无前例的成功，自首映之日起，《木兰从军》连映83天，打破了上海电影的一切票房纪录，也正因为《木兰从军》的成功，进一步奠定了张善琨在上海电影业的不可撼动的霸主地位。

对于这样一部古装剧，上海评论界一片溢美之词，如有评论就这么写道：“（《木兰从军》）告诉我们，对外国入侵我们应该如何回答，怎样回答。”与此同时，该片还引发了一波古装片风潮，根据胡菊彬的研究，1938—1940年间发行的影片中有一半都是历史古装片，而1939—1940年更是被称为“古装年”，此类影片远超50%[11]。以讲述古代故事来书写当下，几乎成了上海电影业的一种套路，而此间的电影人也以此作为自己不忘国仇家恨的佐证，他们自述为“电影的话语资源、框架、剪辑和舞台布置都越来越和叙事目的相融合”[12]。可以说，《木兰从军》的拍摄如果不是让上海影人重新站到民族大义的制高点的话，至少也荡涤了他们心头的屈辱感与愧疚感。

可惜这恐怕是一厢情愿的自我感觉良好。因为在国统区的人看来，并不存在可以苟延残喘的“灰色地带”（在忠奸二元的对立格局中，他们是不可能承认有这样的可变空间的），抗日文艺是整个社会主流的思想，只要不是为抗日服务的，那就是投敌的，所差者间接与直接、程度深浅而已。尽管整个抗战时期，“自由中国”生产的电影无论是数量还是质量都乏善可陈，重庆在七年间仅仅生产了20部故事片和63部纪录片（显然与上海不在同一量级），可是这并不妨碍他们能愤怒地声讨上海电影界，当时的中央电影制片厂厂长罗学濂有一段话很有代表性：

“电影从业员除了部分优秀的投奔内地，和部分投机的赴港掘金或躲避外，留在上海毕竟还是少数……孤岛的极少数电影人落水，有少数的虫豸蜷伏在黑暗的角落里投机买卖，更聪明的则摄制意义相异两种拷贝，甚至巧立名目的影片，在变相的出卖灵魂……穆时英、刘呐鸥之流已被‘诛伏’……（中央政府）还会有更多的制裁。简单说，上海电影正处在忠贞无耻的生死斗争时刻。”[13]

在这样的愤怒声浪中，上海电影界的骄傲《木兰从军》就在内地遭遇了“焚禁事件”。1940年1月，经历了重重波折和关卡之后，《木兰从军》在重庆公映，引起轰动的同时也带来各种非议，当月27日下午场放映该片时，有人爬上舞台叫喊，指出该片导演卜万苍是上海伪市委党部执委，因此该片是一部用爱国主义的名义去替日本人宣传的汉奸电影，强烈要求烧毁该片，群情激奋之下不仅该片胶片被焚烧，还引发现场一片混乱，不得不靠军警维持秩序。

尽管事后调查发现这是一起暗中精心策划的事件，可是恰恰也折射出重庆方面的文化人对忠奸分隔的敏感——事实上，他们对《木兰从军》的声讨也聚焦于导演制作人、公司等的背景，而不是电影内容本身。焚烧《木兰从军》，可以看作是“自由中国”对那些身处上海的电影人的一次敲打和警告，而包括张善琨在内的上海影人都深感屈辱，他们再次意识到没有旗帜鲜明地向日本人抵抗、宣示不可能被民族主义阵营所容纳和接受。这种屈辱感让上海电影人既越发谨小慎微，又不得不游走在“灰色地带”，等候黎明到来。

四、华莱坞影史书写——另一种可能？

时经七十余年，当下的中国电影正面临着一个全新的发展契机。如果让当年的民族主义者看到这一切，不知当做何感想？历史不能假设，但却需要不断地书写。自国内传播学者邵培仁先生提出“华莱坞”的学理概念以来，有关的论述就成为一个热点话题。其中讨论较为突出的是“华莱坞”的概念界定与内涵指向（关于此，笔者也有自己的浅见，在此不做展开），不过，有一点邵培仁先生已经讲得非常清楚，提出“华莱坞”概念不是要向“好莱坞”宣战，而是一种“竞合多元”的关系。

事实上，当我们回顾中国电影史的时候，就可以发现好莱坞一直是中国电影的对话对象。这也是一个显见的事实，只是另一个史实却容易被忽视了。那就是，好莱坞作为一种电影力量几乎从未停止过对中国电影的影响，可在这层影响之下还有其他的力量曾经作用于中国电影——如果说这些其他的力量没有改变中国电影的进程，至少也曲折地形塑了中国电影的风貌。换言之，华莱坞电影无疑要回溯过去，在时空中成就现在与未来；而在这种回溯的过程中，或许要发掘出潜藏着的“灰色地带”，析出曾经曲折影响中国电影的日本力量（也许还有之后的苏联、东欧力量）。

傅葆石先生的著作显然没有从这个层面上来讨论，他自己也说得很明确，《双城故事》不应当被视为一部电影史作品，而是借助电影的剖解去阐发那个特殊语境下的社会生存状况，作为“人”如何应对外来力量形成自己的策略实践，而这种策略实践又该被做出怎样的文化解读。但是，正因为他对“灰色地带”的描摹，我们可以看到历史脉络中的华莱坞电影在抗战语境中的多元光谱，忠奸背离下的“灰色上海”。华莱坞电影史的写作除了关注那些影响深远的电影事件之外，还需要在一种日常生活观照的范式中，去审察那些一个个的鲜活个体在各种作用力的冲击之下如何腾挪闪躲，他们又有着怎样复杂的心态？这样的华莱坞电影史书写将是丰富、细腻和动人的。

注释：

1　关于“同情之理解”可以参看周可真的《中国哲学诠释方法——“通情之理解”的源流及其限制》一文。该文见《河南社会科学》2013年第4期5-9页。陈先生原话为：“凡著中国古代哲学史者，其对于古人之学说，应具了解之同情，方可下笔。盖古人著书立说，皆有所为而发；故其所处之环境，所受之背景，非完全明了则其学说不易评论。”

2　Leo Ou-fan Lee. Shanghai Modern: The Flowering of a New Urban Culture in China, 1930-1945[M]. Cambridge, Mass: Harvard University Press, 1999: 118.

3　傅葆石. 双城故事：中国早期电影的文化政治[M]. 刘辉，译. 北京：北京大学出版社，2008：163.

4　傅葆石. 双城故事：中国早期电影的文化政治[M]. 刘辉，译. 北京：北京大学出版社，2008：163.

5　傅葆石. 双城故事：中国早期电影的文化政治[M]. 刘辉，译. 北京：北京大学出版社，2008：41.

6　盘剑. 选择、互动与整合：海派文化语境中的电影及其与文学的关系[M]. 杭州：浙江大学出版社，2006：7.

7　傅葆石. 双城故事：中国早期电影的文化政治[M]. 刘辉，译. 北京：北京大学出版社，2008：174.

8　吴飞. “空间实践”与诗意的抵抗：解读德赛图的日常生活实践理论[J]. 社会学研究，2009（2）：182-183.

9　转引自傅葆石. 灰色上海：1937—1945中国文人的引退、反抗与合作（张霖译）[M]. 北京：生活·读书·新知三联书店，2012（绪论）：4.

10　阿英. 关于木兰从军[J]. 文献杂志，1939（6）：33.

11　胡菊彬. Wartime Chinese Cinema；转引自傅葆石. 双城故事：中国早期电影的文化政治[M]. 刘辉，译. 北京：北京大学出版社，2008.

12　转引自李欧梵. 上海摩登：一种新都市文化在中国1930—1945[M]. 毛尖，译. 北京：北京大学出版社，2001：120.

13　罗学濂. 抗战四年来的电影[J]. 重庆：文艺月刊，1941（8）：18-50.

东方的想象：论华莱坞电影中的女性之美[1]

陈江柳[2]

摘　要： 对女性之美的发现和认知是一个恒久的时代命题。作为大众传播媒介，华莱坞电影在女性之美的构建与传播中扮演着重要角色。按照美学理论，本文从审美对象、审美性质以及美的本质三个层次对华莱坞电影中呈现的中国女性形象展开了分析。本文认为，随着时代的演进、变迁，华莱坞电影塑造和传播了中国女性的自然之美、阴柔之美和理性之美。这是中国女性意识逐渐觉醒的集中反映，也是时代进步和文化自觉的最佳体现。

关键词： 华莱坞电影　女性之美　女性意识　文化自觉

美是什么？柏拉图提出的这一问题，至今仍然吸引着人类的好奇心，唤起人们对“美”的追问、探索、模拟和向往。作为时代和历史的产物，对“美”的阐释不是一成不变的，而是随着时代、社会的发展变迁而不断变动着。因此，每一个时代对“美”的共识和理想都有着这个时代的回答和诠释。在具体的历史条件下，人们对“美”的集体认知和对人性的审美心理结构总带有特定的历史印记和时代特征，具有社会、民族、时代、阶级的特色。

作为一种重要的大众传播媒介，电影以其无可比拟的影像记忆和传播功能见

1　[研究项目]本文系2015年度国家社科基金艺术学重大招标项目“‘中国梦’影视创作与传播策略研究”（15ZD01），浙江省社科重点研究基地传播与文化产业研究中心、省重点创新团队国际影视产业发展研究中心“华莱坞电影理论研究：以国际传播为视维”（ZJ14Z02）的阶段性成果。

2　[作者简介]陈江柳，浙江大学传媒与国际文化学院2015级博士研究生，凯里学院讲师。

证着时代的变迁、社会的发展和历史文化的积淀。在全球化语境下，电影日益成为不同国家、民族之间展开交流和对话的传播载体。作为向全世界传播中华传统文化、塑造国家与民族形象的文化战略手段，“华莱坞电影”的提出，犹如一声亲切的呼唤。正如邵培仁教授所言：“华莱坞作为国家的面孔，体现中华文明的‘精、气、神’！”[1]

毋庸置疑，在社会繁衍和中华文明的发展过程中，女性发挥着重要作用。在华莱坞电影银幕上，中国女性始终是电影美学表征系统中的重要形象群体。华莱坞电影对中国女性之美的传播与颂扬，既是女性意识逐渐觉醒的集中反映，也是时代进步和文化自觉的最佳体现。那么，华莱坞电影如何呈现和传播女性之美呢？如何认识华莱坞电影中女性之美的时代变迁？现代社会的理想女性之美是什么？在美学范围内，“美”有三层含义：一是审美对象，二是审美性质，三是美的本质、美的根源。[2]本文从“美”的三个层次对华莱坞电影中呈现的中国女性形象展开了分析。本文认为，随着时代和社会的演进变迁，华莱坞电影呈现出女性身体的自然之美、女性情感的阴柔之美和女性精神的理性之美。

一、自然之美：身体的解放

《说文解字》中对“美”的定义认为：“羊大则美”，即，羊长得很肥大就“美”。这就是说，美是一种感性的存在，与满足人的感性需要和享受有着直接关系。由此看来，“美”的第一层含义是指审美对象，即客观事物所具有的能唤起人们美感的具体形象。“美”首先是一种具体的、可感知的、动情彻悟的形象。作为外在感性特征的性别形象，女性身体成为构成女性之美的首要基础。因此，对华莱坞电影中的女性之美的认知，首先将女性身体作为审美活动的具体对象和客观存在的自然形态来看待。在早期的华莱坞电影中，女性身体的“去缚”与解放，展现出性感、青春的自然之美。

（一）性感之美

华莱坞电影中最早对女性身体的呈现与20世纪初期中国现代化和社会变革的整个历史进程紧密相关。辛亥革命之后，南京临时政府通令已缠足的妇女放足。从此，民国时期掀起了国民身体改造和解放的社会高潮。“男子一律剪了辫子，女子裹足从此解放……”男子剪掉长辫，开女学，废除女性缠足风俗，无一不是对身体的解放和去缚。人们期望借助身体的现代化来推动国民心智的开化和进步。在“西学东渐”社会思潮的影响之下，全社会掀起女子入学的新风尚，女性第一次离开家庭，从此开始步入社会公共领域，参与社会活动和公共话语的建构。

随着女性身体、思想和行为的变化，代表着时代审美标准的新女性形象开始出现在华莱坞电影银幕之上。由于深受西方电影工业的影响，这一时期华莱坞影像中的女性大都有“欧化”的美学倾向。妖娆、妩媚、性感成为电影银幕中的女性形象特质之一。在《姊妹花》《新女性》《三个摩登女性》《神女》《红颜》等影片中，对女性身体的表现成为华莱坞电影诠释女性之美的重要内容。以《神女》为例，作为默片时代的巅峰之作，吴永刚在1934年导演的《神女》代表了民国时期华莱坞电影所能达到的最高艺术成就，也成就了《神女》的女主人公扮演者、民国时期的女明星——阮玲玉。影片中，扮演妓女形象的阮玲玉一袭波点花色旗袍，一头大波浪烫发，硕大闪亮的珍珠耳环，鲜艳的口红，细长的柳叶眉，脚蹬高跟鞋，肩挎精致的小提包，配上项链、披肩、手表、大衣，漂亮妖艳，柔声细气，艳若桃李，冷若冰霜，风姿绰约，散发着浓郁的女性性征魅力。年轻漂亮的脸蛋、光洁的皮肤、高挑的身材、窈窕的身形曲线，成为华莱坞电影呈现的标准中国美女的典型形象。

服饰理论家詹姆斯曾经写道：“人是由灵魂、身体与衣服三个部分所组成的。”[3]作为“人的第二皮肤”，服饰奠定了女性身体的形象基础。因此，旗袍成为早期华莱坞电影呈现与塑造女性身体之美的重要手段。一时间，身着旗袍的性感女郎形象在华莱坞电影银幕之上开启了“霸屏”模式，而银幕之下也在民国都市女性中掀起一股旗袍的摩登风尚。不同于清代旗服的阔袍广袖对女性身材曲线的遮蔽，旗袍着意展现女性身体的紧身窄小处，简洁、流畅的剪裁既适应了行动轻便的功能性需要，又能将女性身体的性感之处显露出来。旗袍强调女性特有的胸、腰、臀所构成的曲线身形，塑造出美丽而端庄、性感而优雅的女性气质。作为近代中国女性的经典服饰样式，旗袍实质上代表了早期女性意识的外在形象，它记录了时代的步伐和女性思想的变化，体现了当时的女性的社会角色、生活形态和精神风尚。可以说，华莱坞电影中的旗袍女性形象既是中国女性得以“去缚”和解放的标志，也是对女性身体之美的颂扬，同时也表明女性意识的发展已经突破守旧、单一，开始转向现代、多元。

（二）青春之美

早期华莱坞电影展现的旗袍女性，尽管已从封建守旧的遮蔽中得以解放，但却沾染了欧美女电影明星的暴露美学气息和“消费身体”的好莱坞电影工业痕迹。因此，旗袍所展现的窈窕玲珑的摩登女郎形象并不足以代表早期中国女性的自然之美。马克思曾说：“劳动创造了美。”女性在劳作、运动中展现出来的青春、活力、健康之美，成为华莱坞电影中的重要表现内容。

以电影导演孙瑜的作品为例。从1932年到1934年，孙瑜导演拍摄了《野玫瑰》《体育皇后》等一系列以女性为主人公的电影。这些影片似乎特别偏爱展示女性健美、青春的身体。在影片中，王人美、黎莉莉等电影演员常常以衣衫破旧的短衣短裤的农家姑娘造型出现，她们袒露着手臂和大腿，在歌舞或体育活动场景中，进行游戏、做操、赛跑、掷铅球等活动，展示女性身体的健康与活力。孙瑜也爱用中近景甚至特写镜头捕捉黎莉莉健美的大腿和甜美的笑容。在孙瑜看来，健美的身躯不仅对个人生活具有重要意义，而且承载着远为重大的主题。他曾说：“帝国主义的压迫，封建制度的遗毒，造成了我国现时一般人们的懦弱、糊涂和自私。我相信这种暮气沉沉的状态，思想和道德的卑弱，假如我们有了健全的身体，一定可以改变它。有了健全的身体，然后才有奋斗的精神，和向上的朝气。”[4]孙瑜对女性之美的观点在《野玫瑰》这部影片中得到了诠释。男主人公对田野姑娘喊道：“你的健美的身体，是中国新女性的模型，在你活泼闪动的双瞳里，我看见勇敢博爱，伟大灵魂——中国的需要。”[5]这似乎代表着孙瑜对女性之美的呐喊。

因此，在孙瑜电影作品中的中国女性身上，没有病态美人的扭捏作态，也没有摩登女郎的搔首弄姿，却总是洋溢着健美的气息、灿烂的笑容和蓬勃向上的活力。人们恍然发现，原来硬朗健康的姑娘也如此美丽。从《野玫瑰》中的小凤、《小玩意》中的珠儿到《天明》中的菱菱，无一不是天真烂漫、活泼迷人，处处散发着自然、青春的女性魅力。另外，孙瑜还注重借助自然的场景来表现女性，在小桥流水人家的田园风光之中尽展其健康的身体之美。比如，《火山情血》来到了阳光灿烂、色彩斑斓、雨露丰沛的南洋取景，进一步烘托黎莉莉扮演的柳花的旺盛生命力。而在《野玫瑰》中，王人美则与一群大白鹅形影不离。这些自然的道具、场景为展现女性的自然之美增色不少。正如柳迪善所言：“孙瑜成功地将好莱坞的女性暴露美学移植到中国电影的文本内，重塑了20世纪30年代中国电影女性身体的美学观。”[6]

二、阴柔之美：情感的释放

“美”的第二层含义认为，审美性质中的某些客观素质、因素、条件构成了对象、事物的美。朱光潜说：“美是客观方面某些事物、性质和形态适合主观方面意识形态，可以交融在一起而成为一个完整形象的那种性质”。就是说：“人的主观情感、意识与对象结合起来，达到主客观在‘意识形态’即情感思想上的统一，才能产生美。”[7]因此，美的事物，不仅有着鲜明的客观形象，而且具有强烈的情感感染力。作为社会生活的基本要素之一，情感之于女性的魅力，如同理性之于男性的荣耀一般，无可替代。因此，本文将作为审美性质的女性情感纳入考察范围，主要探讨华莱坞电影如何诠释女性情感的阴柔之美。

（一）柔韧之美

常言道，女人是水做的骨肉。自古以来，安静、柔弱的女性气质被普遍看重。在千古之师老子的哲学理念中，水以其柔弱气质而为老子所取，“贵柔守雌”体现了老子哲学的基本思想。“老子独抉发出来作为‘柔顺’的女性价值，与肇端于17世纪的西方女性主义运动相比，堪称人类最早的女性主义思想家。”[8]女性以其阴柔的情感特质，为大自然奉献生命的延续、活力和美丽。女性的柔顺、坚韧与温情，使她比男性更容易对家务劳动和照顾他人产生兴趣，更渴望实现事业、爱情和家庭三者的统一。正如波伏瓦在《第二性》中指出：“她们比男人更能忍受肉体的痛苦；当情况需要时，她们能够坚忍不拔。许多女人缺乏男人的攻击性勇气，却以被动的抗拒的那种镇定、顽强引人注目；她们比丈夫更加坚强有力地面对危机、贫困、不幸。”[9]

通过华莱坞电影银幕，女性的柔韧之美总是那样震撼心灵。女人们凭借博大、宽厚的尘世情怀，超越人间苦难，在精神上构筑起人生的高度。比如，冯小刚执导的电影《一九四二》，影片以1942年河南发生大旱、饥荒，千百万民众离乡背井、颠沛流离的历史事件为叙事背景，由张国立、陈道明、李雪健、张涵予等颇具男性气概的明星主演。《一九四二》并非是以女性为主线的电影，却真实地展示了女性面对灾难所不断裂变出的坚韧的生命承受力。影片中，徐帆饰演的花枝是一个柔弱、卑微、屈辱的社会底层女性形象。作为佃户的老婆，花枝一直受到少东家的骚扰。为了果腹充饥，花枝冒着被蹂躏的危险去借粮食，在仓库里遭到调戏、侮辱。她竭力反抗，嘶声呼救，直到筋疲力尽，也不放弃任何逃生的机会。她绝望无助，万般苦楚，依然珍视着自己渺小卑微的生命。她牵着两个孩子排在队伍的前列，等着人贩子来挑。所做的一切都是为了活下去。银幕上的花枝是柔弱的、狼狈的，却也是美丽的。在危险面前，她自珍自爱，爆发出保护自己的坚强韧劲；在灾难面前，她爱惜生命，在绝境之中寻求生机。从花枝身上，我们看到了在灾难之中处于社会底层的女性之美，柔弱而坚韧，卑微而强大，身处逆境却充满生命的能量。正如歌德的诗中所言："女性长存之德，引导我们上升。"[10]

（二）母性之美

如果将女性及其情感比作一股清泉，母性之美就如同泉水的清纯柔美，它是生命之源。母性意识在中华文化中有着悠久历史。中华文化从古至今都流传着对女神的崇拜和对母性的崇尚，比如女娲、观世音、嫦娥、妈祖、九天玄女等。女性作为支撑人类世代繁衍的生命主动脉，在人类漫长的进化历程中，支撑着人类历史进程的"半边天"。诚如林语堂所言："母权制的某些精神仍一直存在于中国妇女的气质之中"[11]。"那种原始的，要做母亲的强烈欲望，无形，无言，模糊但强烈，充满了他们的心灵。"[12]在中华人民共和国成立后的革命题材的华莱坞电影中，母性的壮美得到了淋漓尽致的诠释。在1955年的《平原游击队》中，李向阳的母亲看到久别的儿子，激动地眼含泪花，一边呼唤着"向阳子"，一边点起油灯仔细端详。母亲对儿子的留恋溢于言表。然而，当儿子说要带游击队配合山里的部队消灭敌人时，万般不舍的母亲马上爽快赞许："好，你们去吧！"面对骨肉分离的不舍，亲情与革命的矛盾、纠结，母亲总是割舍自己的情感，教育子女要尽忠报国。这种以女性的自我牺牲成全家国梦想的叙事结构在新中国成立之后的华莱坞电影中屡有演绎，塑造了一系列革命母亲形象。比如，《回民支队》里绝食殒命的马母、《野火春风斗古城》跳楼殉国的杨母、《黎明的河边》中故意激怒敌人做人肉盾牌自我牺牲的陈母、《扑不灭的火焰》中为掩护儿子而死的蒋母，还有《苦菜花》中的冯大娘，《沙家浜》中的沙妈妈等。她们既是劳苦大众的代表，也是革命力量的哺育者。她们博爱、宽厚、慷慨，默默承受着世间苦难，处处流露出母性的伟大。

当然，在华莱坞电影中，女性的母性之美并非仅仅投射在孩子的身上，更多展现的是女性作为妻子、母亲的形象，以呼应时代和社会赋予女性"贤妻良母"式的性别话语。20世纪八九十年代，导演谢晋塑造了一系列熠熠生辉的女性形象。从《天云山传奇》中操劳过度含笑去世的冯晴岚、《牧马人》中勤俭持家的李秀芝，到《高山下的花环》中的烈士家属韩玉秀、《芙蓉镇》中勤劳致富的胡玉音等，电影中的她们勤劳质朴、温柔善良、坚韧不拔、宽容大度。在这些女性身上，承载着整个时代对女性之美的期待。她们集东方女性传统美德于一身。然而遗憾的是，影片中的她们更多的是居于从属地位的“妻子”和“母亲”，而不是作为独立个体的“女性”，她们终日为家庭、丈夫和孩子而忙碌奔波，甚至倾注了一生的心血，却鲜少释放自我的情感诉求和价值主张。“现代女性应更加深刻地体会情感解放的重要性，以呼唤女性情感的自主性。”[13]因此，如何塑造更加健康、积极的中国女性情感，应成为华莱坞电影的题中之义。

三、理性之美：精神的绽放

前文探讨了作为审美对象的女性身体之美、作为审美性质的女性情感之美，那么，女性之美的本质是什么？“一方面，‘美’是物质的感性存在，与人的感性需要、享受、感官直接相关；另一方面，‘美’又有社会的意义和内容，与人的群体和理性相连。”[14]由此看来，女性之美的产生并非与生俱来，而是社会建构的产物。当前，中国面临着市场经济社会的重大转型，同时也面临着新的性别意识形态的建构。本文认为，对人格独立、精神自由的理性之美的向往，体现了当下新经济时代的女性审美追求。

（一）独立之美

一直以来，在中国传统文化价值体系中，女性的自我价值更多地被局限在家庭生活之中。《诗经》这样写道：“桃之夭夭，灼灼其华。之子于归，宜其室家。”古代社会对女性的价值定位和角色期待可见一斑。因此，女性精神的独立和对自我价值的追求历来是中国女性文化中的重大命题。随着信息时代的到来，资本、资源、知识、信息在同一个世界性网络中进行跨越国界、民族、地域的多元流动，从而消解了原有的性别、种族、地域、行业的边界。同时，作为劳动者的性别差异逐渐淡化，传统社会中基于性别的社会竞争显得相对次要，而每一个人作为社会个体的综合素质、专业技能、管理才能、情商智商等被赋予更重的分量。因此，对于现代女性而言，以独立的个体之姿，步入社会公共领域，参与社会竞争，已成为女性生活的新常态。

在时代精神的浸润之下，改革开放以后的华莱坞电影逐渐展现出对现代新女性命运的反思，全方位地诠释女性在社会、家庭、个人之间的三维立体人生，努力建构新型女性话语，塑造人格独立、精神自由的女性之美。这一时期涌现出了一批女性导演以女性视角讲述女性成长的电影作品。比如，张暖忻的《沙鸥》，黄蜀芹的《人鬼情》《画魂》，马俪文的《世界上最爱我的那个人去了》和《我们俩》，宁瀛的《无穷动》，张艾嘉的《少女小渔》和《20、30、40》，许鞍华的《半生缘》《女人四十》《桃姐》等。其中，张艾嘉的电影对当代女性心理有着敏锐的观察。她通过感性和细腻的镜头展现女性的生活历程，没有激烈的冲突却能激起女性的共鸣。在《少女小渔》中，成为非法移民的小渔，没有依靠男友生活，而是可以自己打工养活自己，在经济上小渔是独立的；在《20、30、40》中，三位女主角都有着各自的职业，在某种程度上成为家庭的经济支柱和精神支撑。这些电影试图为大众树立一个现代独立女性的范本：女性不是男人、社会的附属品，要拥有独立的人格，首先要在经济上取得独立，获得属于自己的社会地位和精神世界。

在男性导演中，张艺谋拍摄的《红高粱》《大红灯笼高高挂》《秋菊打官司》《菊豆》等影片，从人性和女性本体的角度来讲述女性的故事，描述女性本来的面貌。比如，《秋菊打官司》中的秋菊就是一个倔强不服输、精神世界十分强大的女子。影片中，秋菊是西北小山村的一个普通农妇，村长踢伤了她的丈夫，她怀着六个月身孕，在各级政府部门之间辗转上诉，尽管处处碰壁，仍然坚持到村长被拘留。这部影片在“民告官”的叙事议题中塑造了一个倔强、果敢、不屈不挠的农村女性形象。在面临政治、经济、社会转型的当下中国，秋菊代表的是一个当代农村女性的群体，十分具有典型性。她充分展现了当代的农村不再是人们想象中的落后、凋敝状态，当代的农村妇女也不再是传统观念下依附于男人的无知、懦弱的弱女子。在时代的浪潮之中，她们已经蜕变成为具有法制观念、人格独立、富有尊严而自强自信的新时代农村女性。

（二）自由之美

独立和自由，总是如影随形。真正意义上的独立，也往往意味着身心自由的实现。在现代社会中，女性之美不仅来源于对个体独立性的追寻，同时还来源于对自由的向往和实践。正如萨特所言：“自由是人的主体性的全面实现，是一个真正的人应当有的生存状态。实现自由，就是对自己负责、自己决定自己，是让自己所是，这是一个不断创造的过程。……自由体现了某种不存在但逐渐自己创造着的东西。”[15] 从这个角度来说，自由的才是最美的。因此，作为“人”的自由应成为女性之美的最高目标，自由之美应成为女性之美的本质体现。

如前所述，社会经济结构的转型催生了交互并存的多种文化形态。随之而来的是，中国女性价值观更趋主动性、创造性。作为社会变革和时代变迁的见证者，华莱坞电影对女性形象和女性精神的探索亦逐渐走向多元化、个性化。比如，张艺谋的《红高粱》中勇于与世俗抗争的贞烈女九儿，李安的《卧虎藏龙》中锋芒毕露的娇面侠客玉蛟龙，《夏洛特烦恼》中敢爱敢恨的“女汉子”马冬梅，许鞍华的《桃姐》中默默无私的老佣人桃姐，张艾嘉的《20、30、40》中憧憬爱情的离异女人Lily……这些个性鲜明而又截然不同的女性形象表达了同一个女性诉求，那就是对自我精神世界的强烈主张和对人性自由的追寻。

在这些影片中，张元导演的《绿茶》却以一种矛盾的状态讲述了当代女性对自由和自我的迷思，激起人们对女性之美的追问。影片中，赵薇一人分饰两角：白天是硕士吴芳，夜晚变成钢琴师朗朗。女硕士吴芳传统保守，性格拘谨而古板，希望早点结婚，于是不停地相亲；钢琴师朗朗与吴芳长相酷似却性格相反，热情奔放，抽烟，弹琴，时髦漂亮，很受男人喜欢，但却迷失在都市夜色的喧嚣之中。影片以一人分饰两角的叙事方式，表达了当代女性的两种精神状态：一面是积极追求进步的知识女性，另一面则是迷失在两性关系中放纵自我的文艺女青年。影片展现的双面人生，恰恰描述的是当代都市女性尤其是高学历知识女性寻求精神自由而又迷失自我的矛盾内心。她们希望在人生的舞台上，卸下许多并不符合自己心性、爱好的额外附加的精神性给定，同时也渴望实现一种通体畅快的精神解放，一种趋近“人”的全面发展的身心自由，最终趋向人性之美的本质。

四、结语

综上所述，理想的现代女性之美究竟是什么？本文认为，每一位女性都是一个独立的社会个体，她们同男性一样，是民族、国家和社会的基石，享有平等的权利、义务、责任和参与社会竞争的机会。她们与男性一样，理性、坚强、独立、富有开拓精神，在社会格局中不断发现和创造自我价值。同时，她们风姿绰约、情感细腻，洋溢着女性特有的青春活力和性感魅力，又不乏对自由精神的拥抱和爱的激情。因此，女性之美，归根结底是身心自由全面发展的人性之美，集中体现着身体之美、阴柔之美与理性之美的和谐统一。

从传播学的角度看，“电影提供的不仅仅是消遣和娱乐，也是传播社会价值和政治观点的工具，最终它将会对全社会的精神结构产生深刻影响”[16]。在全球电影多级格局中，华莱坞电影发展至今，已然不仅仅是一个单一的传播媒介。“华莱坞是电影、产业、空间，也是符号、文化、精神和愿景”[17]，作为社会文化和时代精神的传播载体，华莱坞电影对东方女性文化和女性之美的颂扬，也是中华传统文化借助女性形象向全球传播的重要途径。因此，华莱坞电影应为女性之美的构建起到示范作用，塑造和传播健康、正确的女性审美文化，向全世界展现中国女性的东方之美。

注释：

1 邵培仁. 华莱坞的机遇与挑战[J]. 中国传媒报告，2014（1）.

2 李泽厚. 美学四讲[M]. 天津：天津社会科学院出版社，2001：75.

3 唐勇. 从女性意识角度看旗袍的兴衰[J]. 华南师范大学学报（社会科学版），2007（2）.

4 孙瑜. 导演《野玫瑰》后[J]. 电影艺术，1932（1）.

5 凌鹤. 孙瑜论[J]. 中华图画杂志，1936（45）.

6 柳迪善. 咖啡与茶的对话——重读孙瑜[J]. 当代电影，2008（3）.

7 李泽厚. 美学四讲[M]. 天津：天津社会科学院出版社，2001：140.

8 张再林，张兵. 老子：人类最早的女性主义思想家——身道视域中的《老子》女性气质发微[J]. 西北大学学报，2010（7）.

9 西蒙娜·德·波伏瓦. 第二性[M]. 郑克鲁，译. 上海：上海译文出版社，2011：446.

10 歌德. 浮士德[M]. 樊修章，译. 南京：译林出版社，1993：642.

11 林语堂. 中国人[M]. 杭州：浙江人民出版社，1988：114.

12 林语堂. 中国人[M]. 杭州：浙江人民出版社，1988：112.

13 戴雪红. 当代中国社会转型背景下女性气质、身体和情感的逻辑变迁与重塑[J]. 兰州学刊，2015（10）.

14 李泽厚. 美学四讲[M]. 天津：天津社会科学院出版社，2001：140.

15 西蒙娜·德·波伏瓦. 萨特传[M]. 南昌：百花洲文艺出版社，1996：418.

16 熊晨. 电影中女性形象的三种叙事模式：以李玉电影中的女性叙事为例[J]. 今传媒，2015（11）.

17 邵培仁. 华莱坞的想象与期待[J]. 中国传媒报告，2013（4）.

新媒介、档期与具有多重身份的导演

——新世纪以来华莱坞都市爱情电影的营销策略分析

戴哲[1]

摘　要：随着电影市场竞争的日趋激烈和受众主体发生的巨大变化，如何建立电影与受众之间的关联，成为华莱坞电影发展的关键，而“营销”成为重要路径之一。那么，如何对电影进行有效的营销？本文以21世纪以来的华莱坞都市爱情电影作为对象，对其采用的多样化和具有创新性的营销策略进行分析，试图为其他电影类型的营销提供可供借鉴的经验。不仅如此，对于意味着完善的、成熟的和系统的产业模式而言的“华莱坞”而言，寻找有效的、成熟的电影营销策略，从而建立固定的、系统化的营销模式是必要环节之一。

关键词：华莱坞都市爱情电影　电影营销　新媒介　档期　具有多重身份的导演

中国的电影营销大约始于1995年中国引进好莱坞大片之后。好莱坞大片使中国本土电影被挤压进一个狭窄的空间，为了生存，电影营销不得不被纳入电影生产之中。张艺谋的《我的父亲母亲》被认为是中国电影营销的初级阶段和启蒙阶段：该电影将张艺谋的个人情感——“张艺谋的初恋故事，世纪末的爱情绝唱”作为电影的卖点从而博得受众的注意。21世纪以来，电影的市场竞争日趋激烈，同时因为受众主体发生的巨大变化[1]，营销对于华莱坞电影而言显得愈发迫切，

1　[作者简介]戴哲，浙江传媒学院戏剧影视研究院专职研究员。

且电影对营销方式的多样化和创新性也有了更高的要求。一定程度上正是具有创新性和多样化的营销方式促使华莱坞电影在21世纪以来被越来越多的观众所接受，从而取得了突出的成绩[2]，其与世界电影竞争的能力也因此越发增强——而这一定程度上正对应着“华莱坞电影”这一概念的提出者邵培仁教授对华莱坞电影的期待和判断：“华莱坞电影不仅拥有全世界不容忽视的飞速发展的丰富资源，而且拥有改变世界电影格局、推进文化传播、重塑国家形象的巨大力量，华莱坞完全有信心、有能力走出国门、走向世界，同各国电影进行平等、友好、公平的竞争。”[3]

相比其他电影类型，21世纪以来的华莱坞都市爱情电影在电影的营销和传播上更加突出，也正因为如此，此电影类型在近些年取得了颇为显著的票房成绩[4]，成为华莱坞电影的中坚力量。使用新媒介、借助档期并制造话题，以及利用具有多样化身份的导演是21世纪以来的华莱坞都市爱情电影主要的营销方式，之所以如此，自然与对日趋年轻化的受众的准确把握有关——受众无疑是营销的核心。但在此更为重要的是，华莱坞都市爱情电影如何使为受众量身定做的营销方式成为电影与受众之间的桥梁？这三种营销策略是如何进行运作的？此乃本文的主要目的。如此，本文以21世纪以来的华莱坞都市爱情电影作为对象，试图从新媒介、档期、具有多重身份的导演这三个方面探究都市爱情电影在电影营销上的具体运作与创新。这三种方式虽看似各自独立，却相互关联，共同建构起属于华莱坞都市爱情电影的“本质上一致”的声音，并将其准确传递给受众。此番研究不仅使我们窥见华莱坞都市爱情电影在21世纪以来得以崭露头角的主要原因之一，从而为其他华莱坞电影类型的营销与传播提供经验；更为重要的是，电影营销作为华莱坞电影产业必要环节之一的重要性被愈发凸显出来。

一、新媒介与电影营销

21世纪以来，随着互联网技术的日趋进步和更新，与其说人们的生活方式和生活习惯越来越依赖于互联网，倒不如说互联网重构了现代人的生活方式和生活习惯。而“新媒介”的出现，某种程度上又是互联网技术不断往前推进的表征，其以更加具体的方式，作为一种新的文明的标志融入了人们的生活。新媒介与传统媒介的最大区别显然在于改变了传播的状态，由最原始的一点对多点的传播，变为多点对多点的传播，通过新媒介，每个人都可能成为传播者——接收信息的受众亦如此，受众的主动性相较于传统媒介时代越来越强。正如，“营销即传播”，当传播的媒介发生了变化，电影的营销方式也应当相应发生改变。综观21世纪以来的华莱坞电影，其大多趋向于采用互联网营销方式，即以新媒介作为工具和平台，对电影进行宣传，从而实现与受众之间良好的互动，而受众集中于“新世代”[5]的都市爱情电影尤为如此。

微博是华莱坞都市爱情电影的营销重镇。这与微博的特殊性和较为广泛的受众面有关，微博作为一个新型的社交平台，每个微博用户都可以在这个平台上划定自己的“一亩三分地”，并通过发表140字左右的文字从而与他人（也包括陌生人）达到交流和互动的目的。并且，“按照互联网的‘六度分割理论’，只要即时传播的信息具有穿透六类不同人群的价值评价的能力，它便会在层层转发中即时通往互联网的每一个角落”[6]。正如，微博最重要的一个功能是“转发”，通过不同人的转发，促使信息产生“核裂变式”的传播效应和如“几何级数”般增长的传播速度。由此，微博为电影营销提供了良好的条件和平台。

《失恋33天》是利用微博营销的典型案例。该电影投资仅900万元，却获得了超过3.5亿元的票房。如此突出的成绩很大程度上当归功于其良好的营销策略——该电影无疑挖掘了一个可供复制的市场营销模式，并提供了许多新的营销策略。其中，微博营销在这些营销手段中占据首要地位且起到了关键性作用——据统计，“微博上以‘失恋33天’为关键词的微博高达560条，电影官方微博的粉丝突破了10万。很多观众在看片时也表示，自己进电影院看这部电影，就是之前受到了新浪微博的影响”[7]。《失恋33天》选择微博作为其主要营销平台，总体上源于对受众的精准把握——新世纪以来华莱坞电影的主体受众为以80后、“90后”为主的“新世代”，使用“微博”显然是他们热衷的生活方式之一。在此基础之上，《失恋33天》的微博营销都围绕作为“新世代”的受众及其兴趣而展开。首先，注重话题营销。微博常常是“话题”的集散地，这主要与受众可以对信息进行即时发布、即时回应，更重要的是可即时转发有关。《失恋33天》曾在其官方微博开展过关于失恋的话题讨论，并同时制造出“爱就疯狂、不爱就坚强”“失恋并不是一件坏事，它可能是你下一个幸福的开始”等子话题的讨论，这些话题契合了“新世代”的胃口，击中了有过“失恋”经历或者正处在恋爱中的年轻人的心。第二，善于利用微博名人进行营销，而以“新世代”为主的都市爱情电影的受众对名人尤其是对影视圈或娱乐圈名人特别关注。《失恋33天》上映之后，姚晨、宁财神、何炅等人大力在自己的微博推荐该电影，而这些人拥有众多的粉丝，粉丝们爱屋及乌关注电影，并对名人推荐影片的微博进行评论和转发，使其“传播效应”得以发生，同时这又是一个不断良性循环的过程。第三，互联网/微博的特性之一在于“时空压缩”，使远距离的、陌生的人之间也同样可以互动，通过众多微博用户/观众之间的互动，微博用户/观众对于影片的讨论和评价得以展开，进而使他们对影片的卷入度得以提高。《失恋33天》通过邀请全国各地的微博用户主动分享自己的感情故事、心路历程、观影体验从而使观众加深对该影片的了解，而电影的官方微博也会对这些微博进行转发从而达到宣传影片的效果。

有一些影片，可能并不如《失恋33天》般面面俱到，只是侧重于微博营销的某一方面，比如名人效应。在《非诚勿扰2》进行宣传期间，导演冯小刚利用自己的名人身份，开设微博直接与受众进行对话，并且为自己的微博起了一个别名“冯通社”，用来吸引受众的注意力。该电影上映之后，不乏批评之声，面对此局面，冯小刚主要运用微博“冯通社”进行回应，其语言风趣幽默，在提高了电影关注度的同时，还一定程度上将对电影的批评转化为正面因素。《小时代》在此方面同样表现突出：《小时代》上映前，郭敬明以实名的身份发出第一条电影微博，转发量近10万条，评论将近5万条。几天后，郭敬明又通过自己的个人微博贴出电影的第一张海报，该微博的转发量高达13万，评论接近7万条。与冯小刚一样，郭敬明也借助微博对针对影片的负面评论进行了回应，其意义显然不仅在于消解对影片不利的负面信息，更重要的是借由对负面评论的妥善回应，达到了宣传影片的效果。

除“微博”这一营销渠道之外，另一种被年轻人/“新世代”广为接受的社交网站（Social Network Site）也同样成为都市爱情电影营销的重要阵地。国内的社交网站排前两位的主要是开心网（www.kaixin001.com）和人人网（www.renren.com），另外还有校内网、360圈、51.com等。虽然社交网络与微博之间的某些功能存在重合，但是相对而言，社交网络更侧重于“多对多”的交流，也即人与人之间的交往和互动——好友之间进行互加，从而互相分享信息，具有对称性；而微博虽然也有互相关注的形式，但是即便不关注，也同样可以获得想要获得的信息，因而具有不对称性，所以某种意义上而言微博更像一个信息平台或集散地，大多数普通用户更多的时候只是作为受众存在，而名人和意见领袖则通常充当着“发表人”。因此，在社交网络进行电影营销的具体方式与在微博又有所不同。都市爱情电影在社交网站的营销常常借助一系列有针对性的、与电影、与网络用户的兴趣爱好相契合的活动得以展开。

以乐视影业对《小时代》的营销为例。乐视首先将《小时代》的受众定位为“网络原住民”，以此为开端，其在各类社交媒体上收集有关受众的数据，从而对受众进行更加细致和详尽的定位和分析。乐视最终将这些“网络原住民”的“驻扎地”锁定在360、腾讯空间、搜狗、人人网这几个社交网络平台，继而在这些平台上开展活动：比如与360和搜狗网站合作推出抢票活动，与人人网联合策划了“青春纪念册”活动。当然，社交网站也可成为与电影有关的视频投放的平台，比如《101次求婚》便曾在人人网投放三段“全民告白”视频：第一段讲述平凡人的求婚故事；第二段是好声音学员金志文的婚礼；第三段是幼儿园小朋友对求婚的理解。在“网络原住民”的“部落”投放包含他们感兴趣的话题“求婚”的视频，这无疑利于将线上的用户转变为影院的观众；与此同时，《101次求婚》的观众也会主动在人人网发表对电影的评论，比如网站上有《101次求婚》的经典语录，以及文章《〈101次求婚〉：当爱情不再门当户对》等，这也是对电影的再次宣传。

综上所述，随着信息技术的发展和推进，互联网重新建构了人们的生活方式和人际关系，微博、SNS社区、微信等新媒介产品融入了每个人尤其是成长在互联网时代的“新世代”的日常生活。由此，受众被赋予了更多自由，受众的角色从“被动的收听者、消费者、接受者或目标对象向搜寻者、咨询者、浏览者、反馈者、对话者、交谈者转变”[8]。基于此，以广大新媒介用户（新世代）作为主要目标受众的都市爱情电影的营销策略也发生了改变。21世纪以来的都市爱情电影，呈现出凭借“新媒介”，尤其是微博和SNS社交网站进行电影营销的趋势，这不仅有助于将活跃在线上的用户转换为电影观众，同时成为观众的用户又可以转化为电影的“传播者”，换言之，通过互联网/新媒介开展的电影营销不再是传统的信息的单向输出，反而是形成了一种良性的互动和循环。

二、档期安排与话题制造

“档期”这个概念的出现和使用，在某种程度上是电影的产业运作趋向成熟的标志。中国电影的档期意识[9]的萌芽，始于20世纪80年代末至20世纪90年代初之间，但真正意义上的“档期”的出现当以1997年冯小刚的影片《甲方乙方》为标志。该电影在1997年12月24日上映，取得了不俗的票房成绩，中国“贺岁档”这一概念由此产生。在此之后，冯小刚接连三年在同样的时间段推出电影，从而建构了中国观众在春节时期观看电影的习惯，“贺岁档”作为档期得以完全确立。由此，中国电影的档期意识越来越自觉，更多的档期开始出现，暑期档、情人节档、七夕档、光棍节档是除贺岁档之外较为重要的几个档期，另外，“五一档”“十一档”这些以法定节假日框定的假期也常被提及。

21世纪以来的华莱坞都市爱情电影，善于运用“档期”，作为一种类型电影，其类型特质也与某些档期的内涵特别契合。贺岁档、暑期档、情人节档、七夕档、光棍节档这几个档期对此电影类型较为重要，其中七夕档、光棍节档可以说是被其生产出来并因此得以确立的。同样以《失恋33天》为例，在其完整的营销策略中，除了对“新媒介”的使用之外，该电影对“档期”的周密安排也不可小窥——成为档期营销的一个经典案例。光棍节作为一个有效的电影档期出现和固定化源于《失恋33天》，而《失恋33天》的成功也同样依赖于与“光棍节”的高度契合。这种“契合”首先表现于电影的内容与档期内涵的相匹配。电影讲述的是一个“失恋”的故事——北京高端婚礼策划师黄小仙被相恋七年的男友劈腿，虽然如此，黄小仙在情感失意的同时，却发现了很多从前被自己忽视的人和事。这样的电影内容恰好契合了“光棍节”的内涵：虽单身或失恋，却依然要好好生活，爱情可能不期而遇；等等。其次，电影的内容与对“光棍节”有着高度认同感和接受度的群体的消费习惯和审美诉求也完全吻合。“光棍节”的目标对象无疑为“新世代”，他们年轻，有一定的经济实力，对新鲜事物有着与生俱来的好奇，同时又极为“感性”。单身却又对爱情充满憧憬的他们会以“光棍节”的名义聚集在一起，甚至正处于恋爱中的他们也会因“光棍节”这个在他们看来饱含“情感”的节日相聚。而在电影院观看电影，尤其是都市爱情电影成为他们对待此节日的态度和方式之一。正是在这个意义上，对“光棍节”已形成生活和消费习惯的“新世代”顺理成章地成为在“光棍节”上映的电影《失恋33天》的主体观众。

“档期”相对而言指的是“一段时间”，换言之，“光棍节”档期并非只有“11月11日”这一天。因而对于具体的上映时间，也应当细致安排。该电影一开始的上映时间定于11月11日当天。但后来又有所调整，提前至11月8日。之所以如此，与节日氛围通常会在节日前被酝酿出来有关——商家对节日氛围的酝酿功不可没：《失恋33天》上映的当年即2011年，淘宝网为挖掘“单身经济”的潜力，开展了各类营销活动，以各种方式对“光棍节”进行渲染；与此同时，影片提前上映某种程度上也可以推动节日氛围的高涨，这是一个相互的过程。事实证明，《失恋33天》对档期的时间安排是准确的，虽然其遭遇了同期上映的电影如《猩球崛起》《铁甲钢拳》等好莱坞大片的冲击，但因为“光棍节”的氛围与影片内容、观众消费和审美需求的有效契合促使许多单身男女、甚至于情侣都选择了该影片[10]。

“话题”的制造是与档期营销相辅相成的一个重要面向，是档期营销的重要内容，正如国内金牌制片人张伟平曾说：“电影商业运作的核心是‘事件’营销，最好是制造盛事。”在《失恋33天》中，配合“光棍节”这一档期的话题显然是“失恋”，或者说，“失恋”对于以“新世代”为主的电影受众而言天然便是一个话题。对于“失恋”这一话题的具体操作，《失恋33天》主要以相关短片和活动为主，以此为“光棍节”这个档期添砖加瓦。《失恋33天》拍摄了一组名为《失恋物语》的短片，从不同的城市选取不同的年轻人讲述自己的失恋故事，然后在微博等平台投放，此举措还引领了网友们自发地拍摄了20多个来自不同城市，并采用不同语言进行传播的版本；与此同时，电影发行方还建立了“失恋博物馆”，它其实是针对该片在新浪视频建立的一个视频官网所提出的概念，包含了大量的视频宣传素材，以及网友的分手信物，失恋后的心情感受、疗伤歌曲等内容。当“失恋”作为一个话题，并以《失恋物语》与“失恋博物馆”的形式出现时，其对于具有特殊内涵的“光棍节”档期的意义、对于作为电影受众主体的“新世代”的召唤性以及对于都市爱情电影《失恋33天》的宣传效果可想而知。某种程度上，“光棍节”的特殊内涵以及包含的巨大的话题性使其成为21世纪以来都市爱情电影的专属档期，也成为爱情片争相抢夺的档期[11]。

对于21世纪以来的都市爱情电影而言，另一个档期“七夕节”的出现与“光棍节”有着异曲同工之妙。“七夕节”是中国传统节日，该节日在现代社会实际上早已被遗忘，但21世纪以来，随着商业运作的无孔不入，其包含的能量和意义被重新挖掘出来，电影的档期营销也参与了对此节日的重新解释和建构。都市爱情电影的电影内容和风格完全契合了“七夕节”的档期内涵，同时该节日的受众与都市爱情电影的受众一样，也都以“新世代”为主。“七夕”成为热门的电影档期当始于2009年的电影《非常完美》。但该电影在营销策略上其实并未着力于“七夕节”，因当时该节日对电影的影响还尚未突出。电影于2009年8月14日上映，距离七夕12天，所以其票房的成功一定程度上促使“七夕节”成为一个重要的档期。在随后的几年，不断有电影，尤其是爱情电影在此档期上映。2013年七夕档——8月8日至8月13日（七夕节）前后，有3部都市爱情电影选择在此档期上映，分别是《小时代2：青木时代》《一场风花雪月的事》《一夜惊喜》。通过对该档期的运作，此三部电影成绩都较为可观，最终《一夜惊喜》成为该档期的赢家，票房近两亿元。《一夜惊喜》对于七夕档期的运作可能并未有《失恋33天》对于“光棍节”的运作那般系统和完整，但也不乏针对性。该电影主要以现场与观众互动的活动配合“档期”进行宣传。比如在七夕节当天，由主演李治廷

（在片中饰演张童宇）出席电影的兰州见面会，在现场派送巧克力与鲜花，与粉丝进行温馨浪漫的互动，并邀请粉丝讲述自己的爱情经历，由李治延进行回应。

其他几个档期，如“暑期档”“贺岁档”“情人节”档，相对于“光棍节”和“七夕”两个档期而言，更加成熟化和普遍化，虽然其他类型的电影也都会抢占这几个档期，但它们对于华莱坞都市爱情电影而言也同样具有特殊性和突出的意义。首先，“情人节”对于都市爱情电影而言，其契合度和重要性自不用说；而暑期档和贺岁档的主要受众群体与都市爱情电影的目标受众有着高度的一致性——都市爱情电影的观众是以“80后”“90后”为主的新世代，他们中的相当一部分都是在校学生，这个群体具有一个天然的优势即有暑假和寒假两个假期，因此他们是暑期档和贺岁档的主要观众。虽然每个档期因其自身的特殊性，在具体的运作方式上也会有所不同。但经由以上论述，尤其是通过对《失恋33天》“光棍节”档期安排的路径和策略的分析，得以见出华莱坞都市爱情电影的档期营销的基本规律和宗旨：即根据电影的具体内容以及受众的结构和特征选择档期，换言之尽量寻找档期内涵、电影的内容和风格以及受众的审美和消费习惯三者之间的交叉点；在档期基本确立之后，还需制造相应的话题与之配合，以达到最好的宣传效果。不仅如此，电影的档期营销还必须包括发现和创造档期的能力。因为，当一个档期愈发成熟和规范化之后，会出现电影扎堆争抢此档期的情况，某些在此档期的影片则会遭到冷落。

三、具有多重身份的“导演”和全产业链的核心

21世纪以来的华莱坞都市爱情电影呈现出一种新的趋势和现象：即导演身份的多样性——既是导演、又是明星和演员，或者也可以同时是编剧甚至出品人等，而以往的电影通常是分工明确的。导演的多重身份能够给都市爱情电影带来更多的商业气息和大众文化意味，在电影风格的指认上，也可以形成多重意味，正如陈犀禾在《新都市电影》一文中所说：“作为（演员）的徐静蕾、赵薇等，银幕前他/她是成功的都市人，幕后她/她是‘主宰一切’的导演——明星、角色、导演三重身份，同时赋予了这些电影特殊的指认意义。明星首先作为一个真实的人存在，同时他/她扮演的角色和他/她本人的人格面具相互呼应，形成固定的明星形象。当明星成为一部电影的导演时，其明星形象、导演身份和电影的类型定位相互呼应，明确了电影的类型指向。”[12] 这一段论述其实一定程度上也解释了为何21世纪以来的都市爱情电影呈现出“商业化”“类型化”的特征，但

这只是从电影内容和风格上来谈导演身份的多重化对都市电影（也包括了都市爱情电影）所产生的影响和存在的意义。而事实上，身份的多重性和模糊性使电影的导演具有了控制整个电影的产业运作的权力，因此具有多重身份的导演某种意义上成为一种营销方式或营销渠道，而这也从另一个侧面解释了诸多明星纷纷做导演拍电影的原因，因为其在电影营销上具有天然的优势。所以，与其说是“导演”本身参与了电影的营销，倒不如说是整合在“导演”这一称谓之上的多重身份为电影营销提供了更多的可能性和新的路径，换言之，多重身份之下的“导演”已然区别于传统意义上的“导演”，聚集在其身上的各种身份促使其成为一个“营销渠道”，经由这个渠道，电影以及有关电影的其他细节被传播出去，进而被消费者所接受，并使其在心目中建构起一种对于电影的想象和期待。

以徐静蕾为例。徐静蕾一直以来被观众熟知的是其作为演员的身份，以及由其主演的电影所构建的独特的明星气质——文艺、知性。直到2003年，徐静蕾完成了导演处女作《我和爸爸》，2006年又拍摄了《一个陌生女人的来信》，其导演身份逐渐得以确立。而在2010年上映且市场成绩突出的《杜拉拉升职记》中，具有导演、明星、演员（角色）多重身份的徐静蕾作为一个“营销渠道”或一种营销媒介的重要性被凸显出来。为了给影片进行预热，徐静蕾至少登上了近10本杂志的封面，并且五六次霸占新浪娱乐头条图片。此般为影片宣传和造势，其借用的显然不仅是“导演”身份，更是其“明星”身份，她在杂志封面和新浪娱乐头条上的形象既知性又性感——这无疑与其在电影中的“角色”形象有关，也与其独特的明星气质相契合。徐静蕾2015年自导自演的都市爱情电影《有一个地方，只有我们知道》也同样遵循了借用“多重身份的导演”进行宣传的逻辑，形式主要包括开展以“爱情”为主题的徐静蕾个人访谈，以及徐静蕾奔赴各地邀请嘉宾开展的宣传。当然，无论电影通过何种身份——导演、演员/角色或明星进行宣传进而传达的信息，最终这些信息必须是统一的，并以“导演”这一身份集中呈现出来或被“导演”这一身份引领和传递。

相对而言，郭敬明的《小时代》更具有典型性。相较于徐静蕾是兼具导演、明星、演员身份的“导演”而言，郭敬明的身份则更加复杂和模糊——其以“导演”身份作为核心，兼具作者/编剧、出品人以及“公众人物”的身份。首先，因为他是《小时代》原著的作者，同时又是电影的编剧，所以郭敬明能够掌握电影剧本的创作内容，又因为是《小时代》的导演，所以演员的选择、电影的拍摄等都由他决定；而同时他又是出品人，所以电影的宣传和发行（往下可以延伸至影院终端）也都在他的掌控之中，并且这些部分由于被同一个人操控，所以可以同步进行并相互渗透。由此，一个完整的全产业链被凸显出来，作为多重身份的导演郭敬明成为这一全产业链中的核心，电影的任何营销策略都将围绕这个全产业链的核心——具有多重身份的导演而展开。

如果将受众的研究和电影内容的设定也纳入“营销”的范畴的话，那么郭敬明的多重身份的意义则更为清楚。作为“80后”的郭敬明，有着与“新世代”几乎共通的文化取向和审美习惯，他与“80后”“90后”的接受视域是对等的，因此他一开始便很清楚地知道和确认了电影《小时代》的受众群体；与之相对应的是，作为《小时代》的作者和电影《小时代》的编剧，他在对内容进行创作之前，已经有了对市场的精准把握；他在写作和编剧前便已经找好了自己的目标读者群，已经瞄准了自己的市场定位，所以他的写作其实是一种高度产业化的写作，形成了一种商业性的、可复制再生产的创作模式，他以“季”这一美剧的放映概念出版《小时代》小说系列，便是突出体现。正是在这个意义上，我们可以说《小时代》电影的营销，是从产业链的源头——即对受众的把握和电影内容的设定来展开的，显然，对于《小时代》系列电影而言，郭敬明从一开始便是作为核心存在的。

郭敬明的触角不仅停留在上游的剧本创作、演员的台词表演等环节，还无限延伸至电影的场景布置、海报、预告片，演员的服饰等方面。毋庸置疑，他始终是主导。比如仅就《小时代1》而言，该影片的整个宣传策略都是围绕郭敬明而进行的。郭敬明坦言：“后期宣发所有的物料都是我在掌控，预告片、花絮都是我在选择推广的节点，每隔多久需要一个刺激点都是我在负责。”[13]而在以前，电影中的所有的宣传物料实际上都是外包给其他公司的。而关于预告片的设计和拍摄、以及海报的内容和风格、甚至到主题曲，郭敬明都是亲自把握，有自己清晰的考量。比如他让苏打绿演唱主题曲，是希望借助后者的文艺气息，来均衡电影中太过商业的部分。[14]除此之外，郭敬明还带领主创人员到处开展影迷见面会或接受媒体专访，郭敬明通过借用不同身份亲力亲为，取得的成效颇为明显。

当电影《小时代》上映后被社会舆论诟病为对拜金主义和物质主义的肆意宣扬时——这当然是针对郭敬明的导演、编剧和作家身份而言的，郭敬明并未置之不理，相反是以一种理性的态度来对待——在各种专访中，郭敬明对各类批评进行了理性回应。由此，对批评的理性回应实则也成为《小时代》电影营销的一部分，善于营销的郭敬明对此当然早有所意识，因而其“回应”也自然是有意为之。当然，郭敬明的《小时代》的电影营销不仅只有郭敬明团队，他共有四个团队，其他三个分别是：盛大国际团队、成功推广了《致青春》等片的麦特文化与乐视影业。盛大国际作为制片方，负责资金筹措、演员和投资人的寻找选择等；麦特文化负责《小时代》的宣传；而乐视影业则主要负责发行。尤其是乐视影业，在《小时代》的营销上发挥了举足轻重的作用。虽然如此，但几个营销团队所做的一切又都是以郭敬明的团队为核心的，并且电影营销中最重要的“内容”部分由郭敬明掌控。所以可以毫不夸张地说，在整个《小时代》的电影营销和产业运作中，郭敬明自身已经成为一个营销渠道，而且是一个灵活的、多变的、可以贯通上下的渠道，经由这个渠道，一个全产业链得以凸显出来，而郭敬明显然是作为产业链的核心而存在的，而促使这一切成为可能的显然是作为导演的郭敬明所具有的多重身份。

换言之，正是因为身份的多样性，促使导演具有了至高无上的权力，其触角得以伸展到电影营销的各个方面，甚而将对电影受众的把握以及文本内容的设定也纳入“营销”的范畴中来。对此郭敬明和《小时代》是典型，徐静蕾和《杜拉拉升职记》《有一个地方，只有我们知道》也同样有所呈现。由此，借由“具有多样性身份的导演”作为一种营销渠道对电影进行宣传，也成为21世纪以来都市爱情电影的一种新的趋势。

四、结语

如果说21世纪以来的华莱坞都市爱情电影在国内电影市场上日趋上升的市场份额，一方面与其在文本内容和审美趣味上与以“新世代”为主的电影受众的契合有关，那么另一方面则更与此电影类型的“营销”有关——因为必须依靠营销，与受众消费诉求相契合的电影才能够得以与受众建立起某种实质性的联系——即购买与被购买、观看与被观看的关系得以实现。21世纪以来的华莱坞都市爱情电影呈现出多样化且具有创新性的营销方式和策略：无论是依靠新媒介进行营销，还是借助档期和制造话题展开宣传，又或者以具有多重身份的“导演”作为营销渠道，无不反映出都市爱情电影这一电影类型在电影的营销上已较为成熟。也正是因为成熟的营销模式，华莱坞都市爱情电影所采用的营销策略虽然在具体运作上具有针对性，但其包含的某些宗旨和规律却是极为显见的，因而也并不是不可复制的。在这个意义上，21世纪以来的华莱坞都市爱情电影的营销策略不只适用于这一种类型，某种意义上对其他电影类型也具有一定的启示性和借鉴意义。与此同时，经由华莱坞都市爱情电影所凸显出来的成熟的、并且可以被复制和学习的营销策略和模式，无疑构成了华莱坞电影工业的一个必不可少的组成部分，或者说，对于意味着完善的、成熟的和系统的产业模式而言的“华莱坞”而言，有效的、成熟的电影营销策略是极为重要的环节之一。当然，更加重要的是，“华莱坞必将伴随着中华民族走向世界的矫健身姿和坚定脚步，成为展现中华文化魅力的星光大道和璀璨舞台，成为创造世界文化繁荣、共享人类文明和谐的全新天地和生态绿洲。”[15]——此乃“华莱坞”以及“华莱坞电影”的更高目标，而更加多样化、更富有创新性的营销策略或传播方法，无疑也是实现此目标的重要路径之一。

注释：

1　正如郭敬明在2013年的上海电影节论坛上回应为何知名导演反而拍不出卖座电影的原因时所提及的：“中国电影市场观影群体已从上一代变到下一代。2009年的时候观影的平均年龄是25.7岁，但是到了2013年的时候已经变成21.7岁。”确实如此，随着时间的往前推进，电影观众越来越年轻化。

2　国产电影从2002年的100部上升至2013年的638部，年度总票房从2002年的不足10亿元人民币增至2013年的200多亿元，是2002年的20多倍，增速位居世界第一。其中，2011年中国电影票房为131.15亿元，首次超越了英国和印度，成为仅次于美国和日本的世界第三大电影市场。2012年，中国电影总票房达到170.73亿，成为全球第二大电影市场。——参见刘阳：《中国电影业的演进路径与话语解析（1949—1992）——基于政策分析的视角》，浙江大学出版社2014年版，第20页。2012年以后，中国电影总票房仍然处于良好的上升过程中。

3　邵培仁. 拥抱中国电影4.0[J]. 中国传媒报告，2015（3）.

4　譬如2008年的票房排行中，《非诚勿扰》成为票房冠军；在2011年清明小长假档期上映的《单身男女》，仅在此档期便获得6000万元票房，且该电影在香港地区也成为票房冠军；2012年上映的《爱.LOVE》，在内地的票房高达1.36亿元——数据参见詹庆生：《产业化十年中国电影合拍片发展备忘（2002—2012）》，《当代电影》2003年第2期；而从2013年2月的《101次求婚》算起，中间有《北京遇上西雅图》《分手合约》、两部《小时代》电影、《一夜惊喜》，再到8月底上映的《被偷走的那五年》，6个多月时间里，7部都市爱情电影一共创下了12亿元的票房。——数据参见：《电影界“阴盛阳衰”？7部“小妞电影”半年卷走12亿票房》，观察者网http://www.guancha.cn/culture/2013_09_23_174088.shtml，2013年9月23日。

5 本文专门用“新世代”来指代21世纪以来华莱坞电影，尤其是华莱坞都市爱情电影的主体受众，主要以“80后”“90后”为主，他们是在全球流行文化和互联网时代成长起来的一代，他们的审美和消费习惯与以往的受众已发生了显著的改变。——对于以“新世代”为主的电影受众的详细分析，请参见：戴哲：《“从消费到生产”的华语电影市场范式转型：基于〈小时代〉的产业运作的考察》，《中国传媒报告》2014年第4期。

6 王瑞霞. 国产爱情电影的微博营销研究——以《失恋33天》和《小时代》为例[D]. 兰州：兰州大学，2013.

7 据中国互联网络信息中心（CNNIC）公布的（2012年中国网民社交网站应用研究报告）显示，在社交网站用户中，20～29岁用户占比最高，达到34.1%，10～19岁占28.8%。由此可知，社交网站上活跃的大多为年轻人，也即本文定义的“新世代”。

8 麦奎尔. 受众分析[M]. 刘燕南，译. 北京：中国人民大学出版社，2006：67.

9 此处言及的中国档期意识，主要针对中国内地的电影而言。实际上，香港电影更早些时候便有了对档期的认识，比如在20世纪60年代邵氏与电懋两个公司以及院线激烈竞争的时候，已有了对以“档期”创造票房的认识。

10 在首周（11月7日—11月13日）上映同档期影片票房排名中，《失恋33天》周票房达18800万元，位居第一，远超同期上映的进口大片《铁甲钢拳》《惊天战神》《猩球崛起》等。数据参见：《〈失恋33天〉首周1.88亿夺冠，〈铁甲钢拳〉第二》，网易娱乐http://ent.163.com/11/1117/16/7J2UJKD600034KKK.html。

11 2013年光棍节档期有《意外的恋爱时光》《甜心巧克力》《有种》《爱回家》《我爱的是你爱我》《光的棍》等多部都市爱情片上映。

12 陈犀禾. 新都市电影的崛起[J]. 电影新作，2014（1）.

13 《〈小时代〉的营销策略：疯狂跑场　话题炒作》，中国新闻网http://www.chinanews.com/yl/2013/07-05/5007330.shtml，2013年7月5日。

14 《〈小时代〉的营销策略：疯狂跑场 话题炒作》，中国新闻网http://www.chinanews.com/yl/2013/07-05/5007330.shtml，2013年7月5日。

15 邵培仁. 华莱坞的想象与期待[J]. 中国传媒报告，2013（4）.

华莱坞纪实电影中的“他者”表征

——以《家在水草丰茂的地方》《小武》为例[1]

丁旭[2]

摘　要：本文主要是以华莱坞为语境，讨论纪实电影中对边缘化的异质群体中的“他者”的建构。首先对华莱坞、纪实电影和“他者”进行界定；然后选取了《家在水草丰茂的地方》和《小武》两部电影作为分析对象或者文本；用表征的视角来讨论纪实电影中建构的“他者”的意义以及相应的知识/权力问题。

本文的重点也是创新点在于，用批判的视角，从符号学和话语理论出发，将电影、纪实电影看作一个表征体系，讨论纪实电影作为一种文本，在华莱坞语境中是怎样建构关于“他者”的形象的。本文认为纪实电影作为一个表征体系，在建构“他者”时主要可以从两个层面来看纪实电影对于“他者”形象的建构。一方面，符号学层面即诗学层面，主要运用罗兰·巴尔特的符号学理论，分析纪实电影中怎样使用实景拍摄、非专业演员以及地方方言几个层面的文本和具体语境来表现符号权力。另一方面，从话语层面即政治学层面，主要运用米歇尔·福柯的话语理论，分析纪实电影在建构“他者”的意义时，这个意义包含了怎样的权力问题，并从电影制作者、影评人和观众几个层面的权力机构展开

1　[研究项目]本文系浙江省社科重点研究基地传播与文化产业研究中心、省重点创新团队国际影视产业发展研究中心“华莱坞电影理论研究：以国际传播为视维”（ZJ14Z02）的阶段性成果。

2　[作者简介]丁旭，浙江大学传媒与国际文化学院博士研究生。

了分析。

关键词： 华莱坞　纪实电影　他者　表征

一、引言

电影作为一种传播媒介，它和其他媒介一样，被广泛利用进行文化、政治和经济等方面的传播，但是电影还有自身的视听语言，使得电影作为媒介时可以在不同种族、不同国家、不同地区之间较容易地进行传播。因此可以说电影是一种全球化的媒介，也受到了大多数人的重视和青睐，现在，电影成为文化产业的一个重要组成部分。

电影的出现，使得像"好莱坞""宝莱坞""瑙莱坞"等此类电影名词随之出现。在中国，我们也出现了"华莱坞"的概念，并在不断构建的过程中。

电影从一开始就是作为大众艺术出现的，其通俗性和娱乐性被早期电影所推崇，但是人们关于电影的讨论从其通俗性到专业性势必会涉及影片中故事、情景、演员的表演是否真实等问题。在欧洲，出现了与好莱坞对抗的新写实主义。中国电影现在并没有形成太多自己的风格，有受好莱坞影响的电影作品，也有受欧洲写实主义影响的电影。总之，我国的电影形形色色。电影中的题材也是形形色色。

关于"他者"的话题一直存在，我们更熟悉的应该是农民工、弱势群体等。这些群体在各国电影中都有所描绘。但是正如上文说到的，电影中存在"真实"性的问题，想要了解这些群体中更真实的状态，可能更好的是从更写实的电影中去考察。

本文将着眼点放在纪实电影上，考察在华莱坞语境中，纪实电影在建构"他者"形象时，怎样通过纪实电影特有的视听语言来建构"他者"的意义；并分析在建构"他者"意义中各话语权力机构包含了什么权力问题。

需要注意的是，本文中的权力是福柯话语理论中的权力，这种权力是以微观形式存在的，在福柯看来，所有的话语中都包含权力问题。

二、相关概念和文献综述

（一）华莱坞

本文的研究放在华莱坞的大语境下，因此首先需要对华莱坞进行界定。华莱坞是相对于好莱坞、宝莱坞等来说的。浙江大学邵培仁教授对华莱坞有清晰的界定和展望。

华莱坞是电影、是产业、是空间，也是符号、文化、精神和愿景。换言之，华莱坞乃华人、华语、华事、华史、华地之电影也，即它以华人为电影生产的主体，以华语为基本的电影语言，以华事为主要的电影题材，以华史为重要的电影资源，以华地为电影的生产空间和生成环境。这种命名和界定，既可突破过去华语电影研究的语言束缚，也可打破以往中国电影研究的地域局限，从而可以在中华五千年历史文化和世界华语电影的基础上开辟更加广阔的未来。[1]

目前，关于华莱坞的研究不少，但不算多，也并不成体系。本文也算是在华莱坞的视角下进行的研究，希望能够为华莱坞研究贡献一分力量。

（二）纪实电影

在华莱坞的大背景下，本文将研究的主体或者说文本放在纪实电影上，下文将对纪实电影做梳理和界定。

说到纪实电影，不免涉及电影的"真实性"的问题。纪实电影并不是纪录片，所以这种真实性并不是纪录片中所谓的真实，但是它又不是脱离纪录片的真实性而存在的。

对纪实电影的界定，首先应该追溯到巴赞和克拉考尔，安德烈·巴赞和克拉考尔被称为纪实电影的两大代表人物，二人都认为电影与现实是一种对应的关系，电影的本性是纪实性地再现现实。但是二人对于真实的理解又有所区别，巴赞的"真实"更多是对电影的精神内涵而言，是抽象的；而克拉考尔的"真实"更多是对电影的具体影像而言，是具象的。大体来讲，在电影真实观问题上，巴赞倾向于主观真实，而克拉考尔倾向于客观真实。[2]

应该说，一直以来关于电影"真实"性的讨论都存在，戴锦华教授认为，人们关于"真实"性的讨论，一般建立在三个层面上：一是参照着某种观念，如社会的观念、人生的观念与艺术的观念；二是参照着某种诸如"我经历过，我知道"等有限的经验，在这背后有某种不自觉的价值、信念体系；三是某种艺术欣赏或文化消费的趣味与成规惯例。但是与其说存在这种真实与否的“客观差异”，不如说存在着参照系或曰依据的接受惯例的不同。[3]

中国传媒大学胡克教授对中国电影的写实主义进行了梳理，他认为中国电影写实主义发展脉络是：从朴素的社会写实主义出发，经由社会主义现实主义影响而带有政治色彩，“文化大革命”时期濒临绝境。之后，受到巴赞写实主义理论多方面影响，在实践中基本形成适应时代要求的写实主义观念，它由社会写实主义、社会主义现实主义，以及受巴赞影响的纪实美学融合而成，兼顾理论与实践，当前正在经历数字科技等多种因素的考验。尽管距离人们的期待尚有较大距离，但是应该承认，中国的电影真实观念正在稳步发展。[4]

本文对于纪实电影的界定在已有研究的基础上，比较赞同张卫对于纪实电影的讨论。他认为随着电影的发展，观影视觉经验的积累，有些观众不再满足两种方法（现实主义和浪漫主义）的割裂、分离状态，而要求在一部电影内，一个情绪氛围的时间流程中，让欣赏纪实生活图景的需要和欣赏紧张故事及情绪抒发片段的需要得到双重满足。于是乎艺术家们便不断探讨纪实性手段与故事片段的融合，再现影像符号与表现性影像符号的融合以及长镜头与蒙太奇的融合。对于这两个方面怎样才能达到两全其美，中外艺术家在长期的制作实践中已经创造出两种模式：第一种就是把纪实性从作为内核的美学原则转向作为外貌的视觉风格，让银幕空间表象符合观众在现实生活中的视觉经验，让电影制作中的服装、化妆、道具、表演、声音、光线使用、摄影机运动一律生活化，吻合观众在生活中看到的物质现实。而影片的思想内核，人物的精神揭示，剧作的结构设计却可采用其他类型电影的范式和要求，这样从影片创作的角度看，纪实性的确成为一种风格、一种包装。[5]

第二种方式是将纪实影片与表现性影片和戏剧性故事片融合，这是纪实性包装和表现性包装共用，纪实性内核与表现性、戏剧性内核并在。新时期电影观众欣赏能力和观影趣味的发展变化，促成了新时期电影实践中纪实性元素与表现性、戏剧性元素的融合，其实，这也是世界范围内现代电影观众的期待视野和电影艺术的创作流向。

电影纪实理论的核心是探讨影像和现实的关系，无论是巴赞的“长镜头”理论，还是克拉考尔的“物质现实的复原”都是从电影源于摄影这一点出发，去探讨电影的审美本性的。[6]

在此基础上，本文选择《家在水草丰茂的地方》和《小武》两部电影作为纪实电影分析的文本。它们虽然不是巴赞和克拉考尔意义上的纪实电影，它们所描绘的“真实”也不同于纪录片的“真实”。但是这两部电影中的拍摄方式符合张卫对纪实电影的界定。而且两部电影都在欧洲的几大电影节上有所收获、也受到观众的好评。

《家在水草丰茂的地方》是李睿珺导演和编剧的作品，讲述了裕固族的两兄弟离开爷爷家穿越沙漠化的草原，回家寻找在草原放牧的阿爸和生病的阿妈，其中哥哥巴特尔从小不和爸爸妈妈住在一起，是一个留守儿童，和弟弟存在着某种心结；在回家的过程中两兄弟逐渐化解心结；到最后回到本以为是草原的家时，看到应该在放牧的阿爸正在淘金、而草原变成了现代化的高楼大厦的故事。

它以写实风格和顺时性叙事为主，虽然没有全部写实，有时穿插进一些表意性的细节，设置有很魔幻的场景，让历史延伸进了今天，是纪实风格和表现风格的结合。但是它主要是以纪实为主的：在电影的拍摄方面，大多数使用平视镜头，当两兄弟骑上骆驼时用的仰视镜头也是具有纪实性的；在人物对白的语言上，整部影片几乎用的全是裕固族的方言，而涉及医生、教师等角色时才使用普通话，这也是具有人类学纪实风格的；在镜头剪辑方面，影片也是采用顺序手法进行剪辑的。

电影《小武》讲述了从农村来的小武在城市里找不到体面的工作，因为他既没有家庭背景，有没有知识技能，只能以小偷的方式生存着，却自称是“手艺人”；小武遇到了歌女胡梅梅并对她动了情，并且为了和她约会买了一部BP机，不久胡梅梅离开了他；最后他偷东西时因为BP机响起而被民警逮住被铐在路边的电线杆上，受到众人的围观和注视，却没有人追问他事实背后的真实动因。

整部电影以手持式的拍摄角度进行，画面没有经过后期太多处理的痕迹，电影中的场景也是真实的小巷、歌舞厅、出租屋、农村的房子和炕头。贾樟柯动用各种试听手段，手持、平视镜头、长镜头、无特效等，以一种几乎是白描的拍摄手法，不事张扬地为观众勾勒出一个看上去极其真实的物质世界。但是电影也并非完全写实，而是穿插了几处非写实的叙事手法，例如小武穿过一条小巷时，电影使用了《霸王别姬》中的鼓点声，给人一种荒诞感，但是这种非写实并不影响电影的纪实性，反而有种无奈却增强纪实的感觉。

两部电影都采用大部分的纪实手段，让银幕空间表象符合观众在现实生活中的视觉经验，让电影制作中的服装、化妆、道具、表演、声音、光线使用、摄影机运动一律生活化，吻合观众在生活中看到的物质现实。

（三）他者

“他者”（The Other）是相对于“自我”而形成的概念，指自我以外的一切人与事物。“他者”的形成和发展可以先追溯到哲学上，柏拉图在谈“他者”时就论及了“他者”的差异性；在笛卡尔那里，逐渐形成了外在于自我的“他者”；黑格尔真正将“他者”概念主题化，论证了自我与他者之间既相互矛盾又相互依存的关系。之后的很多哲学家都对“他者”进行了研究。

在哲学之外，“他者”概念首先被女性主义运用到对父权社会的批判中，即批判父权制将女性建构为“他者”；另外，“他者”概念被后殖民批评广泛运用于分析帝国主义，帝国与殖民地的压迫关系，东方的他异性与西方的欧洲中心主义观念密不可分；后殖民批评往往采用异质性、沉默性和边缘性等概念来分析东方的他者性，而采用主权主体性、话语权和优越感等概念来批判西方的霸权。[7]

英国学者博埃默（Boehmer，1998：22）认为，“他者”这一概念被用来指称主导性主体以外的一个不熟悉的对立面或否定因素，正因为“他者”的存在，主体的权威才得以界定。他认为西方自视优越，正是因为他们始终把殖民地的人民看作是没有力量、没有自我意识、没有思考和统治能力的他者。霍礼德等人（Holliday，A.etal，2004）认为，“他者”不仅可以指不同的国家，也可以指异质的群体，如种族、宗教、阶级或者性别。[8]

在具体的“他者”实践的研究中，亨利埃塔·利奇在《他种文化展览中的诗学和政治学》中将博物馆展出的物品作为“他者”进行展览；他认为，“他”是“我”好奇心的结果。霍尔在《“他者”的景观》中也用照片、电影、广告等作为文本来表现“他者”；他在一开始就提出了两个问题：我们是如何表现那些与我们有重大差异的人与地方的？为什么“差异”是表征问题中如此令人感兴趣、如此有争议的一个领域？

利奇和霍尔都用表征的视角来对“他者”进行分析。本文受其启发，在对华莱坞语境下的纪实电影中的“他者”形象进行分析时，也采用表征的视角，从“他者”的诗学和政治学两个角度来展开。

通过上述叙述，本文将“他者”的关键特征放在了“差异”“边缘化”“异质性”等上。霍礼德认为的“他者”不仅可以指不同的国家，也可以指异质的群体，如种族、宗教、阶级或者性别的基础上，将本文所认为的“他者”界定为被边缘化的异质的群体。

关于媒介中“他者”的研究，童兵在关于媒介的“他者”镜像的论述中指出，在实际的研究中，主要处理两种形式的“他者”，一种是一个国家内对某少数民族或群体的媒体再现；另一种则是比较常见的在国际关系中的民族或国家的媒体形象（Fürsich，2010）。同样地，电影作为一种媒介，现有的对于电影他者的形象研究也主要是两方面的，一种是对国内某个群体的再现，这主要集中在对于女性和少数民族的“他者”形象的研究；另一种是在国际关系中对于中国相对于西方来说“他者”形象的研究。

在我国的具体国情下，这些“他者”包括农民工、少数民族、女性、老人和儿童（尤其是空巢老人和留守儿童）等。在华莱坞的语境中，尤其在纪实电影中，本文选取了农民工、少数民族、留守儿童这几个群体，而《家在水草丰茂的地方》和《小武》两个纪实电影包含了这几个群体。

《家在水草丰茂的地方》反映了老人和留守儿童、少数民族的生存现状，从很多方面来讲，这些群体都可以被认为是“他者”；有人认为，电影中描述的这些城市弱势群体的生活经验确实是第五代和第六代导演没有处理过的。

《小武》描述的是进城务工农民或者“乡下人进城”这一群体，也属于“他者”群体。电影讲述了两个打工仔之间荒诞不经的爱情故事，小武出于同病相怜的原因，对歌女胡梅梅产生了情愫，为与胡梅梅约会，他特意买了一个BP机，不久胡梅梅突然离开了这个城市，他只好神情恍惚地回到农村老家。却遭到父母的斥责和非难，他只好又进城行窃为生，由于作案时BP机突然响起，小武当场被抓获，后来到了派出所里，小武的BP机再次响起，他生怕错过胡梅梅的呼唤，恳请警察给他看看呼机上的信息。然而他看到的却是“天气预报，晴转多云”。小武真情付出，收获的却是令人哭笑不得的调侃和嘲弄，给人一种无可名状的荒诞感。小武在城里时，生活出现各种不适应，在乡下也无法安身立命，他总是处于尴尬、无助、被边缘化境地。

（四）表征

表征现在对于很多人来说并不陌生，斯图亚特·霍尔在《表征：文化表征与意指实践》一书中对“表征”做了界定，他认为：表征是某一文化的众成员间意义产生和交换过程中的一个必要的组成部分；它的确包括语言的、各种记号的及代表和表述事物的诸形象的使用。

在霍尔看来，表征系统包括诗学和政治学两个系统，所谓“诗学”就是从符号学途径关心表征如何运作，语言如何产生意义的，主要运用罗兰·巴尔特的符号学理论；而“政治学”是从话语途径，更关心表征的后果和影响，主要运用福柯的话语理论。它不仅考察语言和表征如何生产出意义，而且考察一种特有的话语所产生的知识如何与权力联结，如何规范行为，产生或构造各种认同和主体性，并确定表征、思考、实践和研究各种特定事物的方法。[9]

电影作为一种实践活动，也可以从符号层面和话语层面加以剖析和认识。巴尔特从符号学层面对电影进行过分析；在话语层面对电影的分析也不少，这方面的分析主要集中在意识形态和文化霸权方面，然而本文并不是从这两个角度切入的，而是从权力机构的话语权切入。所以本文将电影作为分析对象有其合理性和适用性。

在表征系统中，文本和语境是理解表征的两个重要的方面，霍尔在阐释话语实践时就对表征的具体实践所处的具体历史语境做了强调；伊丽莎白·劳伦斯在《它特有的沉默在说话：一匹在卡斯特最后的抵抗战中幸存的马》一文中也强调了文本和语境对于表征意义的重要价值。

表征系统中的文本不仅指书写语言，而且指称能被作为参照物使用的各种知识，包括各种口头文本、社会文本和学术文本。这样一来，电影中的对白、画面和音乐都可以成为分析的文本，也可以说电影本身就是一个文本存在，本文就是把电影作为一个整体的文本存在，把其中的镜头、对白、光影等看成是文本的组成部分。各种文本都起着推进解释意义的作用。文本对意义的解释过程包括解码和编码两个过程，解码过程即解释各种特定的意义；编码过程即使各种特定意义浮出表面的选择和创造过程。

语境不同，对事物的认识和解释不同，这是毋庸置疑的了，伊丽莎白·劳伦斯对战马科曼彻在不同时期以及不同的人表现不同的意义的分析，是很好的阐释。同样，电影作为一种文化实践活动，也是根据不同语境而有不同解读的，而且不同语境下，电影所呈现的意义也不一样。

在电影文本中，可以理解为，解码过程就是通过电影中的镜头运动、画面构图、人物对白、光影效果和音乐等叙事手法，来理解电影试图表达的意义；而编码过程就是根据通过解码之后理解的意义来构建对电影深层意义的解读，在亨利埃塔·利奇看来，这种编码过程是对意义的激活和固定；而在不同的语境中，意义又得到重释。

霍尔提出的编码与解码的理论，运用到电影中，就是强调电影本身解读的多样性和观众积极性。联系到本文对“他者”的解读，就是影片中的“他者”形象建构一方面依赖于电影文本对其意义的传递；另一方面依赖于观众和影评人等对于电影的解读。前者侧重符号学层面电影视听语言符号对于“他者”意义的构建；后者侧重话语层面各权力机构对“他者”形象的建构的影响。

所以，本文想要分析的是，在具体的国情和华莱坞语境下，纪实电影中“他者”的诗学和“他者”的政治学。纪实电影中“他者”的诗学旨在讨论纪实电影中通过对他者的展示和描述，建构的“他者”的意义是什么；而纪实电影中“他者”的政治学则旨在通过分析纪实电影中通过对他者的建构，讨论这个意义包含了怎样的话语权力问题。本文选择了《家在水草丰茂的地方》和《小武》两部影片作为分析的对象，即分析的文本。

亨利埃塔·利奇在展览的诗学中认为展览语境是一个很好的检验意义的场所，因为各种展览会将诸物品、文本、视觉形象、模型和声音连接起来以创造一个错综复杂的和受到限定的表征体系。由此看来，电影尤其是纪实电影也是一种理想的探讨意义的表征体系，它包含了利奇所认为的展览会中的各个要素，甚至这些要素的表现形式还要更多更具体更生动一些。作为纪实电影，它的纪实手法具有与展览相似的真实性，而且作为电影，又具有生动的声画表现形式。

三、纪实电影中“他者”的诗学

从符号学层面来说，首先要考虑电影中的视听语言。这个层面上，纪实电影运用了纪实性的视觉风格，让银幕空间表象符合观众在现实生活中的视觉经验，电影制作中的服装、化妆、道具、表演、声音、光线使用、摄影机运动一律生活化，吻合于观众在生活中看到的物质现实。

在本文选取的两部电影《家在水草丰茂的地方》和《小武》中，人物从服装、化妆和表演上都是生活化的，电影的光线和摄影机运用也只是常见的镜头运用，蒙太奇剪辑也没有太多的花哨场景。总体上来说，纪实电影中的对“现实”的再现形式主要可以从三个方面来展开：实景拍摄、所选择的演员多数没有表演方面的经验、人物对白几乎用地方方言进行。

首先，从实景拍摄来看，《小武》的画面背景包括写满“拆”字的房屋、昏暗的歌舞厅、脏乱的街道、有着炕头的农村家庭等；而《家在水草丰茂的地方》中大多是已经变荒的沙地、废弃的小城、干涸的河流、快要搬迁的寺庙、新建的现代化城市等。所有的这些都是符合现实场景的，它们直接意指了小县城、农村、沙化的草原、现代化建设的现实，使现实具有意味深长的效果。尤其是《小武》，电影镜头采取手提式摄影拍摄的方式，画面也以灰暗为主，看起来是没有经过太多的后期处理的。这些现实化的拍摄手法都是对电影所叙述事件的一个恰当的和真实的反应。

其次，在演员的选取上，两部影片的演员几乎都不是专业演员，他们在表演方面并没有经验，这就使得他们的表演更接近真实而不夸张。《小武》中小武的扮演者王宏伟只是北京电影学院文学系的一个男生，小武的父母看起来也只是农村中两个普通的农民；而《家在水草丰茂的地方》中，只有弟弟阿迪克尔的扮演者是专业演员，剧中的哥哥、爷爷和阿爸的扮演者都是普通的裕固族人。

最后，在人物对话上，两部电影里的对话几乎都是方言，方言的使用一方面符合电影中描述他者的形象，使演员能够很快入戏；也使这个形象变得更加真实可信，增添了本地生活的色调。《小武》人物的对话几乎都是山西方言，只有在歌舞厅老板和少数几个镜头中，才有不那么标准的普通话的出现；《家在水草丰茂的地方》整部影片几乎用的是裕固族的方言，只有涉及医生、教师等角色时才使用普通话。

两部电影都利用几种视听语言技术展现了“他者”的形象，这样的视听语言技术让我们得以在不同层次上对“他者”形象进行讨论，纪实电影也正是在这些层次上创造出意义生产的语境的。

纪实电影通过纪实手法和电影文本中的不同表现形式，让观众相信这些都是关于电影中“他者”的现实的真实“反映”。这些表象直接意指“他者”的现实并含蓄意指电影视听技术的“自然性”。

就是说，纪实电影通过用纪实的手法，看似展现了一个真实的形象和真实的环境还有真实的故事，这种真实使得观众在观看时相信电影中所描绘的就是一个真实的故事，相信电影中涉及的相应的人群生活的场景就是和电影中所描绘的一样。但是事实上，电影制作者在展现真实的同时，这种真实只是制作者的一种建构，他们通过纪实手法来达到使观众相信电影中描绘的是真实的生活场景这一明确的目的。此时，电影文本、电影制作者和观众一起，都卷入了罗兰·巴尔特所界定方式创造“神话”的过程。在利奇看来，这种自然化的结果是，电影文本的生产者和制作者不可避免地成了符号权力的掌握者。

纪实电影运用各种纪实性的视听语言即符号，赋予电影中的形象以意义，并在各种文本和形象之间创造了一个复杂的意指系统，构建了一个“自然化”的“他者”表征——纪实电影中“他者”的诗学。

四、纪实电影中“他者”的政治学

纪实电影通过纪实手法来为我们建构了“他者”的形象，这种“他者”的形象生产了一种关于相关人群的具体的知识。纪实电影在生产关于“他者”形象的知识时有怎样的作用？这是纪实电影中“他者”的政治学想探索的主要问题。本文选用福柯的话语理论以及纪实电影文本来进行讨论，其中的话语理论主要涉及福柯对话语的特殊定义以及他在权力/知识间所划定的轴心；而文本就是上文说到的两部电影：《家在水草丰茂的地方》和《小武》。

话语是一组表述，它为谈论一个特别话题提供一种语言，是一种以特定方式建构该话题的东西。对福柯来说，知识不能简化到纯粹“意义”的或者“语言”的领域，因为所有知识都是作为一种有历史境遇的社会实践来运作的：所有知识都是权力/知识。所以策略知识是和权力知识不可分离的（福柯，1980）。按照这一定义，各种话语并不简单地反应“现实”或无意中命名物品。而是，它们在一种特殊语境中建构现实以使之符合于各种特定的权力关系。[10]

应用福柯的话语理论就需要把纪实电影中对“他者”的叙述重建为一种话语构成体：它是通过几种话语的运作构建起来的；同时它又不是简单地反应各种人群的“真实”生活，而是创造它们。《家在水草丰茂的地方》展现少数民族（裕固族）的游牧生活、留守儿童群体的生活；而《小武》则是展现“乡下人进城”的不适应以及农民工在城市生活的囧象。两部电影中对这几个群体的描绘，从一定意义上来说，包含着电影学本身的话语，同时还包含了社会学、美学、人类学的话语。

纪实电影对电影中的几个群体进行的描述就像展览一样，用影像的方式将几个群体进行展示，使他们可见化，让观众对他们的生活、心理等一览无余。此时就涉及了知识导致的权力问题。纪实电影作为一种表征，作为权力场所的各方之间的联系，成为本文关注的重点。

不同的表象可以联系不同的话语，各种话语并不是孤立地运作的，而是构成了一种话语构成体。话语构成体是指对构成一种“知识机体”的几种话语或表述的系统操作，他们共同以一种特定的方式致力于建构一个特殊的分析的对象/话题，并对建构对象/话题的其他方式加以限制。在纪实电影中，社会学、人类学和美学的原则与电影学本身的话语构成了一套特定的话语构成体来限制对于“他者”的建构。

电影的话语主体不可避免地会涉及电影制作者、审查单位、影评人和观众几个方面。在探讨纪实电影中关于他者的政治学时，根据福柯的话语理论，我也将这几个方面作为权力机构来进行讨论。

首先，作为电影制作者，这不仅仅是一个个人，而是一个团队。本文所选取的两个电影，电影导演在电影制作中应该算是主要的话语者。贾樟柯和李睿珺分别作为《小武》和《家在水草丰茂的地方》的编剧和导演存在，应该说，在华莱坞语境下，电影的话语权力还是大部分掌握在导演的手里的。

不管是贾樟柯对于以小武为代表的城市弱势群体的命运的关注和描绘，还是李睿珺对于裕固族以及留守儿童群体的表现。导演都是和所表现的"他者"群体是不一样的群体，电影制作者作为不一样的群体，在影片里用纪实手法对他们的生活等进行描写，是对他们的关心和反应；同时也存在着通过反映他们的生活状况来引起更多人的关注的目的。

其中当然也不乏对于经济利益的追求，通过对"他者"群体的记录和表现，引起观众关注的同时，在经济发展的今天，电影作为文化产业的一个重要组成部分，将"他者"的生活转化成意义再售卖应该是电影制作者必然的追求之一。

其次，作为审查单位和影评人，也在电影这个表征体系中起着话语权力机构的作用。电影出现在人们的视线中，势必也会受到影评人的关注，在此所说的影评人不只是个人，也包括影片评选机构。文中所选的两部电影在西方社会受到了一定程度的反响，在德国、法国、意大利等欧洲的电影节上获得了较好的评价。这些评选机构作为影片中被描述的"他者"主体的对立面，"他者"在他们那里可以被看作是萨义德所谓的"东方化"的东西。此时，两个不同的主体之间呈现出明显的话语权力关系，西方作为话语权力的主导者，"他者"被展现在他们面前，并受到评判和言说。但是，评判机构因为其合法性和普遍性，使得他们对于影片的评价具有合法性，看起来是自然的，而实际上是被建构的。

纪实电影或者说所有的电影，想要在电影节中获得好的成就，就需要呈现出他们所感兴趣的东西。因此，影评机构作为权力机构，有时决定着影片的内容和叙事方式、叙事风格等。

第三，作为观众，对影片也具有话语权力。很多时候，大多数的观众并不是影片中被描述的"他者"群体，即不是被边缘化的异质群体，而是作为所谓的主流群体、作为观看者存在。此时，"他者"成为被观看的对象，就好比展览中被观看的展品。

如果影片想要吸引观众，那它们所表现的信息就应该以某种方式和观众对于电影的观点相一致，因为在消费时代，观众的存在在很大程度上影响着电影的经济收益、口碑等。应该说电影作为一种媒介，具有一定的公共性。一方面，它在一定程度上可以作为教育机构，可以用来加深知识的理解；但是它们通常不是面对面的，因此，电影中的表象必须被处理恰当并广泛符合观众所拥有的社会现实观。另一方面，由于电影的娱乐性，它们试图把基本观众群扩展到更多种多样的观众，因此观众将变得形形色色，并且会有更多变化着的，或者相互竞争的要求。这些都可能使得电影越来越关心它们的公众形象，所以可以说，观众在电影的发展中起着一定程度的控制作用，或者说，观众有一定的话语权力。

以上，在纪实电影建构“他者”形象时，各权力机构之间运用话语，用话语与知识之间的相互联系共同建构了纪实电影中的“他者”形象——纪实电影中“他者”的政治学。

五、总结

本文在华莱坞的语境中，讨论了华莱坞纪实电影中对“他者”形象的表征。首先对本文涉及的华莱坞、纪实电影、他者和表征等关键概念进行了梳理和界定；在此基础上选择了《家在水草丰茂的地方》和《小武》两部电影作为分析的对象，并对选择这两个电影的原因做了概述，认为选择这两个电影作为分析对象有其合理性和可行性。

在理论的梳理和个案选择之后，本文是批判的视角，将理论和文本结合，从符号学和话语理论出发进行了具体分析。本文的分析思路来自《表征》一书中亨利埃塔·利奇在《他种文化展览中的诗学和政治学》一文中的分析方法。将纪实电影看作媒介的一种，它在一定程度上和展览具有相似性。

本文将纪实电影看作一个表征体系，讨论纪实电影作为一种文本，在华莱坞语境中是怎样建构关于“他者”的形象的。本文认为纪实电影作为一个表征体系，在建构“他者”时主要可以从两个层面来看纪实电影对于“他者”形象的建构。一方面，符号学层面即诗学层面，主要运用罗兰·巴尔特的符号学理论，分析纪实电影中怎样使用纪实电影中的实景拍摄、非专业演员以及地方方言几个层面的文本和具体语境来表现符号权力。另一方面，从话语层面即政治学层面，主要运用米歇尔·福柯的话语理论，分析纪实电影在建构“他者”的意义时，这个意义包含了怎样的权力问题，并从电影制作者、影评人和观众几个层面的权力机构展开了分析。

但是本文也存在诸多不足之处：在理论方面，由于本文涉及的理论较多，很多地方对理论的论述可能不够清楚；而且对电影中“他者”建构的诗学和政治学层面的分析比较少，本文是从亨利埃塔·利奇的《他种文化中展览作为诗学和政治学》的思路中借鉴的，虽然在文中已经表达了其合理性，但可能会存在不妥之处；另外对于两个电影文本的选择，虽然包含了本文界定的几个“他者”群体，但是案例个数有限，可能会存在代表性是否足够的问题。

但是，华莱坞的研究本来就处于不够成熟的阶段，所以，用新颖的角度去研究应该也有其可取之处。

注释：

1 邵培仁. 华莱坞的想象与期待[R]. 中国传媒报告，2013（4）.

2 朱珠. 巴赞与克拉考尔纪实主义电影理论之比较[J]. 世界电影，2018（1）.

3 戴锦华. 电影批评[M]. 北京：北京大学出版社，2004.

4 胡克. 中国电影真实观念与巴赞影响[J]. 当代电影，2008（4）.

5 张卫. 从接受角度审视的纪实电影[J]. 当代电影，1988（6）.

6 朱珠. 巴赞与克拉考尔纪实主义电影理论之比较[J]. 世界电影，2018（1）.

7 张剑. 西方文论关键词：他者[J]. 外国文学，2011（1）.

8 童兵、潘荣海. “他者”的媒介镜像——试论新闻报道与“他者”镜像[J]. 新闻大学，2012（2）.

9 斯图亚特·霍尔. 表征：文化表征与意指实践[J]. 徐亮，陆兴华，译. 商务印书馆，2013，7.

10 斯图亚特·霍尔. 表征：文化表征与意指实践[M]. 徐亮，陆兴华，译. 商务印书馆，2013，7.

爱情白皮书：21世纪华莱坞爱情电影的类型拓展与景观化实践[1]

王冰雪[2]

摘　要： 伴随新传播形态的发展与社会变迁，全球电影格局呈现出从全球到本土更为广泛的传播趋势。特别是亚洲电影工业内部多元的发展潜力和市场吸引力，促使世界电影人、电影公司的目光纷纷聚焦亚洲，开拓其在亚洲电影市场的传播之旅。本文聚焦21世纪以来华莱坞爱情电影，将其放置在全球化语境中，通过对比分析内地与港澳台爱情电影类型，探讨新世纪华莱坞爱情电影的类型拓展与景观化变迁。

关键词： 爱情电影　华莱坞　类型拓展　景观化　跨地实践

21世纪，是一个跨时代的节点。进入21世纪以来全球化意识快速提升，全球各地随着商务、旅游、留学、移民、婚姻等形式多样的往来，促使跨地流动成为一种"生活常态"。伴随新传播形态的发展与社会变迁，全球电影环境随着世界格局的变迁而进行了新的调整，呈现出从全球到本土更为广泛的传播趋势。一方面全球电影工业，特别是好莱坞电影在传播中其影响力、文化价值随着电影作品的广泛传播扩散至世界各地，带来对日常生活新的颠覆与挑战，同时也将全球电影工业带入新的竞争环境之中；另一方面亚洲电影工业内部电影生产制作、审

1　[基金项目]2015年度国家社科基金艺术学重大项目（15ZD01）阶段性研究成果之一；浙江传媒学院戏剧影视研究院重点课题（ZCXJYS15ZD04）阶段性研究成果。

2　[作者简介]王冰雪（1987—），女，山东济宁人，博士。浙江传媒学院戏剧影视研究院助理研究员，浙江大学传媒与国际文化学院博士后，从事媒介理论与影视传播研究。

查流通、销售放映等环节渐趋多元，向着更为成熟的商业运作模式靠拢，其强大的发展潜力和市场吸引力，促使世界电影人、电影公司的目光转向，纷纷聚焦亚洲，开拓其在亚洲的电影市场。

一、爱情片：情感都市的电影想象

电影是能够使观众在观影体验中见识各种不同的社会与现实生活，并产生情感共鸣的重要媒介。薛晓璐导演的过亿爱情片《北京遇上西雅图》、金依萌导演的爱情喜剧《一夜惊喜》，其国际化的主题内容、叙事风格，加之本土化现实情境的融入，不仅呈现出更符合新世纪全球化语境中爱情电影的叙事风格，也使其因广获共鸣而成功走入亚洲电影市场。

通过电影所形塑的爱情影像不仅呈现出电影媒介对于日常生活世界的影像描摹，更折射出当前时代社会发展的趋势、轨迹。爱情电影的成功引起我们的好奇，为什么这个仿佛一切都很充裕，物质甚至过剩的时代，对爱情的需求却如此强烈？在日常的生活中，我们看到媒体的各类报道难以回避爱情的主题，电视节目难以绕开“爱情”这个富有潜力的主题，电影更是将爱情作为一种极具商业价值的类型而大肆拍摄并配合档期投入影院。人们通过电影开始移情到虚拟空间去“找爱”。

《北京爱情故事》里洪江终于离婚了，他认为这样就可以和“小三”沈彦在一起，然而现实是沈彦怀孕了，和锋子有了新的爱情。“爱”，不论是“真爱”抑或“痛爱”“情爱”“假爱”等都成为电影青睐的主题。而这样的问题并不仅仅出现在《北京爱情故事》一部电影中，网络的迅速崛起和日常生活中的渗透已经愈发成了都市爱情影像创作和叙事的重要力量。来自网络空间的事件、网络空间的段子、网络空间的语言、网络空间的特征、网络空间的风格都正在向电影空间侵入并延伸开来。这一特征也成为新世纪华莱坞爱情电影，特别是在都市空间中的爱情电影类型中显露出的“共性”元素。

媒介发展与时代变迁通过电影影像一一展映，构成了对时代记忆的表述。爱情不再是一个千回百转勾人心结的情感体验，而是一个被时代情境切割的碎片化的都市生活景观，呈现的是喧嚣时代都市情感的丰富多元。对于个体来说这些体验与感受随着爱情电影的渗透向着更深层面扩散，带来对价值观念和情感态度的无形塑造与影响。

二、爱情景观：光影都市的景观化实践

电影对于都市的表述中：景观是都市的内容，而都市是电影的素材。经历观看、构思、想象、改写、建构、再现等一系列过程后的影像使得都市现实生活空间与日常生活被重构，让我们可以了解所处社会和遥远地区的场景，甚至对于未知社会和空间领域也能通过影像的超越想象而得到图解。让我们可以恣意游走在影像化的景观都市之中，感受现实与想象的混合，使电影与都市之间被赋予多重意义，让电影与都市成为密不可分的整体。

21世纪以来，爱情表达随着人类全球化意识的增强，跨地流动的频繁，在现实生活和电影中都以更具多样性的爱情模样呈现，塑造了颠覆世俗传统中对于爱情的“固化”交往方式，形塑了“非传统”的多样爱情景观。一方面，21世纪以来都市生活方式与情感呈现的开放与多元，令全球化时代爱情生活形式愈发多样化：同性恋、单身父母、组合家庭、阶段性伴侣、离散家庭等，不再是“特殊化”存在。“跨越地理、文化和政治界限的爱情、婚嫁移民、远方的母爱、求子旅行、全球组合家庭等全球化爱情的产物。”（贝克，贝克-格恩塞姆，2014：3）从恋爱、结婚、生子这种的普通恋爱结婚节奏到今天的未婚同居、丁克或收养等多样的家庭组合方式存在，以及由跨地婚姻、移民家庭等“组合”形式的多样化、扩散化和日常化，使爱情景观变得多样化。

另一方面，在家庭上，几十年前还饱受歧视和迫害的同性恋伴侣现在可以在很多国家正式登记注册，甚至可以结婚。离婚曾经意味着背负罪名、被逐出社交圈，到现在也变得稀松平常。几十年前遭人唾弃的未婚男女同居或试婚模式正被越来越多的人效仿，关键是这些新的生活形式获得了社会认可。以往要遭受道德谴责的婚前性行为如今已成常态，成为多样生活的一种。“非传统”的爱情景观必然有着一种潜在的二元对立思想，即“传统”爱情景观。“传统”爱情并非一种标准，更多的是一种生活中约定俗成或更为“大众化”的日常交往方式。面对更为开放的社会环境，更为丰富的信息流通和社会交往渠道、路径，爱情的观念不再被统一化、模式化地呈现于电影作品之中，而是开始将爱情的多元，爱情的不同面向、不同表情、不同形式融入其中。

因而，在新世纪华莱坞爱情电影类型中所展映的是冲破了地域、年龄、性别、身份的阻隔与束缚的多维爱情景观。

（一）异地恋：抗衡地域阻隔

在网络上流行着这样一个段子："要是问我，异地恋是什么感觉，我想说：'就像在手机里养了只宠物'。"（http://jiaren.org/2013/08/21/20-youmo-93/）贝克说："异地恋是指恋爱双方相隔两地，少则相距几百公里，多则跨越不同的国家甚至不同的大洲。现今人们择偶的重要标志是选择范围被最大限度地拓宽了：一个曾经遍布爱情界限的世界变成一个充满爱情可能的世界。"（贝克，贝克-格恩塞姆，2014：59）在异地恋的爱情模式中，需要抗衡的不是恋爱双方的情感，而是爱情与地域的抗衡，异地恋不仅呈现出了跨地域的地理阻隔，更为突出的是其在情感与地理两个看似完全不相关的维度之间的纠葛。往往成败取决于对地域距离的征服或退让，而非单纯的爱或者不爱的情感变化。因而异地恋在21世纪以来的爱情景观中因为社会流动的频繁和日常化而成为更普遍的一种爱情模式。

在异地恋之中爱情距离成了可以测量的实际地理距离，因而较之其他模式的爱情更为复杂，不仅有着两个人相处之间的情感距离、心理距离，还多了一层地理距离带来的双重或多重阻隔。对于异地恋的情侣来说，与天斗、与地斗、与对方的家人斗，却始终抵挡不了"距离"这个无形的阻隔。

"当'外来'一方的伴侣为了爱情远走他乡……迁居的一方有时在几个月甚至几年内陷入孤独状态，离开了自己熟悉、信任的环境，他（她）经常感到不安、不独立、处于弱势，并且丧失了部分自信，甚至是原来内心中的自己。……如果他（她）像很多人那样没有得到这些（工作、收入、地位等），就得接受远在其能力水平之下的职位，要么就失业。当这些发生时，伴侣间便产生了力量的失衡，并且这与个人的性格、能力和成就无关。本地一方的伴侣往往具有显著的权力优势。他（她）不需要忍受文化的断层并保持着一直以来的生活。……通常情况下，由于地理位置的转变可能带来一段关系内部角色的转换。"（贝克，贝克-格恩塞姆，2014）

异地恋情侣不仅是跨地爱情的代表，更成为两个不同地点之间的连接，两地不同文化社会以及发展的互通渠道。作为两地的个体连接者，异地恋成为爱情的想象式存在景观。它所呈现的是在日常生活中的理解、宽容、信任、接纳、坚持、谅解和隔阂、猜忌、怀疑、不安、争吵、冷战、心灰意冷，以及抵不过寂寞和诱惑的最终放弃。地域带来的距离差异和地域阻隔在交通工具打破地理界限时，已然不再构成交通运输层面上的阻碍。也由此打开了"大千世界之门"。正因如此，在异地恋情侣之间的情感博弈成了“在一起”还是“分手”的关系感情存亡的重要“一战”。

《好雨时节》（《成都，我爱你》）选用了与《纽约，我爱你》《巴黎，我爱你》同类的名称，讲述了一段跨国异地恋。韩国青年东河到中国成都出差，他的好朋友在机场接待了他。两人相约去杜甫草堂碰面。然而，东河此行还有一个目的，就是为了看望目前在旅行社从事导游工作的中国同学五月，这次相遇，让两人的心再次碰撞出爱情的火花。他们回忆着生日派对的誓言、彼此亲昵的举动，甚至是关于自行车的留恋，但是两人却给出了不同的版本。他们相约在雨夜，共同品尝中国的菜肴。然而，当东河主动进行爱的表白时，她却左躲右闪。由于公司安排，东河要离开中国。在雨中，他挽着她的手翩翩起舞，但是气氛似乎显得过于沉静，以至于他开始怀疑自作多情。但是，一场机场送别却让两人重新敞开了心扉。

“现在的情侣们希望从任何形式的束缚中独立出来，不再需要共同的地域、共同的语言或者共同的国籍。如此看来异地恋也可以被看作是一种浪漫的升华，大幅度地摆脱了社会和文化的束缚，具体表现为不受国度、人种和地理距离的影响。……市民阶层中早已出现‘异地恋’和‘世界家庭’的雏形，只是直到21世纪初这类模式才被正式命名，并且被民主化和大众化。”（贝克，贝克–格恩塞姆，2014）

与“无真爱”的爱情观完全成对立面的便是“异地恋”的守护者们，靠着信念恋爱，靠着回忆和想象的混合而憧憬的恋爱模式，这种爱情正是对“无真爱”的身体力行的反驳。《恋爱地图》中东京、台北与上海的“相遇”让几对来自不同地方的年轻人产生交集：尧远从台湾来到东京深造，梦想是成为电脑动画师。但是苦于没有灵感，创作枯燥。一天在大街上偶遇一个浑身散发着哀戚气息的女子，他对她一见倾心。女子是年轻的画家美智子，最近正在遭逢失恋的痛楚。而因为爱情的感染，尧远重新激发了创作的欲望，为美智子画下一张张画。在台北的阿苏彻夜不眠，组装书架。厚重的零件让她招架不来，便找来好友阿铁。阿铁第一次来台北，不懂中文。本以为可以发展一夜情的阿铁看见阿苏只是需要人帮忙干粗活，不过善良的他也痛快地帮起忙来。天亮了，阿苏请求他去跟她的前男友传个信，可是等来的回复从一句中文也不懂的阿铁嘴里说出来，已经支离破碎。阿苏哭了，坐在阿铁的摩托车背后穿越长长的隧道时，她紧紧抱住了他。云是一个爱打瞌睡的女孩子，和母亲相依为命，自从日本美少年修平来到上海并租了他们家一间房间后，云的感情就起了变化。她开始关注他，可是他对日本的恋人还念念不忘。

《一生一世》隐含的跨国异地恋中，双方相处需要的不仅是简单地从一个地方搬到另一个地方，居住地点的改变虽然带来地理空间上的迁移，然而更多的在于对自己已经形成的生活习惯、社会身份、文化习俗等方面的全部放弃，而在另一个陌生的地方重新建立一套生活、价值、文化等社会关系。表面上的居住地迁移实际成了决定异地恋走向成功或者失败的关键。这其中所隐含的是：在居住地迁移这个决定中，伴侣双方需要重新平衡力量达到和谐，如果无法平衡的话，这段感情会面临严峻的考验，而如果做到了，就会为双方打开了美好的前景和未来。

此外还有更为复杂的跨地、跨国、跨民族等恋爱组合的形式，然而这些现象却在今天的城市日常生活中已经屡见不鲜，全球化的深入不仅在地理阶梯上从东部向西延伸，流动得更加迅速，在深层的文化、生活、观念、选择等方面也都带来明显的变化。

远距离的恋爱塑造了一种能够跨越地理距离的通过媒介感知带来的亲近，这种亲近反而能够填补近距离恋爱情侣之间那种“习惯性沉默”和“相对无言”。通过爱情电影，表现了当今时代的一种社会爱情观，对于爱情的幻想在今日被越来越受到物质、金钱的冲击，甚至变为赤裸裸的交易，传统的爱情价值观念不断被冲刷，有大量的社会新闻所呈现给受众的就是这样一种爱情观转变中的种种极端现象。

（二）忘年恋：冲破年龄禁忌

爱情的年龄差异除了进入婚姻之时有着法定的“适婚年龄”之外，其实并无特别的法律限定，然而在社会生活的约定俗成中，爱情却有了年龄的“限定”或“标准”，如“男的不能比女的小”“男的不能比女的大太多”等。

忘年，意为对于年龄概念的忽视或忽略不计。关于年龄的“标签”也开始越来越多的在社会上流传，在不同群体、不同身份的人身上打上烙印，“大龄剩女”最为“锥心”，此外“小鲜肉”“大叔”“大婶”等称呼也很常见。成年的大龄女性不结婚成了“剩女”，而别具年龄魅力的“成熟男性”成了“钻石王老五”。当前日常生活中的“忘年恋”新闻已经不再惊人眼球，特别是在越来越多的同类事件之后，年龄仿佛已经不再是爱情的困扰因素，而人们的接受尺度也日渐放宽。不仅结婚年龄越来越晚，夫妻间的年龄差距也越来越大。

电影《我的老婆未满十八岁》通过郑伊健和蔡卓妍上演了一场“师生恋”+

“忘年恋”的全新爱情故事。

刚刚十八岁的Yoyo蔡卓妍饰应父母的要求到英国跟指腹为婚的张十三郑伊健饰完婚。两人对这种荒谬的事情深感厌烦，却又无法违背长辈的意思，于是两人假扮结婚，一年后自动离婚。张十三把外婆的家传宝带到香港给Yoyo，Yoyo为了留下十三收取房租，便告诉十三到自己就读的女校任教，可以有助他为自己的硕士命题收集材料。十三帮Yoyo结识男孩子，Yoyo失恋，十三帮她治疗情伤，相处多时后，两人恋上了彼此。

《大叔，我爱你》中十八岁的“红星社二代”乐队主唱沈绮在酒吧演唱后与另一乐队发生激烈争执，阴差阳错与早上发生交通冲撞的方家成再次见面。从而使得这位出来挡驾的刚从香港归来的风度翩翩的中年男子因为英雄救美而住进医院。方家成了在母亲面前隐瞒在香港失业无奈回到上海的秘密，转念之间“绑架”了沈绮充当自己女友。情窦初开不识风情的沈绮，就此一发不可收拾，酒吧买醉，江边狂呼，现场邀唱，死乞白赖，萝莉不善爱情，只能真情呼唤。方家成似乎有所回应，却又犹豫不决，毕竟一段二十年前的回忆不断困扰着自己，无法释怀，情何以堪。就在沈绮断了念想决然去澳洲念书的时候，一个从黄浦江里捞上来的旧箱子，揭开了一段非凡时空的秘密，原来早在沈琦还是小孩子的时候就已经与方家成相识，并且在童年岁月中一直暗暗欣赏并仰慕方家成。两人最终走到了一起。

32岁的唐微微在今天社会的“界定”中已然成为了“苦难户”，既是设计公司的“白骨精”，也是“大龄剩女”，这样的身份让她不得不多了一个“迫切待嫁”的“舆论”标签。她的闺蜜靳小令在怀孕期间，热心为她在网络上征婚并安排了相亲。结果，唐微微装孕妇吓跑了大多数人，只剩下一个杨年华，两人由此相识。与此同时，唐微微所在公司接了美国的客户，见面时她发现客户代表竟是7年前抛弃自己的男友王洋。他们从18岁开始恋爱，青梅竹马度过7年，终因王洋为理想奔波而分手。如今，昔日恋人重逢，别有一番滋味在心头。此时，杨年华却开始了一波又一波的热情攻势，无论是嘘寒问暖还是炒菜做饭，都体贴入微。而王洋也不甘示弱，意图通过忆苦思甜昨日重现唤醒唐微微重回他怀抱。

电影《我愿意》将女主角设置成了条件优厚的“大龄剩女”，由此进入两男之争的情敌大战。这一情节设置与欧美商业爱情电影的叙事情节设置有相似之处，整部影片的结构与情节设置也多有参照如《情归阿拉巴马》《曼哈顿女佣》《情敌大战》《随波逐流》等影片，虽然故事情节不同但结构和模式却非常相似，这也是今天此类被称为“爱情小品”的商业元素和市场运作需要下的爱情电影模式。类似影片还有《非常幸运》《非常完美》中的大龄姑娘苏菲遇到各种挫折和困境却有王子般男生救场，并虏获其芳心；《一夜惊喜》中范冰冰与“年下男”的爱情成为众多姑娘幻想中的爱情模式。《爱出色》《20、30、40》《夏日嬷嬷茶》《百年好合》《恋上你的床》《志明与春娇》《亲密敌人》《我知女人心》等多部影片都有这样的符合今天受众市场对于爱情的幻想、对于现实中爱情多元模式的视觉体验、对于市场票房的需要的模式和元素。

（三）爱情仪式的景观化塑造

在电影媒介的影像渲染下，东、西方婚礼仪式和庆典画面也随之大量涌现。《家有喜事》系列结尾四对“新人”惯例式婚纱礼服，双双对对出场不仅为剧中爱情画上了圆满的句号，也让婚礼成了整部电影表演的完美结局。婚礼这个仪式不仅在电影中成为爱情完满的结局和婚姻生活的开端，也仿佛是现实生活中爱情的归宿。很多都市里的年轻情侣、新婚夫妻，为了婚礼可谓煞费苦心，也带来各种各样的婚礼故事。有的因为办不办婚礼而吵架，有的因为讲排场而悔婚，有的人因为在婚礼上助兴而毁了新人的姻缘，这也使人们看到，虽然幸福婚姻令人向往，但是由婚礼引发的诸多事端更能够吸引受众的眼球。

近期，有些人通过婚礼炫富成为热议话题：某某新娘的嫁妆是几十公斤金镯子，某某新郎迎接新娘时用扁担挑钱等刺激着大众的神经。而在生活中多少人又为了婚礼份子钱这个“红色炸弹”而叫苦不迭。婚礼，成了爱情之路的仪式化“结晶”，仿佛领证并不等于结婚，办了场婚礼昭告天下，才算是光明正大地结婚了。在这种观念的影响下，电影对于婚礼的关注度也随着各种婚礼新闻和事件的出现而增加。

21世纪以来，越来越多的示爱仪式出现在电影中，刻意渲染着社会对于爱情的“考验标准”。如爱情电影中的求婚，就是重要的景观化爱情仪式呈现。电影中导演、编剧、演员，场景、道具、灯光……众人煞费苦心，想出完美、浪漫、独一无二的求婚桥段，在电影院感动一众对婚姻、爱情憧憬向往的人们，然而从虚拟的影像空间回到现实生活中，这些挥之不去的浪漫情节却成了在日常生活中普通男女的“困扰”，成了被模仿、被参照的形式，仿佛求婚不用心、场面不大、不别出心裁，就无法表达爱之深，或是成了“不用心”“不爱我”的“罪证”。而这种电影化的都市爱情生活和爱情的唯美化倾向所营造的都市奇观，为现代社会中的青年受众塑造了对爱情的新的认知与判断，使电影传播的价值观念通过具体实践得到体验。

三、开启爱情影像的多元景观

这是个“真爱”难寻的年代。爱情不再是“忠贞不二”的，而“专一”“唯一”也不再是爱情的标签。“劈腿”“分手”“欺骗”等成为被突出强调的爱情问题，并不是要探讨爱情本真，而是描述电影中的爱情所呈现的爱情的选择和相处方式的残忍与伤害的“恶”行为。爱情的模样是难以描摹的，可以“小清新”纯爱，也可以“重口味”虐恋，然而不论是哪一种爱情的样貌，在电影中都只是呈现了爱情的一个侧面，并没有将爱情固定、标准化和全景式呈现。爱情中的暗面是一直存在的，正如爱情的美好、爱情的幸福始终存在一样，这种“存在”本就是在不同的情侣之间通过交流和相处而获得的不同体验，并非一种固定的“价值”判断。然而“爱情是美好的”却在长期的日常中被不断塑造和宣传着，或者大量突出爱情的美好时刻，让爱情之恶被“理想化”所掩盖，而普通人对爱情的向往都在不断被现实摧毁，电影也更为赤裸裸地展现了一幕幕爱情的“恶”。

之所以用到“爱本恶”是因为新世纪华莱坞爱情电影（将爱情主题作为核心的电影的统称，并非严格意义上的类型电影的提法）的描摹中爱情的背叛更为突出，即使在延续传统爱情电影的美好结局的电影中，爱情的伤痛、伤痕都成了电影中的一块“标记”，在此将其大致分为两个部分：

第一类，“情伤”系列，如《百年好合》《高海拔之恋II》《同居密友》《游龙戏凤》《单身男女》《非诚勿扰》《致青春》《同桌的你》《爱LOVE》《志明与春娇》《春娇与志明》《醉后一夜》《我想和你好好的》《我爱的是你爱我》《被偷走的那五年》《分手合约》《第一次》《我的早更女友》《撒娇的女人最好命》《女人不坏》等，这一类电影以男女主角曾经受到爱情伤害，并且获得严重打击，丧失生活信心，通过与另一个陌生异性的相遇、相识、相知、相爱，展开一段“治愈”式爱情之旅。

第二类，“阴谋”系列，这一类爱情叙事以爱情中的“阴谋”和“斗争”为主，其结果并非获得美好大团圆式的结尾，而是以“因果报应”为爱情的结局来呈现爱情中的阴暗和悲观情结。如《双食记》《当爱来的时候》《不能说的夏天》以及香港导演叶念琛“爱情三部曲”《独家试爱》《十分爱》《我的最爱》以及《婚前试爱》《人约离婚后》等。

从这两类电影中可以看到新世纪华莱坞爱情电影的选择和趋向，对于爱情的“理想化”“浪漫化”“盲目化”的呈现比例有所改变，开始更多关注爱情在现实中的样子，将爱情的好与坏都通过电影展现，而不再塑造过分简单的幸福爱情让受众去崇拜、迷恋、沉溺。当然，也因为21世纪以来有些正值恋爱时节的男女对于爱情有着更为现实的看法，在这样一个认知之下，仅仅歌唱爱情，宣传爱情的美好是很难获得受众共鸣的。因此向着现实爱情转向，更突出爱情的多个面向，表达爱情的危险、爱情的伤痛，从而获得受众更深层次的共鸣，这是另一类电影善于表达的主题。尽管第二类电影并没有获得特别突出的票房成绩，但这种表达方式却将爱情电影引向一个新的尝试。

以叶念琛的“爱情三部曲”为例，他以秉持“无真爱”的爱情观拍摄了一部部充满爱情阴谋的“爱情悬疑片”，体现了以香港普通人为代表的现代都市人对爱情的“解构”，对爱情的满不在乎，对爱情态度的不认真、玩弄和利益心态等“百态”爱情“欺诈”模式。借用网络流行的一句话来表述：“一切不以结婚为目的的恋爱，都是耍流氓。”这种爱情中的尔虞我诈、欺骗背叛、满不在乎展现了当前消费社会中年轻人对于爱情的“消费”态度，将爱情当作“快餐”，更加随意地选择、消费、使用、丢弃，而对于爱情中的信任、坚持、责任、承担等重要的品质要素淡化、忽略甚至无感。这也反映出当前社会的浮躁不安和当下年轻人的游戏式爱情观。然而较为遗憾的是这一方向的爱情电影更多的还是导演呈现和实验的阶段，并没有获得受众更多的共鸣或者深入的挖掘。

四、结语

电影的核心价值体现在世界共享性上，能够跨越国界、年龄、性别、种族、身份、语言、文化等诸多因素限制的爱情，不仅是生活中最美好的情感，更是世界电影人镜头中永恒不变的经典主题。跨越时代变迁，新世纪华莱坞爱情电影，在跨地合作越发频繁、全球流动更趋多样的大环境变迁中，在内容创作、叙事风格、影像呈现等多个维度也呈现更加多元、多样的不同景观。作为联结世界、沟通世界的集结符号，我们可以毫不夸张地说，爱情电影所被赋予的情感期望、美好向往以及多样、丰富的镜头语言、创作元素，都使其成为一种世界性语言，有助于我们从全球电影环境中去了解世界，更认识自我，为华莱坞电影的国际化生存提供新的视野与维度。

参考文献

乌尔里希·贝克，伊丽莎白·贝克—格恩塞姆. 全球热恋：全球化时代的爱情与家庭[J]. 樊荣，译. 北京：北京大学出版社，2014：3.

Arjun Appadurai. Modernity at Large: Cultural Dimensions of Globalization [M]. The University of Minnesota Press, 1996.

Henri Lefebvre. Everyday Life in the Modern World [M]. Translated by Sacha Rabinovitch. Harper&Row, Publishers, 1971.

詹姆斯·罗尔. 媒介、传播、文化：一个全球性的途径[M]. 董洪川，译. 北京：商务印书馆，2012.

张英进. 影像中国——当代中国电影的批评重构及跨国想象[M]. 胡静，译. 上海：上海三联书店，2008.

张颐武. 全球化与中国电影的转型[M]. 北京：中国人民大学出版社，2006.

王群.《北京爱情故事》一个缺失爱情故事的“爱的寓言”[J]. 当代电影，2014（4）.

陈晓云. 电影城市：中国电影与城市文化（1990—2007年）[M]. 北京：中国电影出版社，2008.

特希·兰塔能. 媒介与全球化[M]. 章宏，译. 北京：中国传媒大学出版社，2013：57.

“异地恋，就像在手机里养了只宠物”[EB/OL]. http://jiaren.org/2013/08/21/20-youmo-93/.

华莱坞电影中的人地关系[1]

王军伟[2]

摘　要：人与地方的关系，是华莱坞电影中常见的表现主题，它常常以迁移的形式出现。地方，是有意义的区位，迁移意味着人与地方关系的一种变化。人与地方之间的关系，既有地方之爱，也有人与地方的疏离。“异乡”的现象，使得后者变得更为突出。

关键词：迁移　人地关系　异乡

人与地方的关系，是电影中最常涉及的问题，而迁移，正是这些问题一个典型的表现。迁移，意味着人与地方之间关系的一种变化，尤其是在中国当下“异乡”现象突出，以及“第一现代性”和“第二现代性”并存的“压缩的现代化”的时代状况，地方之爱、人与地方的感情疏离并存，使得人与地方之间的关系呈现出了一种更为复杂的情况。

一、迁移

“迁移”，不仅是地理学家们感兴趣的话题，它也是电影中最为常见的表现主题。冯小刚《一九四二》最为令人动容的地方，可能就是那条长长的、长长的逃难队伍了。这部电影改编自刘震云的小说《温故一九四二》，所讲乃刘震云

1　[基金项目]2015年宁波市与中国社科院战略合作研究课题“宁波市县域及乡村特色文化研究”的研究成果。

2　[作者简介]王军伟，男，副教授，河南许昌人，浙江大学宁波理工学院华莱坞电影研究中心副主任。

故乡延津之事。延津，是刘震云作品中最常表现的背景，它本依河而成，也曾有繁华之期。史传黄河一岸四十里皆居人，野无不耕之地，商舶往来，物阜民丰。但岁月流转，水患迭经，黄河屡徙，至明初，已是一片荒凉，几不成县。电影《一九四二》号称写实，但片首的“遇劫”一场戏，破败不堪的寨墙、黑色阴郁的氛围，场景恍如魔幻现实主义，哪怕没有战乱，不少人也会顿生逃离之心。

徐峥的两部票房极高的作品《人再囧途之泰囧》（2012年）、《心花怒放》（2014年）的主题，也属于迁移主题的变体。这两部电影作品，都是类文学作品中的流浪汉叙事文（picaresque narrative）。流浪汉叙事文是小说的最初模式之一，兴起于16世纪的西班牙。不过picaro是西班牙语，意思是“流氓”。典型的流浪汉叙事文的主题，是一个放荡不羁的流氓的所作所为。这个流氓靠自己的机智度日，他的性格在漫长的冒险生涯里几乎毫无改变（艾布拉姆斯，1990）。《人再囧途之泰囧》《心花怒放》的主人公虽非picaro，但是却有时代的浮躁，甚至轻浮之气：正如有网站介绍《心花怒放》时所说的，《心花路放》讲述在生活中遭遇了情感危机的耿浩（黄渤饰），在痛苦中难以自拔，好基友郝义（徐峥饰）为了帮助他摆脱痛苦，带着耿浩开始了一段“非常搞笑的疯狂的猎艳之旅”。[1]

如果从电影的类型上来讲，《人再囧途之泰囧》和韩寒2014年的《后会无期》属于公路片、公路电影。虽然有人曾将公路电影的源头溯及荷马（Homer）的《奥德赛》（*Odyssey*），但多数研究者还是认为今天的公路片里，更多流淌着的，是美国的血液：公路片的一部分，脱胎于好莱坞盛极一时的西部片，虽然它沒有西部片那种善恶分明及程式化的情节，它的肌理始终是“追寻”和“迷惘”共存（飘，2005）。可以说，对于公路电影的定义，学者们实质上的分歧并不大。公路电影的要义，在于主人公离开家去旅行，从一个地方到另外一个地方。途中主人公不断地接受考验，不断地改变着对自己，尤其是对自身的认知，这恰如邵培仁和方玲玲在《流动的景观——媒介地理学视野下公路电影的地理再现》一文中所讲的：“公路片（Road movie）是以公路作为基本空间背景的电影，通常以逃亡、流浪或寻找为主题，反映了主人公对人生的怀疑或者对自由的向往，从而显现出现代社会中人与地理、人与人之间的复杂关系和内心世界。”（邵培仁，方玲玲，2006）

迁移的原因各不相同，如公路片主人公的迁移，或是因为主动，或是因为被迫，或是因为寻找，或是因为别无选择的理由，但不管何种原因，迁移多意味着巨大的勇气。如果观察刘震云的作品，我们会发现，轮回是他的小说最为常见的主题，刘震云《一句顶一万句》是其中最具代表性的作品，其上篇《出延津记》与下篇《回延津记》，组成了一个"完美"的轮回。此作带有成长小说的典型特征。莫迪凯·马科斯认为根据成长故事关心的是各种经历，并且不同的成长会产生不同的影响，可以将成长按照力量和影响划分为三类：一些成长经历只是将主人公引向成年的门槛和协议，但并没有明确跨越这道门槛。这些故事强调经历的震撼性影响，但是它们的主人公还明显处于青年状态；第二类成长故事使它们的主人公跨过成年的门槛和协议，但无疑却使他们陷入斗争当中；第三类目的明确的成长故事坚定地令他们的主人公接受成年协议，或者至少决定要步入成年人行列，这类成长故事通常关注自我发现——莫迪凯·马科斯分别将这三类成长故事命名为试探型、未完成型和决定型成长故事（Mordecai Marcus，1960）。《一句顶一万句》上篇中吴摩西的成长故事，即属于未完成型的，而下篇吴摩西养女的儿子牛建国，则是重复了一遍吴摩西的成长故事，几无新意（王军伟，2011）。

某种程度上说，电影《一九四二》也可算作成长类型的作品，因为成长类型作品的要义，就在于不断地流浪，不断地行走，不断地经受磨难，领悟一些人生道理。电影逃荒的过程，即可看作是流浪和迁移的过程，当张国立饰演的角色—— 一个可怜的乡村老地主在经历了保家失败、儿子被杀之后，下定决心西迁。但是在西逃的过程中，老婆饿死、女儿被卖到工厂之后，他做出了与逃难人群不同的一个选择：他要重新回到故乡去，"死，也要死得离故乡近一点"。

这是一个极具象征意味的情节。本想逃离，却又回还，在情感上，艰难的完成了一个轮回的轨迹。逃离，犹如一个巨大的离心力，那是何种力量与此对抗，以完成一个轮回之圆？

如果非要追寻，我们发现与迁移常常牵绊在一起的，是地方之爱。

二、地方之爱

在电影的艺术中，空间和地方是不可缺少的元素。空间和地方，本是地理学研究中的两个重要主题。空间的概念较为抽象，所以在经验中空间常常被并入地方的概念，二者也常须互相定义（段义孚，2008：4）。空间与时间的交汇点为地方，不过"地方"一词我们太过习以为常，多有不证自明之感，但要想讲明白它却又一时无从着手。虽然不同的学者各有看法，不过现在大家多已承认一点：所谓地方，就是有意义的区位（a meaningful location）。如政治地理学家阿格纽（John Agnew）认为有意义的区位就应该包含三个要点：一个具体的区位（A specific location）、一个场所（A locale），此外就是“地方感”（a sense of place），它使得人和地方有了个人和情感上的联系（Tim Cresswell，2006）。

华裔地理学家段义孚（Yi-Fu Tuan）对地方之爱有更为细致的讨论。在他看来，随着我们越来越认识空间，并赋予它价值时，一开始混沌不清的空间就变成了地方。“地方”有不同尺度的存在，如果从小的尺度看，一张扶手椅是我们很喜爱的地方，如果从极端的尺度看，整个地球也可视为一个地方。乡土，则是一非常重要的中型尺度的地方。它是一个区域，包括城市和乡间，只要是足够大而足以支持人们的生活——人类团体几乎都趋向于把自己的乡土视作世界的中心。人们相信他们在中心，因为认为所在的位置有无可比拟的特殊价值；而家，变成了宇宙结构的焦点，地方，也渗透了人们太多的亲身经验，“地方的概念”也由此被赋予了很高的价值（段义孚，2008：129，143）。这也是段义孚最为重要的一本书*Space and Place: The Perspective of Experience*，何以得名的一个重要原因。

正如美国人类学学者William Skinner所观察到的，在中国，乡村和小市镇是有明显可见边界的地方，城市则是无明显边界的地方，这显示中国传统社会中乡村对地方有一种特别的警觉。Skinner认为从某种程度上说，中国农民可称是生活在一个自给自足的世界里（self-contained world），这个世界不是他的乡村那么大，而是一个标准的市场式社区。这个标准的市场式社区大约20平方英里的范围，大约有7000至8000在聚落内生活。典型的农人常常看见他们的同村人，但不常看见外村人，他们自己的乡村乃是他们的主要地方。不过无论如何，一个四五十岁的农人，必曾到过地方性的市场数千次，在市场的茶馆与来村社的其他乡村的农人聊天或进行其他的活动，中年的村民，与市场体系内的几乎每一个成年人都有点头之交。[2]——这恰如《一九四二》中的一个场景：当张国立所扮演的老财主范殿元从村寨上往下去时，发现劫匪头领就是自己认识的别村之人。

人文地理学家们所讲到的这种人地关系，即便是William Skinner所认为的边界不明显的城市，其实在社会学家那里，也可以找到相似的观察。如芝加哥社会学派Robert E. Park在1915年的文章“The City：Suggestions for the Investigation of Human Behavior in the City Environment”中，即曾说城市是根植于居住于此地的人们的习惯与风俗（habits and customs）之中，这样的结果，就是城市既具有了物理的形态，也同时有了道德的成分（Robert E. Park，2015）。在帕克看来，城市不仅仅是那些人造的建筑集合，更为重要的是那些习俗和传统，以及经由这些传统传递出的情感体系，它不仅仅是自然的产物，还是人性的产物。

段义孚曾将“迁移”与“人地关系”融入一个主题：“逃避”。在他看来，人类逃避的原因主要有四，其一是自然，严酷的自然环境、突发的自然灾害，都会让人产生逃避的念头；其二是文化，逃避喧嚣的城市生活，逃避苛政，逃避宗教禁锢，都属于逃避文化；其三是逃避混沌，混沌不清的状态令人困惑和费解，清晰和明朗才会给人真实的感觉；第四是逃避人类自身的动物性与兽性。而逃避的途径，则表现为空间移动、改造自然、根据想象建造出有特定意义的物质世界和创造精神世界。与此相应，段义孚认为逃避的途径主要有四个方面：第一，空间移动，人们可以从一个相对了解却不是太满意的地方，逃往一个想象中的或不十分了解的地方；第二，改造自然；第三，根据想象建造出有特定意义的精神世界，用于满足某种精神诉求，如神殿、庙宇等；第四，创造精神世界，神殿庙宇是暂时的、有限的，想要真正地实现逃避，人们需要更依靠精神的创造（段义孚，2014）。在段义孚那里“逃避”一词并非是一个充满消极意义的词汇，它蕴含着“从恐惧到创造”的积极含义——正是人类内心与生俱来的逃避心理，推动了物质文化和精神文化的创造与进步，逃避的过程，也是文化创造的过程。不过反观前文所列之华莱坞影片，我们会发现在逃避或者迁移之中的追寻，有一种惘惘不安的底色，因为从中国的文化语境来看，几种逃避的方式中，空间的移动最为不易。

从某种程度上来说，迁移，都可以被视作是人地关系的一种新变化。人地关系，宛如布尔迪尔所讲的场域。这个场域里，是有结构的社会空间，在此空间里有起作用的恒定、持久的不平等的关系，也存在一个为改变或保存这一实力场而进行斗争的战场。如果将空间视为允许移动，那么地方就是暂停；移动中的每一个暂停，使得区位（location）有可能变成地方，但正如段义孚自己所讲的那样，与“地方”的安全和稳定性相对的，是“空间”的开放性、自由和威胁。[3]而如从文化渊源上来追溯的话，中国的农耕文化和与此一致的宗族家法制度，使得人与土地之间的牵绊最深，人们内心的乡土意识最重，所谓“安土重迁”。法国人埃尔韦·圣·德尼侯爵（LeMarquis d’ Hervey-Saint-Denys）是将中国诗介绍到欧洲的先行者之一，他阅读过中国的诗歌后，发现在中国人身上都有一种特别的倾向，那就是“对家乡的眷恋和思乡的痛苦”，而这种倾向在别的民族中没有这么根深蒂固；保尔·戴密微（Paul Demieville）出版过《中国古诗选》，在该书导言中他也曾说：在中国，“不论是解甲的士兵，还是退休的官吏，最后都要重归恬静的故乡”（汪涌豪，2010）。

这也是为什么哪怕是到了当代，我们发现无论是《一九四二》，还是《心花路放》《后会无期》，主人公在一路的冒险、逃避之后，也是在试图回到熟悉的地方——无论他是在河南的一个不知名的小镇，还是东海之上的一个小岛，还是国家的首都。

三、人与地方的疏离

人与地方的关系，有着更为复杂的表现形式。与地方之爱相呼应的，是人与地方的疏离。

与段义孚齐名的Relph，在他1976年出版的著作《地方与无地方性》（Place and Placelessness）中——由他1973年的博士论文修改而来，就曾将人类的地方经验，区分为内在性（Insideness）与外在性（Outsideness）的经验，在Relph看来，内在于一个地方，就是归属并认同它，如果一个人越深入一个地方的内在，他或者她与这个地方的认同感就会越强。但是因为外在性的原因，人与地方，也常常会产生一种疏离感，在Relph看来，悄然蔓延的无地方性，一个典型的特征，就是人无法与地方建立起真实的关系。Relph认为导致这种“无地方性”状态的原因复杂多样，除了大型企业和中央权威，也包括大众传播和文化的无所不在——Relph尤其将这种情形归咎于观光业，在他看来，迪斯尼世界就是无地方性的缩影，因为它纯粹是为了外来者而建构，而且现在横跨地球，四处复制（David Seamon, Jacob Sowers，2008）。

有意思的是Relph将高速公路视为地方毁坏的元凶之一，它们从每个地方出发，却不通往任何地方，它们直接穿越或者强加于地景之上，而非与地景一起发展，它们不仅自身就是无地方性的特征，还由于它们促成人群大量移动——Relph将移动性视为破坏地方感的另外一个元凶——以及附带的风尚和习俗，因而除了直接的冲击之外，还助长了无地方性的扩散（Tim Cresswell，2006）。

不过在中国的语境之下，地方之爱与人地之间的疏离、地方与无地方性，却以另外一种方式展现：本文将之归纳为“异乡”的现象。

异乡，在当代大致有三种情况。第一，对于城里人来说，那些遥远的乡村就是个异乡，这些异乡如无特别事件发生，很难得到城市人的关注，城乡之间难以产生共振，城里人对它们，多半是一种诗意的想象，就如沈从文笔下的那个“边城”。第二种异乡情况，是寄居在都市的外来人员。这些人员也许是从乡下来的漂泊客，也许是城里人，都是那些为了生活为了奋斗暂居异城的人。第三种异乡情况，就是被改造过的地方，已不再是当地人眼中的“故乡”。很多地方被大肆改造过，所以本该是当地人所熟悉的“地方”，却令当地人对本地产生了一种奇异的陌生感。

异乡的三种情况，其实有着特别的吊诡之处。城乡的区隔，直接的原因是中国独特的户籍制度。户籍制度，强调的是人与地方的联系，但是因为各种原因而起的迁移，又因户籍的牵绊，造成了人与地方的疏离。即便是一些土生土长的城里人，本该与朝夕相处的地方有着最深的关联，但是因为拆迁与改造，使得他们对自己所居住的地方有了难以言表的疏离之感。尤其是当这三种情况发生在风险社会的背景之下之时。风险社会的要义，在于不确定性。正如卢曼所说，“风险”（risiko）和“危险”（gefahr）还是有区别的，假如未来可能发生的灾害是与目前的决策相联系的，那么就可以称为是“风险”，但如果此种损害是由外界环境造成的，和人类的决策行为无关，那便是“危险”。卢曼这样区分，是为了说明凡是和决策有关的风险，即使人们做了规避的选择，仍然无法百分之百确定不会有别种风险发生，风险因此不可能完全被否认掉，因为它就是以“不确定”的状态存在的（顾忠华，2001）。在这种不确定的风险面前，人们没有了藩篱，身份制的不平等已不复见，也没有了边缘团体，没有了城乡差别，国籍属性和民族属性的差别也不再有（Ulrich Beck，2004）。

对于中国，情况尤为复杂。按照德国社会学家乌尔里希·贝克的说法，中国当下的时代有一特征有别于西方，那就是“压缩的现代化”（compressed modernization），“第一现代性”和“第二现代性”并存，虽有工业社会的特征，但是也兼具风险社会的特点。如果套用吉登斯的说法，就是我们同时面临着外部风险（external risk）和被制造出来的风险（manufactured risk）的冲击。所谓外部风险，就是来自外部的、因为传统或者自然的不变形和固定性所带来的风险，而被制造出来的风险，指的是由我们不断发展的知识对这个世界的影响所产生的风险。[3]

《后会无期》可以说是以上所言表现最为突出的一部电影。浩汉在电影中被定义为“有本事的失败者”。曾经在岛外世界闯荡过的他，有见识，想回到东极岛建设家乡。他对外来事物侵袭东极岛十分激动，拿着扬声器号召大家起来反抗，但最终失败。之后三个伙伴烧掉了东极岛旧屋，一路向西、一路迁移，不过每到一个“地方”，他们碰到的都是一段脆弱的情感、一段脆弱的人地关系。在一路的“追寻”中，有想设圈套骗他们的女生，有骗走他们车辆的驴友，而其中最残酷的一幕，莫过于浩汉与台球厅女老板刘莺莺的见面。刘莺莺是浩汉很久很久以前就结识的笔友，也是他一直认为在远方的朋友；当浩汉破除万难终于来到她的面前时，还没有来得及倾诉内心积郁的感情，她却把残酷的现实告诉给浩汉：原来她是浩汉父亲的继女，保持通信只是他父亲想要了解浩汉的情况而已。到了影片的最后，他们逃避——应该说是“退避”回了东极岛。

由上海的韩寒想象和重新定义的浙江舟山东极岛，更像是一个象征，一个“异乡”的象征，是人与地方关系变得模糊的一个象征。对照起来，《一九四二》中逆向逃难的人群、向故乡尽力走去的范殿元，虽有悲壮之色，但结局早已注定；他虽不想向异乡迁移，但是那个曾经的故乡，乡亲多已西徙、已为日本人占领的故乡，已多了悲凉之色。《心花路放》中逃离混乱、逃离北京的男主人公，在经历了一场低俗的猎艳之旅后，回到北京，迎来的是更加未知的生活，因为北京，其实也不是他的故乡，这其实也是《心花路放》这部票房虽高但小有争议的作品背后，所隐藏着的一层不为人所觉察的不安。

四、结语

虽然有学者讲大众传播、增强的移动力，以及消费社会，三者一起，加速了世界的同质化，地方越来越显得不再重要，从而出现了“非地方”（non-places）、“无地方性”（placelessness）的状况，但不管是地方，还是非地方，其实都意味着人与地方关系，以及这种关系的变化。有的人坚守故乡，有的人奔赴异乡，有些人在虚拟的网络空间里，体现着不同形式、不同程度的地方之爱。

注释：

1　见百度百科对《心花怒放》的介绍，http://baike.baidu.com/subview/12769254/15402233.htm

2　转引于潘桂成，段义孚：《经验透视中的空间和地方》第162页，并根据英文版第167页原文，略有修正。潘桂成将Skinner believes that "insofar as the Chinese peasant can be said to live in a self-contained world，that world is not the village but the standard marketing community" 前半句翻译为“中国农民能够指认自己生活在一个自我包容的世界里”，略有不妥。另，以笔者自己生长的华北中部乡村

经验观察，乡村间婚姻的缔结，多为熟人的介绍；而亲戚之间的距离，也多在七、八公里的方圆之内。

3　吉登斯有关风险社会的论述，见1999年由Profile Books出版社出版的《失控的世界：全球化如何重塑我们的生活》（Runaway World: How Globalization is Reshaping Our Lives）。吉登斯曾亲登BBC的“里斯讲座”（Reith Lectures）宣讲此书的观点，讲座全文见http://www.bbc.co.uk/radio4/reith1999/lecture2.shtml，全文与Profile Books出版的相比，段落上有所删减之外，其他相同。

参考文献：

David Seamon, Jacob Sowers. Edward Relph “Place and Placelessness” (1976)[A]. P. Hubbard, R. Kitchen, & G. Vallentine, eds. Key Texts in Human Geography[C]. London: Sage, 2008:43-51.

Mordecai Marcus. What Is an Initiation Story? [J]. The Journal of Aesthetics and Art Criticism, 1960, Vol. 19, No. 2, Winter: 222-223.

Robert E. Park. The City: Suggestions for the Investigation of Human Behavior in the City Environment[EB/OL]. http://genius.com/Robert-e-park-the-city-suggestions-for-the-investigation-of-human-behavior-in-the-city-environment-annotated/. 2015-06-22.

Tim Cresswell. 地方：记忆、想象与认同[M]. 徐苔玲，王志弘，译. 台北：群学出版有限公司，2006.

Ulrich Beck. 风险社会—通往另一个现代的路上[M]. 汪浩，译. 周桂田，校订. 台北：巨流图书股份有限公司，2004：xiv-xv.

艾布拉姆斯. 欧美文学术语词典[M]. 北京：北京大学出版社，1990：215.

段义孚. 经验透视中的空间和地方[M]. 潘桂成，译. 台北：“国立”编译馆，2008.

段义孚. 逃避主义：从恐惧到创造[M]. 周尚意，张春梅，译. 台北：立绪文化事业有限公司，2014.

顾忠华. 风险、社会与伦理[A]. 顾忠华. 第二现代：风险社会的出路?[C]. 台北：巨流图书股份有限公司，2001：20.

邵培仁，方玲玲. 流动的景观——媒介地理学视野下公路电影的地理再现[J]. 当代电影，2006（6）：98-102.

汪涌豪. 中国文化中的乡土意识与情怀[N]. 文汇报，2010-4-18（12）.

王军伟. 成长与轮回——关于刘震云《一句顶一万句》的一种主题解读[J]. 平顶山学院学报，2011（4）：71-75.
雪风. 我们的病与希望——公路电影全记录[J]. 印刻文学生活志，2005（22）.

什么是好电影：真善美的“家族相似性”[1]

姚锦云[2]

摘　要：什么是好电影？好电影并非都有相同特征，但彼此之间有相似之处，正如维特根斯坦所说的“家族相似性”。首先，有些好电影具有原型之真。原型即历史上反复发生的经验形式，是在漫长的人类活动中逐渐形成的，它为我们的行为和行动提供了一定的“形式”。好电影虽然允许虚构，却有着原型的真实，而不是“为虚构而虚构”。其次，有些好电影具有形式之美，包括感官之美和思维之美。前者如视觉效果、音乐等，后者如猜谜式的推理电影，以精巧的叙事吸引观众。第三，有些好电影具有隐喻之善，即电影的言外之意，反映了民族文化的深层意蕴，乃至人类价值的理想世界。这就是好电影的“家族相似性”：原型之真、形式之美和隐喻之善。三者可以相通，因为大美即大善，大善即大真。

关键词：好电影　真善美　家族相似性　原型　猜谜　隐喻

1　[基金项目]本文系2015年度浙江大学“争创优秀博士学位论文资助”（编号：201505B）和浙江省社会科学重点研究基地“传播与文化产业研究中心”、浙江省重点创新团队国际影视产业发展研究中心资助项目“华莱坞电影理论研究”（编号：ZJ14Y02）的成果之一。

2　[作者简介]姚锦云，浙江大学传播研究所博士生。

一、引言：什么是好电影

什么是好电影？是专业影评人说了算，还是观众说了算？前者依据奖项，俗称“叫好”，相当于用“手”来决定；后者依据票房，俗称“叫座”，相当于用“脚”来决定。对导演来说，“叫好又叫座”是最大的理想，但实现起来却太难。够得上“好电影”这个名称的，大多徘徊于“叫好不叫座”和“叫座不叫好”之间。若要求出“什么是好电影”这个方程的解，或许有两种方式。一种是外在的方式，即把所有的获奖影片和高票房影片进行分析，最终得出几个“好电影”的共同要素。另一种是内在的方式，它通过对人性的呈现与反思来探讨“好电影”的要素。因为电影虽然与小说和戏剧有着形式上的差异，但并无本质的不同，其关注的核心依然是人性本身。正如罗伯特·考克尔所说：“电影对我们具有情感和精神作用”“它们要求我们做出情感的回应，并且用道德法则去思考这个世界，去假定这里有好人和坏人，有符合伦理的行为和不符合伦理的行为。它们甚至对我们在世界上应该如何为人处世的各种问题提出合乎伦理的解决办法”[1]。两者都不失为好方法，前一种是实证的方式，后一种是理论的方式。

然而，理论的方式更应优先探讨，实证的方式则适合用于“证明”或“证伪”前者得出的结论，从而发展为真正的“理论”。因为没有纯粹的经验研究，任何经验研究都有着理论的框架。哲学家们对此几乎都深以为然。康德曾说：“假如所遵循的一切规则永远总是经验性的、因而是偶然的，经验又哪里还想取得自己的确定性。”[2]雅斯贝斯也说：“理解虽然在经验上依赖于各个独立论据的积累，可是单单通过这些论据绝对产生不出历史解释。”[3]卡西尔说得更系统：“为了实现从单纯可认识的阶段走向可理解的阶段这一决定性的步骤，我们总是需要一种新的思维工具。我们必须把我们的观察资料归到一个秩序井然的符号系统中去，以便使它们相互间系统连贯起来并能用科学的概念来解释。”[4]实际上，一般的实证研究都始于“假设先行”（扎根理论等除外），这些假设不是空想出来的，而是构建基于已有理论（至少是先前研究得出的结论）之上的。因而杰弗里·C. 亚历山大在《社会学的理论逻辑》中直言不讳：“哪怕是最简单的观察也是充注着理论的。”[5]

如此看来，理论方式既是“好电影”研究的起点，又是“好电影”研究的目标。理论方式首先关心的是：好电影可能具有哪些要素？是否有着共同的特征？其实很难总结好电影有哪些共同要素，正如很难总结漂亮的人有哪些共同要素一样。因为在现实生活中，一个人不太可能包含所有美的要素。往往是这个人包含了美的一部分要素，那个人包含了美的另一部分要素。而且，美还有内在的成分（例如心灵美的人会经常微笑，而微笑会提升美感）。这样的困惑也出现在语言中，维特根斯坦就将语言看作“语言游戏”，要找出这种游戏的通用规则很难，因为“看不到什么全体所共同的东西，而只看到相似之处，看到亲缘关系，甚至一整套相似之处和亲缘关系”[6]。维特根斯坦称之为“家族相似性”，就像一个家族成员之间各种各样的相似之处。“我们看到一种错综复杂的互相重叠、交叉的相似关系的网络：有时是总体上的相似，有时是细节上的相似。”[7]其实电影亦是如此，好电影之间具有相似之处，但未必都有共同的特征。

本研究的目的如同为寻找“好电影”先制造一幅“地图”，尽管是粗略的地图，以便抛砖引玉，抑或接受“证明”或“证伪”。下文的分析将会呈现，好电影有这么一些“家族相似性”：原型之真、形式之美和意义之善。

二、原型之真：张艺谋电影《英雄》的得与失

好电影离不开好剧本，好剧本的核心是讲一个好故事。故事允许虚构，但虚构的“度”却考验导演或编剧的功力。为什么我们能被有些虚构故事感动，而对有些虚构故事却无动于衷？感动是因为真实，假的东西是感动不了人的。这些能感动人的虚构，其真实性在哪里？其实，有一种真实叫“原型的真实”。荣格认为，原型就是历史上反复发生的经验形式，它是在漫长的人类活动中逐渐形成的，并成为我们精神构造的一部分，为我们的行动和行为提供了一定的“形式”，我们却“日用而不知”。“生活中有多少典型环境，就有多少个原型。无穷无尽的重复已经把这些经验刻进了我们的精神构造中。”[8]从大的典型环境来说，原型有着历史的真实；从小的典型环境来说，原型有着人性的真实。历史的真实可以抹去，很多故事就没有呈现任何历史背景（例如金庸的《笑傲江湖》）。然而一旦涉及历史场景，若是与历史的原型相悖，必然要承受负面的代价。而人性的真实则无法抹去，除非不讲人的故事。

2002年，中国大陆上映了一部国产大片《英雄》，对这部电影，受众可以说毁誉参半。它的出现，对于期待已久的中国观众来说，似乎是一个久违的回应。影片色调唯美精致，场景雄伟壮阔，武打精彩绝伦。演员阵容也堪称奢华：梁朝伟、张曼玉、陈道明，还有当时已经成名的章子怡。两大功夫巨星李连杰和甄子丹的巅峰对决，更是让观众一饱眼福。当时人们期待：或许这是中国大陆进军奥斯卡的第一部电影。然而，好莱坞狡猾又吝啬，只给了一个最佳外语片的提名。

当然，我们不能唯奥斯卡马首是瞻，但从香港电影金像奖的结果来看，老外的评价还是公允的。《英雄》在香港摘得了七项大奖，但都是视觉和音乐方面的“小奖”，包括最佳摄影、最佳服装造型设计、最佳动作设计、最佳美术指导、最佳原创电影音乐、最佳音响效果和最佳视觉效果，但就是没有获得分量最重的“最佳影片”和“最佳导演”，也没有“最佳编剧”。可以说，《英雄》既没有真正走进奥斯卡，也没有问鼎金像奖；既没有“感动”世界，也没有感动香港，到底缺了什么？

电影《英雄》的原型是“荆轲刺秦”，但剧情与历史出入太大。影片中的英雄叫“无名”，由李连杰主演。无名一生的最大愿望，就是刺杀秦王。然而，关键时刻秦王跟无名说了两个字，便让无名改变了主意。秦王跟无名说了两个字便是“天下”。秦王悟到了“剑”法的最高境界：手中无剑，心中也无剑，就是不杀，就是天下。因此，“荆轲为赵国刺秦”的故事，在影片中成了“无名为天下放弃刺秦”。这里就有两个突然：一是突然改变了历史，二是突然改变了逻辑。如果没有更加合理的逻辑，很难将故事“说圆”。表面上看，无名放弃刺秦而选择了“变相自杀”，也可以找到历史的“原型”，比如说项羽。李清照《夏日绝句》诗曰：“生当作人杰，死亦为鬼雄。至今思项羽，不肯过江东。”但项羽自杀，是因为愧对江东父老；而无名自杀，则是被秦王“感化”。确切地说，是被秦王之“德”感化。影片中的无名在放弃刺杀时对秦王说：请大王记住剑法的最高境界。显然，无名认为秦王悟到了天下之道，能够胸怀天下，为政以德。他怎能以一己一国之私，来阻挡天下兆民之“公”？

这种逻辑看似合理，却没有历史的原型。几千年来，中国人评价帝王有一条黄金法则——“德、功、言”。《左传·襄公二十四年》：“太上有立德，其次有立功，其次有立言，虽久不废，此之谓不朽。”甲骨文的“德”写作“[illegible]”，其形象是在一个十字路口，一只眼睛沿着直线往前看。意思是看清了方向，坚定地直行。在金文中“德”写作“[illegible]”，十字路口成了表示行走的偏旁，眼睛还是沿着直线往前看，下面有了一颗支撑它的心。意思是由心出发，坚定地行动。简言之，德是行为或行动，和说话没有半点关系。梁启超说：“道德者行也，而非言也”[9]。行为（behavior）具有即时性，但行动（action）却必须延续一定的时间，是一个完整事件中的所有行为。“德”的行为延续性要求，可以延伸至人的一生，因而对一个人“有德”的考察往往需要“盖棺定论”。人们不会说这个人有时“有德”，有时“缺德”，只要一辈子做了一件缺德的事，就不能说有德。但“功”不一样，功是“就事论事”。人在一个事件中的所有好的行为

（即行动）就可以算“有功”，在同一个事件中的所有不好的行为（即行动），就算“有过”。“功”与“过”可以在一个人的一生中，甚至同一个事件中并存。较之于“德”与“功”，“言”的时间性要求就更低了。虽有“君子一言，驷马难追”的观念，但只是言行一致的道德要求，和言行可以分离的现实是两码事。孔子说：“始吾于人也，听其言而信其行；今吾于人也，听其言而观其行。”（《论语·公冶长》）也正因如此，“立言”和“立德”“立功”相比，只能放到最后。所谓“名垂青史”，首先是“德”，其次是“功”，最后才是“言”[10]。

因此，电影《英雄》的问题在于：无名将秦王的“言”当成了“德”，而电影叙事者则是把秦王的“功”当成了“德”。影片明显是“单线”逻辑，只说秦始皇统一六国，成为中国第一个皇帝，却不提其专制皇权；只说秦始皇造长城护国护民，却不说秦朝由于暴政而迅速覆灭。王朝的覆灭，不是由于物质长城的坍塌，而是人心长城的崩溃。有首诗说得好：“万里长城今犹在，不见当年秦始皇。”（清·张英《观家书一封只缘墙事聊有所寄》）故事中的无名生活在“德、功、言”的时代，而且剑术天下第一，居然连“德、功、言”都分不清楚。不仅如此，一个君主凭三寸不烂之舌，就把一个意志坚定、刺杀自己的一流高手打发了，并且还以死相报，这是弥天大谎，在中国文化中找不到“原型”与之对应。总之，《英雄》的原型既无历史的真实，亦无人性的真实，属于“无根的原型”，造就了一个机器人似的英雄。无名没有妻子，没有恋人，更没有子女，也不知道他父母是谁，似乎他跟人间烟火没什么关系。他也没有喜怒哀乐，没有爱恨情仇，就只有两个字：“天下”。一句话，无名太完美了，没有任何缺点，完美得不像人，倒像个机器人。《英雄》无名之善，就如同《三国演义》中的刘备之厚与诸葛亮之智，过犹不及而显得“伪”。鲁迅批评道：“欲显刘备之长厚而似伪，状诸葛之多智而近妖。”[11]

相形之下，另外两个英雄显得真实多了。一个是西楚霸王项羽，最后被刘邦围困垓下、四面楚歌之时，他的美人虞姬，以及宝马坐骑骓依然陪伴身边。项羽感慨万千：“力拔山兮气盖世，时不利兮骓不逝。骓不逝兮可奈何，虞兮虞兮奈若何！”（《垓下歌》）正如徐岱教授所说，寥寥数言，让一代英雄的铁骨柔情，跃然纸上。虽然这首诗未必是真的，因为司马迁并不在场，但在如此险恶的情境下的如此描述，就有人性的真实[12]。因为项羽面对的不是选择，而是人性中的生死抉择；而电影《英雄》则相反，把生死抉择简化为程序性的选择。所以即使无名不怕死，也不像英雄，因为机器人都不怕死。另一个英雄是金庸小说中的乔峰，他一生抗击契丹人，到最后却发现自己就是契丹人！巨大的情感和身份矛盾无情折磨着这位乱世英雄，最终导致了他的自杀。这也是悲壮的生死抉择！

之所以是抉择，是因为英雄往往承担了特殊的使命，他既要面对极端的环境，又要处理自己是普通人的一面。莫言曾说："历史不是由事件构成，而是由人的情感构成"；小说就像人性的实验，"把人放在战争等极端环境中，考验人性"[12 13]。而在这种极端环境中懂得抉择，冰释了疑惑，就是智慧。佛家说："言慧者，于所观境，拣择为性，断疑为业。"（《大乘百法明门论》）这里又要提到另一个英雄——《三国演义》中的关羽。鲁迅这样评价："惟于关羽，特多好语，义勇之概，时时如见矣。"[14]关羽的英雄气盖世无双，曾经单刀赴会，刮骨疗伤，温酒斩华雄，过五关、斩六将；但关羽的缺点也让他大意失荆州，败走麦城，最终身首异处。他的抉择出现在赤壁之战中：关羽在华容道伏击"敌人"曹操，但因曹操有恩于己又放走曹操，由于立下军令状，这一抉择的结果相当于自杀。这正是"忠义不能两全"的伦理困境，是中国历史上反复出现的原型，因而感动了无数人。

三、形式之美：猜谜电影的辉煌与遗憾

如果我们用"真善美"为标准，那么电影《英雄》只有美，没有真，也没有善，因为里面的善是假的，是伪善。而且，《英雄》之美，仅仅是低层次的感官之美，其获奖也都是视觉和听觉方面，它没有更高层次的思维之美。有很多好看的电影，就有思维之美，这种美就叫猜谜。猜谜式的电影有《七宗罪》《盗梦空间》《达芬奇密码》《消失的爱人》，等；还有一些拍成了系列，如《古墓丽影》《国家宝藏》等。所谓猜谜，意味着整部电影就是一个大谜语，猜对了一个，才能进入下一个，最后才水落石出。猜谜的层次越多，猜谜难度越高。如果猜谜层层深入，迷中有迷，那么解谜之路将带来巨大乐趣。猜谜电影的源头来自推理小说，例如1995年美国的大卫·芬奇执导拍摄的电影《七宗罪》就是对小说《无人生还》的模仿。《无人生还》的作者，是大名鼎鼎的阿加莎·克里斯蒂，作品创作于1939年，风靡全球。1945年被拍成了电影，并被改编成电视剧。中国在20世纪90年代曾经引进过一部墨西哥电视剧《圈套》，就是《无人生还》的电视剧版。

不过，猜谜电影尽管好看，却有一个致命杀手——剧透。因为猜谜电影玩的就是叙事和情节，本质上就是卖信息。信息获得的心理过程，就是从不确定性到

确定的过程。水落石出，就是不确定性的消除，也意味着电影的终结。假如电影看了一半，突然有人向你剧透，你可能会很讨厌。就像看球赛，回放远远没有直播那么刺激！所以，猜谜电影天生就是短命鬼，很少有人会去看第二遍，不然也不会这么怕剧透了。剧透轻则令人“反感”，重则会杀死一部尚未上映的猜谜影片。

但是，好的作品是不怕剧透的，以文学作品为例，如《红楼梦》《哈姆雷特》。因为他们不卖信息，而是生产意义。意义是不怕剧透的，因为意义不像信息能直接获取，而是通过领悟才获得的。意义的获得与信息没有太大关系，信息的堆砌仍然是信息，不能产生意义。即使一个人把《红楼梦》中所有的情节和人物信息都记得滚瓜烂熟，他也未必就读懂了《红楼梦》。更重要的是，意义并非仅仅是作品本身所蕴含，而是读者（观众）和作品共同生产的。一千个读者就有一千个《哈姆雷特》，一部《红楼梦》就可以有成百上千种解读意义。意义的获得，取决于读者或观众的欣赏水平，如阅历、知识、悟性等。古人有“才、学、识”之说，一个人可以才高八斗、学富五车，但他还是可能有眼不识泰山。因为见识不是仅凭一点才气和几分学养就能获得的，它是智慧的领悟。意义正是依靠智慧领悟出来的，意义的获得需要理论的视野和欣赏水平。一般的人，“见山是山，见水是水”，信息的堆砌还是信息，高手则不一样，“见山不是山，见水不是水”；而最高境界，仍然是“见山是山，见水是水”，但那山那水，已不是原来的山和水了。即使是同一个人，在不同的年龄，不同的心境下看同一事物，也能获取不同的意义。

但《七宗罪》不是一部纯粹的猜谜电影，它还玩了一把“宗教牌”和“意义牌”。它不仅卖信息，还生产意义。这是一个离奇杀人的故事。在凶手的眼中，这个世界严重失序。很多人衣冠楚楚，其实是衣冠禽兽，他们犯了“七宗罪”，但法律和警察却视而不见。在天主教教义中，人性具有七宗罪，分别是：“暴食”“贪婪”“懒惰”“嫉妒”“骄傲”“淫欲”“愤怒”。所以，必须挑选一个人惩罚他们。杀人的过程几乎无懈可击，警察始终被牵着鼻子走。在最后的结局中，凶手杀了警察米尔斯的妻子。当米尔斯得知妻子被残忍杀害时，悲愤交加，开枪打死了凶手。但他这一开枪，反而落入了凶手的陷阱，犯了所谓的“愤怒”罪，从而帮助凶手完成了“七宗罪”的“作品”。影片最狡猾的地方是，这个凶手认为自己也有罪。凶手嫉妒警察米尔斯的幸福生活，所以杀了他妻子，激怒米尔斯，引诱他开枪杀自己。这似乎是对现代制度的讽刺：所谓的警察执法，不过是犯罪的另一种形式。

或许“打动”观众的是“凶手”的自述：“你们该感谢我挑中那个律师，他穷其一生用谎言赚钱，想尽办法帮助杀人犯和强奸犯逍遥法外；那个女人内心丑陋，以至失去美丽的外表就活不下去；那个毒贩子，而且还是个鸡奸者；以及传播病毒的妓女……只有在这堕落人世，才能无愧地说他们无辜。但这正是关键！我们在每个街角、在每个家中都看到死罪，我们容忍，因为见怪不怪、没什么大不了，我们从早容忍到晚……现在不一样了！我立下榜样，世人将对我的所作所为进行思索、研究和遵循，直到永远……”当然，彻底打破观众防线的是最后的结局，凶手认为自己也有罪，祈求警员米尔斯一枪了结自己。

《七宗罪》的“宗教牌”和“意义牌”似乎打得很成功。仔细分析，《七宗罪》的故事就有严重问题：既然凶手成了正义的化身替天行道，那么究竟何为道？何为正义？何为罪孽？谁来判定？《七宗罪》无法回答这个问题，因为这已经远远超出了猜谜电影的范围，甚至连伦理学本身，在很多年前都无法回答这个问题。因为我们目前对道德的理解力已经枯萎，如麦金太尔所说的“是一个概念体系的残片”，我们所用的许多关于道德的关键词其实是“道德的假象”，因为我们已经丧失了赋予它们意义的背景条件[15]。《七宗罪》中的那位“斯文”的凶手恰恰是这样一个人：“在他眼里，任何别的事情都可能是无序的，但道德语言是有序的，恰如它现在所是的那样。至于他本人也许可能恰被他所使用的语言出卖，则是他不可能想到的。”[16]

因而问题是：既然凶手“被选中”，替天行道，专杀犯有“七宗罪”的人，那么怎样才算是犯了七宗罪呢？天主教教义中的“七宗罪”，仅仅是七个关键词吗？它们的原始意义是什么？而且，谁给你审判的权力？胖子能吃，就是“暴食”罪吗？明星爱美丽，就是“骄傲”罪吗？凶手用枪指着胖子，捆住了胖子的脚，连续喂食十二小时，最终撑死了胖子。凶手把一个女明星的鼻子割掉了，然后让她一只手拿电话，一只手拿安眠药，让她自由选择报警还是自杀。对警察米尔斯就更残忍了，他把米尔斯的妻子杀了后还割下了头，用快递寄给米尔斯。当米尔斯得知爱妻被对方割下了头，又面临对方挑衅的时候，那种“愤怒”是天主教所谓的“愤怒”罪吗？我们没有意识到，对这些道德词汇的使用，其实是凶手“时过境迁”的理解。实际上，道德词汇的意义已经发生了重大变化，但我们根本无法了解，它们为何变化？如何变化？《七宗罪》缺乏一种历史的眼光，没有历史的眼光，根本就无法理解宗教和伦理。

四、隐喻之善：《肖申克的救赎》与黑暗中的希望

因此，《七宗罪》所谓的“宗教牌”和“意义牌”，不过是哗众取宠，它仍然是一部猜谜电影。只能说好看，够不上伟大。有一部与它非常接近的电影，却远远胜过它，这就是《肖申克的救赎》（以下简称《肖申克》）。两部电影的相似性是很诡异的：《肖申克》1994年上映，《七宗罪》是1995年。《七宗罪》的主角是两个警察，反派是个罪犯；《肖申克》刚好相反，主角是两个囚犯，反派是两个警察。最巧的是，演员摩根·弗里曼既出演了《七宗罪》中的老警察，也出演了《肖申克》中的老囚犯。

《七宗罪》的言外之意是：有罪的人逍遥法外，因为法律视而不见，因而应该对有罪的人进行惩罚；被挑选的人惩罚别人，自己也有罪；警察则惩罚这个人，但警察的惩罚又犯了一种罪。《肖申克的救赎》的言外之意更有戏剧性：无罪的人被判有罪而入狱，监狱里的囚犯只有一个是真正有罪的，法律尽干这些错误的事；实际有罪的人掌管监狱，控制着实际无罪的人的生活，比如说典狱长就是个大贪官；因此，必须让这些被关起来的无罪的人获得救赎。而救赎的手段之一，是帮助典狱长洗钱，这也是巧妙的讽刺。但由于典狱长常年教人洗钱，自己早已麻痹，最后反被他的囚犯玩了一把，东窗事发，只好饮弹自尽，那位主角囚犯则越狱成功，获得了救赎。因为这位主角十五年如一日，每天用锥子挖地洞，以雕刻石头作为掩护，最终“水滴石穿，绳锯木断”。

从情节设计和浅层的言外之意来看，两部电影不分伯仲。但在深层的言外之意上，高下就明显了。让《七宗罪》无法自圆其说的是，那位替天行道者惩罚别人的手段，比那些人所犯的罪要严重和残忍得多，而且，罪犯不惜用一种犯罪，诱使别人犯下另一种罪。因而，所谓的惩恶，实际上是在制造更多的恶；所谓的替天行道，是把世界越抹越黑，把一切光明熄灭。而《肖申克的救赎》不一样，它虽然讲的是最黑暗的地方——监狱，却既让我们看到了被黑暗遮蔽的东西，更找到了超越性的东西——希望。这是名字叫“救赎”的原因。影片告诉我们：法律将罪犯关进了监狱，试图改造他们，但最后却导致囚犯“爱”上了监狱，把监狱当成了自己的“家”。释放一个关了几十年的老囚犯，实际上是把他们推向崩溃与死亡。

一位白发苍苍的老囚犯博斯，就因受不了这种巨变而选择了自杀。“或许我该用枪打劫，好让他们送我回家。……我不喜欢这地方，它令我太焦虑。我决定离开（自杀）。希望他们不要再放像我这么老的人。”博斯的囚友这样分析他的

自杀："他只是爱上了这监狱。他在此已50年了。这是他唯一认识的地方，在这儿，他是个重要的人，一个有教养的人。在外面，他什么都不是。只是一个假释出来的囚犯。申请张借书证都有困难。"而最具思想火花的是这段话："这些围墙很有趣的。开始，你恨它们。接着，你适应了它们。日子久了，你开始依赖它们。那就是喜爱了这监狱。……判你终身监禁，这就是他们的目的。起码达到了一半。"

影片最具讽刺的地方，就是摩根·弗里曼主演的这个老囚犯瑞德的遭遇。被关了20年后，他申请假释。当被问及"你有感到悔过吗"时，瑞德的回答是"是的，绝对有""我得到了教训……我已完全改变了。我不会再为害社会"。结果没有通过。被关了30年时，他再次申请假释，还是那个老问题。瑞德还是老回答："老实说我已改过。我已不会为害社会。上帝可以作证。真的改变了。"结果还是没有通过。被关了40年时，瑞德还是申请假释，但他已经是一个白发老人了，心态已经完全改变。对于是否"改过"，瑞德坦言"那只是个用来掩饰的词"。瑞德最后说："我回首过往，一个年轻的愚蠢的孩子犯了大罪，我想和他谈谈。我想和他讲讲道理。告诉他做人道理，但已经不能了。那孩子已无影无踪。只剩下这个老人。我得这样生活下去。改过？只是个狗屁的字眼。你继续盖上你的印章吧，老弟，别再浪费我的时间了。说句实话，我根本不在乎！"结果，在这个老囚犯已经不想出来的时候，他们居然把他"放出来"了。这就是可悲的地方，是时间对人性的改造，是我们没思考过的。

要不是主角安迪，瑞德可能也会选择自杀。出来以后他很痛苦，好像离开了家一样。他甚至想买枪，再干上一票，好被再次送进监狱，这样就能"回家"了。由于安迪的引导，瑞德才怀着一丝希望，深入太平洋，终于在一个小岛上找到了老朋友安迪，从而以想象不到的方式度过余生。用影片的话说就是："有希望是件好事情，也许是世上最好的事情。"这句话道理虽然简单，却是老囚犯用40年的光阴说的，意义就不一样了。伟大的作品使人懂得如何摆脱黑暗，而不是把世界彻底抹黑。因为我们的世界不缺黑暗，太阳之所以伟大，就因为照亮了周围那片小小的黑暗区域。正如《七宗罪》最后的那句台词一样："海明威曾写道：'这世界是个好地方，值得为它奋斗。'后半句我同意。"于是这两部电影的高下就昭然若揭：两者皆有形式之美，即猜谜之美；两者也皆有意义之善，但《七宗罪》之善其实是伪善，而《肖申克的救赎》所说的看似伪善，实为真善。因此，后者是一部好的电影，兼具大真、大善与大美。

可见，最好的电影不卖信息，而是和观众一起生产意义。意义的源泉，就是生活本身。但生活自己不会说话，有时一部作品的叙述，往往比生活更加真实，这就是原型的真实，人性的真实。我们可以大胆地构思电影的形式之美，却不能无限制地去创造意义之善，因为善是有真实原型的，或者说原型之真。在古老的《易经》中，大美即大善，大善即大真。在《周易》中，最美的就是《乾》卦和《坤》卦，它们是完美的对称，无论怎么变化都是自己，都是对称的；而《周易》最好的意义，最善的意义，就给了《乾》《坤》两卦。其隐含的前提，就是真，它们都是“道”的体现。因此，好电影有这样三个“家族相似性”：原型之真、形式之美和隐喻之善。有趣的是，王家卫导演的电影《一代宗师》恰恰具备了这三种特征，只不过其原型是《周易》第三十六卦的《明夷》卦。影片不乏猜谜的要素，而且必须深入武学文化的源头——《周易》才能理解[17]。

五、结语：好电影的“家族相似性”——原型之真、意义之善、形式之美

好电影并非都有相同特征，但彼此之间有相似之处，正如维特根斯坦所说的“家族相似性”。首先，有些好电影具有原型之真。原型即历史上反复发生的经验形式，是在漫长的人类活动中逐渐形成的，它为我们的行为和行动提供了一定的“形式”。好电影虽然允许虚构，却有着原型的真实，而不是“为虚构而虚构”。其次，有些好电影具有形式之美。包括感官之美和思维之美，前者如视觉效果、音乐等，后者如猜谜式的推理电影，以精巧的叙事吸引观众。第三，有些好电影具有隐喻之善，即电影的言外之意，反映了民族文化的深层意蕴，乃至人类价值的理想世界。这就是好电影的“家族相似性”：原型之真、形式之美和隐喻之善。三者可以相通，因为大美即大善，大善即大真。

注释：

1 罗伯特·考克尔. 电影与文化（上）[J]. 郭青春，译. 北京电影学院学报，2002，（5）

2 康德. 康德三大批判合集（上）[M]. 邓晓芒，译. 北京：人民出版社，2009：3.

3 卡尔·雅斯贝斯. 历史的起源与目标[M]. 魏楚雄，俞新天，译. 北京：华夏出版社，1989：17.

4 恩斯特·卡西尔. 人论：人类文化哲学导引[M]. 甘阳，译. 上海：上海世纪出版股份有限公司·译文出版社，2013：372.

5 杰弗里·C. 亚历山大. 社会学的理论逻辑（第一卷）[M]. 于晓，唐少杰，蒋和明，译. 北京：商务印书馆，2008：xxii.

6 维特根斯坦. 哲学研究[M]. 李步楼，译. 北京：商务印书馆，2000：47-48.

7 维特根斯坦. 哲学研究[M]. 李步楼，译. 北京：商务印书馆，2000：47-48.

8 卡尔·古斯塔夫·荣格. 心理学与文学[M]. 冯川，苏克，译. 南京：凤凰出版传媒集团，2011：67.

9 梁启超. 新民说[M]. 沈阳：辽宁人民出版社，1994：179.

10 邵培仁，姚锦云. 从思想到理论：论本土传播理论建构的可能性路径[J]. 浙江社会科学，2016（1）.

11 鲁迅. 中国小说史略[M]. 上海：上海古籍出版社，2006：81.

12 观点源自浙江大学徐岱教授2015年春学期《文学思想与批评》授课内容。

13 观点源自莫言2013年12月3日在浙江大学以“小说创作”为主题发表的演讲。

14 鲁迅. 中国小说史略[M]. 上海：上海古籍出版社，2006：81.

15 A·麦金太尔. 德性之后[M]. 龚群，戴扬毅，等，译. 北京：中国社会科学出版社，1995：4，7.

16 A·麦金太尔. 德性之后[M]. 龚群，戴扬毅，等，译. 北京：中国社会科学出版社，1995：4，7.

17 姚锦云.《周易》作为华莱坞电影分析的新框架：以“经”解“影”之《一代宗师》[J]. 中国传媒报告，2015（1）.

华莱坞电影的南京大屠杀叙事与历史建构

周根红[1]

摘　要：新时期以来，“南京大屠杀”成为华莱坞电影叙事的重要内容，甚至出现了专门以南京大屠杀为题材的华莱坞电影，以此揭示、控诉和反思“南京大屠杀”的历史。南京大屠杀题材华莱坞电影进行了各方面的叙事探索，通过历史资料的影像证明、个体命运的共同体建构、超越民族的叙事立场、国际化叙事等方面对南京大屠杀历史进行了影像建构。同时，这些电影也凸显了南京大屠杀影像叙事的某种困境，如历史真实与影像叙事、人性的限度与民族情感、商业资本与话语偏向等。

关键词：南京大屠杀　影像叙事　历史建构

南京大屠杀是1937年日本侵略者在南京制造的惨绝人寰的大屠杀、强奸以及纵火、抢劫等战争罪行与反人类罪行，三十余万无辜平民惨遭杀戮，激起了全世界人民的抗议、谴责和控诉。新时期以来，“南京大屠杀”成为众多影像文本叙事的重要内容，甚至出现了专门以南京大屠杀为题材的电影，以此揭示、控诉和反思“南京大屠杀”的历史。目前国内以南京大屠杀为题材的华莱坞电影主要有《屠城血证》（1987）、《南京1937》（1995）、《黑太阳·南京大屠杀》（1995）、《五月八月》（2002）、《栖霞寺1937》（2004）、《南京！南京！》（2009）和《金陵十三钗》（2011）八部。这些电影对南京大屠杀的历史进行影像化的建构，激发了受众对南京大屠杀历史的关注，通过对民族历史的创

1　[作者简介]周根红，南京财经大学新闻学院副教授，浙江大学传播研究所博士后。

伤记忆，唤醒民族。

一、华莱坞电影的南京大屠杀叙事

毫无疑问，以南京大屠杀为题材的华莱坞电影的共同目标是再现历史、反思灾难。不过，由于这些电影拍摄于不同的时期，有着各自不同的社会背景，因此，无论是在创作观念、影像表现形式，还是叙事结构的架构和历史的再现，不同电影之间都存在着很大的差异，有着各自不同的叙述视角和故事架构，也传达出各自不同的文化立场和价值追求。

（一）历史资料的影像证明

《屠城血证》是中国第一部反映南京大屠杀的华莱坞电影。这部电影拍摄的背景是日本篡改教科书、否认南京大屠杀的历史。“1982年7月，日本文部省审定教科书时，把‘侵略华北’和‘全面侵略中国’等段落中的‘侵略’改为‘进出’。对于南京大屠杀，教科书说‘事件的起因是由于中国军队的顽强抵抗，日军蒙受很大损失，才引起日军的激愤，杀害了很多中国军民’。文部省还删掉了原教材中‘中国牺牲者达20万人之多’‘日军进行强奸、掠夺、放火……遭到了国际上的谴责’等段落，把南京大屠杀改为‘占领南京’。”[1]日本的这一篡改行为，激起了中国人民的民族义愤，使南京大屠杀的历史在经过几十年的雪藏期后重新回到了人们的视野之中。也就在这时，1985年，侵华日军南京大屠杀遇难同胞纪念馆落成。在这样的社会背景下，由福建电影制片厂与南京电影制片厂合作拍摄的《屠城血证》在1987年南京大屠杀50周年之际公映，引发了舆论的广泛关注。

正如电影名称“屠城血证”所传达的，该电影突出了两个方面：一是从目的来看，影片紧紧抓住南京大屠杀的历史证据，强调了屠城的“证”；二是从叙述手段上说，影片突出的是“血”证——残忍血腥暴力的屠杀行为。这两方面共同构成了电影的叙述结构。影片的核心历史资料是导演罗冠群在中国第二历史档案馆发现的16张照片。这16张照片记录下了日军在南京所进行的大屠杀行为，这成为这部电影的内核。但是，由于当时南京大屠杀的研究刚刚起步，历史资料并不多，仅凭“16张照片”这一资料在构筑一部电影作品时，显然缺乏足够的叙事动力。于是，如何讲述南京大屠杀的历史就成为华莱坞电影叙事的一个难题。为了让影片情节更加丰富、故事更加饱满，影片着重从两个方面进行弥补：一是讲述了几名中国人誓死保卫这16张照片的故事。照相馆老板范长乐、医生展涛、东北流亡女学生柳晶晶等不惜以牺牲生命为代价也要将日本侵略者大规模屠杀中国平民的真相向全世界披露；二是电影试图通过影像的方式再现日军“屠城”的事实。影片通过弥漫在南京城的熊熊大火和断壁残垣、古刹门口染着鲜血的石狮、侵略者刺杀无路可逃的难民和放下武器的战俘等浸透鲜血和苦难的大屠杀场景进行了历史在场感的建构，用影像的方式控诉着侵略者的暴行。影片原本要展现的影像其实比上映后的影片更为残酷，但是，“1987年中日关系很微妙，我们拍的时候，很多领导机关来打招呼，要我们注意不要影响中日关系，不要把这戏拍得太血淋淋。为此他把砍下人头、强奸妇女的镜头都弱化处理。”[2]

相较于《屠城血证》的历史资料的不足，1995年上映的牟敦芾导演的《黑太阳·南京大屠杀》则有着大量扎实的历史资料作为支撑。《黑太阳·南京大屠杀》由香港大风电影公司、中国电影合作制片公司以及四川峨眉电影制片厂联合制作。该片的出现正好契合了20世纪90年代中国的西方文化思潮和国内高涨的民族主义情绪。《黑太阳·南京大屠杀》讲述的是1937年日本侵略者攻陷南京城的过程，揭露了日本侵略者疯狂屠杀手无寸铁的中国平民、强奸妇女等恶行。注重影像的历史真实性是《黑太阳·南京大屠杀》对历史建构最为突出的地方。该影片的人物、细节和事件，如日本侵略者把活人装进麻布袋活活焚烧、屠杀寺院住持、强奸妇女、进行杀人竞赛等，都来自真实的历史记载。《黑太阳·南京大屠杀》的影像叙事方式也非常追求记录的真实性。影片处处彰显和强调故事的真实性，通过大量的旁白、原始资料和影像反复交互叠加的形式表明这不仅是一部电影，更是一部真实的纪录片。《黑太阳·南京大屠杀》与《屠城血证》如出一辙，其主要意图实际上就是为南京大屠杀提供历史证明，再现日本侵略者的屠城事实。

（二）个体命运的共同体建构

与《屠城血证》和《黑太阳·南京大屠杀》两部以“血证”揭露南京大屠杀事实的影像叙事角度不同，1995年吴子牛导演的《南京1937》并没有通过大规模的屠杀场景来揭露侵略者的丑恶，而是将影片的重心立足在战争与个体之间的关系上，以此透视战争中个体的遭遇、心理和抗争。正如张冀平所说：“子牛在思考如何表现这场屠杀上动尽了脑子。不断地推翻、否定，从这个角度到另外一个角度。最后才找到了一个他称为‘灵魂’的角度：尊重生命。只有尊重生命才可以和法西斯的残暴抗衡。因此，它将是一部充满人文精神的电影，人性十足的、生命意识极强的电影。”[3]因此，《南京1937》避开了宏大的历史叙事，以一个相对较为微观的视角，揭示了成贤、成贤的妻子理惠子以及他们的两个孩子（小陵和春子），成贤的老友根发、刘书琴（小陵的老师）、邓天远（中国军人，刘叔琴的恋人）等生命个体在战争中的命运沉浮和艰难处境。在这些人物角色中，理惠子的形象无疑是最为突出的。作为一个日本女性和中国媳妇，理惠子在战争中成为一个双重受害角色，她既受到日本兵的残杀（被踢中肚子流产死去），也受到中国平民的唾弃。作为拥有中国受害者和日本女人的丈夫双重身份的成贤也面临着同样的境遇。成贤既通过撕扯日本国旗表达强烈的民族自尊心，又不得不顾及妻子的人身安全，这两方面的因素造就了成贤必然是一个矛盾的结合体，必然身陷于民族大义和个人家庭之中而左右为难。不过，成贤最终还是决定将妻子带入难民安全区。成贤和妻子在安全区备受委屈和殴打，但安全区的百姓最终还是接纳了他们。影片的这一个体叙事视角，以人性化表达反思了战争，凸显了个体的生命意识。

郑方南导演的《栖霞寺1937》是为纪念国际反法西斯战争胜利暨中国人抗日战争胜利60周年而作，于2004年年底上映。影片根据1937年至1938年南京城沦陷前后的历史史料和当事人的相关回忆改编而成，是一部反映真人真事的南京大屠杀题材电影。关于这一段历史，《拉贝日记》曾明确地写道："大屠杀期间，日军多次袭扰栖霞寺，肆意杀害儿童强奸妇女。寂然法师写抗议书，通过丹麦工程师辛德贝格转交约翰·拉贝，并递交日本大使控诉日本军人罪行。"该片不仅是还原了一段发生在南京栖霞寺的历史，更重要的是通过宗教的视角探讨了战争与人性。为了保护难民和中国军人的生命安全，以寂然法师为首的栖霞寺僧人自发组织起来，创办佛教难民收容所，先后援助和安置难民2.4万多人。在与日军的抗争中，许多僧人惨死在日军的枪口下。寂然法师等人不畏牺牲，一边援助伤病难民，一边设法保护抗日军人，掩护他们安全过江，又冒着生命危险把记录着日军南京大屠杀罪证的胶片送出南京。在与日军抗争的过程中，手无寸铁的中国僧人们面对死亡，毫不畏惧，以普度众生、慈悲为怀的佛教教义为武器，展开面对面的斗争，书写公开信，揭露日军暴行，与凶残的日军进行了一场人性与兽性的较量。《栖霞寺1937》是我国第一部正面描写当代佛教僧人、佛教界人士爱国爱教事迹的电影故事片。由于叙事空间设定为栖霞寺这一宗教场所，整部影片的景象构造也与同类影片有所不同。影片既让我们看到了硝烟弥漫、烽火连天的战争场面和大量难民涌入栖霞寺的悲惨场景，也让我们看到了千年古刹的诵经场景和寺庙的宁静平和，表露出佛教的救赎情怀。

（三）超越民族的叙事立场

陆川导演的《南京！南京！》在叙事模式上不再是历史资料的影像证明，也不是声嘶力竭的控诉，而是站在一个超越阶级、超越民族和超越仇恨的角度进行的人性叙事，讲述了一个与传统主流话语中完全不同的抗日战争背景下的故事。《南京！南京！》的故事主角是日本军人角川。故事主要讲述以角川为代表的日本军人在"南京大屠杀"期间人性的苏醒、彷徨和痛苦。看着部队误杀中国难民、自己所爱的日本慰安妇百合子离他而去、目睹妓女小江惨遭战友凌辱而死、亲手杀死安全区的负责人姜淑云等，内心惶惶的角川终于举枪自杀。通过这一叙事视角，影片弱化了民族主义。同时，电影还呈现了大量日本军人的日常生活，试图借此将日本侵略者从"魔鬼"还原为"人"。陆川对《南京！南京！》这一主题的选择，主要受到明妮·魏特琳的《魏特琳日记》的启示："我们过去更多是在哭诉屠杀的事实，我们习惯于把日本兵塑造成魔鬼，中国人和日本人都被符号化了。但如果一直把他们当作妖魔去描述，一味去哭诉，世界上又有多少人会真正认同这种仇恨的情感？"陆川认为，要让世界认真思考南京大屠杀事件，就必须首先把日本人作为"人"来描述，这是必要的叙事策略。因此，"我们尝试着用一种完整的角度，由一个很真实的日本人来讲这个事情，可信度会更高。我们想要让所有的外国观众都能够去认识南京大屠杀，而且从人道主义和反战的角度去真正同情中国人遭受的这种灾难"[4]。《南京！南京！》突破了以往反映南京大屠杀的影片叙事。影片以一位日本普通士兵面对战争和杀戮时内心的挣扎为主线，超越了民族叙事立场，为受众提供了一个全新视角。这种叙事立场所要传达的是一种对于战争的重新审视。正如导演陆川所言："我要讲述的，不是单纯的施暴者和受暴者之间的故事，而是两个民族的共同灾难，这关系到我们以何种心态重读历史。"[5]

当然，影片也对中国平民的罹难进行了求真的艺术呈现。一方面，在历史资料和影片的真实性方面，影片都追求极大的真实性，所有的出场人物和细节，都有据可查。军官弃城逃跑，军队内部发生械斗、踩踏，伤亡严重；日军小分队被藏在坦克中的中国军人袭击，抵抗军人中，甚至还有小豆子这样的孩子；妓女小江带头举手，和几十名妇女自愿做慰安妇，以换取难民营的短暂安宁；为了多救人，姜淑云换不同的衣服冒着生命危险来回穿梭，最终被打死……这些情节在《南京大屠杀史料集》《魏特林日记》《拉贝日记》等书籍中都有记载。另一方面，《南京！南京！》在电影的场景方面，也试图最大限度地还原当时的情况。

拍摄现场所有的道具都是根据当时的文物仿制的，甚至就连在南京大屠杀期间救助过中国人的德国人约翰·拉贝撕碎的一张报纸，也是按照1937年12月13日的一张德文报纸复制下来的；被俘战士的特写人选是按照历史照片一个个从人群里挑出来的，每个人的妆甚至细到指甲；裸露的女尸、悬挂的人头、燃烧的士兵、随意丢弃的尸体、扔出窗户的女孩……所有的镜头都真实得让人毛骨悚然。

（四）商业挤压的国际化叙事

2011年张艺谋导演的《金陵十三钗》成为2011年度票房最高的华语影片。影片上映后占尽优势，获得政府大力支持，代表中国大陆角逐美国奥斯卡大奖。这部影片与以往的南京大屠杀题材电影“内向”的叙事立场不同，而是立足于全球文化的外化视野。《金陵十三钗》选择了温彻斯特基督教堂作为电影的叙述空间，为这部影片立足西方文化视角的价值观的确立提供了空间逻辑。一方面，影片塑造了一个西方视野中的拯救者形象。电影中的约翰起初只是一个贪财好色的角色，他的形象在日军的屡次侵略和女学生的遭遇后逐渐转变：当他看到日军残暴欺辱女学生时，他第一次宣传自己是神父，并主动保护女学生；当日军冲进教堂，他抛出的是巨大的基督十字旗帜；当他的外国朋友告诉他有船离开南京时，他却放弃了这个逃生的机会，决定留在教堂拯救这些学生；最后，约翰开着教堂的卡车，完成了对这群女学生的救赎。另一方面，《金陵十三钗》塑造了一批具有人道主义精神的妓女形象。为了报答女学生引开日军，也为了改一改“商女不知亡国恨”的千古骂名，妓女主动要求代替女学生去赴日军的庆功宴。通过西方救赎力量和中国语境下的污名形象的改写，《金陵十三钗》完成了对人道主义的全球化书写。

然而，《金陵十三钗》在对拯救者形象的挖掘和对妓女形象的纠偏上，不过是自身商业策略的挪用，是电影与商业资本的一次合谋。《金陵十三钗》是一部将目标指向国际（主要是美国）市场的商业片。为此，该影片从演员到内容都自觉地追求国际化。在演员的选择上，张艺谋认定贝尔挟奥斯卡奖余热能够成为票房的巨大吸引力，于是，他给这位领衔主演的大明星量身定制相应戏份；在语言方面，采用了近一半的英语对白；在人物形象上，塑造了中国妓女群像，很好地迎合了商业策略和西方消费市场。西方观众早期最为熟悉的银幕上的华人女性形象是舞女和妓女，因为这类形象“满足了西方男性对东方女性的欲望，她被视为原始的、畸形的、性欲的，同时又被无休止地享受”的对象[6]；在故事主题上，极力向西方好莱坞电影模式靠拢，讲述了一个假神父到英雄的转变过程；此外，影片还注入了基督教元素，以利于西方文化的认同。正如有论者所说："因此《金陵十三钗》虽然叙述沉重的民族灾难、历史记忆，却充满了商业化的世俗气质。对于可能制造全球票房障碍的民族主义，影片采取了迂回的叙事策略，一方面选取更具影响力的美国人，另一方面低调处理民族主义。影片有意省略可能刺激民族情绪的惨烈结尾，一切都在书娟等待、期盼的叙述声中突然结束。可以说《金陵十三钗》显示了经济资本整合政治意识形态的力量。"

二、南京大屠杀影像的困境与反思

我们可以看到，南京大屠杀题材华莱坞电影进行了各方面的叙述探索。但是，可以说，目前尚没有一部真正能够反映南京大屠杀、受到观众普遍认可、显示华莱坞电影水平的代表性作品。已有的影片都存在着这样那样的不足，这也凸显了南京大屠杀叙事的某种困境。对这些困境的思索将为南京大屠杀题材华莱坞电影的可持续生产提供重要的思想资源。

（一）历史真实与影像叙事

通过影像的形式叙事历史，建构历史事实，是历史题材电影的一个重要创作理念。近年来越来越多的华莱坞电影瞄准了历史事件，南京大屠杀的历史不过是其中的一部分。然而，历史事件和影像作品毕竟是两种不同的表现形式，他们在各自叙事过程中总会存在各种偏差和错位。正如有论者所说："南京大屠杀作为一个历史事件在被电影重构的过程中，一定会有这样的错位现象发生，即当我们把大屠杀历史事件看作历史本体而存在的话，那么大屠杀的电影便是一种他方的喻体而获得存在的可能性，从而对历史进行重新表述有了途径，那么毫无疑问的作为喻体的电影一定会对本体的历史进行吞噬和挤压，从而必然造成历史本体被不断解构，如此作为本体而存在的历史便会在公众的视线下逐渐消失，重新建立起来的则是关于影像的历史。我们知道这样的危险性是不可避免的，那么只能转向对于影像表述的要求，但是对于不同创作者对于同一问题的思考，所拥有的不同的思索方式却是不能被左右的。"[7]南京大屠杀题材华莱坞电影作为对特殊历史事件的影像，不仅要符合电影的艺术法则，也要符合历史的真实性，还有着更多的主流意识形态的规约。电影、历史、主流话语等集于一身，使得南京大屠杀电影的拍摄有着非常大的难度。目前南京大屠杀题材华莱坞电影大多都是在尊重历史事实的基础上进行的影像叙事。《屠城血证》《黑太阳·南京大屠杀》《南京1937》《栖霞寺1937》等正是从历史罪证的角度对南京大屠杀进行叙述，是历史的影像证明。但是，如果一部电影拘泥于历史资料，是否偏离了电影的叙事本质，阻碍了电影的深度表达？

同时，我们还应该思考：电影在反映重大历史题材时，影像的虚构是否为历史的真实提供了负面信息，甚至产生了不利影响？电影作为一种叙事形式，不可能完全按照历史资料的模式进行叙事，否则就不是电影而是纪录片。电影这一艺术形式的重要魅力和创作空间就是虚构的艺术。《屠城血证》的核心历史资料其实只是那16张照片，但是为了影片结构的需要，虚构了一个保护照片的“护宝行动”的故事；《五月八月》则完全是一个虚构的故事；《南京！南京！》则虚构了一个叫角川的日军，并成为故事的主角，虽然陆川说这个人物形象是“根据多个日本兵的日记综合而成的”[8]，但是从已有的史料中还没有一个真正因为内心无法承受的罪恶而自杀的日军。南京大屠杀题材的电影反映的是一个重要的历史事件，有着极为严肃的政治外交意义，那么，允许在多大程度上进行虚构，在哪些方面可以进行虚构，以及虚构是否会影响到受众对南京大屠杀这一历史事实的理解，是否会有不怀好意的极端分子借影片中的部分虚构内容来否认影片的整体内容甚至南京大屠杀的事实，这也许是我们应该考虑的内容。因此，从这个意义上说，南京大屠杀题材的电影应该放置于公共外交和国家形象传播语境下予以深度思考。

（二）人性的限度与民族情感

从我国第一部关于南京大屠杀的华莱坞电影《屠城血证》开始，我国关于南京大屠杀题材类电影的创作都有着一条较为清晰的思路，那就是突出战争与个体的关系，为影片注入“人文主义”精神。这一创作思路既符合国际战争题材电影的叙述模式，也为已经固化的南京大屠杀电影的叙事突围提供了路径。吴子牛的《南京1937》反思了日本女性、中国媳妇在南京大屠杀中的双重困境；陆川的《南京！南京！》表现了以角川为代表的日本军人受难者在南京大屠杀过程中的人性和良知的复苏；张艺谋的《金陵十三钗》塑造了西方英雄形象和中国妓女的群像等。总之，反思战争中中国受难者和日本侵略者的人性、探寻个体生命的存在价值、探究民族性等，是当下南京大屠杀题材电影的一个趋势，也是全球化语境下影像叙事国际化的文化策略。然而，在人性叙事与民族情感方面，南京大屠杀题材电影却为我们带来了一个值得深思的问题：在不断扩大甚至泛化的人性叙事尤其是对日本侵略者的人性叙事过程中，如何恰当处理民族情感？

《五月八月》没有直接叙述沉重的历史，而是以充满童趣的视角呈现了南京大屠杀，使得电影过于“儿童化”。如当八月围观日本侵略者枪杀南京市民时，却将注意力集中于一个她唤为“齐天大圣”的猴子身上，不停地念叨着“齐天大圣死了！齐天大圣死了！”；当南京城已经陷落在日军的铁蹄之下，五月、八月的家里依然一片欢声笑语，明媚的日光、青翠的柳树、潺潺的溪流。虽然这种画面的处理能够通过对比形成揭露的深刻，但总让人感觉对历史的再现过于轻薄。吴子牛的《南京1937》公映之后不久便招来骂名，其中一个重要的原因是，公众对于影片中理惠子形象的出现是否合理提出了质疑，对电影如此浓墨重彩去刻画一个日本人是否合适提出了质疑。陆川的《南京！南京！》则比吴子牛的《南京1937》走得更远。《南京！南京！》完全以日本人的视角推动着电影的叙事进程。导演的意图是刻画即使作为日本侵略者的一员，他们在战争屠杀中也有着未泯灭的人性。导演希望以此唤醒公众对于战争的思考，但许多观众将注意力集中于“角川的存在是否有合理性”。更何况，以一个虚构的“真相”当作主流进行认同，其内在的逻辑本身便存在问题，也回避了这一题材本身难以回避的国族政治象征。同时，作为中华民族独特创伤记忆的南京大屠杀，已经远远超越了历史本身。正如有学者所说：“12月的那个惨绝人寰的具体历史事件。它已经构成中国人感情记忆中一个最突出的象征符号，象征着二战中日本军队在中国国土上犯下的罪行，象征着中国人对至今不肯真正认罪的日本政府以及日本右翼的愤怒，也象征着战后五十余年来中国人与日本人在感情创伤方面无法修复的鸿沟。”[9]因此，南京大屠杀题材的电影如何在追求人性叙事的同时，满足国内观众抚慰本民族精神创伤的现实情感，也是这类电影需要思考的。

（三）商业资本与话语偏向

随着华莱坞电影进入大片时代和亿元票房，华莱坞电影的投资越来越大，成本越来越高。电影从拍摄前就开始为回收成本进行谋划。因此，华莱坞电影自然陷入一个商业资本的漩涡。即便关于爱国题材的电影也免不了要瞄准票房，如《建党伟业》《建国大业》等。关于南京大屠杀的电影自然也不例外。陆川的《南京南京》除了在叙事视角上存在争议外，尴尬之处还在于，没有处理好艺术、市场和历史的平衡。导演陆川曾对《南京！南京！》进行前后不一致的定性。“《南京！南京！》不是一部为了商业存在的电影！”“我不担心《南京！南京！》的票房，因为它就是一部商业片。”陆川还特地写日记说：“晚上是南京的首映仪式。在首映式上得到了一个好消息，下午全国院线的负责人集体看了《南京！南京！》，他们都认为可能会有一个票房奇迹。从传统上来说，4月份的院线是最惨淡的时候，有的影院一天收入不足千元，特别需要一部好电影来一扫颓势，激活市场，《南京！南京！》能否挑起重任？我们都在暗暗地设想。”[10] 从中可以看出，其实陆川还是把《南京！南京！》作为一部商业片来看。张艺谋的《金陵十三钗》的商业性是不言自明的。唯美的视觉场景、好莱坞的一线明星、“妓女”形象的过度包装，无非都是商业叙事策略。以至于有学者质疑：“玉墨与约翰不仅情投意合，而且最后还呈现了一场男欢女爱的云雨之情，这在那种特定氛围中不仅显得缺乏伦理和美学分寸，而且其试图用情色场景换取票房回报的功利动机也过于明显。”[11]

无论是陆川的《南京！南京！》，还是张艺谋的《金陵十三钗》，当它们被定位为一部商业华莱坞影片时，其对历史主题的表达和历史的再现，就会让观众对其叙事的“正当性”产生怀疑。观众会质疑其创作的真实意图，究竟是为了电影的艺术探索，还是出于票房的考虑。当这类影片是为了商业意图时，必然会对电影的叙事产生影响。毕竟，商业资本对电影的影响在不断加深，无论是直接瞄准消费市场的商业片，还是像南京大屠杀一样反映主流话语的主旋律影片，都会受到商业资本的渗透和改写。在这一资本文化逻辑下，南京大屠杀题材电影如何在商业资本的罅隙里实现历史的真实和艺术的探索精神的平衡，讲述一个独特的、真实的“南京大屠杀”故事，确实是一个比较困难的问题。

注释：

1 经盛鸿. 盘点70多年来日本是如何否认南京大屠杀历史的?[EB/OL]. 中国共产党新闻网，2012-12-13. 参见http://dangshi.people.com.cn/n/2012/1213/c85037-19881881.html.

2 陈炯.《南京大屠杀》影像争议20年[N]. 羊城晚报，2009-04-29（B5）.

3 逯泰春. 以“尊重生命”抗拒残暴　以“投入生命”追求成功——吴子牛执导《南京1937》悲喜录[J]. 江海侨声·华人时刊，1995（7）：15.

4 王文硕，白瀛，常爱玲. 陆川：拍摄《南京》是一个去符号化的过程[N]. 中国文化报，2009-04-26（6）.

5 李舫. 电影《南京！南京！》用文化融解坚冰[N]. 人民日报，2009-04-24（11）.

6 黎煌. 当种族遇到性——美国跨种族爱情片中华人女性的身体、种族与政治[J].

世界电影，2009（3）：165.

7　袁海燕. 历史叙事与影像观念——南京大屠杀电影的话语建构[D]. 重庆大学，2011：18.

8　世亚，陆川.《南京！南京！》陆川访谈[J]. 环球银幕，2009（5）：12.

9　孙歌. 主体弥散的空间：亚洲论述之两难[M]. 南京：江苏教育出版社，2002：107.

10　陆川.《南京！南京！》放映之后[J]. 艺术评论，2009（6）：6.

11　尹鸿. 一流的制作 二流的作品[J]. 电影艺术，2012（2）：22.

从跨文化角度透视华莱坞爱情电影中的残疾人形象

王蔚[1]

摘　要：爱情是全人类共同追求的主题，也是电影艺术表达的永恒主题。本文聚焦于华莱坞爱情电影中的残疾人形象及其历史流变，从跨文化角度比较华莱坞、好莱坞爱情电影中残疾人形象的异同，进而探究这些形象背后所透射出的社会和文化意涵。

关键词：华莱坞　爱情电影　残疾　形象

一、引言

自有人类以来，因遗传、疾病、灾害等原因造成的残疾人为数不少，遍布全球，且有漫长的发展历史，普通大众对其认知却很少。2009年英国的一份研究报告显示，普通大众对精神残疾人物的认知主要来源于电影。[1]电影的声光电效果，更易于造就一种李普曼谓之的“拟态环境”[2]，受众会在自觉或不自觉间接受电影中反映的“事实”，体现的行为准则和价值观念，而这种“事实”有可能是对现实环境的错误认识或偏见。因此，电影这一媒介如何再现残疾人群体形象具有重要意义。

爱情是人类最古老、最伟大的主题，自然也成为电影艺术表达的永恒主题，

1　[作者简介]王蔚：浙江大学传媒与国际文化学院，传播学研究所。

华莱坞爱情电影中也不乏残疾人形象。学者郝建认为，爱情片是以爱情为主要表现题材，以爱情的萌生、发展、波折、磨难、结局为叙事线索，通过表现爱情的“绝对超越性”来探讨爱情的类型电影。[3]残疾人作为活生生的人，虽然部分功能有所缺憾，但却一样有七情六欲，有热爱异性、渴望爱情、追求婚姻的生理、心理需求。因此，本文聚焦于华莱坞残疾人爱情电影（自1980年以来），以时间为纵轴，分析电影中残疾人形象的历史流变；以空间为横轴，从跨文化角度比较华莱坞、好莱坞爱情电影中残疾人形象的异同，进而探究残疾人形象背后所体现的社会和文化意涵。

二、华莱坞爱情电影中的残疾人形象流变

（一）20世纪80年代：乐观积极与退缩隐忍矛盾交织

中国大陆地区20世纪80年代以残疾人爱情为主题的电影主要有《小街》《石榴花》《西子姑娘》等，塑造了乐观积极与退缩隐忍矛盾交织的残疾人形象。片中的残疾人在生活中乐观善良，积极向上，但在爱情和婚姻面前，她（他）们却出奇一致地表现出了退缩和隐忍的一面。影片《小街》中的男主角（后天视力残疾）视力不便，但坚持写信给导演，梦想有一日能结合自己的亲身经历写成电影剧本。此后，电影又通过倒叙的手法，经由主人公回忆的方式交代了他原是一名汽车司机，从事着在当时算是很吃香的职业，为人开朗幽默，具有诚信、助人的良好品格。《石榴花》中的女主角石榴花（后天肢体残疾）原是一位热心善良，勤劳勇敢的姑娘，信守承诺，多年来坚持接送陈湘求学，意外残疾后又勇于面对现实生活的磨难，最终投身于残疾人儿童教育事业。《西子姑娘》中的女主角（后天肢体残疾）勇于救人，受伤致残，她性格刚强，自食其力，不仅开了花店还最终成了一名成功的园艺师，此外，她还是一位精神导师，是少先队员们的校外辅导员，鼓励男主角继续生活和命运搏斗，也影响了一位吊儿郎当、无所事事的社会青年。但当爱情来临，她（他）们却思虑过多，犹豫不决了。《小街》中开放式结尾之二，男女主角多年重逢之后，男主角对女主角说的一句话竟是：“已经发生的事情就让它过去算了，祝你幸福，你应该得到更多的幸福。”《石榴花》中的石榴花在残疾之初也不愿拖累男主角，希望他把精力放在事业上，只身离开去异地工作。《西子姑娘》中的女主角也认为，“我这人跟谁都是累赘”“爱情和幸福对我来说是

不现实的”“我已经不能替妈妈分担忧愁，不能再去连累别人”，希望把男主角“永远当作大哥哥”来回绝，而内心实际却愁苦不堪。爱情中的退缩和隐忍形象与其生活中积极果敢的形象形成强烈反差。爱情片常使用巧合、误会、分离、缘分等手段，以达到感人肺腑，催人泪下的效果[4]，在这些影片中残疾无疑是横亘在爱情中的最大阻力，成为影片矛盾冲突的制高点。

（二）20世纪90年代：勇于追求且超越爱情

20世纪90年代以残疾人爱情为主体的电影主要以《赢家》《黑眼睛》为代表作。两部影片中的残疾人都是运动员形象，具有坚韧不屈的拼搏精神，同时，还有对爱情和幸福生活的美好渴望和积极追求。相比于80年代电影中的残疾人，90年代电影中的残疾人在爱情的追求上迈出了重要的一步，但影片最终都“超越”了爱情，朝着更远大的家国情怀，走向了生活的另一个战场。此外，80年代的残疾人爱情电影或从一开始就是熟知的同学，属于青梅竹马式的爱情，或如《小街》中从哥哥弟弟般的友谊开始，90年代的爱情电影则多了一丝“一见钟情”式的浪漫气息。《赢家》中的男主角常平（肢体残疾）是一名运动员，俊朗帅气，倔强刚强，与女主角的第一次邂逅就是为了要给女孩主持公道，在马路上追“面的”，逼着司机停车道歉。他宁愿忍受腿疼也要坚持换上假肢约会，还不顾断肢与假肢接触地方的疼痛，为女主角家搬煤气罐至15楼。这份“虚荣”与自尊全是因为那份突如而来的爱情，正如他在片中坦言“想起她我就高兴，希望她永远不知道我有假腿，永远不要和别人结婚”，但在搬煤气罐受伤后，他将卫生间门锁好，看着断肢的残端磨出了血，看着镜子里的自己，它也看到了自己眼中的狂热和茫然，最后走向自己肩负责任的运动赛场。《黑眼睛》中的女主角丁力华（视力残疾）是个坚强的运动员，同时也是个对未来有着美好憧憬的少女，对集训队的教练心生爱慕未果，最后从低迷中走出，在国际体坛上赢得了金牌，也获得了人生尊严。此外，另一部影片《关于爱的故事》中男女主角都是残疾人（肢体残疾），男主角热心康复事业，女主角奔走救人，影片各分两条线索叙述，更像是两个残疾人英雄间的心心相惜，爱情线是副线，且将其泛化为人间大爱，影片也略微探讨了残疾人的性爱、婚姻以及后代遗传等问题，但浅尝辄止。

（三）21世纪：更具主体性和多元化

21世纪上映的残疾人爱情影片主要有《红河》《站起来》《最长的拥抱》

《推拿》等，残疾人形象更加丰富多元，更具个性化。相比于八九十年代，电影不为追求家国情怀和爱情的超脱性，转而走向爱情本身的回归。2009年上映的《红河》，被赞誉为“云南三部曲”，片中的女主角阿桃（智力残疾）是战争后遗症的受害者，思维和智力只停留在童年阶段。阿桃简单、单纯的形象体现在她拖地、擦鞋、唱歌等各种辛勤工作中，挣得钱后会把小费塞进内衣的惯常动作，可是钱对于她的唯一好处只是买她喜欢的槟榔而已。阿桃也是无助且惹人怜爱的，打雷下雨时会害怕和恐惧，没有身份证的中国生活不具合法性，要经常躲避警察的检查等，但也就是这种弱小无助，使得影片中的沙巴和阿夏闯入阿桃的生活。阿桃经常是自言自语的，且会把男主角阿夏裤子的裤裆全都缝合等场面叙述，让人看出其智力不健全的一面，但是阿桃看到阿夏伤心时会陪着难受流泪，以及阿桃在瑶族寨子里放烟花时的无忧，吃棉花糖时的喜悦，唱越南家乡民谣时的投入，都让人看到她如邻家小妹般的清纯无瑕形象。《推拿》是2014年由娄烨执导的影片，讲述了发生在盲人按摩中心男女技师们之间的爱情故事。盲人老板沙复明风流外向、能吟诗跳舞，在各种相亲约会中流连却屡屡不得意中人；刚从外地投奔沙老板而来的恋人王大夫与小孔，因按摩中心的集体特殊环境，需经常克制个人的情感；正值青春却又整天沉浸于自己精神世界里的小马，爱慕嫂子小孔不得，转而追求美容店姑娘；还有人人夸其美貌的按摩技师都红，却遗憾不能看到自己的容颜等。在这部影片中，不在于交代每个人或悲或喜的爱情结局，而是为了申明爱情、爱欲、婚姻同样是残疾人的权力，也呈现了残疾人对爱情的看法和思考。正如都红在片中谈及对爱情的看法时说的“对面走过来一个人，撞上了叫作爱情；对面开过来一辆车，撞上了叫作车祸。”这句话恰如其分地概括了本片关于爱情的深意。

三、好莱坞、华莱坞爱情电影中的残疾人形象比较

美国好莱坞影片为数不少的残疾人爱情电影中，《盲目约会》较具代表性。《盲目约会》讲述的是一位英俊帅气的小伙子丹尼与印度姑娘丽扎的爱情故事。盲人丹尼从小有家人给予的温暖，有朋友的陪伴，能就读正常人学校，培养了读书、“看”电影的兴趣爱好，他乐观幽默，渴望真爱，期待重见光明，除了视力不便，与常人无异。因为视力不便，丹尼尔反而显出一些特别和魅力之处：他能根据声波定位仪做到精准投篮，还会打棒球；他不把自己当盲人，尽量不使用拐杖。因为影片女主角是印度人，所以影片也自然地探讨了

美国和印度两种不同文化的爱情观对比：印度家族的爱情观是义务、责任、忠贞，女主角虽然深爱男主角，但不敢违背家族意愿而解除原有婚姻，女主角在爱情面前的怯懦源于她自身的印度家族观念“和你看不看见无关，我不是美国丽人”；而丹尼认为，爱情的产生是自发的，爱情是世界上最美好的事情，需要靠内心去感受外部世界。在爱情的引导下，丹尼不顾过马路时车流的危险，不顾手术后的风险，坚持去找女主角，勇敢地争取到了最后的机会，也换来了爱情的圆满结局。影片与其说是丹尼的爱情观取得胜利，倒不如说是美国爱情价值观的胜利，也是经典好莱坞“造梦术”的胜利：风雨过后，文化融合，男主角幸福感慨：“一辈子瞎了两次也没关系，但我得到了她。”另一部美国经典影片《阿甘正传》也有一条爱情副线，男主角阿甘是个智商只有75的低能儿，在学校里为了躲避欺侮，听从朋友珍妮的话而开始“奔跑”，以至于奔跑贯穿了他整个人生。虽然珍妮多次离开阿甘，但阿甘一直爱着珍妮，最终阿甘和珍妮及儿子三人一同回到了家乡，一起度过了一段幸福的时光。对残疾人的态度，中美电影中都会少量地出现周围人异样的眼光，但对这种“异样”的描述有节制、不夸张。相比于华莱坞爱情电影中的残疾人形象，好莱坞爱情电影中的残疾人形象大致有如下不同：

残疾人生活有不便但不悲情，残疾人形象可爱却不可怜。丹尼因为视力残疾会撞树，会被同伴取笑捉弄，也在多次的相亲约会中受挫，但同时他又有温暖的家庭，家庭成员给予他很大帮助，朋友会给予他很多支持。阿甘的同伴们会讥笑玩弄他，并追赶着朝他扔石头，但女同学珍妮会鼓励“阿甘，快跑”。阿甘的母亲也告知他：“人生就像各种各样的朱古力，你永远不会知道哪一块属于你。”从此这些鼓励都成为阿甘人生中最重要的信条。好莱坞电影善用喜剧风格美化残疾人的现实处境，因此，影片中的丹尼能在篮球场胜利赢球赢钱，可以不用拐杖出现在公共场所中；阿甘能从特殊学校，到橄榄球健将、越战英雄、超级富翁，到跑遍美国，成就正常人终其一生也难以企及的高度。导演为我们准备的一幕幕喜剧，让我们看到残疾人的不便，但不会觉得悲情，也不会为此而觉得夸张、可笑。丹尼会以牙还牙戏弄哥哥，阿甘的淡然笑容以及种种人生奇迹，让我们看到了他们可爱的一面，而不只是简单地刻板印象：只要一提到残疾人，就立即涌现出无数的磨难和艰辛，投射出各种可怜同情的目光。

残疾人的爱情故事里，也可演绎出浪漫气息。爱情电影中常见的桥段：美好夜晚，温柔月光，在悠扬的音乐中，男女主角共进晚餐，翩翩起舞深情相拥；丹尼会浪漫献花，会相约看电影等等，这些在残疾人丹尼身上同样显得自然而美好。影片中男女主角爱情的最大阻力不是残疾，而是文化和观念的冲突。丹尼认为婚姻很简单，唯有爱才能结合，女主角认为爱很复杂，因为世人都觉“适合”而不知如何拒绝已有的婚约。阿甘的智障也不是阻碍他和珍妮在一起的理由，而是因为珍妮那所谓“垮掉的一代”的特立独行，让她与阿甘几度分分合合。

四、残疾人形象背后的跨文化意涵

文化生态论的观点认为，文化特性是资源或社会环境局限性的产物，每种独立的文化都要适应一种特定的环境和社会条件。[5]雷蒙斯也认为，不应简单地孤立地做文本分析，而应把文本分析同其背后的制度机构及社会结构相联系予以考察。[6]好莱坞、华莱坞爱情电影中的残疾人都会遭遇或多或少“异样的目苦”和“不善的言辞”，但“主旋律”是极其光明的，背后折射出社会对残疾人的观念变迁。在中国，原始时代生产力低下，人们把自然界各种变化归之于神的意志和权力，认为残疾人现象自有神的“旨意”，并无奇怪之处。但到了奴隶社会和封建社会，残疾人变成了是命中注定，进而演化为是上帝或神所给予的惩罚，是人作孽、犯了罪后应当受到的惩处。残疾人地位逐渐开始低于身体健全者，在漫长的中国历史上，直至今日仍有相当的影响。[7]在西方，珂维曾把人类社会分为“神的时代”“英雄的时代”“人的时代”三个阶段。前两个阶段是无知和迷信的时代，人们从宿命论角度，认为残疾是上天（神明）对一个人的惩罚。所以尽管“人的时代”早已到来，但前两个时代所形成的落后残疾人观，依然积淀在人们的意识里，认为残疾人无用且是一种负担的观念没有得到根本改变。[8]1922年，英国学者Colin Barnes在《残疾人形象与媒体》（“Disabling Imagery and the Media”）一文中认为，关于残疾人的认识（往往是负面的）是来自于迷信、神话和一些早期不太文明时代的信念，但是它们通过媒介（书、电影、电视、报纸广告）经常性地复制传播，被“传承”延伸到现代文明中来。媒介的这些“作用”不可以被忽视，因为人们接触媒介实在是太频繁了。[9]

而今，随着时代的进步和发展，社会融合的观点逐步代替社会排斥的观念，残疾人医疗观也从医疗模式向社会模式转变，认为残疾人只是偏离常模的个体。1982年联合国通过《关于残疾人的世界行动纲领》，强调残疾人应享有同等的社会发展权，并认为“障碍”并非只有在残疾人身上才存在。2006年联合国通过《残疾人权利公约》，强调残疾人是“人类多样性”的组成部分，同样拥有个人的尊严，应该平等地参与和融入社会论。[10]在我国残疾人权力逐步得到保护，残疾人事业得到长足发展。《中华人民共和国残疾人保障法》规定，“残疾人在政治、经济、文化、社会和家庭生活等方面享有同其他公民平等的权利”，“禁止通过大众传播媒介或者其他方式贬低损害残疾人人格”。为丰富残疾人的精神文化生活，政府和社会要“通过广播、电影、电视、报刊、图书、网络等形式，及时宣传报道残疾人的工作、生活等情况，为残疾人服务”[11]。在政治宣传和社会关怀的双重推力下，主流媒体对残疾人形象塑造大多积极正面，试图探讨残疾人就业、教育、爱情婚姻等多面性的社会主题。

华莱坞爱情电影中残疾人形象的流变与社会发展，与导演风格不无关系。好莱坞爱情电影中的残疾人形象同样与其社会观念和电影文化息息相关。角色/人物形象，正是文化传播和文化争夺的对象，在社会的意义产生过程中充当着“催化剂”的角色。他指出，一个流行的角色，一个被广泛接受的角色，说明了强势社会的兴趣及其表达的意义争夺文化位置的过程[12]。残疾人在华莱坞爱情电影中的形象各异，但作为“残疾”在影片中大致发挥的作用主要有几类：作为隐喻，对畸形社会的控诉；作为爱情的阻力元素，推动故事情节发展；作为社会现实，呈现身体虽有差异但追求爱情无异。20世纪80年代，整个社会刚从禁锢中走出来，电影中的情感表达不够丰富，爱情电影不是浪漫甜蜜的，更多的是走过压抑的苦涩和悲哀[13]，夹杂着更宏观的社会背景，更远大的家国情怀，带有浓重的悲剧和反思色彩。爱情电影中出现的残疾人，被视为一种符号元素在电影中出现，本身就是对社会的控诉和隐喻，如《小街》中的男主人公夏是一名汽车司机，视力对其非常重要。为帮助女主角拿到假发套，助其获得本来该有的女性性别特征，男主角被殴打成视力残疾，充分体现对十年浩劫中疯狂激进，人性缺失的控诉和深刻的历史反思，但这种反思不是泛滥成灾，而是有节制的。最终透过片中那位缺席不在场的“妈妈”告慰大家：“过去就过去，我们要看到明天，明天不是已经来了吗？要坚信今天的生活比以往任何时候都有意义，要对未来抱有希望。”《西子姑娘》中身患残疾，手柱单拐的花匠女儿潘洁梅，在十年浩劫中失去了父亲，落实政策回城后，又被排斥在就业大门之外，但经历了坎坷命运的青年一代，仍然坚信生活并没有抛弃他们，要去执着地追求、创造美好的未来。这也恰恰体现了大陆第四代导演从内心深处关注且擅长拍摄“中和而有节制，可谓哀而不伤，不乏儒家文化风范的风格”。[14]20世纪八九十年代，我国残疾人体育事业走出“文革”阴霾得到初步发展，1984年全国第一届残疾人运动会召开，1992年全国残疾人运动会正式列入国务院大型运动会系列，形成了每四年举办一次全国性残疾人运动会的制度等，使得90年代的电影中也日渐出现了残疾人运动员的身影。《黑眼睛》中的女主角丁丽华就是以我国著名残疾人运动员平亚丽（在1984年残奥会盲人跳远B2级的比赛中获得金牌，是我国在残奥会上取得的第一枚金牌）为原型。20世纪90年代，残疾人运动员形象在爱情电影中的出现，一方面彰显了残疾人自立自强的励志形象，但另一方面又往往使爱情继续脱离了个人体验，超越了爱情本身而升华到了国家荣誉和社会责任之上。随着改革开放的深入，商业经济的发展，中西文化观念的碰撞，20世纪的爱情电影则更为看重更单纯的爱情呈现，更加注重个体的爱情体验，突出残疾人个人化的情感刻画，丰富多元的人物性格，爱情离政治变幻、家国梦想更远，离细腻甜蜜更近。与此同时，爱情电影中通过残疾人与正常人群体的对比，也让我们多少感知到了都市个体自身的情感困境和人与人之间的疏离。在中国传统社会文化结构中，爱情属于次位系统，爱情观念深受农耕经济、伦理思想、社会道德的诸多影响。因此，电影中爱情自身的浪漫性，似乎不是更为关注的方面，男女双方的爱情表达方式略显含蓄委婉，曲折隐晦，追求意在言外、无声胜有声的诗意效果。

好莱坞爱情电影中的残疾人形象折射出美国文化中特有的爱情观：爱情的独立性和纯粹性。电影中的残疾人爱情是细腻和甜美的，这与其社会观念和电影文化密切相关。作为美国最重要的立国文书之一《美国独立宣言》中宣称“人人生而平等，造物者赋予他们若干不可剥夺的权利，其中包括生命权、自由权和追求幸福的权利”[15]，而建立政府的目的就在于保障这些权利。因此，在高扬着以个体价值取向的美国，“个人主义作为一种价值观，大致表现为三个命题：第一，一切价值都是以个人为中心的；第二，个人本身就是目的，个人是最高的价值，社会只是达到个人的手段；第三，所有个人都是道义上平等的，平等的最佳表述是任何人都不可能被当作他人谋利益的手段”[16]。爱德华·斯图尔特在《美国文化模式：跨文化比较》一文中，用北美文化和菲律宾文化进行价值取向的比较，认为北美文化在自我感知中是一个有独特自我的人，鼓励自立，解决自己的问题，形成自己的观点；而菲律宾文化中是家庭语境下构想的自我，鼓励依附权威家庭里的长者。在美国人的个人价值观中，“身体健康”和“婚姻幸福”被列为最重要的选择[17]，爱情一直处于首位系统，具有至高无上的地位，社会结构对爱情的制约相对较少，爱情问题上两性相互间的感情是最终准绳，合与离都以此为出发点，其他因素如家庭、社会舆论、政治甚至宗教都可以忽视。[18]相比于中国“爱情和婚姻对残疾人来说是有点难实现的”和“残疾是对爱情的拖累”等观念，在美国人看来，个人幸福高于一切，爱情可以不受年龄、家庭、种族等背景差异的影响，是个人追求幸福的体现和最高境界。好莱坞一直就是一个梦工厂，百年来它编织了数不清的爱情美梦。好莱坞的爱情电影，能将浪漫元素运用得炉火纯青，让人憧憬，在残疾人电影中也丝毫不逊色。好莱坞中爱情往往可以超越世俗、种族等任何阻碍，爱情片中的障碍和冲突点花样翻新，层出不穷，相比之下残疾似乎不是最重要的，残疾作为爱情中的阻力相对甚微。爱德华·霍尔称西方文化是低语境社会，因此具体到爱情表现上，好莱坞电影中表达爱情的方式就显得直露、开放，男女双方善用语言表达感情，人们可以公开谈论感情。华莱坞电影中残疾人表达的是复杂而含蓄的爱，好莱坞电影中彰显的是简单而热烈的爱、是灵和肉的结合。

注释：

1 Vivian E D Ampadu. The depiction of mental illness in Nigerian and Ghanaian movies: A negative or positive impact on mental health awareness in Ghana?[D] The university of Leeds August, 2012: 12.

2 李普曼. 公众舆论[M]. 阎克文，江红，译. 上海：上海人民出版社，2002.

3 郝建. 影视类型学[M]. 北京：北京大学出版社，2002，7.

4 李莉.论90年代以来中国爱情电影的类型化发展[D]. 重庆：西南大学，2007.

5 波普诺. 社会学[M]. 李强，等，译. 北京：中国人民大学出版社，1999.

6 欧阳英. 在社会学与政治哲学之间-当代政治哲学研究的新路径[M]. 北京：中国社会科学出版社，2011：309.

7 陆德阳，稻森信昭. 中国残疾人史[M]. 北京：学林出版社，1996.

8 周林刚.社会排斥理论与残疾人问题研究[J]. 青年研究. 2003，5.

9 Colin Barnes. Disabling imagery and the media[M]. The British council of organisations of disabled people, Ryburn Publishing, 1992.

10 马良.残疾人观念的变迁[J]. 残疾人研究，2012，4.

11 中华人民共和国残疾人保障法. 中国新闻网http://www.chinanews.com/gj/kong/

news/2008/04-24/1231112.shtml. 2008，4.
12 戴锦华. 电影批评[M]. 北京：北京大学出版社，2004，3：195.
13 祝莹莹. 1978—2008中国式爱情电影之流变[J]. 电影，2008，4.
14 陈旭光. 电影文化之维[M]. 上海：上海三联书店，2007，4.
15 美国独立宣言[EB/OL]. http://www.unsv.com/material/book/The_Declaration_of_Independence/.
16 唐日新.价值取向与价值导向[M]. 武汉：中南工业大学出版社，1994：66，79.
17 波普诺. 社会学[M]. 李强，等，译. 北京：中国人民大学出版社，1999. 转自帕金斯，斯帕特斯. 镜像：英美国家价值观的三种分析[J]. 国际社会学比较，1986（27）：31-50.
18 罗爱军，张廷芳，邓惠明. 诗经中的理想爱情模式——从中西方爱情观念比较引出的思考[J]. 西藏大学学报（汉文版），2004（2）.